KB154418

# 미국 헌법과 인권의 역사

# 미국 헌법과 인권의 역사
## -민주주의와 인권을 신장시킨 명판결

1998년 2월 28일 초판 1쇄
2007년 3월 16일 개정판 1쇄
2016년 5월  9일 개정2판 1쇄

지은이 | 장호순

편    집 | 이준호, 정상태
제    작 | 영신사

펴낸이 | 장의덕
펴낸곳 | 도서출판 개마고원
등    록 | 1989년 9월 4일 제2-877호
주    소 | 경기도 고양시 일산동구 호수로 662 삼성라끄빌 1018호
전    화 | (031) 907-1012, 1018
팩    스 | (031) 907-1044
이메일 | webmaster@kaema.co.kr

ISBN 978-89-5769-373-5 (93360)
ⓒ 장호순, 2016. Printed in Goyang, Korea

개정증보판

# 미국헌법과 인권의 역사

### 민주주의와 인권을 신장시킨 명판결

장호순 지음

개마고원

# 인권이 최우선되는 대한민국을 위해

2016년 3월, 새누리당은 190시간에 걸쳐 진행된 야당의 필리 버스터를 제압하고, "테러방지법(국민보호와 공공안전을 위한 테러 방지법)"을 통과시켰다. 이 법에 따르면 국가정보원은 이른바 테러위험인물이거나 테러위험이 의심되는 인물에 대해 다양한 개인정보를 수집할 수 있다. 과거 군사독재 시절의 국민에 대한 무차별 사찰과 감시가 재현될 수 있는 여지를 만들어준 것이다.

그럼에도 불구하고 한국인 10명 중 4명은 테러방지법 제정을 찬성하는 것으로 나타났다. 한국 사회에는 아직도 인권에 무관심하고 무감각한 사람들이 적지 않은 것이다. 국가안보나 국민보호를 내세워 국민의 인권을 무시하는 권력의 "구습"이 사라지지 않는 이유이기도 하다.

한편 2013년 12월 개봉한 영화 〈변호인〉은 인권영화로는 드물게 1000만 명 이상의 관객을 동원했다. 운동권 학생을 고문해 간첩으로 누명을 씌운 경찰관과 그들의 무죄를 주장하는 인권변호사 간의 법정공방을 다룬 이 영화는 흥행과 작품성 모두에서 성공을 거두었다. 이 영화에서 관객에게 가장 많은 회자가 된 것은 변호사가 "국가는 국민이다"라며 공안경찰을 질타하는 모습이었다.

영화 〈변호인〉은 국가와 국민에 대한 한국 사회의 상반적 관점을 충돌시킨다. 영화 속 고문경찰관에게는 국가가 국민보다 더 중요한 존재이다. 따라서 국가의 안녕과 평화를 위협하는 국민들을 찾아내어 처벌하는 자신들은 애국자로 간주한다. 국가를 위해서 그리고 국민 다수를 위해서 소수를 희생하는 것은 정당하다고 본다.

반면 〈변호인〉의 주인공에게 국가는 그것을 구성하고 있는 국민 개개인이다. 국가안보를 구실로 주권자인 국민 개인의 인권을 유린할 수 없다고 주장한다. 〈변호인〉의 흥행 이유에는 아직도 "국민이 국가"임을 부정하며 인권을 유린하는 자들에 대한 분노와 좌절의 표출이 있었을 것이다. 오래전에 나온 이 책이 아직까지 생명력을 가지는 것도 인권을 소중하게 생각하는 독자들이 많기 때문일 것이다.

『미국 헌법과 인권의 역사』의 이번 두번째 개정판은 동등한 투표권 보장을 위한 흑인들의 처절한 투쟁이 담긴 '셸비 판결'과, 성적 자기결정권을 인정받으려는 동성애자들의 애절한 사연이 담긴 '오버거펠 판결'을 추가했다. 또한 전쟁중에도 인권을 보호하려 미국인들의 노력을 '함디 판결' 부분에 더 소개했다. 인권이 최고의 가치로 존중되는 대한민국을 만들고 싶어 하는 이들에게 이 책이 위안과 용기를 줄 수 있기를 기대한다.

2016년 4월

저자 장호순

# 함께 지켜야 할 너와 나의 권리

9·11 테러 이후 미국이 저지르고 있는 갖가지 인권침해는 거의 전세계 사람들을 반미주의자로 만들고 있다. 미국의 오만과 판단착오로 인해 수만의 무고한 생명이 희생당했고, 그들의 재산이 파괴되었다. 전쟁의 참상 외에도, 테러혐의자들의 자의적 구금과 전쟁포로 학대 등으로 인해 미국이 이라크 침공의 명분으로 내세운 이라크 국민의 인권보호와 민주주의는 누구도 기억하지 않는 가치가 되고 말았다.

한 가닥 위안이 있다면, 그나마 미국 내에서는 과거와 같은 심각한 인권유린 사태가 발생하지 않았다는 점이다. 제1차 세계대전 당시 독일계 미국인이나 제2차 세계대전 당시 일본계 미국인들에게 자행된 것과 같은 인권침해는 9·11 테러 직후 아랍계 미국인들에게 반복되지는 않았다. '테러와의 전쟁' 와중에서도 인권을 보호하려는 의지와 제도가 적어도 미국 사회 내에서는 작동하고 있는 것이다. 이는 미국 건국 이후 연방대법원이 꾸준히 축적해놓은 인권보호 판결이 실질적인 지킴이가 되고 있음을 의미한다.

그러나 미국 사회의 인권보호 의지는 미국 국경 내로 제한되어 있다. 9·11 테러가 미국인들에게 일으킨 공포와 분노는 부시 행정부로 하여금 무력침공을 택하도록 했고, 그 결과는 참담했다. 미국인 스스로에게도 엄청난 생명과 재산상의 피해를 입혔다. 그럼에도 불구하고 문제의 해결 조짐은 보이지 않는다. 분명한 것은 이라크 침공의 후유증이 오랫동안 미국 사회를 괴롭힐 것이라는 점이다. 조지 W. 부시는 미국 역사상 최악의 대통령으로, 이라크전쟁은 미국 역사상 최악의 전쟁으로 기록될 것이다. 민주주의와 인권은 자국 국민들 스스로 세우고 지켜야 한다는 점이 미국의 이라크 침공을 통해 재확인된 셈이다.

해방 이후 미국의 그늘 속에서 민주주의와 인권을 유린당했던 한국 사회는 지난 20년간 정치적으로 괄목할 만한 변화를 보였고, 이제는 명실상부한 민주법치주의 국가로 발돋움했다. 비록 국가보안법 등 군사독재 시절의 일부 유산이 해소되지 않고 있지만, 위헌법률심사제도의 정착과 인권보호 중심의 사법제도 개혁 등 민주적 법치제도가 정착되어가고 있다.

그러나 대한민국의 인권보호 토대는 아직 취약하다. 무엇보다 사법부에 대한 신뢰와 법의 인권보호 기능이 부족하다. 그로 인해 인권을 유린당한 사람들 다수는 여전히 거리로 나가서 여론에 호소하곤 한다. 국가보안법 등이 적절하게 수정되지 않아, 남북관계 악화 등으로 국가적·정치적 위기가 닥칠 경우 심각한 인권유린 사태가 발생할 수도 있다. 독재정권만이 인권침해 세력은 아니라는 점을 인식하고, 다수결 민주주의 사회에서 상존하는 소수자의 인권침해에 대한 경계심을 높여야 할 때이다.

나의 권리는 내가 지켜야 하지만 남의 도움 없이는 지킬 수 없다는 점을 독일의 반나치 저항운동가였던 마틴 니뮐러Martin Niemöller 목사는 되새겨준 바 있다.

맨 처음 그들은 공산주의자들을 잡으러 왔다.
나는 공산주의자가 아니므로 아무 말도 하지 않았다.
다음에 그들은 유대인을 잡으러 왔다.
나는 유대인이 아니므로 아무 말도 하지 않았다.
다음에 그들은 천주교도들을 잡으러 왔다.
나는 천주교도가 아니므로 아무 말도 하지 않았다.
다음에 그들은 나를 잡으러 왔다.
그러나 그때는 나를 위해 말해줄 사람이 하나도 남지 않았다.

인권보호는 인간의 존엄성을 보호해야 한다는 윤리적 명제이지만, 공동체의 안정과 평화를 유지하는 가장 실용적인 수단이기도 하다. 미국 사회는 1776년 독립 이후 국내외의 갖가지 위협에도 불구하고 정치적 안정과 경제적 번영을 누려왔다. 정치적으로 독립된 사법부가 헌법상 보장된 개인의 권리를 충실하게 보호해온 결과이다. 판결을 통해 되돌아본 미국 연방대법원의 역사는 대한민국이 명실상부한 민주법치 국가로 발전하는 데 참고할 많은 시사점을 제공할 것이다.

지난 1998년 이 책의 초판이 나온 이래, 민주주의 발전과 인권 신장에 있어 국내외적으로 많은 변화가 있었다. 그럼에도 애초 이 책이 담고 있던 문제의식은 여전히 현재에도 유의미하고 유용한 듯하다. 이것이 다시 개정판을 내게 된 이유이다. 이 개정판에선 초판의 일부 오류들을 바로잡는 한편, '함디 판결'과 'AP통신 판결'에 관한 두 편의 글을 추가했다.

2007년 3월

장호순

# 이 땅에 법치주의가 뿌리내리기 위하여

최근 빌 클린턴 미국 대통령의 성추문 의혹과 관련해 전세계 언론이 탄핵을 들먹이며 호들갑을 떨었다. 그러나 미국인들은 클린턴의 성추문에 매우 관대한 반응을 보였다. 그가 설사 바람을 피웠더라도 탄핵을 받아야 할 만큼 중대한 과오는 아니라는 것이 절대다수의 여론이었다. 그러나 만약 클린턴이 성추문 의혹을 감추기 위해 거짓 증언을 교사했다면 탄핵받아야 한다는 주장은 미국인 다수의 지지를 받았다. 아내를 속이고 문란한 성생활을 가진 것까지는 묵인할 수 있지만, 타인에게 법을 어기도록 강요했다면 대통령 자격이 없다는 것이다. 이러한 반응은 법치주의에 대한 미국인들의 신념이 얼마나 철저한지를 단적으로 보여주는 예이다.

법치주의는 다양한 인종으로 구성된 미국 사회를 지탱하는 범

국가적 이데올로기 중 하나다. 미국 사회에서 법관의 권위는 최고로 존중되며, 첨예한 정치·사회적 분쟁이 법원의 판결을 통해 해결된다. 물론 법이 모든 사회문제를 해결하는 것은 아니며, 법치주의가 법률조문에 대한 맹목적인 집착을 뜻하는 것도 결코 아니다. 법치주의란, 국민들이 법을 집행하고 결정하는 법관들을 신뢰하고 그들의 권위를 인정해줄 때에야 비로소 가능해진다.

미국 법치주의의 핵심은 법집행의 공정성이다. 수도 워싱턴에 소재한 연방대법원 건물 정면 지붕 밑에는 "법 앞에 평등Equal Justice Under Law"이라는 문구가 새겨져 있다. 법에 정해진 권리는 누구에게나 동등하게 보장되어야 한다는 것이 미국인들의 공통된 신념이다. 물론 이러한 원칙이 늘 지켜져온 것은 결코 아니다. 법치주의라는 미명하에 인종차별, 노동자 탄압 등이 자행되어 미국 역사를 얼룩지게 만들기도 했다.

법치주의 국가라고 자부하는 미국은 매우 복잡한 사법제도를 갖추고 있다. 그러나 이는 결코 국가권력의 통치를 용이하게 하려는 데 따른 결과는 아니다. 오히려 국가권력의 남용을 막고 인권을 보장하기 위해 다양한 제도를 만들다 보니 사법절차가 복잡해진 것이다. 우선 중앙정부의 전횡을 막기 위해 각 주정부가 독립된 사법제도를 갖추었다. 법관의 자의적 판단을 막기 위해 배심원 제도를 두었고, 검사의 기소권 남용을 막기 위해 대배심원 제도를 두었다. 그리고 사법 공정성의 최후의 보루로서 연방대법원을 만들었다. 주법원 관할 사건이든 연방법원 관할 사건이든 관계없이 모든 소송사건의 최종 결정권은 연방대법원에 주어진다. 상고허가제를 실시하는 연방대법원은 매년 수천 건에 이르는 상고신청 사건 가운데 평균 300여 건 미만의 사건을 채택해 판결을 내린다.

연방대법원의 판결은 9명의 대법관에 의해 결정된다. 법치국가답게 연방대법관들은 미국에서 가장 존경받는 사람들이다. 그러나 그들은 가장 알려져 있지 않은 실력자들이기도 하다. 오직 판결을 통해서만 국민 앞에 나설 뿐이다. 그래서 미국 언론은 그들을 '워싱턴의 은둔자'로 묘사하기도 한다. 연방대법관들은 대개 수백만 달러의 변호사 연봉을 포기하고, 연간 30여만 달러를 받는 봉급쟁이 공무원이 된 사람들이다. 대신 그들에게는 대통령이나 의회의 결정을 무효화시킬 수 있는 막강한 힘이 주어진다. 그리고 연방대법관들 뒤에는 그들을 전적으로 신뢰하고 존경하는 미국 국민들이 있다.

건국 초기부터 미국인들은 법치주의 질서가 확립되려면 정치적으로 독립된 사법부가 필요하다는 것을 깨달았다. 그래서 연방헌법을 만들면서 연방대법관에게 종신 임기를 부여했다. 그리고 의회가 대법관의 급료를 삭감할 수 없도록 만들었다. 정치인들이 사법부의 공정성을 저해하지 못하도록 만든 장치였다. 따라서 대법관들은 비록 대통령의 지명과 의회의 인준 절차를 거쳐 임명되지만, 일단 대법관이 되면 자신의 양심과 신념에 따라 판결을 내릴 수 있다. 그리고 법관들은 공정한 판결을 통해 얻게 되는 국민의 신뢰만이 그들을 정치적 압력과 보복으로부터 해방시키고 법치주의 질서를 확립할 수 있음도 깨닫고 있다.

물론 미국 연방대법원의 판결이 늘 공정하고 인권을 보호한 것은 아니었다. 흔히 미국 대법원의 판결은 선거 결과를 따른다고 말하기도 한다. 법원의 판결이 정치적 여론의 향배와 무관하지 않다는 뜻이다. 그러나 연방대법관들은 여론의 비난을 무릅쓰면서 인권을 외면하는 미국인들을 꾸짖기도 했다. 특히 1960년대 이후, 다수의 미국인이 외면해온 소수자와 약자의 인권을 보장하는 데 연방대법원이 앞장서왔다. 이러한 인권보호 판결은 당시 정치인들로부터 거센 비난을 받았지만, 궁극적으로는 미국인들에게 인권의 중요성을 깨우쳐주었고, 모든 미국인들의 자유와 권리의 보루로서 사법부의 위상을 확고하게 만들었다.

이 책은 연방대법원의 판결을 통해 미국 사회에 법치주의가 뿌리내려지는 역사적 과정을 조명했다. 그러나 미국의 법치주의나 미국의 연방대법원을 무조건 긍정적으로 평가하려는 의도는 추호도 없다. 비록 이 책에서 소개된 대부분의 판결이 법치주의 질서와 인권을 보장하는 판결이긴 하지만, 연방대법원이 내린 판결 중에는 인권을 외면하고 정치적 논리에 순응하는 수치스러운 판결도 무수히 많았다. 기회가 주어진다면, 필자는 정치적으로 법률적으로 왜곡된 연방대법원의 판결들도 소개하려 한다.

이 책은 하나의 연방대법원 판결이 나오기까지 미국 사회가 겪은 모순과 갈등도 함께 소개한다. 자신들의 정치·이익을 위해 인권을 유린해온 미국인, 그리고 인권을 지키기 위해 법적 투쟁에 나선 미국인, 그리고 그들 사이에서 고민하는 대법관들의 모습을 보게 될 것이다. 표현의 자유를 억압하고, 인종과 성별을 차별하고, 노동자를 학대하고, 권력을 남용하려는 미국인들과 그들에 맞서 표현의 자유, 평등권, 노동자의 권리, 공정한 재판을 받을 권리를 주장하는 미국인들 사이에서 고뇌하는 연방대법관들의 모습을 말이다.

필자가 인권문제에 관심을 갖게 된 것은 군사독재정권 치하에서 청년기를 보내는 동안 겪은 좌절과 분노 그리고 불안 때문이었다. 인권유린을 어쩔 수 없이 당연한 것으로 받아들이면서 성장한 필자에게 미국인들이 누리는 자유와 인권, 그리고 법에 대한 신뢰는 놀랍기도 하고 부러운 것이었다. 특히 표현의 자유와 언론의 자유를 철저히 보장하는 그들의 법제도와 문화가 부러웠다.

그래서 그들이 어떻게 표현의 자유를 그처럼 철저히 보장하게 되었는지 알아보기 위해 미국 헌법사를 공부했다. 미국의 과거사를 들춰보면서 필자는 현재 미국인들이 누리고 있는 자유와 권리를 위해 수많은 그들의 선조들이 희생되어왔음을 알 수 있었다. 한국 사회와 별반 다를 바 없는 참혹한 인권유린이 미국에서도 빈번히 자행되어왔기 때문이었다. 결국 자유란 거저 얻는 것이 아니라 싸워서 얻는 것임을 다시 한번 깨달을 수 있었다.

우리나라에서 법은 아직도 국민들의 자유와 인권을 보호하는 수단이라기보다는, 통치자의 권력 유지, 그리고 특정 집단의 이익 보호를 위한 방패로 사용되어왔다. 공정해야 할 법적 판단은 정치적 논리에 의해 숱하게 왜곡되어왔고, 따라서 법에 대한 신뢰, 법관에 대한 국민들의 존경심은 찾아보기 힘들었다. 국민들이 법에 대해 경외감을 갖는 이유는 법관과 법집행자들이 가진 권력의 파괴력 때문이다. 국민들로부터 존경과 신뢰를 받을 수 있는 사법부를 만들기 위해 우리 사회 전체의 가열찬 노력이 속히 이루어져야 할 것이다.

이 작은 책에 담긴 내용이 우리 사회가 자유와 인권이 보장되는 법치주의 사회로 나아가는 데 보탬이 되기를 기대하면서, 이 땅에 자유와 평등을 실현시키기 위해 몸바쳐 희생한 모든 사람들에게 이 책을 바친다.

1998년 2월

장호순

# 차례

개정2판 서문 5

개정판 서문 8

초판 서문 12

미국 헌법의 발자취 21


## 1장 | 사법부와 대통령

대통령의 특권이 공정한 재판을 받을 권리보다 앞서는가 65

대통령 비상조치권의 한계는 어디까지인가 84

최저임금법은 노사간의 계약의 자유를 침해하는가 100


## 2장 | 사상과 이념의 자유

공산주의자도 사상과 이념의 자유를 누릴 수 있는가 121

폭력행위 선동의 범위는 어디까지인가 153


## 3장 | 표현의 자유

항의의 표시로 국기를 태울 수 있는가 185

음란물의 기준은 무엇인가 207

컴퓨터통신에서 음란성 표현을 제한할 수 있는가 225

## 4장 | 언론의 자유

공익을 위해 신문 발행을 사전에 중지시킬 수 있는가 251
공직자를 비판하는 언론보도가 명예훼손에 해당되는가 273
국가 안보가 우선인가, 국민의 알 권리가 우선인가 306
신문기업이 누릴 수 있는 언론자유의 범위는 어디까지인가 331

## 5장 | 공정한 사법제도

변호사의 조력을 받을 권리는 어디까지 보장되나 353
강요된 자백을 유죄의 증거로 삼을 수 있는가 370
불법적으로 입수한 증거를 재판에서 사용할 수 있는가 387
시민의 기본권은 전쟁중에도 보장될 수 있는가 404

## 6장 | 평등권 보장

흑인은 백인학교에 입학할 수 없는가 429
여성노동자에 대한 특별대우가 평등권 위반인가 449
무엇이 직장내 성희롱인가 469
주립 군사학교에 여성이 입학할 수 있는가 487
동성애자들에게도 결혼할 권리를 부여할 것인가 503
유색인종에도 동등한 투표권을 보장할 것인가 527

부록: 수정헌법(일부) 552
참고문헌 558
찾아보기 571

# 미국 헌법의 발자취

## 미국 사회를 지탱해온 연방헌법과 사법부

냉전체제가 붕괴된 이후 미국은 정치적으로나 경제적으로 명실상부하게 국제 사회를 주도하는 유일한 국가가 되었다. 국가를 수립한 지 불과 240년이 조금 넘은 미국이 세계 최강대국으로 번영케 된 원동력은 도대체 무엇인가? 광활한 국토와 풍부한 천연자원을 가진 나라는 미국 이외에도 많지만, 미국처럼 튼튼한 국가적 토대 위에 안정적으로 발전해온 나라는 많지 않다. 그러나 내부를 들여다보면 미국처럼 정치적 안정을 저해할 만한 갈등의 불씨를 많이 갖고 있는 나라도 흔치 않다.

이민 국가인 미국에는 전세계의 여러 인종이 모여 살고 있다. 세계 곳곳에서 서로 적대시하거나 전쟁을 치르고 있는 민족들이 미국 안에서는 평화롭게 함께 살고 있다. 유대인과 팔레스타인

사람들이 살고 있고, 세르비아인과 보스니아인도 함께 살고 있다. 전세계에서 인종간의 갈등이 끊이지 않으며, 그로 인해 많은 희생자가 생기고 있는 현실에서 이처럼 다양한 인종의 미국인들이 서로 충돌하지 않고 살고 있는 것은 놀라운 일이다. 한편 미국으로 이주한 각 민족들은 미국 내에서 각기 독립된 문화권을 형성하기도 한다. 거의 모든 대도시에 중국인 거리, 쿠바인 촌, 유대인 지역 등이 존재한다. 로스앤젤레스에 있는 한인 타운을 비롯해 대도시마다 영어를 사용하지 않고도 살 수 있는 곳들이 여러 군데 있다. 그러나 이러한 인종적·문화적 고립과 분리가 미국 사회의 화합과 발전을 저해하는 심각한 요소는 아니었다.

물론 미국 사회도 어느 나라 못지않게 인종간이나 지역간 혹은 계층간의 갈등을 겪으며 성장해왔다. 그래서 미국의 역사는 단결과 통일의 역사라기보다는 분열과 충돌의 역사라고 말할 수도 있다. 심지어 지역적 이해관계나 정치적 이념 때문에 국가공동체마저 거부하려는 사람들과 그것을 막으려는 사람들 사이에 폭력 대결이 벌어지기도 했다. 19세기 노예제도를 둘러싼 미국인들의 지역적 대립은 평화적으로 해결되지 못하고 결국 남북전쟁으로 비화되어 수십만 명의 목숨을 희생시켰다. 1993년에는 로스앤젤레스 인종 폭동으로 엄청난 재산과 인명의 손실이 생기기도 했다.

그럼에도 미국 사회의 갈등과 분열은 대체로 평화적인 방법을 통해 해소되어왔다. 그 촉매는 바로 법치주의였다. 법치주의를 통해 권력의 전횡을 막고 인권을 보장함으로써 미국 사회는 무수히 많은 갈등 요소에도 불구하고 안정적으로 사회의 기틀을 유지하며 발전해올 수 있었던 것이다. 미국의 법치주의를 지탱하는 두 축은 연방헌법과 독립된 사법부이다.

1787년 연방헌법을 기초하는 데에 참여했던 알렉산더 해밀턴 Alexander Hamilton은 "사법부는 국민들과 의회 사이에 위치한 중재기구로 고안된 것으로, 가장 중요한 목적은 의회가 그들에게 주어진 권한의 범위를 넘지 않도록 감시하는 것"이라면서 "특정 법률이 헌법에 위반될 경우, 헌법을 준수하고 법률을 무효화시키는 것이 사법부의 임무"라고 설명했다. 미국의 사법부가 법치주의의 핵심으로서 기능할 수 있었던 것은 미국인들의 헌법에 대한 존중심과 이를 해석하는 사법부의 권위에 대한 존경심 덕택이었다. 덕분에 미국 사회는 다양한 형태의 심각한 갈등을 합리적으로 조정하면서 안정과 번영을 이룩할 수 있었다.

## 삼권 분립을 보장한 연방헌법의 탄생

이민의 나라인 미국의 역사는 늘 먼저 온 자와 나중 온 자 사이의 갈등으로 점철되어왔다. 미국 땅에 가장 먼저 뿌리를 내린 사람들은 인디언, 에스키모 등이었다. 물론 이들의 조상도 역시 수만 년 전 아시아에서 알래스카를 거쳐 건너온 사람들이다. 수천 년 동안 비교적 조용하던 북미대륙에 큰 변화가 일어난 것은 유럽의 백인들이 본격적으로 발을 들여놓기 시작한 1600년경부터였다.

1607년 100여 명의 영국 청교도들이 현재 버지니아주의 제임스 타운에 정착하면서부터 유럽인의 대규모 이주가 시작했다. 특히 교황청으로부터 박해를 받아왔던 청교도들이 종교의 자유를 찾아 미국 땅에 건너왔다. 물론 유럽에서는 찾아보기조차 힘든 광활한 농토를 차지하기 위해 대서양을 건너온 사람들이 다수였다. 그들은 농토를 경작할 노동력이 부족하게 되자 아프리카에서 노예들을 강제로 데려왔다. 그들은 새로운 농사기법을 도입하는 동시에, 수천 년 동안 미국 땅에 뿌리내렸던 토속 문화를 솎아내고 서구 유럽의 문화를 이식하기 시작했다.

170년 가까이 영국 왕실의 통치를 받아오던 식민지 이주민들은 1776년 무장 독립투쟁을 전개했다. 그러나 당시 미국인들은 결코 억압받는 식민지 백성들이 아니었다. 오히려 영국 본토에 사는 사람들보다 더 큰 자유를 누리고 있었다. 비록 영국 왕실에서 임명한 총독의 통치를 받고 영국 의회에 대표를 보낼 권리는 없었으나, 지방자치가 뿌리내렸고 개인의 권리도 비교적 잘 보장되고 있었다. 사실 미국인들을 반란으로까지 가게 한 결정적 원인은 영국 왕실이 식민지인에게 부과한 과도한 세금이었다.

1754년 영국과 프랑스는 북미대륙의 주도권을 놓고 전쟁을 벌였다. 전쟁에서 승리한 영국은 주도권을 장악하긴 했으나 많은 빚을 지게 되었다. 전쟁 빚을 갚기 위해 식민지에서 판매되는 설탕, 납, 종이, 차 등의 생필품에 높은 세금을 부과했다. 영·프전쟁의 수혜자가 식민지인들이므로 당연히 세금을 더 내야 한다는 논리였다. 그러나 세금 인상은 거센 반발을 낳았다. 그들은 "주권

없이는 세금도 없다No Tax Without Representation"는 구호를 외치며 영국 의회에 대표를 보낼 수도 없는 식민지인들에게 일방적인 세금 부담은 부당하다고 주장했다.

그러나 1776년 7월 4일 식민지인들이 선포한「독립선언문 Declaration of Independence」은 경제적 이익을 보호하려는 의지보다는 정치적 자유에 대한 갈망으로 채워져 있었다. 토머스 제퍼슨Thomas Jefferson이 초안한 독립선언문에서는 누구도 인간의 자유와 평등 그리고 행복을 추구할 권리를 빼앗을 수 없다고 선언했다. 또 국가의 주인은 국민이고, 국가가 주인의 뜻에 반할 경우 국민은 국가 형태를 바꾸거나 새로운 국가 형태를 만들 수 있다고 천명했다. "모든 사람은 신에 의해 평등하게 창조되었다는 것, 그들은 신에 의해 누구도 빼앗을 수 없는 권리를 부여받았다는 것, 이 권리 중에는 생명과 자유와 행복의 추구가 포함되어 있다는 것, 인류가 국가를 세우는 것은 이러한 권리들을 확보하기 위해서라는 것, 따라서 국가권력의 정당성은 국민의 동의에서 나온다는 것, 그리고 어떤 형태의 국가이건 이러한 목적을 거스르는 경우 국민은 언제든지 그 국가를 개혁하거나 폐지하고 그들의 안전과 행복을 실현하는 데 가장 적당하다고 생각되는 원칙에 기초를 둔 새로운 형태의 국가를 세우는 게 국민의 권리라는 것은 자명한 진실이다." 유럽의 계몽주의 철학자들에 의해 주창된 시민민주주의 이론을 현실에 적용하겠다는 과감한 발상이었다.

게릴라전에 익숙했던 식민지 독립군은 프랑스의 도움을 등에 업고 독립전쟁을 승리로 이끌었다. 1783년 9월 파리조약을 통해 종전협정을 맺음으로써 미국은 국제 사회에서 독립국가로 인정받았다. 최초의 근대 시민공화국이 탄생된 것이다. 비록 독립전쟁을 촉발시킨 것은 경제적 현안이었지만, 전세계가 전제왕권의 탄압으로 신음하던 시절 민주주의와 인권을 외치며 총을 들고 나선 미국인들은 전제군주제를 거부하고 성문헌법에 기초한 민주주의 국가를 건설하기로 결정했다. 그러나 신생 공화국은 그 출발부터 마치 닻은 없고 돛대만 많은 배처럼 방황해야 했다. 그 주된 원인은 신생 독립국의 기틀인 헌법이 국가의 기능을 제대로 수행하도록 뒷받침하지 못했기 때문이었다.

미국은 첫번째 헌법으로 1781년에 제정된 연합헌법Articles of Confederation에 따라 중앙정부 없이 13개 주정부가 연합한 형태로 국가체제를 만들었다. 중앙집권제를 전제왕권과 동일시하여 이를 독재와 인권침해의 근본 원인이라 여겼기 때문이다. 그리하여 주정부간의 이해를 조정하고 국가적 공동체의 틀을 마련할 장치가 마련되지 못했다. 국가 전체적으로 세금을 부과하거나, 지역간 교역을 관리할 중앙부서도 없었다. 심지어 외교와 국방까지 각 주의 책임에 맡겨졌다. 일부 주에서는 화폐까지 독자적으로 발행하기도 했다.

따라서 주 사이의 이해 차이를 조정할 길이 없어 국정에 혼란이 따르는 것이 당연했다. 특히 독립전쟁에 소요된 비용을 갚아야 하는데, 각 주마다 책임 회피로 인해 부채가 상환되지 않았다. 이로 인해 건국 초기의 국내 경기는 엄청난 인플레를 겪었고 외채 상환 불능으로 무역은 거의 마비되다시피 했다. 심지어 독립전쟁에 참전했던 민병들이 밀린 월급을 달라며 무장봉기하는 사태까지 발생했다.

신생 공화국의 붕괴 위기를 느낀 정치지도자들은 연합헌법을 보완하기 위해 1787년 여름 필라델피아에 모였다. 그러나 석 달 간의 회의를 마친 그들은 애초의 의도와는 달리 완전히 새로운 연방헌법Federal Constitution 초안을 제시하고, 주의회에 승인을 요청했다.

새로운 연방헌법 초안의 핵심은 강력한 연방정부의 구성이었다. 연방정부는 국방·외교·통화 정책을 관장토록 되어 있었다. 강력한 권한을 갖는 연방정부를 설치하는 대신 입법·사법·행정을 분리시켜 권력의 독점을 막도록 했다. 즉 행정부 수반인 대통령은 입법을 할 수 없지만, 의회 입법안을 거부할 수 있게 했다. 연방법원 판사는 대통령이 추천해 연방의회가 승인하는 대신 종신임기제를 부여해 행정부나 입법부로부터 사법부가 독립될 수 있게 했다. 한편 연방의회는 판사나 대통령을 탄핵할 수 있는 권한을 가졌다. 이밖에 지역간의 이해의 충돌을 평화적으로 해결해 원만하게 국가공동체를 운영할 수 있는 다양한 제도적 장치가 마련되었다. 가장 강력한 권한을 행사할 연방의회의 경우 상원Senate은 작은 주의 이익을 보호하기 위해 각 주마다 동등하게 뽑는 반면, 하원House of Representation은 큰 주의 이익이 보호되도록 인구 비례에 따라 선출했다.

그러나 연방헌법 초안이 주의회의 승인을 얻을 전망은 불투명했다. 대다수 미국인, 특히 공화주의자Republicans들은 연방헌법 초안이 개인의 자유를 제약하고 지방자치를 위협할 것이라고 우려했기 때문이었다. 연방헌법의 기초자인 연방주의자 Federalists들은 초안 마련에 주도적인 역할을 한 제임스 매디슨 James Madison과 알렉산더 해밀턴, 존 제이John Jay 등을 동원해 새로운 헌법 초안의 장점을 적극 홍보했다. 그들은 새로운 연방헌법이 다양한 출신 배경과 이해관계를 가진 사람들이 광활한 영토에 흩어져 사는 미국 실정에 가장 적합한 정부를 구성할 것이라고 설득했다. 그들은 삼권분립을 보장하고 지역적 이해관계가 균형을 이룬 새 헌법체제하에서, 국민들은 이해에 따라 연합을 형성하거나 서로 견제할 것이므로 다수자와 소수자의 권리와 이익이 모두 보호된다고 주장했다. 다양한 이익집단이 서로 연대하고 견제하면서 권력의 집중을 막아 민주주의가 보장될 것이라는 논리였다.

그러나 연방헌법에 회의적인 공화주의자들은 연방정부의 권력 집중을 견제할 만한 법적 장치, 특히 연방정부로부터 개인의 인권을 보장할 장치가 부족하다며 연방헌법에 반대했다. 결국 대다수 주의회는 개인의 권리를 보장하는 「권리장전Bill of Rights」을 헌법에 추가한다는 조건부로 연방헌법 초안을 승인했다. 새 헌법에 따라 1791년에 소집된 초대 연방의회는 약속한 대로 10개 조항의 수정헌법을 통과시켰다. 제임스 매디슨은 「권리장전」이 가장 강력한 권한을 가진, 그래서 가장 권력을 남용하기 쉬운 행정부를 견제하려는 것으로, 특히 다수에 의한 소수의 권리가 침해받는 것을 막기 위한 목적을 지니고 있다고 설명했다.

헌법을 수정하는 방식에 있어 연방의회는 헌법 초안을 삭제하는 것이 아니라 기존의 헌법을 그대로 두고 수정안Amendment을 첨가하는 방식을 택했다. 「권리장전」이라고 불리는 새로운 수정헌법에는 표현·집회·결사·종교의 자유를 명시한 수정헌법 제1조를 비롯해 무기를 소지할 권리, 공정한 재판을 받을 권리, 재산권을 보장받을 권리 등이 포함되었다. 영국의 「권리장전」은 의회의 입법에 의해 제정된 것으로 의회에 의해 거부될 수 있는 제한된 권리인 반면, 미국의 수정헌법은 의회로부터도 침해받을 수 없는 불가침의 권리가 되었다.

## 흑인의 권리를 외면한 초기 연방대법원

프랑스의 정치학자 알렉시스 드 토크빌Alexis de Tocqueville은 수년간의 미국 여행을 바탕으로 1840년에 저술한 『미국의 민주주의Democracy In America』에서 미국의 평화와 번영 그리고 존재 그 자체가 7명으로 구성된 연방대법원Supreme Court의 손에 달려 있다고 설명했다. 그만큼 연방대법원의 권한이 막강하고 중요하다는 사실을 강조한 것이다. 그러나 건국 초기 연방법원의 기능은 매우 미약한 것이었다. 알렉산더 해밀턴은 헌법을 초안하면서 연방법원을 가리켜 "가장 힘이 약한 정부 부서"가 될 것이라고 예측했는데, 이것이 맞는 듯했다.

연방법원의 위상은 법원 건물의 규모에서도 나타났다. 1800년 필라델피아에서 워싱턴으로 수도를 옮겼을 때 연방법원은 독립된 건물도 없이 상원 회의장의 어두운 지하실 방을 차지하는 것으로 만족해야 했다. 뉴욕 주지사가 되기 위해 1795년 초대 대법원장직을 사임했던 존 제이는 1800년 존 애덤스John Adams 대통령이 다시 대법관으로 임명하려 했으나 이를 거절했다. 미국의 사법제도가 너무나 불완전해서 사법부가 필요한 힘과 권위를 갖추고 있지 못하다는 이유 때문이었다.

연방법원의 권위가 세워지지 않아서인지 처음 10년 동안 연방대법원은 이렇다 할 중요한 사건도 다루지 못했고 다룬 사건마저도 연방의회로부터 견제를 받았다. 연방대법원은 1793년의 한 판결Chisholm v. Georgia에서, 미국민은 자신이 살고 있지 않는 다른 주정부를 상대로 연방법원에 소송을 청구할 수 있다는 판결을 내렸다. 그러자 연방법원의 권한 강화를 우려한 연방의회는 수정헌법 제11조를 제정해 연방대법원의 판결을 무효화시켰다.

연방헌법이 실질적으로 기능하기 위해서는 헌법을 해석하고 그 해석에 복종하는 관례가 시급했다. 이는 사법부의 권위가 확립되지 않고서는 불가능한 일이었다. 연방대법원의 권위는 1801년 버지니아 출신의 존 마셜John Marshall이 대법원장으로 취임하면서 차츰 갖추어지기 시작했다. 법학교육은커녕 학교교육도 제대로 받지 못한 마셜은 독립전쟁에서 워싱턴과 함께 싸웠고, 독립 이후 버지니아 주의회 의원, 연방하원 의원, 국무장관을 지냈었다. 그는 중앙정부의 권한을 강화할 것을 주장하는 연방주의자로서 애덤스 대통령에 의해 임명되었다. 대법원장에 취임한 마셜은 1835년 퇴임할 때까지 뼈만 있던 미국의 헌법에 피와 살을 붙이면서 연방대법원을 명실상부하게 최고의 헌법기관으로 자리매김시켰다.

1803년의 한 판결Marbury v. Madison에서는 의회가 입법한 법안의 위헌성 여부를 결정하는 권한이 연방법원에 있다고 선언함으로써 연방법원의 위헌심사judicial review 기능을 확인했다. 이후 연방대법원은 일련의 판결을 통해 연방정부와 지방정부 간의 갈등이 합리적으로 해결되도록 했고, 개인간 계약의 준수, 재산권의 보호 등 상업적 발전에 필수적인 법적 질서를 확립하기도 했다. 마셜 대법원장의 지도하에 연방대법원은 미국 사회가 사법부의 권위를 인정하고 법치주의를 통해 사회적 갈등을 봉합하며 경제적 발전을 추구해나갈 수 있는 토대를 마련했다.

그러나 19세기 중반에 접어들면서 연방대법원도 당시 미국 사회에 가장 첨예한 대립을 가져온 노예문제에 대해서는 평화적 해결책을 제시하는 데 실패했다. 미국인들의 종교적 양심과 지역적·경제적 이해관계가 충돌한 노예문제는 법으로도 해결될 수 없었다. 연방헌법을 기초할 당시, 노예제도가 크게 필요하지 않았던 상업 중심의 북부지역과 노예의 노동력이 필수적인 농업 중심의 남부지역은 잠정적인 타협안에 합의했다. 즉 1808년 이후는 노예 수입을 금지하는 대신, 세금부과와 국회의원 수의 할당을 위해 노예 한 명을 백인 3/5명으로 계산하기로 합의한 것이다. 그밖의 노예문제는 각 주에서 알아서 자치적으로 처리하도록 남겨두었다. 이러한 타협 때문에 흑인지도자인 프레더릭 더글러스Frederick Douglass는 "연방헌법에는 천국과 지옥처럼 서로 상반되는 자유와 노예제도가 같이 들어 있다"고 비난했다.

1804년까지 미국의 북부 주에서는 노예제도가 폐지되었으며, 남부 주에서도 노예제도를 폐지하라는 여론이 일었다. 그러나 면화 가공기술이 발달되면서 면화의 수요가 급격히 늘어나자 남부 주에서는 노예제도가 경제적 성장을 위해 필수가 되었다. 북부 주의 노예제도 폐지 압력에 위협을 느낀 남부 주는 노예제도를 지속할 뿐만 아니라 서부 개척으로 인해 새로 생기는 주에도 노예제도를 도입하도록 압력을 넣었다.

노예제도를 둘러싼 남과 북의 첨예한 이해 차이는 국가공동체 내의 갈등을 법적으로 해소하는 것을 불가능하게 만들었다. 노예제도를 둘러싼 법적 억압이나 폭력적인 보복이 잇달았다. 특히 남부에서는 노예제도의 폐지를 주장하는 언론이나 개인에 대한 보복이 심해졌다. 북부에 있는 노예폐지론자들이 남부로 선전물을 우편 발송하는 사례가 늘면서 언론인에 대한 테러도 늘어났다. 연방의회도 노예제도에 대해 합의를 이끌어내지 못하자, 미국인들은 마지막으로 연방대법원의 판결을 기대했다.

그러나 연방대법원도 노예문제를 해결할 수는 없었다. 연방대법원은 1857년 스콧Dred Scott 판결을 통해 노예제도는 주정부의 고유 권한으로 연방정부가 관여할 수 없다며, 노예제도를 금지한 연방법에 대해 위헌 결정을 내렸다. 그러나 북부 주는 연방대법원의 판결을 인정하지 않았고, 노예제도에 관한 대립은 더 이상 대화를 통해서나 법적으로 해결할 수 없다는 인식이 미국 사회에 팽배해졌다. 북부의 흑인지도자들은 무장봉기만이 노예의 사슬을 끊을 수 있다며 폭력 선동을 더욱 강력히 전개했다. 결국 1861년 버지니아·조지아 등 남부 6개 주가 연방으로부터 분리를 선언한 뒤 독자적으로 대통령을 선출하고 의회를 구성하자 남북간의 전쟁이 불가피해졌다. 그리하여 1861년에서 시작해 4년 동안 계속된 남북전쟁은 62만 명의 사망자를 내고 북군의 승리로 끝나게 된다.

남북전쟁의 종식과 더불어 노예들은 해방되고 그들에게도 백인과 동등한 권리를 보장하기 위해 헌법이 개정되었다. 수정헌법 제13조는 노예제도 폐지를 담고 있다.

비록 노예제도는 사라졌어도 남부 주는 여전히 해방된 흑인들에게 백인과 동등한 권리를 주지 않았다. 흑인들은 재산을 행사할 권리나 계약을 맺을 권리, 여행할 권리, 집회를 열 권리, 무기를 소지할 권리, 백인들과 관련된 소송에서 증언을 할 권리 등이 거부되었다. 수정헌법에 보장된 이러한 권리들은 연방정부로부터만 보호를 받는다는 1833년의 판결Barron v. Baltimore 때문이었다. 지방정부가 흑인들의 인권을 침해해도 연방정부는 이를 막을 수가 없었다.

그래서 1866년 수정헌법 제14조와 제15조가 제정되어 흑인에게도 백인과 마찬가지로 동등한 법적 권리와 선거권을 부여했다. 수정헌법 제14조는 주정부가 미국인들에게 부여된 특권과 권리를 침해할 수 없도록 했고, 누구에게나 정당한 법적 절차가 보장되어야 하고, 누구나 동등하게 법적 보호를 받을 권리가 있음을 선언했다.

그러나 해방된 흑인노예들의 권리를 보장하기 위해 제정된 수정헌법 제14조는 흑인들의 동등한 권리를 제대로 보호하지 못했다. 수정헌법 제14조로 인해 지나치게 연방정부의 권한이 확대되고 지방정부의 권한이 위축될 것을 우려해, 연방대법원이 수정헌법 제14조의 의미를 축소 해석하여 주정부의 권한을 최대한 존중하는 판결을 잇달아 내렸기 때문이다. 따라서 연방의회가 보장하려고 한 흑인들의 동등한 자유와 권리는 여전히 남부 주에서 묵살되었다.

1883년 연방대법원은 공공장소에서 흑인과 백인을 분리시키는 것은 법적인 강요로 인한 것이 아닌 이상 동등권을 침해하는 것이 아니라는 판결Civil Rights Cases을 내렸다. 1896년엔 "분리되었지만 동등하다separate but equal"는 논리를 내세워 주법에 의해 열차 내에서 흑인과 백인을 분리한 것도 수정헌법 제14조를 위반한 것이 아니라고 판결했다Plessy v. Ferguson.

## 자본가의 이익을 대변한 20세기 초반의 연방대법원

흑인들의 인권을 보장하기 위해 제정된 수정헌법 제14조를 사실상 사문화시킨 보수적인 연방대법원은, 한편으론 이 조항을 19세기 후반부터 진행된 급속한 산업화 과정에서 기득권을 쥐게 되는 자본가들의 재산권을 보호하는 도구로 활용했다. 연방대법원은 자유롭게 일할 권리, 자유롭게 기업활동을 할 권리를 수정헌법 제14조가 보장하는 권리라고 해석하면서 정부의 기업 규제를 제한하고 노동자들의 단결권 행사를 막았다. 연방대법원은 애덤 스미스의 국부론과 찰스 다윈의 진화론에 기초한 자유로운 시장경제 자본주의laissez-fair capitalism 체제를 미국 헌법의 근본 이데올로기로 인식했다. 이로 인해 연방대법원은 노동자들과 소외계층에 대한 착취와 탄압을 외면하고 조장한다는 거센 비난을 받아야 했다.

남북전쟁 이후 미국 사회는 급격한 산업화를 거치게 된다. 전신·전화·철도를 통해 지역간의 정보와 상품 교류가 활발해지면서 농업 중심 사회에서 제조업을 기반으로 한 산업사회로 탈바꿈하게 된다. 산업사회로 진입하는 미국인들에겐 지역간의 갈등 대신 계층간의 갈등이 기다리고 있었다. 19세기 후반부터 미국 사회는 노사간, 빈부간의 경제적 격차가 커지면서 가진 자와 못 가진 자 사이의 갈등이 고조되어 국가공동체 내의 균열이 심각해졌다. 1870년에 미국 인구의 74%를 차지하던 농촌 인구는 1906년까지 전체 인구의 51%로 줄었다. 한편 이 기간 동안 약 2600만 명의 유럽인들이 미국에 발을 들여놓게 된다. 대부분 남부와 동부 유럽에서 경제적 궁핍과 정치적 탄압을 피해 신세계를 찾아온 사람들로, 이들은 속속 인력이 필요한 산업현장으로 투입되었다.

물론 산업화 과정에서 미국인들의 꿈인 부를 쟁취하는 사람들도 있었다. 1850년 20여 명에 불과하던 백만장자의 수가 1900년에는 3000명에 달하게 된다. 그러나 대부분의 미국인들에게 부자가 되는 꿈은 신기루에 불과했다. 도시 노동자들은 일주일에 평균 60시간씩, 시간당 20센트를 받으며 일해야 했고 아내와 자식들도 일터로 보내야 겨우 가족의 생계를 이어갈 수 있었다. 농업 기계화로 인해 농민들의 생산량은 늘었으나 수송수단과 저장시설을 독점한 중간상인들에게 대부분의 이익을 빼앗겨야만 했다. 농민과 노동자들의 불만은 커져갔으나 정치권은 이를 반영하지 못했다. 자본가 계급들이 장악한 정치구조는 경제·사회적 변화를 요구하는 민중들의 목소리를 외면할 뿐이었다.

정치인들의 무능과 부패가 극에 달해 부정선거, 관직 매매, 뇌물 수수 등이 예사로 이루어졌다. 경제 부조리도 만연해 있었다. 엉터리 만병통치약이 신문광고 등을 통해 날개 돋힌 듯이 팔리는가 하면, 물 먹인 소고기가 위생처리도 제대로 되지 않은 채 도살장에서 팔려 나가곤 했다. 언론마저도 소외된 미국인들에게 큰 힘이 되어주지 못했다. 자본가들이 소유한 대부분의 신문들도 기득권 세력의 옹호나 선정적 기사로 판매부수를 늘리는 데에만 몰두했다.

연방대법원도 노동자의 생존권이나 권익보다는 기업활동의 자유와 자본가의 재산권 보호를 우선시하는 판결을 통해 자본주의 사회의 경제적 불균형과 모순을 개선하려는 미국인들의 노력에 제동을 걸었다. 연방대법원은 노사관계를 대등한 개인간의 계약으로 간주했다. 생존권이란 자신이 원하는 직장에서 원하는 시간에 일할 권리를 뜻하는 것으로, 이를 제한하는 노조의 결정이나 노동자보호법과 같은 법률은 헌법에 보장된 권리를 침해한다고 본 것이다. 기업의 노조 탄압을 금지시키거나, 노조 가입 노동자들에게 불이익을 주지 못하게 한 법률들도 위헌 판결Hitchman Coal and Coke Co. v. Mitchell, 1917을 받았다. 최저임금제나 근로시간 상한제 등과 같은 법률도 기업활동의 자유와 근로의 자유를 침해하는 것으로 간주되었다간주되었다Adkins v. Children's Hos pital, 1923. 다윈의 적자생존 이론이 미국 경제의 금과옥조로 여겨졌고, 이러한 자연적 경쟁 과정에 개입하는 것은 발전을 저해하는 것으로 간주되었다.

열악하고 위험한 사업장에서 발생하는 산업재해에 대해서 사용자에게 책임을 묻는 것도 허용되지 않았다. 심지어는 연방정부가 소득세를 부과하는 것조차 위헌이라고 판결했다. 연방대법원은 누진적인 소득세가 부자를 처벌하고 그들의 재산을 몰수하려는 것이라며 반대하기도 했다Pollock v. Farmers' Loan and Trust Company, 1895. 그 결과 자본가의 입장을 두둔하는 연방대법원의 판결은 노동자 계층의 거센 반발을 초래했고, 법 대신 무력에 호소하는 노사분규가 잇달았다.

한편 시장자유주의자들과 좌익사회주의자들과의 갈등이 심화되자 중도적 입장에서 점진적 개혁을 꾀하는 진보주의 운동 Progressive Movement이 활발해졌다. 변호사·교수·언론인 등 엘리트가 중심이 된 진보주의 운동은 사회주의나 공산주의에 효과적으로 대응하기 위해서 자본주의의 문제점을 개선·보완해야 한다고 강조했다. 근로조건의 개선, 대기업의 규제, 정치권의 부패 척결, 국민의 정치참여 확대 등이 그들의 목표였다. 진보주의 운동의 촉매가 된 것은 심층보도를 전문적으로 하는 '머크레이커Muckraker'라고 불리는 기자들이었다. 그들은 자본가의 입장을 두둔하는 일간지 대신에 비교적 독립된 주간지를 통해 미국 사회 전반에 걸친 부조리를 고발·폭로하면서 소외되고 뒤쳐진 사람들을 국가공동체 안으로 품어 안도록 미국인들을 독려했다. 1903년에서 1912년 사이 특히 위력을 떨친 머크레이커들은 기업병합, 졸부의 횡포, 지방정부의 부패, 빈민가, 범죄, 광고사기, 불량식품, 아동노동, 주식조작, 자연파괴 등 미국 산업사회의 전반적 문제들을 다양하게 들추어냈다. 이러한 언론의 고발은 제도적 개선에 필요한 여론을 환기시켜 구체적인 제도개혁으로 이어지기도 했다.

그러나 진보주의자들의 노력이 근본적인 경제개혁으로 연결되지는 못했다. 따라서 체제 내의 개혁 대신 체제의 전복을 통해 자본주의의 착취구조를 부수고 새로운 형태의 국가를 세워야 한다는 급진적 정치이념이 미국 사회에 파고들기 시작했다. 정부가 노동조합의 결성이나 파업 등을 강력히 규제했음에도 불구하고 과격 노동조합이 급격히 세력을 확장했고 무정부주의자·사회주의자·공산주의자들도 왕성하게 활동하기 시작했다. 이에 미국 정부와 기업체들은 불만의 근원을 해소하기보다는 무자비하게 탄압하는 방법을 택했다.

1886년 시카고에서 파업중인 노동자들과 무장경찰이 충돌하여 12명이 사망하고 70여 명이 부상하는 유혈사태를 필두로 해마다 수백여 명이 노사간의 유혈 충돌로 사망했고, 전국적으로 좌익분자에 대한 체포가 빈번히 행해졌다. 특히 제1차 세계대전

중에는 미국의 참전을 반대한 사회주의자들이 간첩법Espionage Acts과 선동법Sedition Acts 위반혐의로 대량 구속되었다. 그들은 미국 정부가 애초의 입장을 포기하고 전쟁에 참가하게 된 것은 자본가들과 군수산업의 부추김 때문이라고 주장했었다.

미국 사회의 좌익 탄압은 제1차 세계대전 직후에 더욱 크게 고조되어 이른바 '적색 공포Red Scare'라는 신조어까지 탄생시켰다. 1917년 11월 혁명으로 소련에서 레닌이 집권한 후 세계 적화를 공공연히 선전해대자 미국에서도 과격 사회주의자들이 공산주의자로 변모해 선동활동을 강화했기 때문이었다. 1919년과 1920년 사이에 무려 약 70여 종의 반정부 선동금지법안이 연방의회에 상정되었다. 25개 주정부가 공산주의자들을 무차별적으로 체포했다.

대규모의 좌익 탄압으로 법정에 서게 된 많은 피고인들이 연방헌법에 보장된 표현의 자유가 침해되었다고 주장하자, 비로소 정치적 기본권을 보장하는 연방대법원의 판결들이 나오기 시작했다. 연방대법원의 초기 판결은 개인의 자유보다는 국가공동체의 이익이 중요하다는 논리 아래 정부의 좌익 탄압을 승인하는 것들이었다. 수정헌법 제1조에 관한 최초의 판결이라 할 수 있는 1919년의 센크 판결Schenck v. United States에서 연방대법원은 제1차 세계대전 참전반대와 징집반대 전단을 살포한 한 사회주의자에게 실형을 선고한 원심을 만장일치로 확정하면서 '명백히 현존하는 위험Clear and Present Danger'의 원칙을 내놓았다. 즉, 정부는 특정 표현이 명백히 현존하는 위험을 제기한다든가 그러한 환경을 조성한다면 이를 금지할 수 있다는 것이었다.

그러나 비록 소수지만 일부 대법관들은 표현의 자유를 최대한 보호해야 한다고 주장하기 시작했다. 그들은 바로 올리버 웬델 홈즈Oliver Wendell Holmes Jr.와 루이스 브렌다이스Louis D. Brandeis 대법관이었다. "세월의 변화에 따라 많은 정치이념이 부침하기 마련"이라고 갈파한 홈즈 대법관은 이들 중 어느 정치이념을 선택하는 것은 정부가 아니라 국민들이라면서, 그러기 위해서는 사상과 표현의 자유가 보장되어야 한다고 역설했다.

홈즈나 브렌다이스가 사상과 표현의 자유의 중요성을 인식하게 된 데에는 인권운동가들의 영향이 컸다. 당시 진보적 성향의 학자·변호사·정치인들은 참전반대자와 공산주의자에 대한 정부의 가혹한 탄압이 시작되자, 그들 희생자들의 법률 구호를 위해 미국시민권연맹American Civil Liberties Union을 조직했다. 그들은 국가안보라는 명목으로 개인의 자유와 권리를 무참하게 짓밟는 것은 실제로 국가안보를 튼튼하게 하기보다는 헌법에 나타난 미국의 건국이념을 위배해 국가안보의 기틀을 약화시키는 것이라고 주장했다. 그들은 법률 구조 활동과 더불어 팸플릿 등을 통해 미국 민주주의의 요체인 표현의 자유, 양심의 자유가 무참히 짓밟히고 있음을 국민들에게 상기시켰다.

제1차 세계대전 이후 공산주의자들에 대한 검거선풍이 불자 그들을 변호하는 데에도 미국시민권연맹은 앞장섰다. 미국시민권연맹은 당시로서는 유일하게 인종차별을 반대하던 백인 시민운동단체로 경찰과 검찰에 의한 인권침해를 막는 데에도 앞장서서 경찰이 피의자를 구타하고, 식사를 주지 않거나 잠을 자지 못하게 하고, 가족이나 변호사의 면담을 방해하는 등 불법행위를 일삼고 있다고 폭로하기도 했다.

## 연방대법원을 인권의 보루로 자리잡게 한 대공황

노동자의 생존권보다는 기업활동의 자유를 우선해온 연방대법원은 1930년대에 접어들면서 비로소 명실상부하게 인권의 보루로서 자리매김에 필요한 방향 전환을 하게 된다. 그것은 미국 사회의 전반적인 변화와도 일치하는 것이었다. 10여 년 전 홈즈 대법관이 주장한 '사상의 자유시장'도 마침내 받아들여지게 된다. 그러나 연방대법원의 진로 변경은 상당한 외부 압력을 받은 후에야 이루어질 수 있었다. 미국 사회 전체가 홈즈가 말한 대로 어떠한 이념이나 사상도 절대적으로 옳다거나 그르다고 할 수 없다는 것을 뼈저리게 인식하게 된 것은 1929년부터 시작된 대공황 때문이었다.

미국인들에게 영원한 부와 번영을 가져올 것 같았던 자본주의 시장경제체제는 1929년 10월 증권시세의 폭락과 함께 무너지기 시작했다. 10여 년이 넘게 지속된 대공황으로 인한 기아와 궁핍은 무절제한 자유시장 경제체제와 획일적인 사고의 위험을 동시에 알려주었다. 결국 시장경쟁원리로 움직이는 자본주의에 대한 경외감은 경멸감으로 바뀌었고, 오히려 사회주의 계획경제에 대한 관심이 높아지면서 정부의 정책도 기업의 규제와 노동자의 권익 보장을 통해 경제를 부흥하는 방법으로 바뀌게 된다.

대공황은 자유시장 경제제도에 한계가 있으며 국민의 생존권 보장을 위해 정부의 규제와 간섭이 불가피하다는 것을 보여주었다. 미국의 대공황은 생산의 부족에서 온 것이 아니라 부의 불균형과 투기로 인해 금융과 유통이 마비되면서 생긴 인위적 재앙이었다. 증권시세의 폭락은 전반적 투자의 감소로 이어져 기업체들은 생산을 줄여야 했고, 해고 노동자들이 늘어나 구매력이 줄어드는 악순환이 반복되었다. 당시 허버트 후버Herbert Hoover 대통령은 맨손으로 시작해 백만장자가 되었던 기업가 출신으로 철저한 자유시장 경제체제의 신봉자였다. 평소 신념대로 후버는 정부의 간섭이 아니라 민간 부문의 자발적 행동에 의해 경제가 회복되어야 한다며, 대공황을 벗어나기 위한 정부의 적극적인 조치를 취하지 않았다. 이에 반발한 미국민들은 1932년의 대통령 선거에서 새로운 경제정책을 약속한 프랭클린 루스벨트Franklin D. Roosevelt 뉴욕 주지사를 선택했다.

루스벨트는 이른바 뉴딜New Deal정책이라는 정부 주도의 과감한 경제회복 정책을 수립했다. 그는 국민의 생존권을 보호할 강력한 정부가 필요하다고 선언했다. 국민의 복지를 보장할 책임이 정부에게 있다는 신념이었다. 취임하자마자 루스벨트 대통령은 정부의 보조금 확대, 각종 정부 발주 사업의 실시, 노동조합의 지위 보장, 증권 및 은행의 감시와 규제의 확대, 독점자본의 규제 등 획기적인 경제개혁 정책을 감행했다. 빈곤에 허덕이던 대부분의 미국인들이 루스벨트의 뉴딜정책을 열렬히 지지한 것은 당연했다. 그러나 이처럼 국민의 절대적 지지 속에 입법되어 실행에 옮겨진 뉴딜정책은 번번이 연방대법원에 의해 발목이 잡혔다. 뉴딜정책에 반발한 자본가·경영자 등이 루스벨트의 경제개혁조치가 재산권을 보장한 헌법에 위배된다며 잇달아 소송을 제기했고, 연방대법원은 과거의 선례를 들어 이들의 편을 들었다. 정확히 말하면 9명의 대법관 중 5명의 보수적인 판사들에 의해 내려진 결정이었다.

1936년 선거에서 압도적인 표차로 재선된 루스벨트는 연방대법원의 효율성을 높이기 위해 구조 개편을 단행하겠다고 전격 발표했다. 그 의도가 대법관의 숫자를 늘려 뉴딜정책에 우호적인 대법관을 임명해 위헌판결을 차단하려는 것임은 의심의 여지가 없었다. 그러나 예상외로 이런 루스벨트의 계획은 거센 반발에 부딪쳤다. 사법부의 독립이라는 숭고한 원칙을 대통령이 파기한다는 비난이 높았던 것이다. 야당 의원은 물론이고, 여당 의원까지도 사법부 개혁안에 반대했다. 그러나 루스벨트는 사법부 개혁안을 포기하려 하지 않았다.

이러한 와중에 발표된 연방대법원의 판결들은 최저임금제의 합헌성을 인정한 웨스트코스트 호텔 판결West Coast v. Parish을 시작으로 해서 과거의 선례와 달리 뉴딜 경제개혁정책을 합헌으로 인정했다. 1937년 이후 루스벨트 대통령의 경제개혁 법안은 단 한 차례도 위헌판정을 받지 않았다. 이는 종전까지 보수적인 대법관들과 함께 표를 던져온 오웬 로버츠Owen Roberts 대법관이 진보적 대법관들에 동참하면서 진보진영이 다수를 차지했기 때문이었다. 이러한 일련의 판결들은 연방대법원의 권위와 독립성을 해치는 루스벨트의 사법부 개혁안을 불필요하게 만들었다. 더구나 고령의 보수적인 판사들이 잇달아 은퇴를 선언함으로써 루스벨트는 굳이 사법부 개혁안을 관철시키지 않더라도 차기 대법관 지명을 통해 대법원에 진보적 대법관으로 다수를 확보할 수 있게 되었다. 결국 연방의회는 사법부 개혁안을 부결시켰고 20세기 미국 헌정사의 최대 위기는 커다란 충돌 없이 해소되었다. 사법부의 판결에 불만을 품은 행정부나 입법부가 사법권의 독립과 권위를 침해하는 선례를 남기지 않고서 헌정사의 위기를 극복할 수 있었던 것이다.

## 냉전에 희생된 '사상과 표현의 자유'

비록 사법부의 독립성과 권위에 대한 약간의 상처를 입긴 했지만, 연방대법원은 1937년 이후 실추되었던 사법부의 권위를 회복하고 자유와 인권의 보루로서의 지위를 더욱 확고하게 할 수 있었다. 연방대법원은 산업사회에서 파생되는 경제적 이해관계가 얽힌 문제에 대해서는 가급적 의회와 행정부의 의견을 존중해주는 대신 인종적·정치적 소수자의 기본권 보호에 적극 앞장서면서 민주주의와 인권을 지탱하는 확고한 기둥으로서 자리 잡게 된다. 1937년 이후 연방대법원은 공익을 위해 정당한 절차를 거쳐 재산권을 제한하는 경제적 규제는 너그럽게 용인하는 한편 표현의 자유, 신앙의 자유, 인종적 평등권, 범죄피의자에게 보장된 인권 등을 침해하는 정부의 행위에 대해서는 보다 강력하게 제동을 걸기 시작했다.

1937년 연방대법원은 파업 노동자들의 집회에서 공산당 가입을 권유하는 연설을 해 오리건주의 반국가단체 조직금지법을 위반한 혐의로 체포된 공산당원에 대한 하급심의 유죄판결을 파기시켰다De Jonge v. Oregon, 1937. 판결문을 쓴 찰스 에반스 휴즈 Charles Evans Hughes 대법원장은 "폭력에 의해서 정부를 전복하려는 선동자로부터 국가를 보호하는 것도 중요한 만큼 헌법에 보장된 표현·출판·집회·결사의 자유를 침범치 않는 것이 중요하다. 그래서 정부가 국민들의 의사를 반영할 수 있도록 만들어야 하고, 만약 변화가 필요하다면 평화적인 방법으로 가능하게 해야 한다. 바로 여기에 우리 공화국의 안보가 달려 있다"며 평화적인 방법 대신 폭력을 사용해 민주정부를 전복하려는 사람들을 처벌하는 것을 인정하면서도, 표현의 자유를 보장하는 것이 진정한 안보라고 역설했다.

연방대법원은 나아가 사상과 표현의 자유는 모든 자유의 근본이기 때문에 다른 어느 자유보다 우선적으로 보장받아야 한다고 선언하기도 했다Palko v. Connecticut, 1937. "우리 국민의 전통과 양심 속에 깊이 뿌리박혀 있는 표현의 자유는 모든 자유 중 가장 우선하는 것이고 기본적인 것이다. 수정헌법 제1조는 다른 모든 형태의 자유에 필수불가결한 조건으로 자유의 모체"라는 것이다.

자유야말로 진정한 안보를 가져다준다는 신념은 제2차 세계대전이 발발하면서도 크게 흔들리지 않은 듯했다. 일본으로부터 진주만 공격을 당한 후에도 루스벨트 대통령은 "우리는 어떠한 위협으로부터 그리고 어떠한 위험으로부터도 선조들이 우리를 위해 만들어놓은 「권리장전」에 보장된 자유를 포기하지 않을 것"이라고 강조했다. 자유에 대한 미국인들의 신념은 연방대법원의 판결에서도 계속 이어졌다. 대법원은 국기에 대한 경례와 국기에 대한 맹세를 학생들에게 강요하는 것은 양심의 자유를 침해하는 것이라고 판결했다. 정부가 특정한 형태의 믿음을 학생들의 반대의사에도 불구하고 강요하는 것은 위헌이라는 것이었다West Virginia State Board of Education v. Barnette, 1943. 국가공동체에 대한 신념은 강요에 의해 생기는 것이 아니라 자발적으로 생기는 것이라는 이유에서였다.

그러나 연방대법원은 제2차 세계대전 당시 태평양 연안에 거주하던 일본계 미국인들을 내륙의 강제수용소에 이주시키고 이를 거부한 시민들을 처벌한 것을 합헌으로 간주했다Korematsu v. United States, 1944. 충성심이 의심스러운 일본계 미국인들을 군사적 필요에 의해서 격리시키는 일은 어쩔 수 없다는 것이었다.

미국인들의 국가안보에 대한 불안은 전쟁이 끝나고 동서간의 긴장이 고조되면서 더욱 커졌다. 동구와 중국의 공산화, 소련의 원폭실험과 한국전의 발발, 그리고 국내의 간첩단 색출 소식은 미국인들로 하여금 국가안보가 위태롭다는 위기의식을 갖게 만들었다. 연방정부는 합법적으로 인정되었던 공산주의자들에게 가혹한 탄압을 다시 가하기 시작해, 1948년 공산당 간부를 검거하는 것을 비롯해 각종 반공규제를 강화했다. 그러나 반공정책의 여파는 공산주의자들에게만이 아니라 과거 공산당에 참여한 적이 있거나 공산당이 추구하던 정책을 지지하는 사람들에게까지 탄압과 의심의 손길이 뻗치게 만들었다. 자기와 의견이 다른 사람들을 공산주의자로 몰아붙이는 매카시즘이 기승을 부렸다.

매카시즘이란 단어를 탄생시킨 조지프 매카시Joseph McCarthy 연방상원의원 외에도 반공의 기치하에서 정치적 입지를 단단히 한 사람들은 많았다. 당시 할리우드의 영화배우노조 조합장이던 로널드 레이건Ronald Reagan은 할리우드 내의 진보적 친공 영화배우와 제작자들을 제거하는 데 앞장섰고, 리처드 닉슨Richard Nixon은 초선의원 시절부터 반공의 기수로 등장해 1952년에는 드와이트 아이젠하워Dwight Eisenhower의 러닝메이트로 부통령에 당선되는 등 정치적 출세가도를 달렸다.

냉전기간 동안에는 연방대법원마저 자유와 권리에 대한 확신을 잃어, 개인의 자유보다는 안보가 중요하다는 논리가 다시 힘을 얻었다. 1951년 프레드 빈슨Fred Vinson 대법원장은 미국 공산당 간부를 국가보안법 위반으로 처벌하는 것이 수정헌법 제1조에 저촉되는 것이 아니라고 선언했다Dennis v. United States. 공산당은 국가안보에 심각한 위험을 초래하고 있으며, 이들에게 적용될 기준은 '명백히 현존하는 위험'이 아니라 '명백히 가능한 위험 Clear and Probable Danger'으로 바뀌어야 한다는 것이었다.

1952년 공화당 후보인 아이젠하워가 대통령에 당선되면서 비로소 정치권의 반공 이데올로기 경쟁이 수그러들기 시작했다.

집권당이 된 보수 공화당은 국내 공산주의자들의 위협을 더 이상 강조할 필요가 없게 되었다. 야당이 된 민주당에게도 반공이념 논쟁은 커다란 득표 요인이 되지 않았다. 매카시즘에 대한 미국인들의 환멸도 차츰 나타나기 시작했다. 사상과 표현의 자유가 유린되고 적법한 절차도 거치지 않은 채 개인의 권리가 침해되는 것에 대한 우려가 높아졌고, 반공 정치인들의 선동에 대한 국민들의 반응도 차츰 담담해졌다. 1954년 12월 매카시가 미군 고위 장성을 무모하게 공산주의자로 몰아붙여 상원의 품위를 더럽혔다는 혐의로 징계를 받으면서 매카시즘은 그 위력을 상실하게 되었다.

그렇지만 대법원에서 공산당원의 처벌을 합헌이라고 선언한 이후 각계각층에서 진행되던 반공숙청의 회오리는 더욱 가속되었다. 1953년까지 39개 주에서 폭력적으로 정부 전복을 시도하거나 이를 목표로 삼는 단체를 조직하거나 여기에 가입하는 것을 금지하는 법을 통과시켰다. 공산당원을 색출하기 위한 감시와 불신의 눈초리가 미국 사회에 가득했다.

이렇게 살벌한 상황에서 생존하기 위해서는 공산당이 지지하는 노선과는 무조건 반대쪽 입장을 취해야만 했다. 연방의회 내에서도 인종차별 금지, 의료보험 실시 등의 시급한 국가정책이 외면되었다. 이는 공산당이 지지하는 정책이었기 때문이다. 1960년대 미국 사회의 분열의 도화선이 된 베트남전 참전도 반공 강경노선에 서지 않으면 공산당 지지자로 몰리는 1950년대의 정치적 상황 때문에 충분한 토의도 없이 결정된 것이었다.

## 인종차별 철폐와 인권보호에 앞장선 워렌 대법원장

매카시즘에 의해 손상된 법치주의 질서를 회복해야겠다는 의지는 연방대법원의 판결에서 나타나기 시작했다. 공산주의자들보다도, 인권을 유린하고 공정한 법적 절차를 무시하는 것이 더 심각하게 미국의 민주주의를 위협하고 있다는 우려가 일련의 연방대법원 판결문 속에 나타났다. 이를 주도한 사람은 얼 워렌Earl Warren 대법원장이었다. 워렌은 1940년대 캘리포니아 주법무장관과 주지사를 역임한 보수적 성향의 인물로 1953년 아이젠하워 대통령에 의해 빈슨의 뒤를 이어 대법원장에 임명되었다. 그러나 워렌은 임명 전의 예상을 깨고 인권보호에 적극 앞장서는 진보적 법관으로 탈바꿈했다.

워렌은 각종 연설과 언론 인터뷰를 통해 공산주의를 물리친다는 명목으로 공산주의자들과 똑같이 비민주적인 방법을 사용해서는 안 된다고 역설했다. 연방대법원은 매카시즘의 희생자들에게 사상의 자유와 표현의 자유를 다시 부여하는 결정을 내리기 시작했다. 워렌 대법원장은 공립학교에서의 인종차별이 위헌이라는 만장일치 판결을 이끌어내는 데에도 결정적인 역할을 했다 Brown v. Board of Education, 1954. 그것은 미국 사회의 치명적 갈등 요인을 과감하게 국가공동체 안에서 용해시켜 치유하려는 시도였다.

남북전쟁 이후 흑인들에게도 동등한 권리를 보장한 수정헌법이 통과되었으나 남부 주에서는 여전히 흑인들에 대한 차별이

보편적으로 이루어지고 있었다. 20세기 접어들면서 유색인종지

위향상협회National Association for the Advancement of Colored People

등 흑인 인권단체들의 소송을 통해 일부 위헌판결이 내려지긴

했지만, 인습과 제도에 의해 뿌리박혀 있는 남부 주의 인종차별

을 없애는 데에는 커다란 도움이 되지 못했다. 그러나 전쟁의 참

전과 동서냉전 대결 과정에서 세계의 자유와 양심을 자처하고

나선 미국 정부가 자국민인 흑인들에 대해 비인간적인 대우를

하고 있다는 점은 강대국으로 부상하려는 미국의 아킬레스건이

었다.

결국 1954년 연방대법원은 공립학교에서 흑인 학생과 백인 학

생을 함께 공부하지 못하도록 한 것은 위헌이라는 판결을 내렸

다. 현대 사회에서 성숙한 시민으로서 성장하기 위해 가장 기본

적인 요소가 교육임을 강조한 연방대법원은 흑인 학생들을 분리

시켜 열악한 환경에서 공부하도록 강요하는 것은 수정헌법 제

14조의 평등권 보장Equal Protection 조항을 침해했다고 선언했다.

연방대법원의 이러한 결정에 고무된 흑인들은 더욱 적극적으로

인종차별 철폐운동을 전개했다.

1955년 10월 앨라배마주에서 마틴 루터 킹 목사의 주도로 불

붙은 민권운동은 1960년대로 이어지면서 미국 사회에 흑인의 자

존심과 권리를 찾게 했으며, 연방대법원도 꾸준히 흑인의 평등권

을 보장하는 판결을 내렸다. 연방대법원은 또 흑인 민권지도자

들의 집회와 시위의 권리를 보호하는 판결도 내려 흑인 민권운

동이 성공할 수 있는 뒷받침을 해주기도 했다NAACP v. Alabama,

1958. 연방대법원의 판결은 흑백차별 문제에 대해 그동안 미온적이거나 방관하고 있던 정치인들에게 인종차별 철폐를 위한 입법 활동을 강화할 수 있는 명분을 주기도 해, 1960년대 초반 연방의회는 흑인의 인권 신장을 위한 각종 법안을 통과시킬 수 있었다.

한편 1950년대 불붙었던 냉전의 열기는 1961년 쿠바사태를 기점으로 급속히 시들어갔다. 소련이 쿠바에 미사일 기지를 설치하려는 시도를 제압한 미국인들은 소련도 별것이 아니라는 자신감을 갖게 되었다. 따라서 대對소련 관계는 대결구도에서 공존구도로 바뀌게 되고 국내외 공산주의에 대한 공포도 사라지고 국내외 반공정책에 대한 토론도 활발해졌다. 1960년대에 접어들면서 언로가 다시 트이며 그동안 억압받던 사상과 이념들이 대학을 중심으로 쏟아져 나왔다. 이들은 기성세대의 반공 이데올로기와 보수주의에 도전하면서 베트남전을 반대하고, 인종차별 철폐를 외쳤으며, 빈부 격차의 해소 등과 같은 사회복지정책을 요구했다.

그러나 수구세력의 저항도 만만치 않아 미국 사회의 분열과 갈등은 더욱 심해졌다. 보수주의자들은 학생운동과 민권운동, 그리고 반전주의자들을 공산주의자·반역자로 몰아붙인 반면, 학생들은 기존 정치인들을 불신하고 거리로 뛰쳐나왔다. 대화를 통해 평화적으로 갈등을 해소하는 민주적 전통이 냉전시대를 거치며 실종된 결과 미국인들은 엄청난 사회적 희생을 감수해야 했다. 1960년대 미국 사회는 대화와 타협 대신 반목과 폭력으로 인해 혼란의 소용돌이에 휩싸였다. 더욱이 존 에프 케네디, 로버

트 케네디, 마틴 루터 킹, 말콤 엑스 등의 정치지도자들이 저격당
하면서 불신과 대결의 골은 더욱 깊어갔다. 해마다 수천 명의 젊
은이들이 베트남의 정글에서 죽어갔고, 국내에서는 반전데모가
연일 벌어졌으며, 대도시 빈민가에서는 유혈폭동으로 또다시 무
고한 사람들이 목숨을 잃었다.

이런 혼란기의 1960년대 미국 사회를 지탱해준 것은 연방대
법원이었다. 미국 사회의 극심한 정치체제의 불신에도 불구하고
연방대법원은 그 권위와 신뢰를 잃지 않았다. 비록 극좌 혁명주
의자들이나 극우 보수주의자들로부터 비난을 받긴 했으나, 미국
의 평화와 안정을 가져다주는 헌법기관으로서 국가공동체의 정
신적 지주 자리를 확고히 했다. 그것은 연방대법원이 경직된 냉
전적 사고의 틀을 버리고 표현의 자유와 평등권을 꾸준히 확대
했기 때문이었다. 연방대법원은 연이은 판결을 통해 폭력혁명보
다는 개인의 자유를 보장하는 것이 진정으로 민주주의를 지키는
것이라고 진보주의자들을 설득했고, 보수주의자들에게도 가장
확실한 국가안보는 개인의 자유와 권리가 보장될 때 가능한 것
이라고 깨우쳐주었다.

연방대법원은 또한 수사기관의 권력 남용으로부터 범죄피의
자의 권리를 보호함으로써 법집행의 투명성과 국민의 신뢰를 높
였다. 특히 주정부 경찰이나 검찰이 피해자의 인권을 침해하는
사례가 많음을 중시하고, 피의자들에게 묵비권을 행사할 권리나
변호사의 조력을 받을 권리를 고지하지 않고 얻은 자백은 증거
로 인정할 수 없다는 판결을 내렸다(Miranda v. Arizona, 1966; Gideon

v. Wainright, 1963. 수사기관이 제시한 증거도 합법적으로 얻은 것이어야 재판에서 채택된다는 판결도 내렸다Mapp v. Ohio, 1961. 이러한 판결로 인해 연방대법원은 범죄예방이나 범죄피해자의 권리보다는 범죄자의 권리를 더 존중하고 있다는 비난을 받기도 했다. 그러나 대부분의 주정부 경찰은 연방대법원의 결정에 따라 '미란다 경고문'을 만들어 수사관들로 하여금 체포를 당하거나 심문을 받는 피의자들에게 읽어주는 조치를 취했다.

## 남녀평등에도 눈뜬 1970년대 이후의 판결

1968년 선거에서 보수 공화당의 닉슨 후보는 미국 사회의 혼란의 책임이 헌법을 엄격하게 해석하지 않는 연방대법원에 있다고 공격했다. 닉슨이 대통령에 당선된 후 연방대법원은 보수적인 대법관들로 다수가 구성되었다. 그러나 사법부의 권위를 지키고 국민의 인권을 보호하는 기능이 결코 축소되지는 않았고, 워렌 대법원장의 주도하에 결정된 진보적 판결들이 번복되는 사례도 거의 없었다.

1974년 연방대법원은 대통령도 법을 준수해야 한다는 판결을 통해 사법부의 권위와 독립성을 다시 입증하면서 워터게이트 사건으로 닉슨이 유린한 법질서를 바로잡는 데 기여했다United States v. Nixon. 닉슨 대통령은 워터게이트 사건과 관련해 내려진 연방지방법원의 백악관 녹음테이프 제출 명령을 거부하고 있었다. 연방대법원은 대통령의 특권을 인정했으나, 그 특권이 공정한 재판을 받을 권리와 충돌이 된다면 그 판단은 사법부에 맡겨야 한다고 선언했다. 더불어 공정한 재판을 받기 위해 필요한 모든 증거를 입수하는 것이 대통령의 특권만큼이나 중요하다고 강조하면서, 연방지방법원이 제출하도록 닉슨에게 명령한 자료는 공정한 재판을 하기 위해서는 필수적인 것이기 때문에 대통령도 법원의 명령에 따라야 한다고 판결했다.

닉슨 판결은 법 앞에 모두가 평등하다는 원칙, 그리고 법에 관한 최종 판단은 연방대법원이 내린다는 사실을 확인함으로써 법치주의 질서가 결코 흔들리고 있지 않음을 미국민들에게 재확인시켜준 것이었다. 법질서를 유린한 대통령에 대해 연방대법원이 준엄한 심판을 내린 것이다. 결국 연방대법원의 판결 2주일 만에 닉슨은 대통령직을 사임하게 된다.

1980년대에 접어들면서도 연방대법원은 자유와 인권의 중요성을 거듭 강조하는 판결을 내렸고, 종전까지 외면되어왔던 권리에 대한 재평가도 이루어졌다. 여성의 평등권이 그 예이다. 평등권을 보장한 헌법조항에도 불구하고 미국 사회에서의 여성차별은 오랫동안 지속되어왔다. 1920년 전까지 미국 여성들은 투표권을 행사할 수도 없었다. 연방대법원도 여성차별에 대해서는 비교적 무심했었다. 1948년 연방대법원은 여성에게 레스토랑의 바텐더 면허를 발급하지 않는 법을 합헌이라고 판결했었고, 1961년에는 배심원 선택 과정에서의 여성차별도 허용했었다Goesaert v. Cleary, 1948; Hoyt v. Florida, 1961. 1970년대에 이르러서야 비로소 여성들이 남성들과 같은 권리를 누려야 한다는 연방대법원의 판결이 나오기 시작해, 상속법상의 성차별이나 배우자간의 재산권 행사에서의 성차별이 평등권 침해로 간주되었다Reed v. Reed, 1971; Michael M. v. Superio Court of Sonoma County, 1981. 연방대법원 판결의 영향으로 미국 사회 내에서 여성들의 영역이 차츰 넓혀졌다. 1996년엔 전통적으로 남학생에게만 입학을 허용해온 일부 주립대학에 대해 여학생의 입학을 허용하라는 판결이 나오기도 했다United States, v. Virginia.

평등한 권리 보장의 보루로서 사법부의 기능을 거듭 확인해온 연방대법원은 표현의 자유가 미국 사회의 가장 중요한 이념임도 분명히 했다. 1989년 연방대법원은 성조기를 불사르고 침을 뱉는 것마저도 상징적인 정치적 표현이므로 처벌할 수 없다고까지 판결했다Texas v. Johnson. 폭력을 선동하지 않은 이상 단순히 국기를 모욕했다는 이유만으로 개인을 처벌할 수 없다는 것이었다. 연방대법원은 성조기의 신성함을 지키는 것보다도 더 중요한 것은 성조기가 상징하는 자유를 지키는 것이라고 역설했다.

만약 수정헌법 제1조의 밑바탕이 되는 근본원칙이 있다면, 그것은 어떤 이념이 모욕적이거나 지지할 수 없는 것이라는 단순한 이유로 그러한 이념을 표현하는 것을 정부가 막을 수 없다는 것이다. 다른 사람이 성조기를 불태우는 것에 대해 가장 적절히 대응하는 방법은 자신의 성조기를 흔드는 것이며, 불타는 성조기에 경례를 하는 것보다 더 적절하게 성조기를 태우는 사람들의 의도를 반박하는 방법은 없다. 우리는 성조기를 훼손하는 사람을 처벌하는 것으로 성조기의 신성한 의미를 지킬 수는 없다. 왜냐하면 그것은 성조기가 상징하는 자유를 희석하는 행동이기 때문이다.

그러나 많은 미국인들은 국가의 상징인 국기를 공개적으로 모욕하는 행위는 자유가 아닌 방종이라며, 이를 표현의 자유로 규정한 연방대법원의 판결을 비판했다. 애국심을 과시할 기회를 포착한 정치인들은 성조기를 불사르거나 모욕하는 행위를 처벌하는 연방법안을 거의 만장일치로 통과시켰다. 그러나 연방대법원은 이것도 역시 위헌이라고 판결했다. 그러자 차츰 연방대법원의 판결을 존중해야 한다는 여론이 확산되었다. 한편 성조기 판결 이후 미국 내에서 성조기를 불태우는 모습은 거의 발견되지 않았다.

또한 2000년 대통령선거 직후 미국인들은 연방대법원의 결정을 강하게 비판했다. 선거 결과의 공식 최종집계는 민주당의 앨고어 후보가 5100만3926표로 공화당의 부시 후보보다 54만 표 이상을 더 받았다. 그러나 각 주별 선거인단 득표수로 승자를 가리는 미국의 독특한 대통령 선거방식에 따라, 30개 주에서 271명의 선거인단을 확보한 부시가, 20개 주에서 266명의 선거인단을 확보하는 데 그친 고어를 누르고 당선되었다. 그러나 투표를 실시한 지 40여 일이 지난 12월 13일, 고어 후보가 패배를 공식 인정하기 전까지는 차기 대통령이 누구인지 확정하지 못하는 정치적 위기가 발생했다. 두 후보의 득표차가 매우 근소해, 여러 지역에서 재검표를 해야 했기 때문이다.

헌법상 위기의 발원지는 플로리다주였다. 1차 집계 결과는 291만2790표를 얻은 부시가 고어보다 537표가 많아 승자로 인정되었다. 민주당은 즉각 플로리다주 주법원에 재검표를 요구했다. 그러나 공화당은 재검표를 할 경우 법정 투표집계 기간인 12월 12일 내에 선거 결과를 확정할 수 없다며 재검표를 반대했다. 플로리다주 대법원은 재검표를 허용하는 판결을 내렸지만 최고 법원인 연방대법원은 재검표를 중단하라고 명령했다. 5:4의 한 표차 결정에서 다수 대법관들은 플로리다주의 재검표는 모든 투표가 동등하게 인정되어야 한다는 헌법의 평등권 조항 위반이라고 선언했다. 플로리다주 내 각 지역마다 각기 다른 재검표 방식으로 인해, 결국 재검표를 한다 하더라도 모든 투표가 동등하게 계산되지 않을 것이고, 이는 헌법에 어긋난다는 논리였다. 재검표를 중지하라고 명령한 5명의 대법관은 모두 친공화당 성향의 보수적 대법관들이었다.

민주당 지지자들은 헌법을 휴지조각으로 만든 최악의 정치적 판결이라며 연방대법원을 격렬히 비난했다. 법조계에서도 연방대법원의 판결이 논리적으로 모순이고, 선례도 없는 자의적인 판결이라는 비판이 들끓었다. 그러나 고어가 12월 13일 연방대법원의 판결에 승복하고 부시를 승자로 인정함으로써, 2000년 대통령선거 결과를 둘러싼 혼란과 갈등은 진정되었다. 고어는 국민의 단합과 민주주의를 위해 선거 패배를 수용한다고 밝혔다. 그러나 연방대법원의 결정에는 동의하지 않는다는 점을 분명히 했다. 고어 후보가 연방대법원의 결정에 승복함으로써 미국 사회는 헌정질서의 위기를 벗어날 수 있었다.

## 정치적 대립이 심해진 2000년대의 연방대법원

존 마셜 대법원장은 "헌법은 앞으로 다가올 시대에도 살아남
도록 만들어졌다. 즉, 인간사의 많은 위기에 적용될 수 있도록 만
들어졌다"며 헌법에 대한 자신감을 표현했었다. 그의 말을 뒷받
침하듯 220년 전에 만들어진 미국 헌법은 여전히 미국 사회를
규정하는 기본법으로 존재할 뿐만 아니라 건국 이후 미국의 안
정과 번영을 보장하는 원동력이 되었다. 그 힘은 헌법 조문 자체
에서 나오는 것이라기보다는 헌법을 해석하는 연방대법원의 권
위 덕분이었다. 연방대법원의 권위는 국민의 신뢰에서 나오는
것이다. 이는 연방대법원이 국민감정을 해치더라도 자유와 인권
이 보장되어야 한다고 설득해왔기 때문이다.

그렇지만 연방대법원이 항상 정확하고 정당한 판결을 내린 것
은 아니며, 후대에 의해 비난을 받은 판결도 많았다. 평등권을 보
장한 헌법조항에도 불구하고 인종차별을 허용하는 판결이 있기
도 했고, 기업의 이윤추구에 희생당하는 노동자들의 생존권을 외
면하기도 했다. 국가안보라는 명목으로 개인의 표현과 사상의
자유가 짓밟히는 것을 용인한 적도 있었다. 또한 2000년 대통령
선거 관련 결정에서는 법적 논리나 법원의 전통보다는 정치적
이해를 반영하기도 했다.

2000년대 들어 미국 정계는 보수와 진보로 나뉘어 반목과 대

립이 심화되는 양상을 보였다. 그 결과 주요 국가정책 현안들이 사회적 합의를 보지 못하고 연방대법원 소송으로 귀결되는 경우가 많았다. 미국 사회는 동성애·투표권·낙태·총기규제 등 개인의 기본권에 관한 사안과, 의료보험·기후변화·노사관계·대입제도·선거자금 등 국가정책에 관한 사안에 이르기까지, 정치인들은 민주당과 공화당, 유권자들은 보수와 진보로 나뉘어 첨예하게 대립했다.

연방대법원의 최종 판단도 법과 원칙보다는 연방대법관들의 정치적 성향에 따라 결정되는 양상이었다. 연방대법관들은 자신들을 대법관으로 지명한 정당의 노선과 크게 일치하는 판결 경향을 보였다. 보수진영 대법관은 모두 공화당 지명을 받았고, 진보진영 대법관은 모두 민주당의 지명을 받았다.

20세기 초반의 미국 연방대법원이 산업화와 시장경쟁 논리에 기반한 보수적 판결을 통해 미국인들의 불신을 자초했다면, 20세기 후반의 연방대법원은 개인의 기본권과 사회적 약자의 보호에 중점을 두는 진보적 판결을 통해 신뢰를 다시 회복했다. 그러나 연방대법원이 부시와 고어의 2000년 대선 표결 논란에 개입하면서, 공정하고 중립적인 중재자로서의 대법원 위상이 흔들리기 시작했다. 21세기 들어 미국 사회 내 보수와 진보의 갈등과 대립이 격화되면서, 연방대법원 판결의 정치적 중립성에 대한 불신이 확산되기 시작했다.

## 연방대법원의 미래는 어떻게 될 것인가

2016년 2월, 연방대법관 한 명의 사망소식이 미국 사회를 뒤흔들었다. 텍사스 휴양지에서 주말을 보내던 79세의 안토닌 스칼리아 대법관이 갑작스럽게 심장마비로 사망했다는 소식을 모든 언론이 긴급 톱뉴스로 보도했다. 트위터와 페이스북 등 SNS에도 스칼리아 대법관 사망소식 관련 글이 급증했다.

스칼리아 대법관의 사망소식에 미국인들이 놀란 이유는 여러 가지이다. 우선 현직 대법관이 사망하는 경우가 드물기 때문이었다. 1954년 이후 딱 두 명의 대법관만이 현직 시절에 사망했고, 나머지 대법관들은 퇴직 후 여생을 보내다 사망하는 것이 보편적이었다. 종신 임기가 보장된 미국 연방대법관의 평균 은퇴연령 79세였다. 스칼리아 대법관 사망 당시 9명의 연방대법관 평균 연령은 69세였는데, 70대 후반을 넘은 대법관이 4명이었다.

그러나 미국인들이 그의 사망에 주목한 가장 큰 이유는 스칼리아라는 개인적 인물에 대한 관심보다는 그의 사망이 가져올 변화에 대한 기대 혹은 두려움 때문이었다. 스칼리아의 자리를 메울 후임 대법관이 누가 될 것인가에 따라 미국 사회의 진로방향이 달라질 수 있기 때문이었다. 스칼리아 대법관을 지지하던 미국인들은 미래가 두려웠고, 그를 비판하고 증오하던 미국인들은 희망을 품었다.

스칼리아 대법관 사망 직전의 연방대법원은 4명의 보수 대법관, 4명의 진보 대법관, 그리고 1명의 중도 대법관으로 진영이 구축되었다. 존 로버츠 대법원장, 클라렌스 토머스, 새뮤얼 알리토, 안토닌 스칼리아 대법관의 보수진영과, 루스 베이더 긴스버그, 스티븐 브라이어, 소니아 소토메이어, 엘레나 키건 대법관의 진보진영이 정치적으로 민감한 사안을 두고 상반된 입장을 보여왔다. 공화당 레이건 대통령 시절 지명을 받은 안소니 케네디 대법관만이 중도성향을 견지했는데, 그가 어느 진영에 서는가에 따라 정부정책의 합헌성 여부가 달라지곤 했다.

공화당 입장에선 스칼리아 대법관의 사망 시기가 이보다 더 나쁠 수가 없었다. 민주당 오바마 대통령이 그의 후임 대법관을 지명하면, 진보진영은 5명의 대법관을 확보할 것이고, 근 40여 년간 유지되어온 보수진영의 주도권이 위협받을 것이 분명했기 때문이다. 스칼리아 대법관의 장례식도 치르기 전에 공화당에서는 그의 후임 지명을 차기 대통령이 해야 한다고 주장했다. 그러나 오바마 대통령은 대법관 지명은 대통령의 당연한 책무라면서, 스칼리아 사망 한 달여 만에 후임 대법관으로 중도 성향의 메릭 갈랜드 연방항소법원 판사를 지명하고, 연방상원에 인준을 요청했다.

스칼리아 대법관은 보수와 진보로 갈려 대립하는 21세기 연방대법원의 상징적 인물이었다. 그는 낙태나 동성애와 같이 헌법에 명시되지 않은 권리를 기본권으로 인정하는 진보적 대법관들을 헌법에 대한 이해가 부족한 사람들이고, 의회민주주의를 파괴하는 오만한 엘리트 변호사들이라고 비판했다.

연방대법원조차도 정파적 이익을 대변하는 판결 성향을 보이면서, 연방대법원에 대한 미국인들의 여론 지지도는 추락할 수밖에 없었다. 1980년대 후반까지만 해도 지지율이 66%에 달했고, 2000년에도 지지율이 50%를 유지했었다. 그러나 2015년 갤럽의 여론조사 결과, 연방대법원이 잘하고 있다는 응답자의 비율은 45%였고, 잘못하고 있다는 응답자의 비율이 50%였다. 연방대법관들의 판결이 헌법과 법에 대한 객관적 해석보다는 개인적 정치적 성향이 반영된다고 믿는 사람들이 늘어난 것으로 나타났다.

현재 미국 사회는 보수와 진보로 갈리어, 변화가 두려운 사람들과 변화를 열망하는 사람들 간에 반목과 대립이 심화되고 있다. 변화와 도전을 수용하는 동시에 전통과 역사를 이어가는 미국 사회가 되려면 연방대법원에 대한 미국인들의 신뢰와 존경이 필수적이다. 그러기 위해서는 연방대법관들이 법복을 입은 위장 정치인으로 의심받지 않고, 인권의 보루를 지키는 헌법의 공정한 수호자로 각인되어야 한다. 스칼리아 대법관의 사망이 그러한 변화의 계기가 될지 지켜보아야 할 것이다.

제1장

# 사법부와 대통령

# 대통령의 특권이
# 공정한 재판을 받을 권리보다 앞서는가

닉슨 판결 United States v. Nixon, 418 U.S. 683 (1974)

1972년 6월 17일 새벽, 워싱턴주 경찰은 포토맥 강변에 위치한 워터게이트 빌딩에서 5명의 절도혐의자를 체포했다. 이들은 고급 아파트와 사무실이 들어찬 이 빌딩에 세들어 있던 민주당 전국본부의 자물쇠를 뜯고 들어갔다가 경비원의 신고를 받고 출동한 경찰관에 의해 현장에서 붙잡힌 것이다. 다음날 아침『워싱턴 포스트』는 이들의 체포를 일반 범죄사건처럼 다루었다. 이 사건이 미국 역사상 유례없는 엄청난 정치적 소용돌이를 일으킬 사건의 발단이라는 것을 예견할 만한 징후는 발견되지 않았다.

그러나 이 사건을 끈질기게 추적한『워싱턴 포스트』를 비롯한 미국 언론의 보도 덕분에 워터게이트 사건의 진실이 밝혀질 수 있었고, 결국 리처드 닉슨 대통령의 사임까지 이끌어내게 되었다. 법치주의 질서를 유린한 닉슨 대통령의 사임에 결정적인 계기 중의 하나는 연방대법원의 판결이었다. 대통령의 권위에 위협받지 않고 엄정한 법집행의 중요성을 강조한 연방대법원은 닉슨 대통령에 의해 유린된 미국 사회의 법질서를 바로잡는 데 커다란 역할을 했다.

## 워터게이트 사건의 전모

워터게이트 빌딩 절도사건은 1972년의 대통령선거가 본격적으로 시작하려는 즈음에 발생했다. 당시 민주당에서는 사우스다코다주 출신 연방상원의원인 조지 맥거번이 대통령 후보에 지명될 것으로 예상되었고, 공화당에서는 현직 대통령인 닉슨의 재출마가 확실했다. 미국 사회는 닉슨 대통령의 지도력 덕분에 1960년대의 혼란을 마감하고 새로운 안정기에 접어든 듯했다. 이변이 없는 한 닉슨이 재선될 전망이었다. 닉슨은 베트남전을 종식시키고 중국과 소련과의 화해정책을 성공시킨 장본인으로 외교적 성과가 돋보인 대통령이었다. 자신의 재선운동을 위하여 닉슨은 전통적으로 공화당 대통령 후보의 선거대책본부 역할을 해온 공화당 전국위원회Republican National Committee 대신 대통령재선위원회Committee to Reelect the President를 구성했다. 대통령재선위원회의 의장은 닉슨의 최측근으로 법무장관을 지낸 존 미첼이 맡았다. 미첼은 백악관과 닉슨 행정부에서 함께 일했던 과거의 부하들을 선거운동원으로 채용했다. 선거기간 동안 미첼의 대통령재선위원회는 닉슨 대통령의 측근 비서관들인 H.R. 홀더먼, 존 에일리크먼, 존 딘, 찰스 콜슨 등과 긴밀히 연락을 취했다.

닉슨은 1948년 냉전체제가 시작되던 때 캘리포니아에서 반공을 기치로 연방하원의원선거에 당선되면서 정치를 시작했다. 연방의회 반공청문회에서 실력을 발휘한 닉슨은 당시 조지프 매카시에 버금가는 인기를 얻어, 1952년에는 공화당의 드와이트 아이젠하워의 러닝메이트로 당선되어 1960년까지 부통령을 지냈다. 1960년 대통령선거에서 존 에프 케네디에게 근소한 차이로 패배한 닉슨은 1962년 캘리포니아 주지사 후보로 출마했으나 역시 패배의 쓴맛을 보았다. 정치생명이 끝난 것으로 여겨졌던 닉슨은 1968년 공화당 후보로 다시 대통령선거에 도전, 당시 베트남전 반대와 민권운동의 소용돌이로 혼란스러운 미국 사회에서 보수 안정과 법치 질서를 강조하는 공약을 바탕으로 하여 근소한 표 차이로 당선되었다.

과거의 반공 극우성향이 발동해선지 닉슨은 대통령 재임기간 중 베트남전 반대자를 비롯해 국가안보에 위협이 된다고 판단되는 정치인·지식인에 대한 비밀 감시를 명령했다. 이러한 감시대상에는 야당인 민주당 현역 의원도 포함되어 있었다. 특히 제5장에서 자세히 설명되어 있는 바와 같이, 베트남전에 관한 극비문서인 '국방성 보고서Pentagon papers'가 1971년 언론에 유출된 이후, 닉슨은 정부의 기밀이 새어나가는 것에 대해 과민반응을 보이며 행정부 내의 관리들에 대한 감시도 강화했다.

워터게이트 빌딩에서 체포된 5명의 침입자들은 닉슨 대통령재선위원회의 명령을 받고 민주당 전국본부에 들어가 대통령 후보 예상자들에 관한 정보를 훔치려 했다. 5명의 절도범 중 하워드 헌트와 고든 리디는 한때 백악관 소속의 비밀정보원으로 정치인 감시 활동을 했었다. 워터게이트 빌딩 침입 사건을 은밀히 보고받은 닉슨은 72년 대통령선거에 걸림돌이 될 만한 사건이라고 판단했다. 닉슨의 비서관들과 대통령재선위원회 간부들은 체포된 공작원들이 자신들과 관련되어 있다는 사실을 밝히지 않도록 입막음하기 위해 연방수사국FBI과 법무부에 사건 수사를 축소하도록 압력을 넣었다. 언론으로부터 의혹이 제기되자, 1972년 6월 22일 닉슨은 워터게이트 빌딩 절도사건과 백악관은 아무런 관계가 없다고 공식 발표하기에 이르렀다.

미국 정계가 대통령선거의 열기로 휩싸이면서 워터게이트 빌딩 절도 사건은 미국인들의 관심권에서 멀어져갔다. 그러나 『워싱턴 포스트』의 칼 번스타인과 밥 우드워드 기자의 끈질긴 추적 보도 덕분에 워터게이트 사건의 배후가 하나둘씩 벗겨지고 있었다. 72년 8월, 『워싱턴 포스트』는 워터게이트 빌딩 침입자들의 예금구좌를 추적한 결과 이들이 백악관과 모종의 관계가 있음을 입증할 만한 증거가 발견되었다고 보도했다. 그러나 닉슨은 백악관의 비서관들 중 누구도 워터게이트 사건과 관련이 없다고 강력히 부인했다. 그러나 백악관의 불법 정치공작에 대한 보도가 본격적으로 터져 나오기 시작했다. 72년 10월 10일 『워싱턴 포스트』는 대통령재선위원회와 백악관 비서관들 중 일부가 민주당 대통령 후보 물망에 오른 정치인들을 대상으로 불법적인 정치적 음해공작을 명령했다고 보도했다. 2주 후에는 미국 언론에 닉슨 대통령의 측근 보좌관인 H.R. 홀더먼이 이러한 불법 공작정치의 책임자라고 보도되었다.

11월에 실시된 대통령선거에서 민주당은 워터게이트 사건을 닉슨의 공작정치와 연결시켜 선거 이슈화하려 했으나 큰 효과를 얻지 못하고 맥거번 후보가 닉슨에게 참패하고 말았다. 닉슨은 미국 대통령선거사상 가장 높은, 전체 투표 60.7%의 압도적 지지를 얻어 당선되었다. 선거인단수로는 매사추세츠주를 제외한 49개 주의 선거인단을 획득한 압승이었다. 대통령선거가 끝나면서 닉슨 진영은 워터게이트 빌딩 침입사건이 일부 과잉충성 선거운동원의 우발적 행동으로 치부되어 종결되기를 기대하고 있었다.

그러나 『워싱턴 포스트』는 대통령선거 이후에도 워터게이트 사건을 계속 추적했다. '딥 스로트(내부고발자)Deep Throat'라고 별명이 붙여진 백악관 고위관리가 익명을 전제로 정보를 제공했기 때문이었다. 다른 언론사들도 워터게이트 사건과 백악관의 공작정치 음모 의혹을 비중 있게 보도하기 시작했다. 결국 12월 11일 백악관은 '배관공Plumbers'이라는 암호명의 정보원 조직을 운영해왔다고 시인했다. 백악관의 지휘를 받는 이 정보조직은 국가 정보의 불법 유출을 막고, 불순하다고 판단되는 개인이나 단체에 대한 자료를 수집하기 위한 것이라고 해명했다. 그러나 이 조직은 법원의 영장 없이 전화도청을 하는 등 많은 불법행위를 일삼은 것으로 알려졌다.

## 대통령의 불법행위와 권력남용

1973년 1월 8일, 워터게이트 빌딩 침입사건의 피고인들에 대한 재판이 열린 워싱턴 연방지방법원은 5명의 피고 모두에게 무단 침입 및 절도죄를 인정하는 유죄판결을 내렸다. 재판이 진행되는 동안 피고인 누구도 백악관의 고위 관리나 대통령재선위원회의 간부가 자신들에게 워터게이트 빌딩 침입을 명령했다는 사실을 밝히지 않았다. 재판을 주재한 시리카 판사는 피고들에게 중형을 선고했다. 그는 재판과정에서 사건의 진상이 모두 밝혀지지 않았다고 믿었고, 피고인들 중 누군가 형량을 경감받기 위하여 진실을 고백할 것이라고 예상했다. 시리카 판사는 이 사건에 백악관 고위 관리들이 연루되어 있다고 확신하고 있었다. 그는 백악관의 압력을 받은 검찰이 수사에 미온적이라고 공개적으로 비난하기까지 했다. 또 백악관 고위 관리들이 이 사건에 관련되어 있다는 새로운 증거가 나올 가능성에 대비해 중범죄 피의자의 기소 여부를 결정하는 대배심원Grand Jury을 해산하지 않는다며, 재판이 다시 열릴 소지가 있음을 밝혔다.

시리카 판사의 예측은 적중했다. 3월 23일, 그때까지 침묵을 지켜왔던 피고인 제임스 맥코드는 대배심원과 연방상원 조사위원회에서 사건의 전모에 대해 증언하겠다고 시리카 판사에게 알렸다. 맥코드는 전직연방수사국 수사관과 중앙정보부CIA 정보원을 지냈었다. 샘 어빈 연방 상원의원의 주재로 1주일 후에 열린 비공개 청문회에서 맥코드는 대통령재선위원회 위원장인 존 미첼이 워터게이트 빌딩 절도사건을 명령한 총책임자라고 밝혔다. 맥코드의 증언을 계기로 워터게이트 사건을 축소·은폐하려던 닉슨 행정부의 음모가 드러나기 시작했고, 백악관에 대한 비난 여론이 거세졌다.

이어서 연방수사국이 백악관 비서관들의 요구에 따라 워터게이트 사건의 증거를 인멸했다는 사실도 밝혀지면서, 73년 4월 27일 패트릭 그레이 연방수사국 국장이 사임을 발표하기에 이르렀다. 3일 후, 닉슨은 수사 간섭에 대한 책임을 물어 측근 보좌관인 홀더먼과 에일리크먼, 법무장관인 리처드 클라인딘스트, 백악관 고문인 존 딘 3세를 해임한다고 발표했다. 클라인딘스트 법무장관의 후임으로 닉슨 대통령은 국방장관인 엘리엇 리처드슨을 지명했다. 이어 열린 상원 인준청문회에서 리처드슨은 워터게이트 사건을 수사할 특별검사를 임명하겠다고 의원들에게 약속했고, 곧바로 하버드 법대 교수인 아치볼드 콕스를 특별검사장으로 임명했다. 법무차관을 역임했던 콕스 특별검사는 젊은 검사들을 대거 동원하여 워터게이트 사건의 축소·은폐 의혹을 받고 있던 닉슨의 보좌관들과 대통령재선위원회 간부들을 기소하는 데 필요한 증거를 수집하기 시작했다.

5월 22일 닉슨 대통령은 담화문을 통해 처음으로 워터게이트 빌딩 침입사건과 이 사건의 은폐기도에 백악관이 연루되어 있다고 시인했다. 그러나 닉슨은 일부 과잉충성을 하던 부하들이 자신에게 알리지 않고 저지른 일이라고 해명했다. 닉슨은 미리 알았더라면 승인하지 않았을 일이 발생해서 유감이라며, 우회적으

닉슨과 그의 보좌관 홀더먼이 백악관 집무실에서 얘기를 나누고 있다. 워터게이트 사건의 중요 배후 인물이었던 홀더먼은 사건 이후 18개월 동안 복역했다.

로 자신은 워터게이트 사건에 개입되지 않았음을 내비쳤다. 한편 연방상원은 워터게이트 사건 공개청문회를 시작하고, 이것이 TV를 통해 생중계되었다. 6월 14일 열린 청문회에서 전직 백악관 비서관이었고 대통령재선위원회 부위원장이었던 젭 스튜어트 매그루더Jeb Stuart Magruder는 자신이 워터게이트 사건에 관하여 법정에서 위증을 했다고 고백했다. 그는 또 백악관의 고위간부들이 워터게이트 사건을 축소·은폐하려 했다고 밝혔다.

불법행위에 대한 닉슨 측근들의 고백이 연이어 이루어졌다. 급기야 백악관과 워터게이트 빌딩 절도사건 피고인들 사이의 연락을 맡았던 존 딘은 자신이 아는 모든 것을 발표하겠다고 선언했다. 자신이 희생양이 되어 모든 죄를 뒤집어쓸 게 두려웠기 때문이었다. 6월 25일 연방상원 청문회에 증인으로 자진 출석한 존 딘은 매그루더의 증언이 사실임을 확인해주었다. 딘은 닉슨도 이 사건에 깊숙이 개입돼 있다고 주장했다. 또한 그는 워터게이트 사건에 백악관이 개입했다는 사실을 은폐하는 데 닉슨 대통령이 직접 관여했다고 밝혔다. 닉슨이 워터게이트 빌딩 침입자들의 입을 막기 위하여 돈을 주는 것을 승인했다는 것이다. 그리하여 피고 중 하워드 헌트에게 백악관이 연루되었다는 사실에 대해 입을 다무는 조건으로 7만5000달러를 주었다고 폭로했다.

대통령의 불법행위에 대한 측근 보좌관의 폭로는 미국 여론의 큰 반향을 일으켰다. 그러나 닉슨은 딘으로부터 워터게이트 빌딩 침입자들을 매수할 필요가 있다는 말을 들은 적은 있으나 이를 승인한 적은 없다고 부인했다. 결국 딘과 닉슨 중 한 사람은 거짓말을 하고 있는 상황이었다. 그런데 7월 16일 누구의 주장이 사실인지 확인할 수 있는 단서가 마련되었다. 백악관 보좌관 중 한 명으로부터 대통령 집무실의 모든 대화는 자동적으로 녹음이 된다는 말이 새어 나왔다. 이 녹음테이프를 통해 닉슨이 워터게이트 사건 은폐 명령을 내렸는지 확인할 수 있는 길이 열린 것이다. 그리하여 미국 정가를 뒤흔들어왔던 워터게이트 사건의 초점은 대통령 집무실 음성 녹음테이프에 맞추어졌다.

7월 23일 콕스 특별검사는 녹음테이프가 대통령의 주장뿐만 아니라 그의 보좌관들의 증언이 사실인지 확인할 수 있는 수단인 동시에, 워터게이트 사건을 은폐하려던 닉슨의 보좌관들을 기소하는 데 결정적인 증거가 될 것이라며 녹음테이프에 대한 소환장 발부를 시리카 판사에게 요청하여 허락을 받아냈다. 상원 조사위원회도 역시 백악관에 녹음테이프 제출을 요구했다. 그러나 닉슨은 자신이 대통령으로 임무 수행중에 한 대화는 '대통령의 특권executive privilege'이므로 입법부나 사법부가 관여할 수 없다며 녹음테이프 제출을 거부했다. 닉슨의 변호사들은 시리카 판사의 녹음테이프 소환 명령이 부당하다고 연방고등법원에 이의를 제기했다.

한편 닉슨은 이 녹음테이프에서 일부를 발췌해 편집된 요약본을 제출하겠다는 타협안을 제시했다. 그러나 연방고등법원은 닉슨이 시리카 판사의 소환 명령에 응해야 한다고 판결했고, 닉슨의 변호사들은 즉시 연방대법원에 상고했다. 법적인 문제는 대통령이 소유하고 있는 증거를 법원이나 의회가 강제로 제출을 요구할 권리가 있는지의 여부였지만, 법원의 결정에 따라서 대통령의 운명과 미국의 진로가 달라지는 중대한 상황이 전개되었다.

연방고등법원에서 패소한 닉슨은 연방대법원에서의 승소를 기대하면서, 동시에 콕스 특별검사에게는 녹음테이프를 단념하라는 압력을 넣었다. 백악관의 압력에 콕스가 굴하지 않자 닉슨은 리처드슨 법무장관에게 콕스를 해임하라고 지시했다. 그러나 상원 인준청문회에서 특별검사의 독립성을 보장하겠다고 약속했던 리처드슨은 닉슨의 명령에 복종할 수 없다며 사표를 제출했다. 리처드슨이 사임하자 닉슨은 법무부 부장관인 윌리엄 러켈샤우스에게 콕스를 해임하도록 명령했다. 그러나 러켈샤우스도 콕스의 해임을 거부하며 역시 사표를 제출했다. 결국 법무부의 세번째 고위 관리인 로버트 보크 법무차관이 법무장관 권한대행으로서 닉슨의 명령대로 콕스 특별검사를 해임했다.

이른바 '토요일의 학살Saturday Night Massacre'라고 불리는 이러한 유례없는 법무부 고위 공직자들의 사임과 해임은 미국 전역에서 닉슨에 대한 비난 여론을 들끓게 했다. 그때까지 닉슨을 옹호하던 공화당 정치인들조차도 닉슨이 워터게이트 사건과 직접적 관련이 없다는 주장에 대해 회의하기 시작했다. 1973년 10월 30일, '토요일의 학살'이 벌어진 지 열흘 만에 연방하원 법사위원회는 닉슨 대통령의 탄핵 여부를 심사하기 시작했다. 닉슨의 혐의는 권력 남용으로, 워터게이트 사건에 대한 수사 방해 및 사건 은폐 혐의와 야당 정치인에 대한 비밀조사 과정에서 자행된 불법행위, 국세청의 세무감사를 이용한 야당 정치인에 대한 협박 등이었다.

한편 11월 1일, 닉슨은 윌리엄 색스비 연방상원의원을 새로운 법무장관으로 지명했다. 색스비 법무장관은 텍사스 출신 변호사인 레온 야보르스키Leon Jaworski를 특별검사로 임명하면서 그의 수사 기능에 독립성을 보장하겠다고 약속했다. 콕스로부터 수사자료를 인계받은 야보르스키 특별검사 역시 시리카 판사에게 녹음테이프의 소환을 요청했고, 이에 따라 시리카 판사는 다시 닉슨에게 테이프를 제출하라는 소환장을 발부했다. 하원 법사위원회도 녹음테이프를 제출하라고 백악관에 요구했다. 법무부 고위관리들의 해임이 닉슨에겐 아무런 효력도 발휘하지 못한 것이다.

궁지에 몰린 닉슨은 녹음테이프를 법원에 제출하겠다고 발표했다. 닉슨이 제출한 녹음테이프의 분량은 약 63시간 분량이었다. 이 녹음테이프들을 검사한 시리카 판사는 이중 두 개 분량의 녹음테이프가 빠져 있음을 발견했다. 백악관에서는 빠진 테이프가 없다고 주장했지만, 또 제출한 녹음테이프 중의 하나에서 18분간의 공백이 발견되었다. 이에 대해 백악관은 실수로 지워졌다고 주장했다. 그러나 녹음테이프를 감정한 녹음전문가들은 실수로 지워진 것이 아니라 고의로 지운 것이라고 결론을 내렸다. 닉슨이 자신에게 불리한 내용이 담긴 테이프는 제출하지 않았고 결정적인 부분은 지웠을 것이라는 의혹이 높아졌다.

1974년에 접어들면서 관심은 워터게이트 사건을 은폐하고 축소 수사한 혐의로 기소된 피고인들의 재판과 하원 법사위원회의 대통령 탄핵 조사에 집중되었다. 워터게이트 사건에 연루되었던 닉슨 대통령의 측근들은 검찰 수사에 협조하는 대신 관대한 판결을 받았다. 한편 닉슨의 핵심 측근인 미첼, 홀더먼, 에일리크먼과 콜슨이 야보르스키 특별검사에 의해 새로 기소되었다. 그러나 야보르스키 특별검사는 대통령은 기소될 수 없다는 이유로 닉슨을 기소하지 않았다.

1974년 4월 30일, 닉슨은 백악관 집무실 녹음테이프의 녹취록을 언론에 공개했다. 닉슨은 이 녹취록을 읽은 사람이라면 자신이 워터게이트 사건을 무마·은폐하는 데 연루되지 않았음을 믿게 될 것이라고 주장했다. 그러나 닉슨이 희망했던 바와는 달리 녹취록을 읽은 대다수 미국인들은 닉슨이 워터게이트 사건의 은폐 기도에 관해 미리 알고 있었고, 워터게이트 빌딩에 무단 침입하다 체포된 하워드 헌트 등을 매수하는 데 동의했다는 존 딘의 주장이 사실일 것이라고 확신하게 됐다. 한편 연방하원 법사위원회는 녹취록만으로는 의회의 소환장을 이행하는 데 불충분하다고 주장하면서 녹음테이프를 제출하라고 계속 요구했다.

사면초가 상태에 빠진 닉슨에게 남은 한가닥 희망은 연방대법원이 대통령의 면책특권을 인정해 녹음테이프를 제출하지 않아도 된다는 판결을 내려주는 것이었다. 9명의 대법관 중 4명이 닉슨에 의해 지명된 대법관들이었다. 종신 임기인 연방대법관들이 꼭이 자신을 지명한 대통령에게 개인적으로 유리한 판결을 내리리라는 기대는 할 수 없었지만, 당시의 연방대법원은 존슨 대통령 시절보다 훨씬 보수적으로 선회한 상태였다.

사실 닉슨이 1968년 대통령선거에서 예상을 뒤엎고 당선되는 데 결정적인 영향을 미친 것은 그의 신랄한 연방대법원 비판이었다. 닉슨은 당시 워렌 대법원장 등 진보적인 대법관들이 주도하던 연방대법원이 선량한 다수 미국인의 의사를 무시한 채 흑인이나 학생운동권, 형사피의자의 인권에 집착한 나머지 사회적 안정을 어지럽히는 데 기여했다고 비난해왔었다. 연방대법원이 자의적인 법 해석을 통해 입법부와 행정부의 권한을 약화시켜 미국 사회의 치안과 법질서를 무너뜨렸다며, 닉슨은 자신이 대통령이 되면 헌법을 정확하고 엄격하게 해석해 다수의 의견을 반영하는 공정한 법조인을 대법관으로 지명하겠다고 공약했었다.

닉슨은 대통령이 된 후 즉시 연방대법원장을 지명할 기회를 갖게 되었다. 당시 20여 년 가까이 연방대법원을 진보적으로 이끌어온 워렌 대법원장이 대통령선거 전부터 이미 은퇴 의사를 밝혔기 때문이었다. 1969년 닉슨에 의해 연방대법원장으로 지명된 대법관은 워렌 버거 워싱턴 연방고등법원 판사였다. 버거는 닉슨과는 아무런 개인적·정치적 친분관계를 갖고 있지 않았던 인물로 예상외의 임명이었다. 버거는 판사로서는 드물게 공개적으로 상급법원인 연방대법원의 판결을 비난했던, 보수성이 입증된 인물이었다. 닉슨은 자신과 개인적으로나 정치적으로 친분이 있는 법관이나 변호사를 선택하지 않고 당시 지명도가 그리 높지 않았던 버거를 대법원장으로 선택한 것은 연방대법원에 대한 존경심 때문이라고 말했다. 워렌 대법원장의 사임 이후 윌리엄 더글러스, 휴고 블랙, 존 마셜 할란 대법관 등도 고령을 이유로 잇달아 사임을 표명했고, 닉슨은 자신이 원하는 대로 보수적인 성향의 판사들로 대법관을 구성할 수 있었다. 해리 블랙먼, 루이스 파웰, 윌리엄 렌퀴스트 등 보수성이 입증된 법조인들이 새로 임명된 대법관들이었다.

## 대통령의 면책특권 범위

1974년 7월 8일 연방대법원 법정에서 열린 백악관 집무실 녹음테이프 소환에 관한 심리에서 닉슨의 변호사들은 대통령과 그의 보좌관들 사이에 이루어진 대화는 비밀이 보장되어야 대통령의 원활하고 효과적인 임무수행이 가능하다고 주장했다. 대통령의 집무상 발언이나 보좌관들과의 대화가 모두 공개된다면 진지하고 효율적인 국정수행이 불가능하다는 것이다. 그들은 또 삼권분립 원칙에 따라 대통령의 면책특권에 대해 사법부가 관여하는 것은 월권행위라고 주장했다. 백악관 집무실 녹음테이프 소환 문제는 행정부 소속기관인 백악관과 법무부 특별검사 사이의 분쟁이기 때문에 법원이 아닌 행정부의 수반인 대통령에 의해 해결되어야 할 사항이라는 것이다.

그러나 1974년 7월 24일 연방대법원은 만장일치로, 닉슨 대통령이 녹음테이프를 제출해야 한다고 결정했다Unites States v. Nixon. 닉슨 행정부에서 법무차관을 지낸 윌리엄 렌퀴스트 대법관이 이 사건의 심리에 참여하지 않았기 때문에 8:0으로 내려진 판결이었다. 판결문을 직접 쓴 버거 대법원장은 삼권분립의 원칙하에서 정부의 각 부처가 헌법상에 명시된 임무를 수행하기 위해서는 우선 헌법을 먼저 해석해야 하며, 각 부처가 자신들의 권한에 대해 내린 해석을 다른 부처가 존중해야 한다고 강조했다. 그러나 헌법의 해석에 관한 궁극적인 판단은 연방대법원의 고유 권한임을 분명히 했다. 버거 대법원장은 미국 최초의 위헌 법률심판인 1803년의 마베리 판결Marbury v. Madison을 인용하면서 "법을 해석하는 것은 사법부의 영역이자 임무"라며 대통령의 특권범위는 사법부의 심사대상이 아니라는 닉슨측 변호사들의 주장을 받아들이지 않았다. 그는 연방의회 의원의 면책특권 범위에 대해서도 의회가 아닌 사법부가 그 범위를 결정해왔기 때문에 대통령의 면책특권 범위 역시 사법부가 정하는 것이 당연하다고 선언했다.

물론 버거 대법원장이 대통령의 임무수행상 비밀보호와 면책의 특권이 필요하다는 주장마저 거부한 것은 아니었다. 그는 사법부가 대통령의 특권을 가볍게 여겨서는 안 된다며 행정수반에 대한 의견 존중과 특권 부여의 필요성을 강조했다. 대통령의 법적 책임이 보통시민과 다르기 때문에 대통령에게 적용되는 법적 절차 또한 동일할 수는 없다고 인정했다. 특히 국방, 국가안보 분야에 대한 대통령의 특권이 인정되어야 하고 존중되어야 한다고 강조했다. 또 고위 정부관리와 그들을 자문하고 보좌하는 사람들이 자신들의 임무를 수행하는 데 있어서 비밀보호가 필요하다는 점도 인정했다. 만약 이들 사이에 오고간 문서나 대화들이 모두 공개되어야 한다면 행정부 내에서 솔직하고 진지한 의견 교환이 어려워 효과적인 국정수행이 불가능해질 수 있다는 이유 때문이었다.

그러나 버거 대법원장은 상황에 따라서는 이러한 대통령의 비밀보호와 면책특권도 제한될 수 있다고 밝혔다. 특히 대통령의 특권이 공정한 재판을 받을 권리와 충돌된다면 사법부의 판단을 필요로 한다고 보았다. 버거 대법원장은 형사소송에서 공정한 재판이 가능하기 위해서는 필요한 모든 증거를 입수하는 것이 중요하다고 강조했다. 수정헌법 제6조에 따라 모든 형사피고인은 자신에게 불리한 증언을 한 사람을 대면할 권리가 있고, 자신에게 유리한 증언을 할 사람을 강제로 구인할 권리가 있음을 상기시켰다. 특별검사가 수사에 필요해서 요청한 구체적인 증거가 공정한 재판을 하기 위해 필수적인 것이기 때문에 대통령의 광범위한 특권을 인정한다 하더라도 공정한 법집행을 가로막게 할 수 없다고 지적했다.

버거 대법원장은 녹음테이프의 소환 여부를 결정하기 위해서는 공정한 재판을 진행할 사법부의 임무와 대통령이 직무수행 중에 보좌관들과 나눈 대화의 비밀을 보장할 필요성 중 어느 것이 더 중요한지 비교해 선택할 수밖에 없다고 밝혔다. 그는 이 사건의 경우 공정한 재판을 진행할 필요성이 더 중요하다고 결론지었다. 녹음테이프의 필요성에 대해 특별검사가 명확히 설명하고 있다고 판단했다. 즉 특별검사는 형사소송에 관련된 증언의 신빙성 여부와 혐의 사실의 진위 여부를 가리는 데 그 녹음테이프가 필요하다는 것을 입증한 반면, 닉슨 대통령은 이 테이프의 공개가 대통령의 임무수행에 어떤 차질을 가져올 것인지에 대해 입증하지 못했기 때문이었다. 불필요한 대통령의 권위 유지를 위해 공정한 법집행 절차가 훼손될 수 없다는 논리였다. 닉슨 대통령이 주장하는 비밀 보장의 필요성은 소환된 테이프의 일부가 이미 공개되었다는 점에서 신빙성이 없다는 것이다. 결국 법 앞에서 모두 평등하다는, 대통령도 예외일 수 없다는 원칙이 다시 한번 확인되는 순간이었다.

## 탄핵만큼 수치스런 사임

연방대법원의 판결이 내려진 직후 연방하원 법사위원회는 닉

슨 대통령에 대해 탄핵을 소추하기로 결정했다. 탄핵 사유는 법
집행 방해, 권력 남용, 그리고 하원 법사위의 증거 소환에 응하지
않았기 때문이었다. 연방하원 법사위원회는 닉슨 대통령이 "고
의적이고 반복적이며 지속적으로" 국민을 기만해왔다고 만장일
치로 결론지었다. 연방하원은 곧 본회의를 열어 412:3으로 법사
위원회가 상정한 탄핵소추안을 승인했다. 연방헌법에 따르면 대
통령의 탄핵소추는 연방하원의 과반수찬성에 의해 발의되고, 연
방상원이 재적의원 2/3의 찬성으로 대통령을 탄핵할 수 있도록
되어 있다.

결국 연방대법원의 판결에 따라 닉슨은 8월 5일 시리카 판사
에게 보내는 3개의 녹음테이프와 녹취록을 공개했다. 그러면서
닉슨이 워터게이트 사건이 일어난 지 6일 만에 연방수사국에 수
사를 중지하라는 명령을 내렸음이 밝혀졌다. 이것은 닉슨 대통
령이 계속 국민들을 기만해왔을 뿐만 아니라 실제로 법집행을
방해하려고 시도했음을 입증하는 것으로 충분히 탄핵받을 만한
사유였다.

이제 연방의회에는 더 이상 닉슨을 두둔할 의사가 있는 의원
들을 찾아보기 힘들게 되었다. 녹취록이 발표되자 여당인 공화
당 의원들은 닉슨의 탄핵이 거의 확실시된다고 말하면서 그에게
탄핵이라는 불명예 대신 사임을 택하라고 종용했다. 결국 1974
년 8월 8일 저녁, 연방대법원의 판결이 내려진 지 3주 만에 닉슨
은 라디오와 TV로 미국 전역에 생중계된 연설을 통해 대통령직
사임을 발표했다. 다음날 오후 부통령이었던 제럴드 포드가 38

닉슨 대통령의 사임. 미국 사회와 연방대법원은 불법 행위를 자행해온 대통령에게 준엄한 심판을 내렸다.

대 대통령으로 취임했다. 포드가 대통령이 되어 첫번째 취한 조치는 닉슨이 대통령 재임 시절 수행한 불법행위에 대해 사면을 해주는 것이었다.

워터게이트 사건을 통해서 미국 사회는 정치권력을 유지하기 위해 불법행위를 자행해온 대통령에게 준엄한 심판을 내렸다. 비록 포드 대통령의 사면 덕분에 닉슨은 법적 처벌을 면할 수 있었으나, 미국 역사상 유일하게 대통령직을 사임해야 하는 수치스러운 주인공으로 남게 되었다. 닉슨 판결은 대통령이라 하더라도 법을 준수하고 사법부의 판결에 복종해야 한다는 것을 분명히 함으로써, 대통령에 의해 유린된 법질서를 복구하는 동시에 연방대법원의 위상을 재확인시켜주었다.

# 대통령 비상조치권의 한계는 어디까지인가

영스타운 제철회사 판결 Youngstown Sheet & Tube Co. v. Sawyer, 343 U.S. 579 (1952)

한국전쟁이 한창이던 1952년 4월 8일, 해리 트루먼 대통령은 전국으로 생중계된 라디오 담화를 통해 다음날인 4월 9일부터 미국 내의 모든 제철소를 미국 행정부가 인수·운영한다고 전격 발표했다. 미국의 철강노조와 제철업자 간의 노사분쟁이 합의점에 이르지 못하고 결국 노조의 파업으로 치닫게 되자, 철강생산의 중단을 막기 위해 정부가 강제 개입을 하기로 결정한 것이다. 당시 한반도에서는 휴전협상 타결의 기미가 보이지 않고 전투의 양상이 국지적 소모전으로 변해버린 상황에서 노사분규로 인해 미국 내 제철소의 조업이 무기한 중단된다면 탄약 및 무기 생산에 막대한 영향을 미칠 것이라고 트루먼 행정부는 판단한 것이다. 트루먼 대통령은 결국 미국의 국가안보를 위해서 헌법에 명시된 군 최고통수권자의 권한으로 노사분규가 해결될 때까지 정부가 제철소들을 인수·운영한다고 밝혔다.

그는 자신의 결정이 불가피했음을 역설했다. "만약 철강생산이 중단된다면 한국 전선에 있는 우리 장병들에게 보급되어야 할 탄약과 포탄의 생산을 중단해야 할 것이다. 또 원자탄 생산도 중단될 것이며, 전투기 및 군용수송기 엔진의 생산도 중단되어야 할 것이다. 미국의 안보와 세계 평화의 달성 여부가 우리의 방위산업에 달려 있고, 우리의 방위산업의 사활 여부는 철강산업의 생산능력에 달려 있기도 하다. 우리 장병이 전장에서 적과 대치하고 있는 상황에서 그들의 생존에 필요한 무기와 탄약을 제공하는 데 필요한 모든 수단을 동원하지 않는다면 나는 대통령의 임무를 제대로 수행하지 않는 것이 될 것이다."

철강노조는 트루먼 대통령의 제철소 강제 인수·운영을 적극 환영했다. 그러나 제철업자들은 대통령령으로 선포된 이 조치가 트루먼 대통령의 월권행위로 명백한 위헌이라며 즉시 연방법원에 소송을 제기했다.

이 사건은 미국 사법사상 이례적으로 지방법원에 소송을 제기한 시점부터 연방대법원의 최종 판결까지 채 두 달도 걸리지 않았다. 전시의 위급함이 고려되었기 때문이다. 더불어 이 사건은 미국 민주주의의 기틀인 삼권분립 원칙에 대해 연방대법원이 과감하고 명확한 판결을 내림으로써 헌정사의 위기를 극복하고, 법치주의의 기틀을 더욱 튼튼하게 다지는 계기를 만들었다. 이 사건은 권력의 독점을 막기 위해 행정부와 연방의회, 연방법원으로 권력을 분산시킨 연방헌법이 실제로 어떻게 적용되고 있는지 극

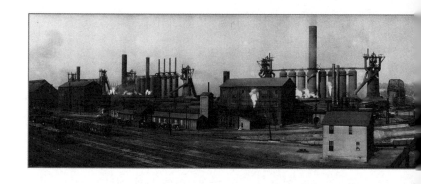

명하게 보여주었다. 즉, 판결 내용상으로는 의회와 대통령 간의
권한의 한계를 명확히 그어주었으며, 소송 과정과 판결 결과의
승복 과정을 통해 연방대법원의 권위가 재확인되었다.

## 노사분규에 개입한 대통령

이 사건의 발단은 1951년 12월 31일을 기해 미국 제철업계와
철강노조 간의 노사협정이 만료되면서부터였다. 이듬해 4월 초
까지 제철업자대표들과 노조측은 줄다리기 협상을 해왔으나 성
과가 없었다. 노조측은 임금인상과 단일노조 인정을 요구하면
서, 이러한 요구가 받아들여지지 않을 경우 4월 9일부터 파업에
들어가겠다고 최종 선언했다. 반면 제철업자측은 노조의 요구를
들어줄 경우 철강제품의 대폭적 가격 인상이 불가피하다면서 노
조의 요구를 수용할 수 없다고 고집했다. 당시 트루먼 행정부는
전시의 높은 물가 인상을 진정시키기 위해 비상권을 발동하고
있어, 철강제품의 가격 인상은 정부의 허가를 받아야 했는데, 정

영스타운 제철회사. 영스타운은 19세기 초반부터 클리블랜드와 함께
미국 최대의 공업도시로 성장했다.

부가 이를 승인할 가능성은 희박했기 때문이었다.

이러한 사태를 해결하기 위해 트루먼 행정부는 3인으로 구성된 임금안정위원회Wage Stabilization Board에 중재를 맡겼고, 이 위원회는 제철업자들에게 철강제품 가격의 소폭 인상을 허용하는 대신 노조의 요구를 수용할 것을 권고하는 중재안을 작성해 트루먼에게 보고했다. 회사측은 철강 가격의 대폭적인 인상 없이는 임금안정위원회의 중재를 받아들일 수 없다고 완강하게 반대했다. 그러나 트루먼 행정부는 전쟁 특수와 정부의 임금 동결로 지금까지 많은 이익을 보아온 제철업계가 소폭의 가격 인상으로도 노조측의 요구를 수용할 수 있다고 판단했다. 제철업계가 중재안을 반대하는 이면에는 철강제품의 가격을 대폭 올리려는 업계의 계략이 숨어 있다고 받아들였던 것이다. 철강제품의 인상은 그와 연관된 다른 제품의 가격 인상으로 확산될 것이고 결국 행정부의 물가정책이 위기를 맞게 될 것이기 때문에, 트루먼은 제철업계가 요구하는 대폭 인상은 절대 불가하다는 입장을 천명했다.

트루먼은 전통적으로 노조의 지지를 받아온 민주당 출신으로 노동자의 애로와 노조의 필요성을 인식하고 있었다. "지금과 같은 기계화 시대에 노동자들은 자신이 하는 일이 중요하다는 것을 느낄 기회가 많지 않다. 그러나 다른 사람과 마찬가지로 노동자들도 자신이 사회에 공헌하며 개인적 성취를 하고 있다는 자부심을 갖고 싶어한다. 노조활동을 함으로써 그들은 다른 사람들과 함께 무언가 의미 있는 일을 한다는 인식을 갖게 되며 결국 인간의 존엄성을 지키게 되는 것이다. 그래서 나는 노조에 대한 어떤 탄압이나 간섭도 반대한다." 결국 트루먼 대통령의 노동자에 대한 이해와 애착, 철강업자들의 폭리에 대한 반감, 그리고 위급한 전시상황이 미국 내 제철소를 정부가 일시적으로 인수하는 조치를 결정하는 계기가 된 것이다.

1930년대의 대공황 이후 미국 정부는 그전까지 사용자의 재산권 보호에 치중하던 반노동정책을 포기하고, 노조활동을 통한 노동자의 권익 보호가 사용자의 재산권 이상으로 중요하다는 입장을 취해왔다. 그러나 노사간의 분쟁에는 가급적 개입하지 않고 당사자들이 스스로 분쟁을 해결하도록 유도하는 정책을 펴왔다. 그렇지만 한국전쟁이 벌어지고 있는 상황에서 벌어진 제철업자와 철강노조와의 분규는 국가안보에도 영향을 미치기 때문에 정부의 적극적 개입이 필요하다고 트루먼 행정부는 판단하고 있었다.

제철업계가 임금안정위원회의 권고를 받아들이지 않자 철강노조는 4월 9일자로 파업을 강행하겠다고 밝혔다. 국방장관은 만약 파업이 벌어지면 탄약 부족으로 한국에 파병되어 있는 미군의 생존에 중대한 위협이 가해질 것이라고 대통령에게 보고했다. 고든 딘 원자력위원회 위원장도 파업이 원자탄 생산에 필요한 철강 공급에 차질을 가져올 것이라는 우려를 표명했다.

트루먼 행정부는 사태 해결을 위한 몇 가지 대안을 모색하고 있었다. 우선 1947년에 개정된 노동관계법Taft-Hartley Act 규정에 따라 8일간의 냉각기를 노사간에 갖게 해 일단 파업을 유보케 하고, 이 기간 동안 정부가 노사간의 타결점을 찾아내 중재하는 것이었다. 그러나 노조가 개정된 노동관계법을 노동악법으로 규정하고 법안 통과를 강력히 반대했었기 때문에 이 법을 적용해 노조측의 양보를 얻어내기란 사실상 불가능했다. 또 노동관계법 개정안이 의회에 통과했을 때 노조의 입장을 지지하며 거부권을 행사했던 트루먼도 이 법을 적용하는 것을 탐탁지 않게 여기고 있었다.

트루먼의 일부 보좌관들은 방위산업체가 군수품을 공급하지 못하는 사태가 발생할 경우 대통령이 이를 인수해 운영할 수 있다는 연방법 조항을 찾아내어 트루먼에게 보고했다. 그러나 이 법은 군수품에만 해당되어 일반 철강제품에 적용하기 어렵고, 노사간의 분규에 대비하기 위해 만든 법이 아니라 적의 사보타지나 테러행위에 대비한 것이기에 임금인상을 둘러싼 철강노조 분규를 해결하기에는 적당하지 못하다는 의견이 지배적이었다. 트루먼 행정부가 철강산업을 임시로 인수·운영할 수 있도록 새로운 법안을 연방의회에 상정, 통과시키자는 의견도 있었다. 그러나 이미 1947년 노동관계법을 심의하는 과정에서 연방의회는 노사분쟁의 해결책으로 행정부가 분규사업장을 인수·운영하는 방안을 거부했었기 때문에 새로운 법안의 의회 통과 가능성은 희박했다.

## 대통령 비상권의 범위

결국 트루먼은 헌법상에 명시된 대통령의 군통수권을 발동해 노사분규가 타결될 때까지 미국 내 제철소를 강제로 인수하여 운영하기로 결정했다. 대통령령으로 실시된 트루먼의 조치는 의회에 즉시 통고되었고, 트루먼은 연방의회가 제철소를 운영할 법안을 만든다면 이를 충실히 이행할 것이라고 약속했다. 그러나 연방의회는 아무런 입법 의사를 보이지 않았다. 트루먼의 제철소 인수 조치가 전격 발표되자 파업을 할 필요가 없게 된 철강노조와 민주당 소속의 진보적 상원의원들이 지지를 표명했다. 그러나 언론, 기업체, 공화당계의 보수주의자들은 트루먼이 헌법을 어기고 독재권력을 휘두르고 있다고 일제히 비난했다. 의회는 이 사건을 조사하기 위해 4개의 임시위원회를 구성하기로 결의했다.

당시 트루먼 대통령의 인기는 크게 떨어진 상태였다. 그는 이미 1952년 선거에 출마하지 않겠다고 선언한 상태였다. 1945년 4월 루스벨트 대통령의 갑작스러운 사망으로 부통령에서 대통령직을 승계한 트루먼은 1948년 선거에서 예상을 뒤엎고 공화당의 토머스 듀이 후보에게 극적인 역전승을 거뒀다. 그러나 임기 내내 트루먼은 공화당 보수파들의 매카시즘 공격에 시달리고 있었다. 그들은 민주당 행정부 내에 공산주의자나 공산주의를 추종하는 반역자들이 숨어 있다며 정치적 공세를 가해왔다. 물론 트루먼은 한국전쟁이 터지자 신속하게 미군을 한반도에 파병하기로 결정해 여론의 지지를 받기도 했다. 그러나 예상외로 전쟁이 길어지자 미국인들의 태도는 바뀌어 휴전협정을 성사시키지 못하고 있는 트루먼 행정부에게 비난의 화살을 돌리고 있었다. 이런 판에 야당인 공화당은 트루먼의 제철소 인수 조치가 루스벨트 대통령 이후 점증되어온 대통령의 권력 집중 경향을 반영하는 것이라는 비난까지 쏟아내고 있었던 것이다.

트루먼은 제철소 강제 인수 조치가 상당한 반발을 일으키리라는 것과 제철업자들이 이에 불복하고 행정소송을 제기하리라는 것도 충분히 예상했었다. 그러나 트루먼 정부는 비록 법정에까지 간다 하더라도 충분히 승산이 있다고 판단했다. 우선 과거 남북전쟁이나 제1, 2차 세계대전중 대통령이 비상권을 발동해 사유재산을 몰수하거나 잠정 인수한 것을 연방대법원이 승인한 전례가 있었기 때문이다. 더욱이 트루먼의 절친한 친구인 빈슨 대법원장이 제철소에 대한 정부의 인수·운영이 합헌이라는 개인적 의견을 은밀히 트루먼에게 미리 전달했기 때문이다.

트루먼은 연방상원의원을 함께 지낸 빈슨을 대법원장에 임명한 뒤 자신의 임기 동안 빈슨을 포함해 4명의 판사를 연방대법관에 임명했고, 나머지 5명 중 4명은 트루먼의 선임자인 루스벨트에 의해 임명된 법관들이었는데 그들은 대체적으로 진보적인 성향이 뚜렷한 대법관들이었다. 단지 한두 명의 연방대법관을 제외하고는 트루먼 대통령의 결정을 지지하리라는 것이 백악관 내부의 관측이었다.

예상한 대로 제철업자들은 즉시 법원에 정부의 제철소 인수를 중지할 것을 요구하는 행정소송을 제기했다. 그들은 이러한 조치가 헌법상 대통령에게 주어진 권한 밖의 행위로 명백한 위헌이라고 주장했다. 이에 대해 트루먼 행정부는 지금처럼 위급한 상황에 철강회사들이 운영을 중단하는 것은 국가안보를 위태롭게 하기 때문에 군통수권자로 국가안보를 책임진 대통령이 전쟁 중 탄약과 무기, 기타 군비물자를 원활하게 조달하기 위해 취한 불가피한 조치라고 반박했다. 제철소의 일시적인 인수는 헌법으로부터 부여받은 권한을 행사하는 정당한 정책집행이라는 주장이었다.

미국의 사법부는 신속하고 과감하게 재판을 진행했다. 1952년 4월 29일 데이비드 파인 연방지방법원 판사는 소송이 제기된 지 불과 3주 만에 판결을 내렸다. 그는 트루먼의 조치가 법적 근거가 없으며 대통령에게 부여된 헌법상 권한의 범위에서 벗어나는 결정이라며 제철소 운영을 소유자에게 돌려주라고 판결했다. 일개 지방법원 판사에 의해 미국 대통령의 정책과 권위가 허물어지는 순간이었다.

연방지법의 판결은 트루먼을 크게 실망시켰으나 공화·보수

진영과 대부분의 언론에서는 일제히 파인 판사의 판결을 환영했다. 동시에 철강노조는 즉시 파업에 들어갔다. 트루먼 행정부는 일단 파인 판사의 판결의 효력을 일시 정지시키는 연방고등법원의 명령을 얻어낸 후 즉시 연방대법원으로 상고했다. 파업을 했던 노조원들은 하루 만에 일단 직장에 복귀해 연방대법원의 최종 판결을 기다리기로 했다.

한편 많은 미국인들은 만약 연방대법원에서도 트루먼의 조치가 위헌이라고 판결할 경우 트루먼이 취할 조치에 대해 주목하고 있었다. 만약 대통령이 연방대법원의 결정을 무시하고 제철소의 운영을 계속한다면 사법부의 권위는 크게 실추될 것이며, 미국의 법치주의 역사에 큰 오점을 남길 것이 분명했다. 그러나 트루먼은 비록 연방대법원이 자신의 결정을 위헌으로 판결한다하더라도 이에 불복하지는 않을 것이라고 측근들에게 전했다.

트루먼 행정부는 연방대법원의 상고심을 기다리는 동안 노사간의 이견을 좁혀 분규를 해결하려 노력했다. 그러나 5월 초 연방대법원이 이 사건을 다른 사건에 우선해 신속하게 심리를 하겠다고 발표하자, 노사양측은 타협보다는 언론을 통해 자기측의 입장을 홍보하는 여론몰이 작업에만 열을 올렸다.

### 삼권분립의 진정한 의미

연방대법원은 6월 2일 트루먼의 결정이 위헌이라는 판결을 내렸다. 9명의 대법관 중 6명이 대통령의 조치가 위헌이라는 판결

트루먼 대통령. 연방대법원은 삼권분립의 진정한 의미를 역설하고 트루먼의 제철소 강제 인수
조치에 위헌 판결을 내렸다.

을 내렸고, 3명만이 트루먼의 행동이 합헌이라는 소수의견을 발
표했다. 판결문을 쓴 휴고 블랙 대법관은 대통령의 권한은 의회
를 통과한 법안이나 헌법에서 비롯되어야 하는데, 제철소 인수
결정은 의회가 대통령에게 이를 위임한 적이 없다는 점을 들어
위법행위라고 결정했다. 블랙 대법관은 또 제철소의 강제 인수·
운영이 헌법에 정한 대통령의 권한에 해당하는 것도 아니라고

판결했다. 군 통수권자로서 전쟁상황에서 주어지는 비상권한이, 국내에서 노사분쟁에 개입해 개인재산을 압류하도록 하는 권한까지 확대 해석될 수 없다고 설명했다. 이러한 권한은 대통령이나 군부에게 위임된 것이 아니라 오직 의회의 동의를 얻었을 경우에 한해서 대통령이 행사할 수 있는 것이라고 밝혔다.

블랙 대법관은 삼권분립 제도가 미국 민주주의의 중추라고 강조하면서 대통령에게 맡겨진 권한의 범위를 명확히 했다. "우리의 헌법제도에서 대통령은 법을 집행할 수 있는 권한만을 부여받았고 입법활동은 할 수 없다. 대통령은 단지 자신이 필요하다고 생각되는 법을 의회에 추천하고 자기가 판단하기에 부적절하다는 법안에 거부권을 행사할 수 있을 뿐이다." 미국을 세운 조상들이 입법권을 의회에게 맡긴 것은 그들이 권력 집중에 대한 공포와 혐오 그리고 자유에 대한 희망을 가졌기 때문이라고 강조했다.

동조의견을 발표한 대법관들도 대통령에게 권력이 집중되는 것에 대한 우려를 표명했다. 펠릭스 프랭크퍼터 대법관은 삼권분립이 지켜지는 민주정부는 신속하고 일사불란하게 권력을 행사하기에는 힘들다고 인정했다. 대통령을 비롯한 행정부는 많은 제한 속에서 임무를 수행해야 하는데, 이는 정부 정책의 합법성에 대해 국민들이 이의를 제기할 수 있도록 헌법을 만들었기 때문이라고 설명했다. 그러나 프랭크퍼터 대법관은 민주주의가 이렇게 비효율적이고 거추장스럽다고 해서 미국인들이 다른 정부 형태를 부러워한 적은 결코 없었다고 강조했다.

더글러스 대법관도 동조의견을 통해 미국의 역사와 전통에 따르면 군부는 민간인 활동을 제한할 수 없다고 말했다. 프랭크퍼터 대법관처럼 더글러스 대법관도 삼권분립을 통해 견제와 균형을 유지해가기 위해서 어느 정도의 대가는 불가피하다고 주장했다. 그는 또 권력 집중이 당장은 편리할지 몰라도 불안한 미래를 예고하는 것이라고 설명했다.

현재의 대통령이 이러한 강제 점령권을 임금을 인상하고 제철소의 조업을 계속하기 위해 사용할 수 있다면, 그와 반대로 훗날 다른 대통령이 똑같은 권력을 이용해 임금 인상을 막고 노조 활동을 제한하며 기업체의 노조 탄압을 방조하기 위해 남용할 수도 있을 것이다.

로버트 잭슨 대법관도 동조의견을 통해 대통령의 전시비상권의 한계를 명확히 했다. 그는 외국에서 전쟁을 수행하거나 국내의 반란을 진압하기 위해 행정부에게 가능한 한 많은 권한을 주도록 헌법을 해석할 필요도 있고 용의도 있다고 밝혔다. 그러나 노사간의 합법적인 분쟁을 해결하기 위해 대통령의 헌법상 권한을 확대해석할 수는 없다고 주장했다. 미국 정부 체제의 핵심은 인치가 아닌 법치에 있다고 말한 잭슨 대법관은 이러한 법치주의를 최대한 유지하고 운영하도록 하기 위해 헌법을 만든 것이라고 설명했다. 비록 삼권분립이 보장된 정치제도에는 정부 정책의 지연 등 많은 결점과 불편한 점이 있기는 하지만, 인류가 아직 이보다 더 효과적으로 인간의 자유와 권리를 수호할 수 있는 제도를 발견하지 못했다고 주장했다.

클라크 대법관 또한 동조의견문에서 "국가를 잃더라도 헌법을 지킬 방법은 없겠는가?"라고 남북전쟁 당시 링컨이 제기한 물음을 상기시켰다. 이 물음은 국가보다도 헌법이 더 중요하다는 뜻이라고 설명한 클라크 대법관은 비록 대통령이라 하더라도 결코 헌법을 위배해서는 안 된다고 강조했다. 그는 또 매우 시급한 상황을 제외하고 대통령은 항상 의회의 동의를 거쳐서 대통령의 비상조치권을 행사해야 한다고 주장하며, 제철소의 파업은 대통령의 비상권을 발동시킬 만큼 시급한 상황은 아니라고 결론지었다.

반면 트루먼을 지지한 대법관들은 당시의 상황이 대통령의 비상조치권을 필요로 하는 위급한 상황이라고 주장하면서 트루먼의 결정을 옹호했다. 반대의견을 쓴 빈슨 대법원장은 제2차 세계대전으로부터 완전히 회복되지도 않은 상태에서 공산주의와 싸우게 된 아주 위급한 시기에 대통령의 결정을 무효화시킨 다수 대법관들의 판결은 어리석은 것이라고 비난했다. 그는 또 과거의 판례에 따르면, 비상시 대통령은 신속하고 강력하게 대처할 수 있는 권한을 부여받았다고 주장했다.

그러나 대부분의 언론과 법조계의 평가는 다수 대법관의 결정을 지지하는 것이었다. 그들은 연방대법원의 판결이 삼권분립의 원칙과 민주주의 그리고 사유재산권을 지킨 명판결이라고 환영했다. 물론 대법원의 판결 소식을 들은 트루먼과 철강노조는 크게 실망하면서 분노를 터트렸다. 트루먼은 "이른바 진보주의자들로 구성된 대법원이 어떻게 이러한 결정을 내렸는지 내가 대통령을 그만두기 전에 꼭 밝혀내겠다"며 분노를 삭히지 못했다. 그러나 트루먼은 연방대법원의 결정을 무시하지는 않았다. 약속한 대로 연방대법원의 결정에 승복하여 즉시 제철소를 업체에게 돌려주었고 동시에 미국 철강노조는 파업에 들어갔다.

철강노조의 파업이 끝난 것은 파업 53일 만인 7월 24일이었다. 제철업자들은 시간당 임금을 21.5센트 인상하고 단일노조 구성을 허용하기로 했다. 대신 정부는 철강 가격을 톤당 5.20달러 인상해주기로 했다. 이것은 애초 임금안정위원회가 제시한 협상안과 큰 차이가 없는 것이었다. 후일 트루먼은 53일간의 파업을 통해 노동자와 철강업자들이 모두 20억 달러에 달하는 손해를 입었다고 주장했다. 그러나 트루먼 행정부가 예상했었던 탄약과 무기 부족 사태는 결코 발생하지 않았다.

비록 금전적 손실은 컸더라도 대부분의 미국인들은 민주주의를 지키기 위해 지불해야 하는 비싼 대가를 아까워하지 않았다. 정부의 제철소 강제 인수와 이에 관한 연방대법원의 판결을 통해 미국인들은 법치주의의 깊은 뿌리를 재확인하고 이를 더 튼튼히 뻗게 했다. 20세기 들어 꾸준히 지속되어온 대통령의 권력 확장에 사법부가 과감히 제동을 건 이 판결은 국가안보라는 명목으로 삼권분립의 원칙을 허물어뜨리지 않은 미국인들의 현명함을 보여준 것이다.

이 판결은 대통령의 권위에 굴하지 않고 헌법을 엄격하게 해석하는 사법부, 그리고 비록 사법부의 판결에 동의하지 않더라도 이에 승복하는 대통령의 모습을 통해 법치주의 전통 속에서 민주주의를 지켜 나가는 모습을 보여주었다. 연방대법관들이 선언한 대로 삼권분립에 기초를 둔 민주주의는 때로는 일사불란하고 신속한 권력 행사를 어렵게 만들기도 하지만, 자유와 평등을 보장하는 데는 가장 이상적이고 합리적인 제도라는 것을 재확인한 판결이기도 했다.

# 최저임금법은 노사간의 계약의 자유를 침해하는가

웨스트코스트 호텔 판결 West Coast Hotel Co. v. Parrish, 300 U.S. 379 (1937)

1935년 봄, 미국 서부 워싱턴주의 웨나치라는 작은 도시의 한 변호사 사무실에 엘시 패리시라는 이름의 40대 여인이 찾아왔다. 그녀는 체불임금을 받기 위해 소송을 하겠다고 말했다.

패리시는 웨나치에서 가장 큰 웨스트코스트 호텔에서 얼마 전까지 객실 청소원으로 근무했었는데 임금을 제대로 받지 못했다고 주장했다. 1933년부터 호텔에서 일해온 패리시는 처음엔 시간당 22센트, 나중에 시간당 25센트의 급료를 받고 호텔방을 청소했다. 워싱턴주의 노동자보호법에 따르면 호텔 청소부인 그녀의 최저임금은 주급 14.30달러였으나 실제로 받은 급료는 이에 미치지 못했다. 패리시는 자신이 받은 임금이 규정된 최저임금보다 216.19달러가 적었던 것을 발견하고 소송을 하기로 마음먹은 것이다. 워싱턴주의 노동자보호법은 20세기 초 제정되었다. 미국 북서부에 위치한 워싱턴주와 이웃의 오리건주는 사회주의자와 진보주의자의 활동이 비교적 활발한 곳이었다. 1919년 이 지역의 가장 큰 도시인 시애틀에서는 미국 역사상 최초로 총파업이 벌어지기도 했다. 노조의 영향력이 강한 워싱턴주에서는 다른 주와 달리 노동자의 권익을 보호하는 각종 사회보장법이 제정되었다. 이에 따라 여성이나 미성년자의 건강과 도덕에 해가 되는 근로는 금지되는가 하면, 여성 노동자의 경우 최저생계비에 미치지 못하는 임금을 지불하는 것이 불법화되었다. 또 사용자, 노동자, 그리고 시민대표로 위원회가 구성되어 각종 직종마다 최저임금이 결정되었다.

워싱턴 주정부의 노동자보호정책에 불만을 품은 사용자들은 이미 여러 차례에 걸쳐 이러한 법률들이 재산권을 보장한 주헌법에 위배된다며 주법원에 소송을 냈으나 모두 패소했다. 한편 패리시 사건을 심리한 1936년 워싱턴 주대법원은 여성 노동자의 최저임금을 정한 주법이 합헌이라고 판결하며, 웨스트코스트 호텔측에 밀린 임금을 지불하라고 명령했다. 그러자 웨스트코스트 호텔은 최종심인 연방대법원에 즉시 상고했다. 비록 패리시가 워싱턴 주대법원에서는 쉽게 승리했으나 연방대법원에서는 패소할 가능성이 많았다. 연방대법원의 판결 경향이 워싱턴 주대법원보다는 훨씬 보수적이었기 때문이다.

**기업의 방패가 되어준 연방대법원**

한정된 임기를 갖는 주법원의 판사와 달리 대통령에 의해 추천되어 연방상원의 승인을 얻어서 임명되는 연방법원의 법관들은 종신 임기였다. 1787년 미국 헌법을 제정한 헌법 초안자들은 다수의 힘에 의해 움직이는 입법부와 행정부와는 달리 사법부가 외압에 굴하지 않고 소수의 권익을 보호할 수 있도록 독립성을 보장하는 장치로 대법관 종신제를 채택한 것이다. 다수결 위주의 의회민주주의 체제하에서 사법부가 소수의 권리를 보장해주도록 한 것이었다.

그러나 20세기 초까지 연방법원, 특히 연방대법원은 헌법 초안자들의 그러한 의도를 충실히 수행하지 못했다. 미국 사회의 정치적 소수인 흑인·인디언·이민자·사회주의자 등의 기본권이 다수 백인 기득권 세력에 의해 침해되는 것을 연방대법원은 용인해왔다. 반면 연방대법원은 이러한 독립성을 수적으로는 점점 적어지고 있지만 정치적·경제적 영향력을 독점하다시피 한 미국 내 자본가 계급의 경제적 이익을 보호하는 데 적극 이용했다. 점점 벌어지는 빈부의 격차를 해결하기 위한 다수 미국인들의 노력을 소수 자본가에 대한 기본권 침해라며 제동을 건 것이다.

영국 왕실의 간섭과 탄압에 무력으로 저항하여 나라를 세운 미국인들에게는 개인의 자유와 권리를 최대한 보장하고, 정부 권력을 최소화해야 한다는 인식이 뿌리 깊게 내려져 있었다. 이러한 전통은 19세기 후반 산업화 물결이 들이닥치기 전까지 자영농과 중소상인이 기반이었던 미국 사회, 그리고 연방정부보다는 지방정부에 의해 국정이 주도되던 상황에서는 커다란 문제가 되지 않았다. 그러나 남북전쟁 이후 농경사회에서 산업사회로 바뀌면서 정부가 자유와 권익을 보호해주어야 하는 사람들의 수가 크게 늘어났다.

흑인 노예를 제외하고는 비교적 독립적으로 농사를 짓거나 상업에 종사해왔던 미국 사회에 대규모 공장이 설립되고 대도시가 형성되면서 노동자라는 새로운 계층이 나타났으나 자본가들의 착취에 노출된 그들의 권익을 보호할 제도적 장치는 마련되지 않았다. 그런 와중에 정부의 규제가 약한 틈을 타 독점자본의 대기업이 생기기 시작했다. 록펠러, 모건, 카네기 등의 기업인들은 문어발식 기업합병을 통해 정유·철강 등 특정 산업을 독점하여 엄청난 부를 축적했다. 펜실베이니아주 산악지대의 탄광 노동자들이 하루 25센트를 받으며 수백 미터 지하막장에서 일하고 있을 때 기업가 J.P. 모건은 불과 십수 년 사이에 112개의 기업체를 소유하게 되었고 재산 규모가 220억 달러에 달했다.

사회보장제도가 확립되기 전인 20세기 초반까지 노동자들은 권익을 보호받지 못하고 자유시장경제의 가장 큰 희생자가 되었다. 사회당 등이 생겨나고 노동조합이 조직되기 시작했으나 노동자의 권익보호나 사회복지정책 수립을 위한 노력은 경제 간섭의 극소화원칙을 고수하는 대기업과 보수주의자들의 반발로 큰 실효를 거두지 못했다. 결국 노사간의 균형적인 이익 보호를 위한 임금 인상, 최저임금 보장, 근로조건 개선 등의 요구가 사회주의적·비경제적·비합법적이라는 구실로 좌초되면서 이에 반발하는 노사분규가 끊이지 않았고, 그 양상도 점차 과격화되면서 노동현장의 유혈 충돌도 비일비재하게 일어났다.

이때 기업들의 가장 든든한 방패 중 하나가 연방대법원이었다. 대부분 보수주의 신봉자로서 대법관이 되기 전 대기업의 자문변호사로 일해왔던 연방대법관들은 정부의 기업체 통제나 최저임금 등의 사회복지정책, 심지어 소득세의 부과까지도 헌법에 보장된 재산권을 침해한다면서 위헌판결을 내려왔던 것이다. 이러한 판결의 근거는 "생명과 자유와 재산은 정당한 절차를 거치지 않고 침해될 수 없다"고 규정한 수정헌법 제5조와 제14조였다. 사회주의자들과 진보주의자들은 이러한 판결이 18세기에 만들어진 헌법에 기초를 둔 것으로, 이를 산업사회의 변화에 맞게 바꾸어 해석해야 한다고 주장했다. 즉, 노동자의 노동권도 기본권으로 인정해달라는 요구였다. 그러나 연방대법원은 잇달아 이러한 요구를 묵살했다. 비록 진보진영과 노동진영으로부터 연방대법원에 대한 비난의 목소리가 높게 나왔으나 20세기 초반 미국 경제가 급속도로 성장하면서 이러한 불만들은 무마될 수 있었다. 특히 제1차 세계대전 이후 경제가 번창하고 노동자의 생활수준이 향상되면서 빈부 격차에 대한 우려는 크게 줄어들었다. 미국인들은 열심히 일하면 누구나 부자가 될 수 있다는 성공신화를 믿으며 일터로 향했던 것이다.

### 대공황과 뉴딜정책

그러나 1929년 뉴욕 증권시장의 붕괴로 시작된 대공황은 미국의 경제성장을 물거품으로 만들었다. 대공황은 자유시장경제에는 한계가 있으며 이를 보완하기 위해 정부의 간섭과 규제가 불가피하다는 것을 증명했다. 대공황은 생산의 부족 때문이 아니라 부의 불균형과 과도한 투기로 인해 금융과 유통이 마비되면서 생긴 인위적 재앙이었다. 뉴욕의 파산한 구두공장 창고에는 구두가 가득했으나 로스앤젤레스의 어린이들은 부모가 구두를 사줄 돈이 없어 맨발로 다녀야 했다. 위스콘신의 농부들이 우유와 치즈를 팔지 못해 길가에 내다버리고 있을 때 오클라호마의 주민들은 굶주림을 면하기 위해 정든 집을 버리고 유랑길에 나서야 했다. 금융시장의 붕괴는 기업의 파산으로 이어졌고, 기업의 파산은 실직자들을 양산했다. 순식간에 실업자수가 1500만 명을 넘었다. 직장을 가진 노동자들마저도 대부분 생계를 잇기 어려운 저임금을 받고 살아야 했다.

대공황이 시작되던 당시 대통령은 허버트 후버였다. 그는 맨손으로 시작해 백만장자가 되었던 기업가 출신으로 철저한 자유시장경제의 신봉자였다. 1929년 3월 제31대 미국 대통령으로 취임하면서 후버는 "미국처럼 경제성장의 열매가 확실한 나라가 없다"고 자신 있게 선언했다. 그러나 그가 취임한 후 겨우 7개월 만에 미국의 경제는 침몰하기 시작했다. 후버는 평소 신념대로 정부의 간섭이 아니라 민간 부문의 자발적 행동에 의해 경제가 회복되어야 한다며 대공황을 벗어나기 위한 적극적인 조치를 취하지 않았다. 이에 반발한 미국민들은 1932년 대통령선거에서 새로운 경제정책을 약속한 프랭클린 루스벨트 뉴욕 주지사를 선

은행에 돈을 찾으러 구름처럼 몰려든 사람들. 1929년 뉴욕 증권시장의 붕괴로 시작된 대공황은 미국의 경제성장을 물거품으로 만들었다.

택했다.

　루스벨트는 정부가 시장경제에 적극 개입해 경제 회복을 도모하는 이른바 뉴딜정책을 수립했다. 그는 미국민들이 생존권을 보장받으려면 국민의 이익을 보호할 강력한 정부가 필요하다고 선언했다. 국민의 복지를 보장할 책임이 정부에게 있다는 신념이었다. 취임하자마자 루스벨트는 정부의 보조금 확대, 정부 발주 사업의 확대 실시, 노조의 지위 보장, 증권 및 은행의 감시와 규제 확대, 독점자본의 규제 등 획기적인 경제개혁 정책을 감행했다. 빈곤에 허덕이던 대부분의 미국인들에게 루스벨트의 뉴딜정책이 열렬한 지지를 받은 것은 당연했다.

　미국민의 절대적 지지 속에 입법되어 실행에 옮겨진 뉴딜정책은 그러나 번번이 좌초되었다. 연방대법원의 위헌판결 때문이었다. 기득권을 상실하게 된 자본가·경영자 등은 기업의 희생 아래 시행되는 루스벨트의 경제개혁 조치가 재산권을 보장한 헌법에 위배된 것이라며 잇달아 소송을 제기했고 승소판결을 얻어냈던 것이다. 애당초 미국의 법조계는 루스벨트의 뉴딜정책이 자유시장경제를 평생 신봉해온 보수적인 판사들이 다수를 이루고 있는 연방대법원의 동의를 얻기 힘들 것으로 예상하고 있었다. 더욱이 선례를 중시하는 미국 법원의 관습에서 볼 때, 지난 수십 년간 개인의 재산권 보호에 중점을 두고 정부의 경제적 간섭을 최대한 막아온 연방대법원이 계속 기업가와 자본가의 입장을 옹호하는 판결을 내리는 것은 당연했다.

루스벨트의 개혁정책에 반발한 행정소송이 이어졌고, 뉴딜정책에 대해 하급 법원을 거쳐 1935년부터 연방대법원에서 잇달아 위헌 판정이 내려졌다. 도시인보다 농민에게 우선해 특별융자를 해주는 것, 정부가 노조의 권리를 보장하는 것, 생산 및 가격 통제를 하는 것, 최저임금을 보장하는 것, 농산물의 과잉생산을 막기 위해 농민들에게 줄 보조금을 위한 특별세를 징수하는 것, 석탄의 과잉생산을 막고 광부들에게 적정임금을 보장해주는 것 등과 같은 각종 조치들이 위헌이라는 심사를 받았다. 연방대법원이 지적한 주된 이유는 이러한 조치가 대통령의 고유 권한 밖이거나, 지방자치단체의 권한을 침해했거나, 고용주들의 재산권을 침해했다는 것이었다. 대부분의 판결은 9명의 대법관 중 보수적인 5명의 대법관이 진보적인 4명의 대법관의 반대를 물리치며 내려졌다.

이러한 연방대법원의 위헌 결정으로 인해 루스벨트의 뉴딜정책은 큰 효과를 발휘하지 못하고 있었고, 미국인들은 1937년까지 근 8년째 대공황으로 인한 경제적 고통에서 헤어나지 못하고 있었다. 신문지상에는 연방대법원에 앉아 있는 '고집 센 늙은이들' 때문에 많은 국민들이 고통을 겪고 있다는 비난이 쏟아졌다. 연방대법원의 판결이 나올 때마다 루스벨트 대통령이 분통을 터뜨린 것도 당연했다.

1937년 2월, 루스벨트가 연방대법원의 위헌 판결에 반발해, 이를 극복하기 위해 연방대법원을 개편하려는 충격적인 조치를 발표하면서 미국 헌정사의 최대위기가 벌어졌다. 미국의 헌법학자들과 역사학자들이 '미국 헌법의 혁명'이라고 부른 일련의 사건이 발생하게 된다. 216달러 19센트의 체불임금을 받기 위해 제기된 패리시의 소송은 이 역사의 소용돌이 속에 매우 중요한 역할을 담당하게 된다.

### 위헌 판결을 받은 최저임금법

패리시 소송이 워싱턴 주대법원에서 심리되었을 때 웨스트코스트 호텔측 변호사는 워싱턴주의 최저임금 보장은 연방대법원의 선례에 부합되지 않는다고 주장했다. 12년 전 연방대법원은 애드킨스 판결Adkins v. Children's Hospital, 1923에서 여성 노동자들에 대한 최저임금을 법으로 규정한 것은 위헌이라고 이미 결정했었다. 당시 연방대법원은 최저임금법으로 경영자의 입지를 좁혀 노사 임금협상에 불리하게 만든 것은 헌법에 보장된 개인의 재산권 행사를 제약하는 것이라고 주장했다. 그러나 워싱턴 주대법원 판사는 최저임금 보장이 위헌이 아니라며 패리시에게 승소 판결을 내렸다. 그는 "연방대법원에게 이 문제를 다시 한번 심리할 기회를 주자"고 제안했고, 호텔측은 즉시 연방대법원에 상고했다.

워싱턴 주대법원이 패리시에게 승소 판결을 내린 직후, 연방대법원은 또다시 최저임금 보장이 위헌이라는 판결을 내려, 연방대법원에서는 호텔측이 승소할 가능성이 더욱 높아졌다. 1936년 6월, 연방대법원은 모어헤드 판결Morehead v. New York에서 뉴욕주가 1933년에 제정한 여성 노동자의 최저임금법이 위헌이라는 결정을 내렸던 것이다. 5:4로 위헌 판정을 받은 뉴욕주의 법은 당시 대공황으로 거지나 다름없는 생활을 하는 여성 노동자들을 보호하기 위한 것이었다. 그러나 연방대법원은 노동자나 사용자가 적절한 임금에 대해 자유롭게 절충할 자유를 박탈했다며 정부가 노사간의 임금협상에 관여할 수 없다고 거듭 천명했다. 뉴딜정책에 관한 기존의 연방대법원 판결과 마찬가지로 루스벨트가 한 명의 연방대법관만 더 확보했어도 미국인들이 원하는 시급한 경제개혁 법안들이 연방대법원에서 침몰하는 것을 목격하지 않아도 되었을 것이다.

모어헤드 사건에서 반대의견을 제시한 휴즈 대법원장은 연약한 여성노동자를 착취하는 고용주들을 규제하는 법은 당연히 헌법정신에 부합하는 것이라고 주장했다. 또다른 반대의견을 쓴 할란 피스크 스톤 대법관은 보수 대법관들이 계약의 자유라는 명목으로 자본주의적 경제논리를 헌법 해석에 적용하고 있다고 비난했다. "경제적 궁핍으로 인해 육체와 영혼을 함께 유지하는 데 한참 모자란 임금을 위해 일해야 하는 사람들에게 계약의 자유를 보장하는 것"은 무의미하다고 주장했다.

전통적으로 기업가의 입장을 대변해온 보수 공화당 계열의 신문까지도 연방대법원의 판결을 비난했다. "만약 세탁소 주인이 마차의 말을 굶기면 처벌이 되지만 노동자에게 식량도 살 수 없는 임금을 주는 것은 합법"이라고 한 신문은 꼬집었다. 해롤드 이크스 내무장관은 "어린이들과 연약한 여성 노동자들이 대기업과 협상하도록 하게 만들었다며 이보다 더 미국민을 도덕적으로 분노하게 만든 것은 없을 것이다"라고 말했다. 많은 법조 관계자들은 이 판결로 주정부나 연방정부가 노사간의 근로계약에 대해서 일절 간섭하지 못하게 만들었다고 평가했다. 뉴욕주의 최저임금법이 위헌 판결이 난 이상 패리시의 재판 결과를 예상하는 것은 어렵지 않아 보였다.

그러나 아무리 국민의 절대적 지지를 받는 루스벨트 대통령이라 할지라도 대법원의 판결에 불복한다거나 무시한다는 것은 고려할 수 없었다. 비록 대법관들의 경제적 관점에 대해서는 대부분의 미국인들이 동의하지 않았으나, 대법원의 결정을 존중하고 승복해야 한다는 것이 미국인들에게 깊게 뿌리박힌 법치주의 정신이기 때문이었다. 취임 초 루스벨트 대통령이 연방대법원의 판결이 시대착오적이라고 공격하자 곧 법원의 권위와 신뢰를 손상하는 경솔한 발언이라고 야당의 신랄한 공격을 받기도 했다. 그래서 루스벨트는 1936년 선거에서 연방대법원의 문제를 아예 선거 이슈로 내놓지도 않았었다. 대법원의 판결을 비난한다거나 대법관들을 개인적으로 공격하는 것이 정치적으로 큰 이득이 없다고 판단했기 때문이었다. 그러나 경제개혁 정책이 대법원에 의해 계속 제동이 걸리자 루스벨트는 대법관들의 고집을 꺾는 것이 불가능하다면 대법원을 재구성해서라도 뉴딜정책이 좌초되지 않도록 하겠다고 마음먹었다.

1937년 2월 연방의회에 보낸 특별 메시지를 통해 루스벨트 대통령은 연방대법원의 구성을 바꿔달라고 연방의원들에게 요구했다. 연방의회는 대법관의 숫자를 늘리거나 줄일 수 있는 권한이 있었다. 루스벨트는 고령의 대법관들이 날로 누적되는 대법원의 사건을 신속히 처리하지 못하고 있다며, 젊은 대법관들을 임명해 보다 신속하고 효율적으로 사법 기능이 발휘되어야 한다고 주장했다. 루스벨트는 70세를 연방대법관의 정년으로 정했다. 물론 헌법에 의해 종신 임기가 보장된 대법관들은 본인이 원하는 한 정년을 넘겨도 계속 근무할 수 있었다. 그러나 70세를 초과해도 대법관이 계속 재임하는 경우, 대통령에게 대법관을 추가로 임명할 수 있는 권한을 달라고 루스벨트는 연방의회에 요구했다.

루스벨트는 자신의 요구에 정치적 의도가 숨겨져 있지 않다고 주장했으나, 여당과 야당 모두 대법원의 판결에 불만이 많은 대통령이 자신의 정책을 승인해줄 대법관을 임명하려는 시도로 받아들였다. 당시 6명의 대법관이 70세를 넘은 상황이어서, 연방의회가 루스벨트의 요구를 수락한다면 그는 최소한 6명의 새로운 대법관을 임명할 수 있게 된다. 당연히 루스벨트는 자신을 지지하는 인물을 대법관으로 지명할 것이고, 그렇게 된다면 뉴딜정책에 대한 위헌 결정은 더 이상 나오지 않을 것이 분명했다. 야당 의원들은 루스벨트의 이러한 요청을 '법원 채우기 계획Court-Packing Plan'이라고 부르며 즉각 반대에 나섰다.

당시 국민의 전폭적인 지지를 받던 루스벨트를 공격할 소재가 부족했던 야당 의원들은 일제히 루스벨트가 사법부마저 장악해 히틀러와 같은 권력 집중을 시도하고 있다고 맹비난했다. 심지어 평소 루스벨트 대통령을 지지하던 사람들조차 이 계획이 연방대법원 독립성의 전통을 깨는 조치라며 반대했다. 한 저명 언론인은 아무리 루스벨트의 의도가 진지하다 하더라도 사법부의 독립이라는 중요한 전통을 파괴한다면 정치인이 사리사욕을 채우기 위해 사법부에 압력을 행사하더라도 막을 방법이 없게 된다고 경고했다.

그래도 대부분의 워싱턴 관측자들은 연방대법원 재구성 법안이 루스벨트의 의도대로 의회를 통과할 것으로 예상했다. 루스벨트의 민주당은 의회에 충분한 의석을 확보했기 때문이었다. 민주당은 상원에서 80:16이라는 압도적인 격차로 다수 의석을 확보하고 있었고, 하원에서도 3/4 이상의 의석을 차지하고 있었다. 국민의 절대적 지지를 받고 있는 대통령이 내놓은 법안을 소속당 의원들이 반대할 가능성은 희박했다. 여당 의원들은 국민의 압도적 지지를 받는 대통령의 권위에 눌려 반대의사를 명백히 표출하지 못하고 있었다. 한편 찰스 에반스 휴즈 대법원장은 의회 청문회에 출석해 노령의 판사들이 훨씬 더 효율적으로 재판을 진행한다고 루스벨트의 주장을 반박하며, 모든 대법관이 루스벨트 대통령의 연방대법원 개편안을 반대한다고 밝혔다.

## 선례를 뒤집은 패리시 판결

워싱턴주 최저임금법의 위헌 여부를 심사한 웨스트코스트 호텔 판결은 이렇게 미국 정계가 연방대법원의 재편과 관련해 떠들썩하던 때에 그 결과가 발표되었다. 1936년 3월 29일 내려진 결정은 예상과 달리 최저임금법이 합헌이라며, 패리시에게 승소 판결을 내렸다. 대법관들의 표결 결과는 5:4 한 표 차이였다. 종전까지 보수적인 판사들과 함께 표를 던져온 오웬 로버츠 판사가 그들과 결별하고 진보적 판사들에 합류했기 때문이었다.

다섯 명의 대법관을 대표해 판결문을 쓴 휴즈 대법원장은 최저임금에 관한 선례인 애드킨스 판결을 재검토한 결과 그 판결이 번복되어야 한다는 결론을 얻었다며, 최저임금을 보장한 워싱턴주의 법이 헌법에 위배되지 않는다고 선언했다. 휴즈 대법원장은, 정부는 전체 국민의 건강과 안전과 도덕과 복지를 위협하는 해악을 막아야 하는데 이는 개인의 권리와 균형을 이루어야 한다고 설명했다. 그는 워싱턴주에서 채택한 최저임금제도가 합

휴즈 대법원장은 판결문에서 최저생계비에도 못 미치는 임금을 받고 일하는 노동자를 보호하기 위해 최저임금을 규정하는 것은 위헌이 아니라고 결론지었다.

리적이고 공동체 전체의 이익을 위한 것이기에 적법하다고 결론
지었다.

휴즈 대법원장은 비양심적인 악덕 기업으로부터 연약한 여성
노동자들을 보호하는 것, 그들을 위해 최저임금을 규정한 것은
당연히 정부가 해야 할 일이라고 말했다. 그는 여성의 신체적 약
점을 보완하기 위해 최장 근로시간을 하루 10시간 이하로 규정

한 1908년의 연방대법원 판결을 선례로 들었다. 그는 근로시간 규제와 마찬가지로 최저임금 보장도 정부가 여성 노동자들을 보호하기 위해 취하는 조치이므로 워싱턴 주법은 합헌이라는 것이다. 또한 여성 노동자들이 이미 노동자 중 가장 낮은 임금을 받는 계층이고, 그들은 단체 조직력이 약해 언제나 착취와 이용의 대상이 될 수 있음을 지적했다. 이러한 착취구조의 폐해를 줄이고, 최저생계비에도 미치지 못하는 임금을 받고 일해야 하는 노동자들을 보호하기 위해 주의회가 필요한 조치를 취하는 것은 당연하다고 주장했다. 종전의 대법원 판결문에서 찾아보기 힘든 개혁적 사고였다.

한편 반대의견을 제시한 4명의 대법관들은 헌법이 보장한 계약의 자유를 존중하고, 과거의 판례를 따라야 하기 때문에 워싱턴주의 최저임금법은 위헌이라고 주장했다. 그들은 "헌법의 의미가 경제적 사건의 변화에 따라 변하지 않는다"고 단언했다. 그러나 오웬 로버츠를 진보진영으로 빼앗긴 보수 판사들은 더 이상 그들의 신념을 다수의 결정으로 만들 수 없었다.

당시 개혁세력들은 이 판결이 사회적 정의와 루스벨트의 승리라고 환영했다. 그들은 루스벨트 대통령이 사법정책의 방향을 바꾸도록 효과적으로 압력을 가했기 때문에 나온 판결이라고 칭찬했다. 판결 결과에 대해서는 만족하면서도 연방대법원 판결이 일관성을 잃었다고 염려하는 목소리도 있었다. 당시 하버드 법대 교수로 후에 대법관으로 임명되었던 펠릭스 프랭크퍼터는 "이런 판결이 나올 때 법대 학생들에게 대법원의 절차를 존경하라고 어떻게 가르칠 수 있겠는가?"라고 반문했다.

결국 패리시는 216달러 19센트의 임금을 더 받을 수 있게 되었으나, 이 판결은 한 개인에게만 끝나지 않는 엄청난 파장을 가져왔다. 미국 대법원 역사상 찾아보기 힘든, 선례를 정면으로 뒤집는 판결이었기 때문이다. 비록 이 판결이 뉴딜정책에 대한 위헌 심리가 아니었다고 해도 연방대법관들이 대통령에게 보내는 메시지는 분명했다. 연방대법원이 더 이상 국민들이 원하는 경제개혁 정책에 대해 제동을 걸지 않겠다는 것이었다. 그 후 뉴딜 경제개혁 정책을 합헌으로 인정하는 판결이 잇달아 내려져 1937년 이후 루스벨트 대통령의 경제개혁 법안은 단 한 차례도 연방대법원에서 위헌 판결을 받지 않았다.

## 연방대법원의 새로운 방향성

이러한 일련의 연방대법원 판결은 루스벨트의 대법원 재구성 법안을 불필요하게 만들었다. 더구나 보수진영의 윌리스 반 데 반터 대법관이 은퇴함으로써 루스벨트는 대법원 개편안이 통과되지 않더라도 차기 대법관 지명을 통해 대법원에서 진보적 다수를 확보할 수 있게 되었다. 결국 루스벨트 대통령은 사법부의 독립이라는 원칙을 깨지 않고 자신의 목적을 달성할 수 있게 된 것이다. 사법부의 판결에 불만을 품은 행정부나 입법부가 사법권의 독립을 침해하는 관례를 남기지 않고 문제가 해결된 것이다.

대법원 개편안은 결국 의회를 통과하지 못했다. 그러나 루스벨트는 1937년 이후 4년 동안 7명의 새로운 대법관을 임명해 뉴딜정책의 지지자로 대법원을 채울 수 있게 됨으로써 더 이상 사법부의 방해를 받지 않고 경제정책을 수행할 수 있었다. 1938년 연방의회는 공정노동 기준법을 제정해 법정 최저임금과 최대 근로시간을 모든 노동자들에게로 확대했고, 새로 구성된 대법원은 신속히 이 법을 합헌으로 판결했다.

물론 1937년 연방대법원이 선택한 변화에 대한 평가는 엇갈린다. 루스벨트의 압력에 굴복하는 인상을 주어 사법부의 권위와 독립성에 손상을 주었다는 비난도 많았다. 그러나 마침내 다수 국민의 의지를 헌법 해석에 반영함으로써 참된 민주주의를 실현시키는 동시에 행정부와의 마찰도 지혜롭게 해소했다는 긍정적 평가를 받기도 했다.

이 판결 이후 연방대법원은 경제정책에 적극 관여를 삼가하는 대신 자유와 인권 부분에 적극 개입하는 쪽으로 진로를 바꿈으로써 그 독립성과 권위와 존경을 회복하고 자유와 인권의 보루로서의 존재 의의를 더욱 확고하게 할 수 있었다. 연방대법원은 공익을 위해 정당한 절차를 거쳐 행해지는 재산권에 대한 제한에 대해서는 행정부와 입법부의 의견을 최대한 존중해주는 대신 정치·사회적 권리, 즉 표현의 자유, 신앙의 자유, 인종적 평등권, 범죄피의자에게 보장된 인권 등을 침해하는 정부의 행위에 대해서는 보다 강력하게 제동을 걸었다. 산업사회에서 파생되는 노사 갈등, 분배의 문제 등에 대한 해결책은 입법부와 행정부에 맡기는 대신 의회민주주의 체제하에서 발생하는 정치적 소수자의 인권 보호에 앞장서기 시작하면서 명실상부하게 미국 자유민주주의를 지키는 확고한 기둥으로 미국인들의 존경과 지지를 받게 되었던 것이다.

루스벨트의 '법원 채우기 계획'을 통해 미국인들은 연방대법원이 정치적 도구가 되어서는 결코 안 되며 권위와 독립성을 지켜야 한다는 신념을 재확인했다. 그러면서도 법원이 정치적 입김에 전혀 무관하지 않다는 것도 새삼 깨우치게 되었다. 덕분에 연방대법원은 이 판결을 출발점으로 민주주의 사회에서 다수의 의견을 존중하는 동시에 소수의 권리도 보호해야 하는 힘든 문제를 해결해나갈 방도를 진지하게 모색하기 시작했다. 사회적 갈등을 법을 통해 해결하면서 법치주의 원칙을 깨지 않으려는 미국인들의 끊임없는 노력이 쉬지 않고 이어진 것이다. 웨스트코스트 호텔 사건은 미국 경제정책의 방향뿐만 아니라 연방대법원의 성격과 역할마저 바꾸는 계기가 되었고, 미국 역사의 진로를 바꾼 중요한 판결로 남아 있다.

# 제 2 장

# 사상과 이념의 자유

# 공산주의자도 사상과 이념의 자유를 누릴 수 있는가

데니스 판결 Dennis v. United States, 341 U.S. 494 (1951)

1948년 6월 미국 법무부는 12명의 공산당 최고 간부를 스미스법Smith Act 위반 혐의로 대배심원의 승인을 얻어 기소했다. 이들이 1945년 미국 공산당을 재조직하면서 폭력을 사용해 공산혁명을 추구하는 단체를 조직하려 모의했다는 혐의였다. 우리나라의 국가보안법과 같은 기능을 하는 스미스법은 1940년에 제정되었다. 물론 그 이전인 1920년대 초반부터 반국가단체를 조직하거나 선동하는 것을 금지한 법들이 지방 주의회에서 통과되었다. 그러나 공산당의 역사는 이보다 훨씬 오래되었다. 19세기 후반부터 사회주의를 표방하는 단체들이 조직되었고, 러시아 혁명 이후 1919년 미국에도 공산당이 조직되었다. 1948년 이전에도 공산당원에 대한 법적 규제는 많이 있었다. 그러나 최고 당 간부 전체가 구속된 것은 이때가 처음이었다.

당 간부가 구속되자 공산당은 성명을 통해 그 책임을 해리 트루먼 대통령에게 돌리며, 그가 히틀러와 다름없는 독재자라고 맹비난했다. 일단 보석으로 풀려난 공산당 간부들은 모든 혐의사실이 날조된 것이라며 공산당을 희생양으로 삼아 트루먼이 재선 득표율을 올리려 한다고 주장했다. 비록 그들의 정치이념은 지지하지 않지만, 공산주의자들도 수정헌법 제1조가 보장하는 사상과 표현의 자유를 보장받아야 한다고 트루먼 행정부를 비난한 정치인들도 있었다. 예컨대 과거 부통령을 지내고 당시 제3당인 진보당의 대통령 후보였던 헨리 월레스Henry Wallace는 트루먼이 공산당을 이용해 집권을 연장하려 하고 있다고 비난했다. "극소수에 불과한 공산당원들에게 헌법에 보장된 기본권을 박탈할 정도로 미국의 안보에 자신이 없는 사람들이 미국 내에 존재하고 있다는 사실을 믿을 수 없다"고 개탄했다. 공산당과 천적관계였던 사회당의 노만 토머스Norman Thomas 당수도 공산당 간부들에 대한 기소는 자유민주국가의 대표라고 자부하는 미국의 국가적 위신을 실추시키는 것이며, 오히려 공산당원들을 정치적 순교자로 만들어 그들의 선전전술에 도움을 줄 뿐이라고 주장했다.

일부 언론의 사설도 기본권의 침해라는 이유로 이들에 대한 기소를 비난했다. 『워싱턴 포스트』는 공산당이 미국에서 정권을 획득하는 것은 불가능하며, 더구나 미국 내 공산주의자들의 일거수 일투족이 수사기관에 의해 낱낱이 감시받고 있는 상황에서 굳이 그들을 기소할 필요가 없다고 주장했다. 오히려 공산당원들의 기본권을 침해함으로써 선량한 미국 시민의 자유와 권리까지 침해하는 선례를 남길 것이라고 우려했다. 『뉴욕 포스트New York Post』도 미국인들이 편견과 공포에 치우쳐 공산당을 부당하게 핍박하고 있다고 개탄했다. "평화적으로 정부의 정책을 비난할 권리는 공산당이건 사회당이건 민주당이건 공화당이건 관계없이 모든 미국인들에게 평등하게 적용되어야 한다."

그러나 공산당 간부에 대한 기소를 반대하는 의견은 소수 여론에 불과했다. 『루이빌 쿠리어저널Louisville Courier-Journal』은 "미국 공산당이 소련으로부터 지령을 받아왔으며 기만전술과 폭력을 동원해서라도 공산적화를 추구하는 이적단체"이기 때문에 법적 처벌을 받는 것이 당연하다고 주장했다. 대부분의 유력 일간지들도 공산당이 평범한 정치조직이 아니라는 이유로 기소의 정당성을 강조했다. 한편 대다수 정치인들은 공산당 간부들의 스미스법 위반 여부는 재판을 통해 결정될 것이라며 구체적 의견 표명을 거부했다. 이러한 분위기는 『샌프란시스코 크로니클San Francisco Chronicle』의 사설에도 나타났다. "모든 피의자는 재판에 의해 유죄가 확정될 때까지 무죄로 간주되어야 한다"고 주장한 이 신문은 "법원과 배심원의 결정이 내려질 때까지 성급한 판단을 내리지 말 것"을 독자에게 권유했다.

## 공산주의자의 '사상과 표현의 자유'

공산주의 이념은 결코 미국 사회를 움직이는 주된 정치이념으로 뿌리를 내리지 못했다. 그러나 반공 이데올로기가 미국 사회의 지배 이데올로기로 자리잡으면서 공산주의 이념은 미국 법조계에 딜레마를 제공했다. 사상과 표현의 자유를 보장한 수정헌법 제1조 때문에 공산주의 자체를 불법이념으로 간주할 수는 없었다. 그러나 국내 정치상황이나 국제관계의 변화에 따라 공산주의 이념에 대한 미국인들의 관용도가 달라졌고, 안보적 위기 상황이 도래할 때마다 공산주의자들에 대한 체포와 재판이 벌어지곤 했다. 연방대법원의 판결에 따라 공산주의자들이 누릴 수 있는 사상과 표현의 자유의 한계가 결정되곤 한 것이다. 1925년부터 1974년까지 연방대법원이 다룬 반공규제와 관련한 사건은 140여 건에 달했다. 데니스 사건은 그중에서 가장 중대한 사건이었다. 연방대법원의 판결에 따라 반세기가 넘는 역사를 가진 미국 공산주의자들의 운명이 달라질 상황이었다.

미국 사회에 공산주의 이념이 대두되기 시작한 것은 19세기 후반부터였다. 그러나 풍부한 자원을 바탕으로 개척정신과 개인주의가 발달한 미국 사회에서는 빈부 격차와 계급 갈등이 심한 유럽과 달리 공산주의 이념이 큰 힘을 발휘하지 못했다. 그럼에도 불구하고 공산주의에 대한 미국 사회의 혐오와 공포는 강했다. 공산주의는 미국인들이 누리는 부와 자유를 박탈하는 외래 이념이라는 인식 때문이었다. 이에 편승해 미국 사회의 불평등에 이의를 제기하는 사람들을 공산주의자로 모는 행태도 관행적으로 벌어졌다. 기업가들은 보다 균등한 부의 분배를 요구하는 노동자의 노조 활동을 공산주의의 사주를 받은 불순행위라고 몰아붙였다. 남부의 백인들은 인종차별의 철폐를 요구하는 흑인들을 지원하는 진보적 시민단체들이 공산당 소속이라고 매도했다.

미국 사회의 좌익에 대한 공포와 탄압은 제1차 세계대전 직후에 크게 고조됐다. 1917년 11월 러시아 혁명을 성공시킨 레닌은 러시아뿐만 아니라 전세계를 공산국가로 만들겠다고 장담했고, 그에 따라 미국에서도 사회주의자들이 선동활동을 강화했기 때문이었다.

1919년 여름, 자본주의를 폭력혁명으로 타도하고 프롤레타리아 독재를 이룩하겠다는 미국 공산당이 급진사회주의자들에 의해 창당됐다. 당시 공산당원의 숫자는 1만 명 미만으로 추정됐으나, 전쟁의 후유증으로 정치와 경제가 혼미해져 있던 미국 사회는 공산당의 출현에 매우 민감하게 반응했고, 공산주의자들에 대한 일제 검거령이 내려졌다. 연방 법무부는 1919년 11월 7일과 1920년 1월 2일, 두 차례에 걸쳐 33개 도시에서 약 4000명의 좌익분자들을 체포했다. 이중 시민권이 없었던 약 600여 명은 무정부주의자나 공산주의자로 간주되어 국외로 추방됐다. 한편 국가전복을 모의하거나 이를 위해 단체를 결성하고 대중을 선동하는 것을 금지하는 법들이 연방정부나 주정부에 의해 잇달아 제정되었다.

이러한 반공정책은 당시 미국 언론의 적극적인 지지하에 실시되었다. 민주적 정부를 전복할 목적으로 사상과 표현의 자유를 남용하는 자들을 강력히 처벌하는 것은 당연하다는 게 신문들의 보편적 논조였다. "지금은 표현의 자유에 관해 공론을 벌일 때가 아니다"라고 주장한 『워싱턴 포스트』의 사설은 당시 대다수 미국인들의 정서를 대변하는 것이었다. 그러나 미국 정부의 좌익 탄압이 헌법에 보장된 기본권을 침해하는 것이라는 비난이 전혀 없는 것은 아니었다. 조지프 퓰리처가 발행하던 『세인트루이스 포스트디스패치St. Louise Post-Dispatch』는 "자유민주주의 정부는 그것을 지탱하는 기둥을 파괴하고서는 존재할 수 없다"며 그 기둥인 사상·표현·집회의 자유가 보장돼야 한다고 역설했다.

그러나 이러한 기본권의 수호자라고 여겨지는 연방대법원조차 공산주의자에 대한 탄압을 승인했다. 공산주의자들의 사상과 표현의 자유에 관한 최초의 연방대법원 판결은 1925년에 나왔다. 연방대법원은 기틀로우 판결Gitlow v. New York에서 미국 공산당 창당을 준비하면서 유인물을 작성, 배포한 혐의로 체포된 공산당 간부가 뉴욕주의 반국가단체조직금지법Anti-Criminal Syndicalism Act을 위반했다며 유죄를 확정했다. 연방대법원은 이 유인물이 "원색적 용어로 산업 혼란, 대형 파업, 그리고 정부의 전복을 시도하기 위해 민중을 선동한 것이기 때문에 법과 질서를 파괴할 목적의 직접적인 불법 폭력선동"이라고 판단했다. 이 판결에 대해 『뉴욕 타임스』는 미국의 전통적인 민주주의 원칙을 재확인한 판결이라고 지지하는 사설을 게재했다.

### 시대에 따라 변화된 반공감정

1920년대 후반에 접어들면서 미국 사회의 극렬한 반공감정은 일단 가라앉았다. 그러나 이는 공산주의자들도 헌법에 보장된 자유와 권리를 누려야 한다는 미국인들의 자각 때문이라기보다는 미국 자본주의의 갑작스러운 붕괴로 공산주의를 탄압할 명분이 사라졌기 때문이었다. 1929년 10월 미국 증권시장이 붕괴하면서 미국인들에게 영원한 번영과 발전을 가져오리라 믿었던 자본주의 경제체제가 일시에 마비됐던 것이다. 대공황은 가뭄이나 홍수 등으로 인한 천재가 아니라 무절제한 자본주의가 빚어낸 인재였다. 전국에 걸쳐 수백만 명의 실업자가 속출했고 그들의 가족들은 가난과 기아에 허덕여야 했다. 1941년 제2차 세계대전에 참전하면서 미국 경제가 군수산업체제로 전환되고서야 비로소 미국은 대공황이 빚어낸 경제파탄을 극복할 수 있었다.

대공황이 진행되는 동안 미국 사회에는 무절제한 자본주의에 대한 회의와 반성의 소리가 높아졌고 공산주의에 대한 적대감도 상당히 줄어들었다. 자본주의의 붕괴로 고통받는 미국인들 사이에 공산주의 체제에 대한 호기심이 늘어나는 것은 당연한 일이었다. 공산주의를 정치 이데올로기라기보다는 하나의 경제체제로서 접근하는 경향이 늘어났다. 물론 대다수의 미국인들이 여전히 공산주의를 의심하거나 백안시하긴 했으나 젊은 지식인층을 중심으로 공산주의 사상에 대한 관용도가 높아졌고, 많은 시민단체나 노동조합들이 공산당원을 수용하거나 공산당과 연대해 활동했다. 뉴딜정책을 추구하던 루스벨트 행정부에 들어가 개혁세력의 중추가 된 젊은 엘리트 중에는 한때 공산주의에 대해 깊은 관심을 갖거나 공산주의자와 교류했던 사람도 적지 않았다.

공산주의에 대한 미국 사회의 관용은 공산당원에게도 정치적 자유를 보장해야 한다는 연방대법원의 판결에서도 나타났다. 연방법원은 1937년 드종 판결De Jonge v. Oregon에서 공산당원인 드종에게 만장일치로 무죄를 선언했다. 그는 파업 노동자들의 집회에서 공산당 가입을 권유하는 연설을 했다는 이유로 체포되어 하급심에서 유죄판결을 받았었다.

판결문을 쓴 휴즈 대법원장은 폭력을 사용해 혁명적 변화를 시도하고 민주정부를 전복하려는 사람들을 처벌하는 것은 당연한 정부의 의무라고 밝혔다. 그러나 정부의 권한이 헌법에 보장된 권리까지 침해할 수는 없다고 판결했다. "폭력에 의해서 정부를 전복하려는 선동자로부터 국가를 보호하는 것이 중요한 만큼이나 헌법에 보장된 표현, 출판, 집회, 결사의 자유를 침범치 않는 것도 중요"하기 때문이라는 것이다. 휴즈는 드종이 단순히 공산당 출판물을 소지하고 판매했을 뿐이고, 실제로 폭력을 선동했다는 증거가 없기 때문에 유죄를 인정할 수 없다고 결론지었다.

그러나 공산주의 이념에 대한 미국인들의 관용은 오래 가지 않았다. 1939년, 스탈린과 히틀러가 비밀리에 상호불가침 조약을 맺은 사실이 알려지면서 미국 내에는 반나치 감정과 아울러 반공감정의 불길이 다시 치솟았다. 루스벨트 대통령은 연방수사국에 공산당을 수사하라는 지시를 내렸고 미국 전역에서 총 300여 명의 공산당원들이 체포됐다.

1930년대 초반에 구성된 연방의회의 반미행동조사위원회 House Un-American Activities Committee의 활동도 활기를 띠어 시카고· 필라델피아· 워싱턴 등의 여러 도시에 있는 공산당 사무실에서 청문회 증거수집을 위한 압수수색이 벌어졌다. 공산당 기관지인 『노동자일보Daily Worker』에 대한 수사도 펼쳐졌으며, 이민국은 시민권이 없는 공산당 간부들에게 국외 추방명령을 내렸다. 공산당에 가입했었다는 혐의로 많은 노동자들이 직장에서 쫓겨났다. 1940년 선거에서는 10개주가 공산당원의 출마를 금지시켰었다. 선거를 앞두고는 연방의회가 반국가선동죄 처벌법을 통과시켰던 것이다. '스미스법'이라고 불리는 이 법은 공산주의자에게만 국한되지 않고 히틀러를 추종하는 파시스트에게도 적용되었다. 이 법은 폭력으로 정부전복을 시도하거나 이를 위해 단체를 조직하는 것을 금지시켰고, 그러한 단체를 조직하기 위해 모의하는 것도 처벌대상이었다.

1939년 여름부터 갑자기 몰아치기 시작한 미국 내의 반공 열풍은 1941년 여름이 되면서 순식간에 식어버렸다. 그 해 6월 22일 히틀러가 스탈린과의 약속을 어기고 소련을 침공함으로써 독일과 소련의 군사동맹이 깨지면서 소련이 연합국 편이 됐기 때문이다. 공산주의 국가인 소련이 미국의 동맹국이 되자 공산주의에 대한 미국인들의 인식도 다시 우호적인 쪽으로 바뀌었다. 물론 공산주의에 대한 의심과 혐오까지 사라진 것은 아니지만 적어도 공산주의자들의 활동을 제약하려는 시도는 사라졌다.

미국 공산당도 소련의 외교노선 변화를 적극 지지하면서 루스벨트 행정부의 가장 열렬한 지지자로 돌아섰다. 미국 공산당은 심지어 공산주의의 가장 기본적 투쟁수단인 노동자 파업까지 포기하며 미국의 군수산업을 지원했다. 물론 조국인 미국보다는 공산주의 이념의 종주국인 소련을 돕기 위한 것이었다. 반공여론이 수그러들자 미국 공산당 당수 얼 브라우더는 1944년 공산당 조직을 해체하고 공산정치연합이라는 시민단체를 재조직하면서 과격혁명노선을 포기하고 온건하고 평화적인 방법으로 사회주의 혁명을 실현할 것을 다짐했다.

그러나 제2차 세계대전의 종결과 더불어 미·소간의 화해와 협조 분위기는 급속히 냉각되었고, 미국 내의 공산당 탄압은 다시 시작되었다. 스탈린은 공산주의와 자본주의는 공존이 불가능하기 때문에 노동자 계급에 의한 폭력혁명을 포기할 수 없다는 강경노선으로 회귀했고, 미국 공산당도 종주국인 소련의 이념노선에 맞게 당의 노선을 재조율했다. 1945년에 개최된 미국 공산당 전당대회에서는 공산정치연합을 해체하고 공산당을 재창당했다. 창당선언을 통해 공산당은 유산계급에 의한 착취와 압박의 사슬에서 벗어나기 위해 사유재산의 폐지와 노동자 계급의 지배를 지향하는 공산혁명 성취에 전력 투구할 것을 결의했다. 또 자본가들이 노동자 계급의 정당한 민주적 요구를 거부할 경우 폭력도 불사한다는 당헌을 채택했다.

미·소관계가 급랭하고 미국 공산당이 강경혁명노선을 택하자 공산당을 그대로 두어서는 안 된다는 여론이 다시 비등해졌다. 폭력혁명을 선동하는 이적단체인 공산당을 아예 불법화하거나 현행법에 따라 처벌해야 한다는 주장이 높아갔다. 야당인 공화당은 공산주의자들과 공산주의 지지자들이 정부 각 기관에 침투해 있어 국가안보가 매우 위태롭다며 민주당 정권을 공격했다. 이를 뒷받침이라도 하듯 1947년 에드거 후버J. Edgar Hoover 연방 수사국장은 연방의회에 출석해 사회 각계각층에 공산당이 침투해 간첩활동을 펴고 있다고 증언함으로써 미국인들에 더욱 공산주의에 대한 공포심을 심어주었다.

공화당의 정치 공세에 따른 국민의 불안을 불식시키기 위해 트루먼 대통령은 공산주의자와 공산주의 지지자 색출작업을 명령했다. 사실 당시 정치적 나병환자 취급을 받고 있었던 미국 공산당원의 숫자는 수천 명에 불과했다. 이들은 연방정부 수사기관에 의해 철저히 감시되고 있었다. 따라서 트루먼 대통령의 지시는 과거 공산주의를 접해본 진보주의자들을 주된 표적으로 삼았다. 비록 이제는 더 이상 공산주의 이념을 지지하지도 않고 공산주의자들과의 교류도 끊었지만 1930년대 중반 청년시절에 진보적 사회단체에 가입해 활동을 한 경험이 있던 사람들이 주대상이 된 것이다. 트루먼의 명령에 따라 1952년까지 약 1000여 명의 공무원이 이념상의 이유로 해고됐다. 연방의회와 각종 사회단체에서도 공산주의자 숙정작업을 폈다. 1947년 의회는, 공산당원이 노조간부가 될 수 없게 한 태프트-하틀리법을 통과시켰다. 대부분의 주정부도 연방정부와 비슷한 숙정작업을 주정부 공무원과 공립학교 교사를 대상으로 실시했다. 노조, 시민운동 단체에서도 전·현직 공산당원을 색출해 추방시키겠다는 결의가 잇따랐다.

## 기나긴 정치재판의 시작

　반공숙정작업에 만족하지 못한 미국인들은 공산당 자체를 아예 불법화해야 한다고 주장했다. 그러나 입법부가 특정 단체를 직접 지적해 처벌하는 것을 금지한 헌법 제1장 9조 3항 때문에 이것은 현실적으로 불가능했다. 설사 공산당을 불법화하더라도 실효가 없을 것이라는 의견도 지배적이었다. 공산당을 불법화할 경우 이들이 이름만 바꾸어 다른 조직으로 활동하면 그만이기 때문이다.

　결국 트루먼 대통령은 스미스법에 따라 공산당원을 처벌하기로 결정하고, 연방법무부 검사에게 12명의 공산당 최고 간부들을 기소하라고 명령했다. 기소 이유는 공산당 간부들이 공산당을 통해 폭력공산혁명을 기도하려는 음모를 꾸몄다는 것이었다. 트루먼은 사법부의 공정한 판결을 통해 공산당원들을 처벌함으로써 미국의 민주주의가 건재하다는 사실을 과시하게 될 것이라고 장담했다.

　그러나 공산주의자들이 공정한 재판을 받을 가능성은 희박해 보였다. 누구나 자신의 정치적 성향이나 경제적 지위에 구애받지 않고 공정한 재판을 받아야 한다고 주장해온 법조계가 공산주의자들의 변호를 거부했기 때문이다. 1948년 미국변호사협회 American Bar Association는 공산주의자들을 지지하거나 변호하는 변호사들은 협회 회원으로서의 자질이 부족하다는 결의안을 채택했다. 공산당을 변호하지 말라는 명령이나 다름없는 결의안이었다.

결국 공산당 간부들의 변호를 맡은 변호사들은 재야변호사 단체라고 할 수 있는 전국변호사회National Lawyers Guild 소속이었다. 전국변호사회는 미국변호사협회가 보수층을 대변하면서 인권보다는 재산권을 우선으로 삼아왔다고 비판하는 진보적 소장 변호사들에 의해 1936년에 창립되었다. 여기에는 하버드·예일 법대 출신의 엘리트 변호사들도 참가했고, 인종차별 정책 때문에 미국변호사협회에 가입할 수 없는 흑인 변호사들도 있었다. 이들 중에는 공산주의 등 좌익이념을 적극 신봉하는 변호사도 있었지만, 빈곤층의 법률구조 등 비정치적인 동기를 갖고 참여한 변호사도 많았다. 그러나 1940년대 이후 전국변호사회는 공산주의 이념의 수용 여부를 두고 회원들간의 갈등이 심화되어 단체의 활동이 거의 마비된 상태였고, 보수 법조계로부터 공산당의 법적 방어기구라는 비난과 의심을 받아왔다.

공산당은 피소된 당 간부들을 자본주의 법적 논리로 방어하기보다는 공산주의 이론과 여론의 압력을 통해 승리를 쟁취한다는 이른바 '노동방어Labor Defense' 재판 전략을 도입했다. 자본주의 법제도 아래서는 공산당원이 공정한 재판을 받을 수 없다고 주장하면서, 정부가 기소를 취하하도록 여론을 조성하기 위하여 대대적 선전활동에 들어가라고 당원들에게 명령했다. 공산당 기관지인 『노동자일보』는 당원들에게 기소를 반대하는 '인민기자회견'과 대규모 군중집회를 열도록 독려했고, 독자들에게는 기소 취하를 요구하는 전보를 백악관으로 보내달라고 요청했다. 공산당은 또 재판을 통해 미국 정부의 자본주의 정책과 불공정한 사법제도 그리고 헌법에 보장된 기본권 침해를 고발하는 기회로 삼겠다고 장담했다. 공산당 핵심간부로서 유일하게 기소되지 않은 엘리자베스 플린은 공산당 간부의 재판을 '거대한 인민재판'으로 만들어 공산당 간부가 아닌 트루먼 행정부를 피고석에 앉히겠다고 호언했다.

1949년 1월 17일, 공산당 간부의 재판이 시작된 뉴욕시의 연방지방법원 앞에는 약 500여 명에 이르는 공산당원들이 모여들었다. 그러나 이들은 보통의 공산당 시위나 집회에서처럼 피켓을 흔들거나 구호를 외치지도 않고 조용히 법원 주위를 서성거릴 뿐이었다. 뉴욕시에서 배치한 400여 명의 진압경찰에게 압도당한 듯했다. 법정 안에서는 건강상의 이유로 재판에서 제외된 당대표 윌리엄 포스터를 제외한 11명의 공산당 간부에 대한 재판이 열렸다. 미국 사법역사상 가장 오랫동안 시끄럽게 진행된 정치재판의 시작이었다.

이 재판은 검찰과 피고의 대결이라기보다는 피고와 재판장 간의 결투장처럼 진행되었다. 무려 9개월 동안 계속된 1심 재판에서 피고인측의 변호사와 담당판사인 해롤드 메디나Harold Medina는 증거와 증인 채택 등의 재판절차와 법조문의 해석과 적용 등과 관련해 끊임없는 공방전을 벌였다. 재판 도중 5명의 피고가 증언을 거부했거나 법정을 모독했다는 이유로 구속되었고, 재판이 종결된 후에는 피고를 변호한 5명의 변호사 모두 법정모독으로 구속되었다.

## 법리 공방과 평결

기소 사실에 대한 심리는 재판이 시작된 지 2달이 지나서야 가능했다. 피고들이 요청한 재판장 기피신청이 기각되고 배심원 선택이 종료된 1949년 3월 21일 비로소 본격적인 재판이 진행되었다. 존 맥고피John McGophey 검사는 기소 사실 낭독을 통해, 미국 공산당이 소련의 사주를 받아 1945년 평화적 사회주의 수립을 지향하던 공산정치연합을 해체하고 폭력을 통해 합법적 정부를 전복하려 하는 공산당을 재창립한 것은 스미스법에 위반되는 것이라고 주장했다. 공산당을 재조직하고 당원을 모집하려고 계획을 세운 것은 정부전복 모의에 해당되며, 공산당 간부들이 미국의 각종 기간산업체에 당원을 침투시켜 당의 지령이 내려지면 즉시 파업이나 사보타지를 할 수 있도록 모의했다는 것이다.

또 맥고피 검사는 공산당이 겉으로는 평화적인 정권 획득을 추구한다고 말하지만, 이는 공산당의 습관적 기만전술의 일부이기 때문에 액면 그대로 받아들여서는 안 된다고 설명했다. 공산당원은 위증과 위약을 일삼으며, 본명 대신 가명을 사용하고, 당원목록을 비롯한 당의 각종 문서를 숨기거나 폐기해왔다고 주장했다. 연방검찰은 이를 증명하기 위해 전직 공산당 간부, 연방수사국에서 침투시킨 공작원들을 증인으로 채택하여 공산당의 기만전술과 폭력혁명이론을 설명케 했다. 검찰은 또 100여 종에 달하는 공산당 발행 유인물·잡지·신문 등을 증거로 제시했다.

이에 공산당 간부들은, 공산당 재창당은 소련이나 다른 외국으로부터의 사주에 의한 것이 절대 아니며 단지 당시 당대표의 온건노선에 동의하지 않는 당지도부와 일반당원들이 자발적으로 시도한 것이라고 반박했다. 더불어 공산당은 절대로 폭력을 통해 정부 전복을 시도하거나 이를 선동한 적이 없다고 주장했다. 당 서기였던 유진 데니스는 미국 공산당은 노동자와 농민들에게 평화적인 사회주의 건설

미국 공산당 서기였던 유진 데니스를 비롯한 간부들은 국가 전복 모의 혐의로 기소되자 표현 · 출판 · 집회 · 결사의 자유를 침해당했다며 오히려 미국 정부의 범법행위를 지적했다.

이 가능하도록 노력하라고 권유했을 뿐이며, 노동자 계급이 민주적으로 집권하는 것을 자본가 계급이 폭력으로 막을 경우에 한해 어쩔 수 없는 마지막 대항수단으로 폭력을 사용할 것이라고 주장했다. 공산당 간부들은 마르크스와 레닌의 이론을 사회과학 이론의 일부로서 당원들에게 교육시켰을 뿐이지, 폭력혁명을 음모하거나 선동한 것은 결코 아니라고 항변했다. 또 일부 당원들이 가명을 사용하거나 당의 일부 문서를 소각시킨 것은 정부의

공산당 감시와 탄압이 심해 어쩔 수 없이 사용한 자구책이었다고 설명했다.

혐의 사실을 부인한 공산당 간부들은, 범법행위를 저지른 것은 오히려 미국 정부라고 강변했다. 헌법이 보장한 표현·출판·집회·결사의 자유를 침해했다는 이유였다. 그들은 마르크스와 레닌이 쓴 공산주의 이론서나 그들에 관한 책자가 재판에서 증거로 채택된 것은 명백히 사상의 자유를 침해한 것이라고 주장했다. 자신들의 행동 때문이 아니라 읽은 책이나 남들에게 추천한 책 때문에 처벌을 받는 것은 민주사회에서 있을 수 없는 일이라는 것이다. 그들은 뉴욕공립도서관장을 증언대에 세워 공산주의 관련 서적들이 도서관에도 비치되어 있고 일반인들도 읽고 있다는 사실을 증명하기도 했다. 설사 폭력으로 정부를 전복하려는 선동을 하기 위해 모의했다 하더라도 이러한 행동이 국가안보를 위협하는 '명백히 현존하는 위험'이 되지 않기 때문에 무죄라고 그들은 주장했다.

검찰과 변호인측의 증인신문과 변론이 마무리된 것은 1949년 10월 13일로 재판이 시작된 지 거의 9개월 만이었다. 담당판사는 배심원들에게 유·무죄 여부를 가릴 평결지침을 알려주었다. 메디나 판사는 배심원들에게 공산당에 대한 개인적 편견이나 동정심을 철저히 배제하고 오직 증거와 증언만을 세심히 검토하여 평결을 내려달라고 요구했다. 또한 수정헌법 제1조가 보장한 표현·출판·집회·결사의 자유의 중요성을 강조하면서 이러한 권리는 최대한 보장되어야 한다고 배심원들에게 말했다. 그러나 이러한 권리도 절대적인 것은 아니며, 국가안보와 국민의 복지가 위협을 받는 경우에 한하여 최소한의 제한을 가할 수도 있다고 덧붙였다. 그리고 공산당 간부들이 실제로 정부를 전복하려 했거나 이를 선동한 혐의를 받고 있는 것이 아니라 그것을 위해 모의를 한 혐의를 받고 있다고 배심원들에게 상기시켰다. 따라서 만약 피고인들의 행위가 공산주의 사상에 관한 평화적인 연구·토의·교육이라고 판단된다면 무죄평결을 내려야 하고, 그렇지 않고 만약 불법적 수단을 동원해 정부를 전복하려는 목적을 가지고 모의를 했다면 피고인들은 스미스법을 위반한 것이므로 유죄평결을 내려야 한다고 기준을 제시했다.

9개월 동안 지루하게 진행된 재판과 달리 12명의 배심원은 신속하게 평결을 내렸다. 심리에 들어간 지 겨우 8시간 만에 배심원은 만장일치로 피고인 전원에게 유죄평결을 내렸다. 메디나 판사는 배심원들의 "인내와 노고 그리고 합리적 평결을 이끌어 낸 지혜"를 칭찬한 후, 10명의 피고에게 5년의 징역형과 1만 달러의 벌금을 각각 선고했다. 공산당 뉴욕지부장이었던 로버트 톰슨만이 제2차 세계대전에 참전해서 세운 전공을 참작해 다른 피고보다 2년이 적은 3년의 징역형을 선고받았다. 그러나 피고인들만 실형을 선고받은 것은 아니었다. 메디나 판사는 5명의 변호사에게도 법정모독죄로 30일에서 6개월에 이르는 징역형을 선고했다. 메디나 판사는 이들이 고의로 자신을 괴롭혀 재판을 진행할 수 없도록 방해했다는 이유를 내세웠다. 공산당 간부들은 연방고등법원에 즉시 항소하겠다는 입장을 밝혔으며, 피고인들은 일단 보석으로 풀려났다.

## "권리장전에 대한 진주만 폭격"

공산당은 재판 결과가 수정헌법 제1조를 침해했다고 비난했다. 공산당은 공식성명을 통해 배심원의 평결이 "미국인들의 자유를 보다 강력하게 탄압하기 위한 준비"라고 주장했다. 공산당당수인 포스터는 재판 결과를 "편향된 판사, 무모한 검사, 조작된 배심원, 전문 위증꾼, 그리고 반공 언론에 의해 만들어진 불공정한 재판"이라고 비난했다. 피고인들도 기자회견을 통해 반공 열기를 고조시킨 미국의 언론을 공격하면서 공산당이 이런 탄압을 받는 것은 자본주의의 수호자인 미국의 양대 정당과 대기업들을 비난했기 때문이라고 주장했다.

공산당 기관지 『노동자일보』도 사설을 통해 "개인의 정치적 신념을 실현하기 위해 조직된 단체를 반정부 모의라 하여 거기에 가입한 사람들을 감옥에 가둔다면 결사의 자유를 보장한 헌법이 무슨 소용이 있겠는가" 하고 반문했다. 설사 미국인들이 공산당을 지지하지 않는다 하더라도 공산당원들이 정치적 이념을 전파할 권리를 지지하고 보호해야 한다고 주장했다. 『노동자일보』는 재판 결과를 "권리장전에 대한 진주만 폭격"이라고 지칭하면서, 미국 인민에 의해 재판 결과가 번복되지 않는다면 장차 공산당원뿐만 아니라 모든 미국인들의 자유에 엄청난 침해를 가져올 것이라고 경고했다.

그러나 공산당의 입장을 옹호하는 사람들은 거의 없었다. 유죄 판결을 비난한 일부 언론도 있었으나 결코 공산당을 지지하기 때문은 아니었다. 미국인들이 힘들게 세운 기본권 보장의 원칙을 손상해가며 공산당원들을 처벌하는 것이 불필요하다는 주장일 뿐이었다. 『뉴욕 포스트』는 재판 결과가 공산당을 정치적 순교자로 만들어 그들의 홍보선전을 도와주었다면서, 이 재판을 통해 "진정한 자유가 무엇인가를 공산국가에게 가르칠 기회를 놓쳤다"고 애석해했다. "우리가 증오하는 의견을 표현하는 사람들에게도 최대한의 관용을 베푸는 것"이 진정한 자유라고 덧붙이기도 했다.

그러나 여론은 압도적으로 재판 결과에 만족한다는 쪽이었다. 많은 신문들이 재판을 담당한 메디나 판사의 공정성과 배심원의 인내와 현명한 판단을 칭찬했다. 메디나 판사에게는 법무장관과 연방수사국장으로부터 감사편지가 전달됐다. 여야 의원들 모두 재판 결과를 환영하면서 의회에 계류중인 각종 반공법을 속히 통과시켜야 한다고 입을 모았다. 언론의 평가도 긍정적이었다. 『시카고 트리뷴Chicago Tribune』은 이 재판을 통해 자유국가에서의 공정한 재판이 어떤 것인지를 공산독재국가에 잘 보여주었다고 자평했다. 『워싱턴 포스트』도, 스미스법이 지금처럼 객관적으로 공정하게 적용된다면 이 법으로 인한 기본권 침해는 결코 없을 것이라고 장담했다.

미국 법조계는 재판 결과뿐만 아니라 피고인측 변호사들을 법정모독죄로 처벌한 메디나 판사의 조치도 환영했다. 재판을 지켜본 법조계는 공산주의자들과 그 변호인들이 미국 민주주의의 근간인 공정한 사법제도를 비난하고 모욕하는 것에 분노했다. 1949년 2월 미국변호사협회는 법원 앞에서 시위하는 것을 사법부의 품위와 독립에 대한 위협이라고 비난하는 결의안을 채택하고 연방의회에 입법을 요청하기도 했다. 더불어 모든 회원들은 과거 공산당에 가입한 적이 있었는지 밝혀야 한다는 결의안을 채택하기도 했다. 1951년에는 공산주의를 신봉하는 사람들은 법조인이 될 수 없도록 해야 한다며, 변호사 면허를 부여하는 각 지방변호사회에게 이 방침을 채택하라는 결의안을 통과시키기도 했다.

## 고조되는 불안감

미국 공산당 간부들에 대한 유죄판결에도 불구하고 미국인들은 국가안보에 대한 자신감도, 자유민주주의 체제에 대한 자신감도 되찾지 못했다. 오히려 공산주의에 대한 공포만이 더욱 고조되었고 적색분자 색출작업은 그 열기를 더해갔다. 1949년 소련이 미국에 이어 원자폭탄 제조에 성공했다는 사실이 알려지자, 많은 미국인들은 미국의 원폭 제조기술이 유출되었기 때문에 소련이 예상보다 빨리 원폭 제조를 할 수 있었을 것이라고 믿었다. 원자폭탄에 관한 기밀을 유출한 소련 첩자를 색출하라는 여론의 압력이 거세졌고, 미국 연방수사국은 한때 공산당원이었던 로젠버그Rosenberg 부부를 간첩혐의로 체포했다. 원자폭탄 제조와 관

**ETHEL AND JULIUS ROSENBERG**
*Victims of a cold war Sacco-Vanzetti case?*

# MUST THEY DIE?

### By William A. Reuben

ON March 6, 1951, in a federal courtroom at Foley Square in New York City, this nation's first atom-bomb spy trial began, when the clerk-of-court solemnly intoned:

"The United States of America versus Julius Rosenberg, Ethel Rosenberg and Morton Sobell."

U. S. Atty. Irving Saypol announced that the government was ready.

Julius and Ethel Rosenberg were defended by Emanuel H. Bloch and his father, Alexander Bloch; Sobell was represented by Edward

M. Kuntz and Harold M. Phillips.

Nearly 300 talesmen were questioned before a jury of 12 plus four alternates could be seated. It is singular that in a city more than 30% Jewish in population, not a single talesman of Jewish extraction survived the day and a half of questioning before a jury was seated.

**TRIAL BY PRESS:** The government announced it would call 118 witnesses. Among them were to be top nuclear physicists Dr. J. Robert Oppenheimer and Dr. Harold C. Urey and Lieut. Gen. Leslie Groves, head of the war-time atomic bomb project.

로젠버그 부부는 결국 1953년 전기의자에서 처형되었다. 그들은 미국에서 간첩죄로 처형된 최초의 인물들이었다.

런된 기밀을 수집해 소련으로 보냈다는 혐의였다. 1950년 2월 조지프 매카시 연방상원의원은 국무부에 205명의 공산당원들이 침투해 근무하고 있다는 증거를 입수했다고 발표하여 온 미국인들을 경악하게 했다.

소련 간첩에 대한 우려가 고조되고 있는 가운데 국제관계도 계속 악화되어갔다. 공산당 간부에 대한 1심 판결이 있은 지 불과 수개월 후 미국의 엄청난 군사원조를 받아온 중국의 장제스 정부가 마오쩌둥이 이끄는 공산군에 쫓겨 대만으로 달아나 망명정부를 구성했다. 공화당의 보수 의원들은 공산당에 동조하는 미국 외교관들 때문에 장제스 정부가 붕괴되었다고 주장했다. 1950년 6월 25일 한국전쟁이 터지자 많은 미국인들은 미·소간의 냉전이 제3차 세계대전으로 확산될 것이라고 믿었다. 이런 와중에 미국 공산당이 미군의 한국 파병을 반대하고 북한측의 입장을 적극 지지하자 공산당에 대한 미국인들의 반감은 더욱 고조되었다.

1950년 8월 2일, 뉴욕 시가지에서는 약 2000여 명의 공산주의자들이 한국전 참전반대 시위를 벌이다가 경찰의 무력진압으로 다수 부상당하기도 했다. 미국 내 여러 도시에서 한국전 참전을 반대하는 유인물을 배포하던 공산당원들이 구속되었고, 『노동자일보』의 가판이 금지되었다. 일부 지역에서는 공산당의 모든 정치·선전활동이 금지되었다.

공산당 간부에 대한 연방고등법원의 항소심 판결이 내려진 것은 이렇게 공산주의에 대한 공포와 혐오가 최고조에 달했던 1950년 8월이었다. 항소심 판사는 자유와 인권을 신봉하는 명판사로 존경받아온 러니드 핸드Learned Hand였다. 그러나 핸드 판사도 공산당에 대한 공포와 편견 그리고 당시의 불안한 국제정세에 영향을 받았음이 역력했다. 그는 공산당 간부의 항소를 기각했다. 그는 긴 안목으로 볼 때 정치적 불만분자들을 처벌하는 것보다는 이들이 불만을 토로할 수 있도록 허용하는 것이 국익에 기여한다고 인정했다. 그러나 공산당 특유의 조직과 훈련방법 때문에 공산주의자들에게는 그러한 관용을 베풀 수 없다고 판결 이유를 설명했다. "공산당은 아주 정교하고 광범위하게 조직된 단체로 그 참가자들은 철저히 세뇌되고 잘 훈련된 추종자들"이기 때문이라는 것이다.

핸드 판사는 또 일촉즉발의 불안한 세계 정세 때문에 공산당원들에게 헌법에 보장된 기본권을 보장할 수 없다고 주장했다. 소련의 국경 봉쇄로 인한 동베를린 공수작전, 한국전 발발 등 세계 정세는 순식간에 세계대전으로 비화할 가능성이 많다고 우려를 표한 핸드 판사는 공산당이 국가안보에 위험이 될 것이라고 예측하는 것은 당연하다고 말했다. 공산당은 '명백히 현존하는 위험Clear and Present Danger'은 아니라 하더라도 '명백히 예측할 만한 위험Clear and Probable Danger'인 것은 분명하며 그 위험 자체가 국가의 생존에 중대하게 관련되기 때문에 정부가 이들을 처벌할 권리를 가지고 있다고 판단했다. 만약 그러한 중대한 위험이 현존할 때까지 정부가 기다려야 한다면 국가 붕괴라는 중대한 결과를 가져올 수 있다는 논리였다.

항소심 판결이 공표되자 공산당은 즉시 대법원에 상고하겠다고 발표했다. 『노동자일보』는 핸드 판사를 '겁쟁이 전쟁도발자'라고 비난했다. 또 토머스 제퍼슨을 비롯한 미국의 독립선언문 서명자들이 핸드 판사의 궤변을 듣게 된다면 무덤에서 다시 일어설 것이라고 비난하기도 했다. 이 신문은 사설을 통해 독자들에게 핸드 판사의 판결에 항의하라고 부추겼다. 그러나 공산당 측의 입장에 동조하는 미국인들은 더욱 줄어든 상태였다. 판결 자체도 큰 관심을 끌지 못했다. 대부분의 미국 신문들은 한국전 관련기사로 가득차 있었다. 『뉴욕 타임스』는 사설을 통해 현재 미국 병사들이 한국에서 목숨을 걸고 전투에 임하고 있는 상황에서 적국인 공산세력을 지지하는 미국 공산당은 이적단체가 분명하다며, 핸드 판사의 결정은 당연한 것이라고 평가했다.

공산당 간부들의 마지막 희망은 연방대법원이었다. 실제로 대법관들이 공산당과 관련된 과거의 판례를 따른다면 하급 법원의 판결이 번복될 가능성이 전혀 없는 것은 아니었다. 1937년 드종 판결에서 연방대법원은 폭력을 통한 정부 전복 기도를 불법으로 규정한 오리건주의 법에 따라 공산당원인 드종에게 내린 유죄판결은 무효라고 판결했었다. 1943년의 한 판결에서도, 공산당이 주장하는 노동자 계급의 무력봉기에 의한 혁명정부 구성은 "단순한 이론적 주장이거나 먼 장래의 가상적 상황에 대한 예언"에 불과하기 때문에, 이를 근거로 처벌하는 것은 수정헌법 제1조가 보장한 사상의 자유를 침해하는 것이라는 판결을 내린 적이 있었다. 그러나 이러한 선례는 미·소관계가 비교적 우호적이었고 공산당에 대한 적대감이 크지 않았던 시절에 나온 판결이었기 때문에 반공 열기가 최고조에 달한 시점에서도 이러한 판례가 존중될지는 의문이었다.

## 하나의 판결, 상반된 의견

공산주의자들의 기대와 달리, 연방대법원은 1951년 6월 6:2로 11명의 공산당 간부에 대한 유죄판결을 확정한다고 발표했다(연방대법원은 1952년 공산당 간부를 변호한 변호사들에 대한 법정모독죄에 대해서도 유죄 확정판결을 내렸다). 9명의 대법관 중 1948년 미국 공산당 간부들을 기소할 당시 법무장관을 지낸 탐 클라크 Tom Clark 대법관은 판결에 참여하지 않았다. 프레드 빈슨 대법원장의 사실 인식과 법적 논리는 핸드 판사의 항소심 판결문에 나타난 것과 큰 차이가 없었다. 빈슨 대법원장은 미국이 공산국가와 매우 긴박하게 적대관계를 유지하고 있는 상황에서 철저하게 조직된 당원을 거느린 공산당의 정부전복 모의는 결코 사상의 자유에 포함될 수 없다고 주장했다.

빈슨 대법원장은 현재 미국이 처해 있는 국가안보에 대한 위협은 과거의 어느 때보다 심각한 상황이기 때문에 헌법에 보장된 개인의 자유보다는 국가안보가 우선되어야 한다고 보았다. "일촉즉발의 세계 정세, 외국에서의 공산당들의 정부전복 기도" 등을 고려해볼 때 미국 공산당은 국가안보에 커다란 위협임이 분명하다고 판단했다. 따라서 과거 연방대법원이 판결한 선례가 현재의 공산당 간부들에게는 적용될 수 없다고 설명했다. 과거 선배 대법관들이 보장해주었던 사상의 자유는 국가안보에는 큰 위협을 주지 않던 개인이나 단체와 관련된 것들이기 때문이라는 것이다. 반면 지금의 공산당은 국가안보에 심각한 위험을 초래하고 있으며, 따라서 이들에게 적용될 법적 기준은 '명백히 현존하는 위험'이 아니라 '중대하고 예측할 만한 위험grave and problable danger'이어야 한다고 말했다. 즉, 폭력이나 기타 불법행위를 즉각적으로 제기하는 표현에 대해서만 처벌을 허용하던 '명백히 현존하는 위험'이라는 기준이 공산당에게는 적용될 수 없다는 것이다. 공산당원이 정부전복 행위를 선동했고 그 실현 가능성이 높았다면 설사 그 선동이 즉각적이고 구체적인 불법행위를 가져오지 않았다 하더라도 처벌할 수 있어야 한다고 결론지었다.

진보적 대법관들조차도 공산주의자들은 다르다는 의견을 제시했다. 판결동의문Concurring Opinion을 제출한 펠릭스 프랭크퍼터 대법관은 공산당의 교육을 정치이론에 관한 학술 토의로 간주하는 것은 잘못이라면서 빈슨 대법원장의 판결을 옹호했다. 비록 피고인들이 사보타지나 간첩행위를 저질렀다는 증거는 없다 하더라도 공산당이 당원을 노조나 정치조직에 침투시키려 했기 때문에 이들의 유죄판결은 불가피하다고 보았다. 더불어 공산적화 위협이 세계 도처로 확산되고 있는 상황에서 공산당의 활동은 국가안보에 큰 위협이라고 주장했다.

또다른 판결동의문을 제출한 로버트 잭슨 대법관도 공산당은 일반 정치적 집단과 구별되어야 한다는 논리를 폈다. 그는 8년 전의 한 판결에서 수정헌법 제1조가 보장하는 표현의 자유는 정치적 환경이나 시대적 상황 변화에 관계없이 일관되게 보호를 받아야 한다고 주장해 미국인들을 감동시켰던 대법관이었다. 그러나 잭슨 대법관도 이러한 원칙을 공산당에게까지 적용시키지는 않았다. 그에 따르면, 공산당은 사보타지·테러·암살·폭동 등을 시도하려는 집단이기 때문이었다.

그러나 반대의견을 제시한 대법관들은 미국 공산당이 결코 사보타지나 테러 등 구체적인 불법행위 때문에 사법적인 처벌을 받은 적도 없고, 현재의 재판에서 그러한 혐의를 받고 있는 것은 아니라면서 다수 대법관들의 결정을 반박했다. 공산당원들도 다른 미국인들과 다름없이 사상과 표현의 자유를 누려야 한다고 휴고 블랙과 윌리엄 더글러스 대법관은 주장했다. 블랙 대법관은 공산당원이라 하더라도 자신의 사상이나 표현을 실제로 불법적인 행동으로 옮겼을 경우에만 처벌해야 한다고 강조했다. 그는 만약 수정헌법 제1조가 모든 사람들로부터 정당하고 안전하다고 인정받는 사상이나 표현만을 보호한다면 수정헌법 제1조는 존재할 이유가 없다고 주장하며, 미국인이라면 누구나 자신이 신봉하는 사상이나 표현 때문에 처벌받아서는 안 된다고 역설했다.

한편 더글러스 대법관은 이미 수사기관에 의해 공산당원의 일거수일투족이 완벽하게 감시되고 있고, 공산주의자들에게 동조하거나 지원하는 미국인들이 거의 없는 상황에서 굳이 공산당원을 처벌할 필요가 없다고 강조했다. 그는 공산당에게도 사상과 표현의 자유를 보장한 덕분에 공산주의 이론의 허구성이 여실히 드러날 수 있었고, 그래서 미국인들 중 공산당을 추종하는 사람들은 극소수에 불과하게 되었다고 주장했다. 또 이제 와서 굳이 공산당 간부들을 처벌한다면 지난 수년간 연방의회, 주의회, 검찰, 연방수사국, 하원 반미행동조사위원회 등을 통해 미국 정부가 거국적으로 시행한 반공정책이 실패했음을 시인하는 것이나 마찬가지라고 꼬집었다.

연방대법원의 확정판결에 대한 반응은 하급심 판결과 크게 다를 것이 없었다. 전반적인 미국 여론은 대법원의 판결에 대해 열렬히 지지를 표명했다. 『워싱턴 포스트』는 연방대법원이 후대에 물려줄 명판결을 남겼다고 극찬했다. 수정헌법 제1조가 보장한 사상과 표현의 자유를 침해하지 않으면서 효과적으로 공산당을 제거할 방법을 보여주었다는 것이다. 『뉴욕 타임스』는 블랙과 더글러스 대법관의 반대의견이 평화시에는 설득력이 있겠으나 지금처럼 많은 미군 병사들이 한반도에서 공산주의 침략을 저지하기 위해 목숨을 바치고 있는 상황에서는 결코 받아들일 수 없는 것이라고 주장했다. 애국시민의 자유를 보호하기 위해서 공산당원의 자유를 제약하는 것은 불가피하다는 논지였다.

그러나 공산당은 연방대법원이 헌법에 보장된 기본권을 유린했다고 맹비난했다. 『노동자일보』는 대법원의 판결이 공산당에게 국한된 것이 아니라 전미국인의 기본권을 침해하는 결과를 가져와 미국 공산당이 추구해온 국제 평화, 인종 평등, 사회주의 복지정책 등에 대한 사상탄압이 일어날 것이라고 예견했다. 사회당을 비롯한 좌익 군소정당들도 대법원 판결이 헌법에 보장된 기본권의 유린이라고 비난했다.

일부 유력 일간지들도 기본권 침해라는 이유로 연방대법원 판결을 비판했다. 『루이빌 쿠리어저널』은 폭력혁명을 실현할 힘도 전혀 없고 미국 사회에서 철저히 외면받는 정치적 광신자 집단인 공산당을 핍박하는 것은 국민들에게 국가안보에 대한 그릇된 안도감만을 줄 뿐이라고 주장했다. 『세인트루이스 포스트디스패치』도 대법원 판결이 미국헌법사에 지울 수 없는 오점을 남겼으며, 전세계에서 억압된 인류들을 구하기 위해 공산주의와 싸워야 할 미국이 더 이상 자유민주주의 나라라고 스스로 내세울 수 없게 되었다고 개탄했다. 또한 『뉴욕 포스트』도, 비록 공산주의의 위협이 세계 도처에 도사리고 있는 것은 사실이지만, 공산당원의 지루한 연설이나 선전책자를 미국의 국가안보에 위협이라고 생각할 만큼 미국인들이 국가안보에 자신감을 상실했다고 지적했다.

### 데니스 판결, 그 이후

데니스 판결은 결코 공산주의 이념이나 공산당 자체를 불법화한 것은 아니었다. 그러나 그 결과는 공산당을 불법화한 것과 크게 다를 바 없었다. 공산당 최고 간부들에 대한 연방대법원의 유죄 확정 판결은 미국 공산당에 대한 사형선고와 같았다. 곧 나머지 공산당원들에 대한 검거령이 내려질 것도 명백했다. 이에 대비해 당 간부들은 서둘러 공산당을 지하조직과 지상조직으로 이원화시켰다. 11명의 피고 중 4명의 공산당 간부는 지하로 잠적했다. 이러한 공산당의 행동은 많은 미국인들에게 공산당 처벌의 정당성을 더욱 확신시켰다.

이 판결로 미국 정부의 각종 공산당 탄압정책은 법적 정당성을 부여받게 되었다. 그 결과 반공 이데올로기가 더욱 기승을 부리면서 미국 사회는 불신과 냉소주의, 그리고 정치적 기회주의로 병들어갔다. 이 판결 이후, 매카시즘이 더욱 강력히 미국 사회를 지배하면서 정치적 반대세력을 공격하는 가장 효과적인 방법은 공산주의자로 매도하는 것이 되었다. 정치인이든 직장인이든 정치생명을 유지하거나 직장에서 쫓겨나지 않기 위해서는 반공주의자라는 것을 입증해야 했다. 그 방법은 공산당이 지지하는 노선과는 무조건 반대쪽 입장에 서는 것이었다. 따라서 공산주의자들이 요구했던 진보적 사회개혁 정책을 지지하는 것은 "나는 공산당원이오"라고 고백하는 것과 다름이 없었다. 남부 백인들은 흑백차별 철폐를 주장하는 흑인들을 공산주의자라고 몰았고, 미국의사협회American Medical Association는 국가적 의료보험 실시를 공산주의 제도라고 반대했다. 미국변호사협회는 영세민에 대한 법률구조를 요구하는 것을 사회주의적 발상이라며 차단했다.

1950년대 중반에 접어들면서야 비로소 반공 이데올로기의 기승이 가라앉기 시작했다. 미·소간의 긴장관계가 완화되어 국가안보에 대한 위협이 수그러들자, 극심한 반공 이데올로기가 미국 사회에 가져온 부작용과 후유증에 대해 생각하게 된 것이다.

매카시즘이 가져온 자유민주주의의 위기는 미국인들로 하여금 사상과 표현의 자유에 대한 중요성을 다시 인식하는 계기가 되었다. 헌법에 보장된 자유를 공산주의자라고 해서 침해한다면 결국 모든 미국인들의 자유와 권리도 침해된다는 사실을 자각하게 된 것이다. 미국인들이 이를 깨닫기까지는 엄청난 희생을 치러야 했다. 그리고 미국 연방대법원이 두번째로 공산당 간부의 스미스법 위반에 관해 심리한 예이츠 판결Yates v. United States, 1957에 이르렀을 때는 많은 것이 달라져 있었다.

# 폭력행위 선동의 범위는 어디까지인가

예이츠 판결 Yates v. United States, 354 U.S. 298 (1957)

앞에서 살펴보았듯이, 공산당 최고 간부들에 대해 국가보안법인 스미스법을 위반했다고 인정한 1951년 6월의 데니스 판결은 공산주의자를 제거하는 미국 정부의 조치에 법적 정당성을 부여했다. 데니스 판결이 내려진 지 약 2주 후부터 연방정부는 예측한 대로 공산당의 중간 간부층들을 유죄가 확정된 최고 간부들과 같은 혐의로 검거하기 시작했다. 이때 검거된 공산당 간부들은 대개 각 주의 당조직을 책임진 지역조직책들이었다. 이들에게는 공산당 지역조직을 창립하는 과정에서 국가를 전복할 모의를 했다는 혐의가 적용되었다.

1951년 6월 21일 아침, FBI 수사관들은 19명의 뉴욕주 공산당 간부들을 검거했다. 캘리포니아에서도 당 조직국장인 올레타 예이츠Oleta Yates를 비롯한 15명의 캘리포니아주 공산당 간부들이

7월 26일 검거되었다. 볼티모어에선 8월 7일 두 명의 매릴랜드주 공산당 간부가 검거되었고, 이틀 후에는 펜실베이니아주 공산당 최고의장인 스티브 넬슨이 체포되었다. 하와이에서도 8월 28일 7명의 공산당 간부가 검거되었다. 이후 FBI의 공산당 간부 검거는 약 1년간 중단되었다가 1952년 9월 미시건, 미주리, 워싱턴, 일리노이에서 다시 실시되었다. 1952년 대통령선거를 앞두고 다시 실시된 공산당원의 검거령은 민주당 행정부가 공산당을 선거에 이용한다는 야당의 비난을 사기도 했다. 그러나 1952년 대통령선거에서는 공화당 후보인 아이젠하워가 당선되면서 20년 만에 정권교체가 이루어졌다.

그러나 1954년 연방의회선거가 다가오자 아이젠하워 행정부도 공산당 문제를 주요 선거쟁점으로 삼기로 했다. 당시 내부적으로 분열되어 있던 공화당을 단결시키고 득표율을 높이는 데는 반공 이데올로기보다 효과적인 대안이 없었기 때문이다. 1953년 7월 27일 필라델피아에서 3명의 공산당 간부를 체포하는 것을 기점으로 아이젠하워 행정부의 공산당원 검거작전이 개시되었다. 같은 해 10월 9일 클리블랜드에서도 11명의 공산당 간부가 기소되었고, 이듬해 6월 4일엔 8명이 코네티컷주에서, 그 두 달 후에는 5명이 콜로라도주에서 체포되었다. 1954년 10월 말에는 11명의 푸에르토리코 공산당 간부가 체포되었다. 이후 중단되었던 공산당원의 검거는 1956년 대통령선거가 다가오면서 근 2년 만에 재개되어 7명의 매사추세츠주 공산당 간부가 기소되었다.

이른바 '제2차 스미스법 재판'이라고 불리는 100여 명의 공산당 중간 간부들에 대한 재판은 전국의 해당 연방지방법원에서 시작되었고, 연방고등법원의 항소를 거쳐 1957년 연방대법원의 최종 상고심을 받게 되었다. 연방대법원은 많은 사건 중 캘리포니아주 공산당 간부들과 관련된 예이츠 사건을 채택해 위헌심사를 하기로 결정했다. 예이츠 사건의 핵심은 1951년의 데니스 사건과 큰 차이가 없었다. 검찰은 공산당 지역 조직책들도 당 최고 간부들과 마찬가지로 정부 전복을 기도하는 모의를 했다고 주장했고, 피고인들은 공산주의 사상만을 전파시켰을 뿐 정부 전복을 선동하거나 모의한 적이 없다며 수정헌법 제1조에 보장된 사상의 자유가 침해당했다고 반박했다.

공산당 최고 간부들에게 징역형을 선고한 데니스 판결에 이어 공산당 중간 간부들도 구속되어 재판을 받게 되자 미국 공산당은 사실상 와해될 위기를 맞았다. 공산당은 데니스 판결 이후, 당의 주요 조직을 지하로 도피시키고 당내에 침투한 첩자들을 제거하기 위한 숙정을 단행했다. 미국 정부가 공산당 간부를 일망타진하지 않고 선별적인 검거 방법을 택한 이유는 공산당 간부들을 기소하고 재판하는 과정에서 연방수사국이 침투시켜놓은 정보원들이 노출되는 것을 우려했기 때문이었다.

그러나 공산당 간부들의 체포는 FBI의 위상을 강화하는 데 큰 도움이 되었다. 연방의회는 FBI의 거듭된 예산 증액 요청을 기꺼이 수락했고, 후버 FBI국장은 대통령을 제치고 미국인들이 가장 존경하는 인물로 부상하기까지 했다. 한편 FBI가 극소수에 불과한 공산주의자들을 쫓는 데 많은 예산과 인원을 투입하고 있다는 비판의 소리는 거의 외면당했다. 후일 한 헌법학자는 미국 정부가 공산당 간부들의 수사 및 재판에 허비한 막대한 수사 비용과 법적 비용을 고려해본 결과, 공산당이 정부에 당한 것이 아니라 정부가 공산당에 당한 것이라고 평하기도 했다.

## 공산주의자는 변호사의 조력을 받을 권리도 없다?

제2차 스미스법 위반 사건에 대한 재판이 시작되자 뉴욕의 공산당본부는 데니스 사건과 마찬가지로 '노동 방어' 방법을 동원하라고 지부에 명령했다. 법정 안팎에서 공산주의 이론의 정당성을 적극 주장해 여론을 설득하고 이를 통해 재판부를 굴복시키겠다는 시도였다. 재판이 진행되는 동안 캘리포니아주에서는 공산당 지지자들이 옥외집회를 열기도 하고, 법원과 교도소 앞에서 시위를 벌이기도 했다. 그러나 공산당원의 시위는 대부분 소규모였고, 법정에선 공산당 피고인들이나 증인들도 과거처럼 공산주의 이론을 설명하고 방어하는 데 적극적이지 않았다. 일반 공산당원들이나 피고인들 모두 데니스 사건에서 시도한 노동 방어가 실패했음을 잘 알고 있었기 때문이었다.

이에 피고인들은 데니스 사건 때와는 다른 재판 전략을 동원했다. 즉, 공산주의 이론의 정당성을 주장하고 자본주의 체제의 모순을 지적하는 이념적 대결을 벌이는 것이 아니라 헌법상으로 보장된 사상과 표현의 자유가 침해되었다는 것을 재판의 가장 중요한 쟁점으로 삼기로 결정했다. 그래서 공산주의 이념을 지지하는 변호사를 선임했던 데니스 사건과 달리 기본권 보호에 유능한 변호사를 구하려 했고, 이 중 일부 피고인들은 유능한 인권변호사들의 조력을 받을 수 있게 되었다. 로스앤젤레스 재판에서는 미국노조연합American Federation of Labor 소속 변호사와 미국시민권연맹 남부 캘리포니아 담당 변호사가 변호를 맡았고, 뉴욕에서는 예일대 법대 교수와 유색인종지위향상협회National Association for the Advancement of Colored People 변호사가 공산주의자들의 변호를 맡았다. 공산당 최고 간부의 재판에서는 소극적인 태도를 보였던 미국시민권연맹은 로스앤젤레스 외에도 볼티모어, 하와이 등에서 공산당 간부들에 대한 변호를 맡았다.

변호사들의 출신 배경뿐만 아니라 변호사의 역할 자체도 바뀌었다. 데니스 사건의 재판에서 변호사들은 공산당 최고간부들의 비서관 역할에 불과했다. 그들은 피고들의 지시에 따라 변론 계획을 세웠고 그들로부터 변론 내용을 일일이 승인받아야 했다. 그러나 뉴욕주 공산당 간부들을 변호한 토머스 에머슨 예일대 법대 교수는 공산당원들로부터 법원 주변에서 시위를 벌이지 않을 것과 자신이 변론 계획을 세우고 실행하는 데 동의한다는 서약을 받아낸 후에 변론에 나섰다. 이번 재판에서는 거의 예외 없이 피고가 아닌 변호사들이 변론의 주도권을 쥐었다. 좌익변호사가 아니라 인권변호사였던 이들은 재판을 이념적 대결을 벌이는 토론의 장으로 사용하는 데 반대했다. 공산주의 이론에 대한 해석에서는 피고인들의 주장에 따랐지만 법적인 해석과 절차 문제에 대해서는 변호사들의 판단이 존중되었다.

그러나 검거된 공산당 간부들을 변호하겠다고 선뜻 나서는 인권변호사들은 여전히 극소수였다. 데니스 재판에서 공산당 최고간부들을 변호했던 변호사들이 법정모독죄로 징역형을 선고받았을 뿐만 아니라 소속된 지방변호사협회로부터 변호사 자격 취소나 정지를 당했기 때문이었다. 가장 적극적인 인권 관련 법률 구호단체인 미국시민권연맹조차 공산주의자들을 법정에서 변호하는 것을 주저했다. 1948년 공산당 최고간부가 기소되었을 때 미국시민권연맹은 트루먼 행정부를 비난하며 스미스법이 위헌이라는 의견서를 담당법원에 제출했었다. 그러나 이후 미국시민권연맹은 더 이상 데니스 재판에 관여하지 않았다. 공산주의자들을 변호하는 것이 공산주의자들을 이념적으로 지지한다는 인상을 주기 때문이었다.

변호사들은 소송을 의뢰한 피고인들을 변호하는 것이 그들의 입장이나 행동을 지지하기 때문이 아니며, 단지 그들에게 보장된 권리를 지켜주기 위한 것이라고 주장해왔었다. 20세기 초반 미국 사회에는 노동자를 착취하고 탄압하면서 막대한 부를 축적한 대기업의 법적 자문을 맡거나 자본가들의 소송을 대리한 변호사들에 대한 사회적 비난이 높았었다. 당시 미국 법조계는 기업을 경영하는 사람이나 노동자나 똑같은 법적 권리를 누려야 한다며, 기업인들에 대한 변호를 그들의 이념이나 경영방식을 지지하는 것으로 해석해서는 안 된다고 강변했었다. 그러나 공산당원을 변호하는 것에 대해서는 미국 법조계 스스로 공산주의를 지지하는 것으로 해석하면서 변호를 기피했다.

억울하게 공산주의 지지자로 오해받고 직장마저 잃은 공무원들을 변호하는 것조차 기피되던 시절에 공공연히 공산당 간부를 변호하는 것은 직업적 자살행위나 다름없었다. 한 워싱턴 변호사는 자신의 억울함을 변호해달라고 요청해오는 좌익 성향 사람들의 변호를 거절했을 뿐만 아니라 다른 변호사를 소개해달라는 요청마저도 거절했다고 회고했다. 추천한 변호사를 공산주의자나 그 지지자로 생각하고 있다는 불필요한 오해를 살까 우려했기 때문이었다. 로스앤젤레스에서 공산당원을 변호하기로 한 알렉산더 슐만 변호사는 스미스법 위반 사건을 맡은 변호사라는 사실이 주변에 알려지자 다른 의뢰인들의 발길이 순식간에 끊기고 말았다. 이런 사회적 분위기 속에서 공산주의자들의 소송을 맡겠다고 나설 변호사들은 거의 없었다. 따라서 데니스 판결 이후 검거된 거의 모든 공산당 중간 간부들이 변호사를 구하는 데 큰 어려움을 겪어야 했다.

필라델피아에서는 구속된 공산당 간부들의 아내들이 남편을 대리할 변호사를 구하려 애썼으나 실패했다. 필라델피아시 변호사협회장에게까지 호소했으나 그도 공산당을 변호하는 위험을 감수할 만한 변호사를 찾지 못했다고 통고해왔다. 결국 담당 판사는 변호사를 찾을 때까지 재판을 상당기간 연기시켜야 했다. 볼티모어의 공산당원들도 30여 명이 넘는 변호사들에게 변호사 수임을 요청했으나 아무도 나서지 않았다. 뉴욕의 공산당 간부들도 28개에 달하는 법률회사에 소송 대리여부를 타진했으나 16개 회사가 거절했고, 12개 회사는 아예 응답을 하지도 않았다. 펜실베이니아 공산당 최고의장인 스티브 넬슨은 무려 100여 명의 변호사들에게 소송을 의뢰했으나 모두 거절당해 어쩔 수 없이 자기 스스로 변호하기로 마음먹어야 했다.

물론 공산당원이라도 공정한 재판을 받아야 하고 유능한 변호사의 조력을 받을 수 있어야 한다는 주장이 전혀 없었던 것은 아니다. 1953년 이후 미·소간의 긴장이 완화되고, 매카시즘의 후유증에 대한 인식이 높아지면서 기본권을 보장하고 법치주의 질서를 회복해야 한다고 주장하는 사람들이 점차 늘어갔다. 특히 지방변호사협회를 중심으로 공산주의자들이라도 공정한 재판을 받아야 하고, 변호사의 도움을 받을 권리가 피고인의 신분이나 정치적 신념에 관계없이 누구에게나 보장되어야 한다는 주장이 제기되기 시작했다.

스미스법 위반 혐의로 기소된 공산당 중간 간부들이 변호사를 구하지 못하고 있다는 소식이 알려지자 트루먼 대통령까지 나서서 변호사들을 설득했다. 비록 공산당원들이 정부를 전복할 기도를 가진 혐의로 재판을 받는다고 하더라도 법률적 조력을 받을 권리까지 부정되어서는 안 된다고 강조했다. 결국 1952년 9월, 뉴욕주 지방변호사협회는 성명을 통해 공산주의자들을 비롯해 사회적으로 비난받는 사람들을 대리하는 변호사들을 지지한다는 입장을 밝혔다. 미국변호사협회는 성명을 통해 아무리 미국 사회에서 지탄을 받는 피고들이라 하더라도 변호사의 도움을 받을 권리가 있으며, 이 경우 그들을 대리하는 변호사들이 그들의 정치적 신조에 동의하는 것은 아니라고 밝혔다. 모두 공산주의자들을 변호해도 무방하다는 신호였다.

그러나 이러한 변호사협회의 변화된 입장 표명에도 불구하고 선뜻 공산당원들을 변호하겠다고 나서는 변호사들은 많지 않았다. 그래서 국선변호사를 선임하거나 재판장이 변호사협회에 변호를 요청하기도 했다. 덴버에서는 공산당원들이 변호사를 구하지 못하자 담당판사가 임의로 11명의 덴버 지역 중견 변호사들에게 사건을 배당했다. 코네티컷주에서도 담당판사가 임의로 변호사들을 지정했다. 이렇게 선임된 변호사들에 대한 성원도 점차 늘어났다. 대표적인 사례가 클리블랜드 재판이었다.

1953년 클리블랜드에서 체포된 7명의 공산당원들은 기소된 지 2년이 지났음에도 겨우 3명의 변호사만 구할 수 있었다. 피고 중 일부는 변호사 비용을 부담할 경제적 능력이 없다는 이유로 재판부에게 국선 변호사를 선임해줄 것을 요청했다. 담당판사는 클리블랜드시 변호사협회에 도움을 요청했고 변호사협회는 개인 변호사에게 변론을 맡기지 않고 협회 차원에서 지원하기로 결정했다. 스미스법 위반 사건의 재판은 오랜 시일이 걸려 국선변호인으로 선임되었을 때 다른 사건을 수임하지 못해 많은 경제적 손해를 입기 때문이었다. 이를 고려해 클리블랜드 변호사협회는 7명의 변호사를 선임하면서 회원들로부터 2만5000달러를 모아 소송비용으로 전달했다. 대부분의 클리블랜드 시민과 언론들은 이러한 변호사협회의 행동에 지지를 보냈다. 보수적인 신문조차 변호사들이 공정한 법의 심판을 받아야 한다는 원칙을 지키기 위해 수고한다며 성원했다.

## '이념 대결'에서 '기본권 보장'으로

우여곡절 끝에 변호사를 선임한 공산당 중간 간부에 대한 재판이 해당 연방지방법원에서 시작되었다. 재판 과정에서의 쟁점은 모두 데니스 사건과 크게 다르지 않았다. 즉, 피고인들이 폭력 혁명을 선동하려 모의했는지 여부가 재판의 핵심이었다. 그러나 재판절차상 달라진 점은 많았다. 피고인들이 이념 대결 대신 '사상의 자유' 논리를 통해 무죄를 주장했기 때문에, 데니스 사건의 1심 재판 때와 같은 피고와 담당판사 간의 심한 갈등은 분출되지 않았다. 또 하나 달라진 점은 보석금의 액수였다. 데니스 사건에서 보석으로 풀려난 상태로 재판을 받았던 공산당 최고 간부 중 4명이 판결 이후 도주했기 때문이다. 따라서 제2차 스미스법 위반 사건에서 재판을 받은 공산당 중간 간부들에게는 훨씬 높은 보석금이 책정되었다. 볼티모어의 두 피고에게는 7만5000달러와 10만 달러가 책정되었고, 로스앤젤레스에서는 모든 피고에게 5만 달러의 보석금이 정해졌다. 또 피고인들이 하급심에서 유죄 판결을 받은 후의 도주를 우려해 상급심이 진행되는 동안 재판부가 아예 보석을 불허하기까지 했다.

이 재판에서도 피고인들이 공산당원이란 것만으로는 범죄 혐의가 입증될 수 없었고 검찰측은 그들의 구체적인 범법 행위를 입증해야 했다. 스미스법은 공산당에 가입하는 것 자체를 금지한 것은 아니었기 때문이다. 검찰의 논고 요지는 데니스 재판 때의 것과 크게 다르지 않았다. 담당검사들은 공산주의 이론과 미국 공산당의 강령이 폭력으로 정부전복을 선동하고 있고, 이러한 이론을 신봉하는 공산당 지역조직을 건설하기 위해 당원을 모집하고 교육하는 것은 스미스법을 위반하는 행위라고 주장했다.

검찰이 증거로 제시한 자료들은 대부분 미국의 외교·국방정책을 비판하는 공산당 문건들이었다. 검찰은 "제국주의자들의 전쟁을 내란으로 바꾸자" "국가체제를 때려부수자" 등의 선동적 문구가 담긴 유인물들을 증거로 제시했다. 로스앤젤레스에서 열린 재판에서 검찰은 미국 공산당이 장제스 정권에 군사원조를 보내는 것을 반대한 유인물을 폭력혁명의 증거로 제시했다. 피고인들이 대부분 공산당 기관지인 『노동자일보』나 『인민세계』 등 공산당 출판물에 글을 쓴 사람들이긴 했지만 검찰이 제시한 증거의 대부분이 피고인들이 작성하지도 않은 공산주의 이념과 미국 공산당의 정책에 관한 문건들이었고, 피고인들과 직접적으로 연관된 증거들은 극소수였다. 검찰은 데니스 재판 때와 마찬가지로, 공산당의 선전 책자 외에 공산당의 지하조직 건설과 비밀스러운 당 운영, 당원의 가명 사용 등도 공산당의 정부 전복 음모를 입증하는 증거로 제시했다. 검찰은 공산당 관련 서적과 유인물에 담긴 문구들의 해석과 공산당의 비밀 활동을 입증하기 위해 FBI가 침투시킨 정보원이나 공산당에 회의를 느끼고 탈퇴한 과거 당원들을 증언대에 세웠다. 이 방법 역시 데니스 재판 때 사용된 것이었다.

이에 맞서 공산당 중간 간부들은 검찰이 폭력혁명 선동을 입증하는 증거로 제시한 문구들은 전후 문맥에 맞지 않게 절취된 것이라면서 자신들은 평화적이고 합법적인 방법으로 정권 쟁취를 추구해왔다고 주장했다. 캘리포니아에서 재판을 받은 올레타 예이츠는 미국 공산당이 결코 폭력혁명을 사주하거나 시도한 적이 없었다고 항변하면서, 미국 사회가 민주주의를 실현한다면 폭력혁명이나 무력투쟁을 두려워할 필요가 없다고 주장했다. 정부를 폭력적으로 전복하는 것은 지배계급이 사회적 변화를 막기 위해 강압적으로 무력을 사용했을 경우에만 발생한다는 것이 그녀의 논리였다. 물론 이는 데니스 사건에서 공산당 최고 간부들이 주장한 것과 똑같은 내용이었다. 공산당원들은 공산주의 혁명이론의 정당성 주장과 아울러 자신들이 누려야 할 기본권, 즉 사상과 표현의 자유, 공정한 재판을 받을 권리 등이 침해되었다고 강력히 주장했다.

한편 이 사건을 담당한 대부분의 판사들은 데니스 재판을 맡은 메디나 판사보다는 훨씬 더 공정하고 차분하게 재판을 진행했다. 따라서 이전처럼 재판 절차의 불공정성에 대한 이의 제기는 거의 없었다. 그러나 제2차 스미스법 위반 사건의 하급심 재판 결과는 데니스 사건 결과와 크게 다름이 없었다. 거의 모든 하급심 판결에서 공산당원들은 패소했다.

1951년 6월의 데니스 판결 이후 1956년 말까지 총 145명의 공산당원들이 스미스법 위반으로 기소되어 그중 108명이 유죄판결을 받았고 단지 10명만이 무죄판결을 받았다. 1952년, 13명의 뉴욕 공산당 간부에게 유죄판결을 내린 연방법원 판사는 피고인들에게 징역이나 소련으로의 추방 중 하나를 선택하도록 했다. 1

년 후 미시건에서 종결된 재판에서도 마찬가지의 선택이 주어졌다. 그러나 소련으로의 정치적 망명을 택한 공산당원들은 한 명도 없었다. 한 공산당 피고인은 "우리는 미국인으로서 지켜야 할 정치적 의무가 있다. 만약 우리가 교도소에 가는 것을 면하기 위해 미국 국민들에게 등을 돌린다면 우리는 그들을 배신하는 것"이라는 입장을 밝히기도 했다.

유죄판결을 내린 판사들은 한결같이 공산당 중간 간부들도 최고 간부들과 마찬가지로 '국가안보에 명백히 상존하는 위험Clear and Present Danger'을 제기한다고 보았다. 그들이 이러한 위험을 인정한 근거도 데니스 판결과 마찬가지였다. 즉 미국 공산당의 구체적 행동이 국가안보를 위협하는 것은 아니지만, 불안한 국제정세에 비추어볼 때 공산당은 위험하다는 논리였다. 중국 대륙의 공산화, 베를린 장벽의 긴장, 인도차이나에서의 공산혁명 등을 고려할 때 미국 공산당도 국가안보를 위협하는 세력으로 변할 가능성이 크다는 것이었다. 뉴욕주 공산당 간부들에게 유죄를 선고한 뉴욕지부 연방고등법원 판사는 "공산당 최고 간부를 검거한 1948년 당시 국가안보에 대한 위험이 명백히 현존했다면, 한반도에서 전쟁이 진행되고 있고 공산주의 국가들과의 관계가 냉전에서 열전으로 바뀐 1951년 현재에도 그 위험이 덜하다고 말할 수 없을 것"이라면서 공산당 중간 간부의 검거를 정당한 것으로 판결했다.

## '반국가 행위 방지'보다 '법치주의 확립'이 우선

비록 소수이긴 하지만 일부 무죄판결을 끌어낼 수 있었던 것은 공산당이 채택한 새로운 변론 전략, 즉 수정헌법 제1조에 보장된 사상의 자유를 강조하는 전략이 효과를 보았기 때문이었다. 여론의 지지 속에 클리블랜드 지방변호사협회가 변호를 맡은 오하이오주 스미스법 위반 사건에서 10명의 피고 중 4명에게 무죄가 선고되었다. 배심원들은 10여 일간이나 격론을 벌인 끝에 스미스법 재판 사상 최초로 무죄평결을 이끌어냈다.

배심원의 평결이 내려진 후 담당 판사는 변호인들의 노고를 높이 치하했다. 그는 진정으로 미국의 안보를 위협하는 것은 미국인들이 공산주의자들과 동일한 방법을 사용하는 것이라면서 변호인과 배심원 등의 노력으로 공정한 재판이 이루어졌고 이를 통해 미국이 공산국가와는 다르다는 것을 보여주었다며 만족해했다. 클리블랜드 언론도 그러한 재판 결과가 공산국가에선 기대할 수 없는 것이라면서 판사와 변호인들에게 경의를 표했다. 공산당도 지금까지의 자동적인 유죄판결이 중단된 사례라며 반가워했다.

그러나 검찰은 클리블랜드 연방지법의 무죄판결에 대해 강한 불만을 표시했다. 윌리엄 톰킨스 법무차관은 클리블랜드 변호사협회가 공산당원들에게 기만당했다고 비난했다. 이에 클리블랜드 변호사협회장은 클리블랜드 변호사들이 공정한 재판을 위해 참여한 것이지 결코 공산주의자들에게 속은 것이 아니라며 반박했다. 미국변호사협회회장인 스미스 갬브렐은 미국변호사협회가 공산주의에 대해서는 항상 확고하게 반대해왔지만 공산주의자들도 공정한 재판을 받을 권리가 있다고 주장하면서, 공산주의자들을 변호한 지역 변호사단체들을 적극 지지한다고 밝혔다. 미국시민권연맹도 톰킨스에게 전보를 보내 그의 발언이 변호사단체나 변호사 개인들에 대한 공격일 뿐만 아니라 미국인들이면 누구나 누려야 하는 기본권에 대한 도전이라고 강력하게 비난했다. 언론도 클리블랜드 변호사협회를 두둔했다. 클리블랜드에서 발행되는 신문뿐만 아니라 세인트루이스·뉴욕·워싱턴 등지의 신문들도 톰킨스의 발언을 무책임하다고 비난했다. 결국 톰킨스는 자신의 발언이 피고들이 공정한 재판을 받을 권리에 대해 부정한 것은 아니었고 클리블랜드 변호사협회를 비난하려는 의도도 없었다며 사과했다.

클리블랜드 재판에서 보여준 배심원의 무죄평결과 공산당을 변호한 변호사들에 대한 여론의 지지는 공산당의 위협에 대한 미국인들의 인식이 바뀌고 있음을 입증하는 것이었다. 즉, 공산당의 반국가적 행위보다도 이를 막는다는 구실로 자행되는 법치주의 질서의 파괴가 미국 사회를 훨씬 더 위태롭게 한다는 인식이 확산되기 시작한 것이다. 달라진 미국의 국내 정치상황도 이러한 변화를 촉진시켰다.

1952년 대통령선거에서 보수 야당의 아이젠하워 후보가 당선됨으로써 정치권에서의 반공 이데올로기 경쟁에 대한 필요성이 크게 줄어들었다. 집권당이 된 공화당 의원들은 더 이상 국내 공

매카시즘의 어원이 되었던 조지프 매카시 상원의원은 반공열풍의 중심에 있었으나 군 고위 장성을 공산주의자로 몰았다가 정치적으로 치명상을 입고 결국 실각했다.

산주의자들의 위협을 강조할 필요가 없게 됐다. 또한 매카시즘에 대한 피로의 기색이 미국 사회 곳곳에서 드러나기 시작했기 때문이기도 했다. 정치적 반공숙정 작업을 계속 강조하는 것은 오히려 반공정책이 효력 없다는 신호로 여겨질 우려도 있었다. 야당이 된 민주당에게도 반공 이념논쟁은 커다란 득표요인이 되지 않았다.

그럼에도 불구하고 조지프 매카시 상원의원은 공산주의 색출을 위해 좌충우돌을 계속했다. 1953년의 한 청문회에서 매카시는 미군 고위 장성을 무모하게 공산주의자로 몰아붙였고, 이 발언은 군장성 출신인 아이젠하워를 격노하게 만들었다. 결국 매카시는 연방의회의 품위를 더럽혔다는 이유로 동료의원들로부터 징계를 받았으며 그의 영향력은 일순간에 와해되었다. 그때까지 그를 앞세워 자신들의 반공이념을 과시해왔던 많은 정치인들이 순식간에 그의 주위에서 떠나갔다. 술로 실의의 나날을 보내던 매카시는 2년 후 쓸쓸하게 인생을 마감해야 했다.

반공 이데올로기의 기승이 꺾이자 궁지에 몰린 것은 매카시뿐만이 아니었다. 공산당 검거에 앞장섰던 법무부와 FBI에게도 여론의 화살이 날아가기 시작했다. 공산당 간부의 재판에서 검찰측이 증인으로 세웠던 전직 공산당원 중 일부가 법정에서 위증을 했다고 고백하면서 검찰과 FBI에 대한 비난의 목소리도 높아졌다. 특히 이렇게 법치주의를 기만하는 위증자들에게 FBI가 많은 돈을 주었다는 뉴스가 보도되면서 이들의 증언을 토대로 공산당원들을 처벌한 것에 대한 비난 여론이 비등했다. 미국 민주주의의 토대인 공정하고 깨끗한 법 질서가 무너졌고, 여기에 법을 집행하는 검찰과 FBI가 앞장섰다는 데 대한 수치와 분노의 표현이었다. 무너진 법치주의 질서를 다시 세우는 것이 공산주의자들을 처벌하는 것보다 더 중요하다는 인식이 확산되기 시작한 것이다.

냉전시대 미국 외교정책의 실질적 입안자였으며 소련 대사를 지낸 조지 케넌은 정부의 무분별한 반공정책으로 미국 사회가 불신과 음모로 가득 차게 되어 미국 민주주의가 큰 위기를 맞고 있다고 우려를 표명했다. 1953년 케네스 로열 전 국방장관도 국가안보의 명목으로 사상과 표현의 자유가 지나치게 침해받아 미국의 뿌리가 약해지고 있다고 변호사협회지에 기고했다. 1955년 미국변호사협회는 좌익단체에 관련되었다는 이유로 직장을 잃은 공무원들의 법정 투쟁을 돕기 위해 무료법률구조위원회를 구성했다. 뉴욕변호사협회는 미국 정부의 공무원 신원조회제도가 개인의 사상과 표현의 자유를 침해한다며 이를 철폐하거나 재정비할 것을 요구했다.

1954년 워렌 대법원장도 취임 후 첫 연설에서 "인간이 모든 생각을 탐구할 자유를 갖고 있으면 비록 편견이 많이 생기더라도 국가 발전에 건강한 풍토를 만든다"며 미국 사회의 편협함을 질타했다. 워렌은 또 미국 사회의 기존 질서에 대해 불만을 가진 사람들이 그들의 분노를 토로할 수 있도록 허용하는 것이 민주주의를 더욱 견고히 하는 데 도움이 된다는 입장을 밝히기도 했다.

## 연방대법원의 번복된 입장

이 즈음 공산주의자들의 국가전복 음모보다는 인권을 유린하고 공정한 법절차를 무시하는 것이 더 심각하게 미국의 민주주의를 위협하고 있다는 우려가 일련의 연방대법원 결정을 통해서도 나타나기 시작했다. 연방대법원이 정부의 무분별한 반공정책에 제동을 걸기 시작한 것은 1952년 겨울에 결정된 위만 판결 Wieman v. Updergraff이었다. 이 판결에서 연방대법원은 오클라호마 주정부가 불순단체에 가입한 적이 있는 사람은 교사가 될 수 없게 만든 법이 위헌이라고 판결했다. 연방대법원은 오클라호마 법이 공산당과 관련된 단체인지도 모르고 가입했거나 그러한 단체에서 이미 탈퇴한 사람들까지 피해를 주기 때문이라고 그 이유를 밝혔다.

반공 이데올로기의 횡포로부터 법치주의와 인권 회복을 주도한 대법관은 워렌 연방대법원장이었다. 1953년 빈슨의 뒤를 이어 대법원장에 임명된 워렌은 임명 전의 예상을 깨고 인권보호에 적극 앞장서는 진보적 대법관으로 탈바꿈했다. 그래서 아이젠하워 대통령은 워렌을 대법원장으로 지명한 것이 대통령 재임 시 저지른 가장 큰 실수라고 고백하기도 했다.

워렌은 1940년대 캘리포니아 주법무장관과 주지사를 역임하면서 보수성을 충분히 입증한 인물이었다. 제2차 세계대전이 터지자 일본계 미국인들을 강제수용소로 이주시켰고, 1952년 공화당 대통령 후보 지명전에서는 트루먼 행정부가 공산주의자들의 침투로 인해 사실상 마비됐다고 비난하는 등 반공이념을 정치적 목적으로 이용하는 데 주저하지 않았다. 그러나 대법원장이 된 후 워렌은 매카시즘으로 인해 유린된 인권과 법치주의 질서를 회복하는 데 많은 기여를 했다. 그중에서 가장 결정적인 역할을 한 것이 바로 예이츠 판결이었다.

연방대법원은 1951년의 데니스 판결 이후 4년 동안 스미스법과 관련한 상고심을 거부했었다. 1956년에야 비로소 연방대법원은 올레타 예이츠를 비롯한 캘리포니아주 공산당 간부들의 상고심 허가 요청을 수락했다. 연방대법원은 예이츠 사건을 통해 데니스 판결을 번복하지 않고서도 반공 이데올로기로 인한 법질서 파괴를 더 이상 용인하지 않는 방법을 찾아낼 수 있었다. 당시 캘리포니아 공산당 간부들의 상고허가 요청에는 공산주의 지지세력이 아닌 미국시민권연맹, 노벨상 수상자, 남부 캘리포니아 지역 기독교 신자 등 선량한 애국 시민들의 제3자 참고의견도 첨부되어 있었다. 상고허가제를 실시하는 미국에서는 사건과 관련이 없는 제3자도 상고허가 여부에 대한 의견을 제시하는 제3자 참고의견AMICI CURIAE을 제출할 수 있다. 예이츠 사건의 제3자 참고의견에는 검찰측 증인의 위증 사실, 불공정한 수사 등을 고발하며 이러한 인권 침해를 연방대법원이 묵인하는 것은 민주주의를 통해 세계 평화를 달성하려는 미국의 이상에 배치되는 것이라는 주장도 담겨 있었다.

예이츠 사건은 데니스 사건과 달리 아주 질서정연하게 1심 재판이 진행되었다. 담당판사인 윌리엄 매스는 비교적 공정하게 재판을 이끌었고 피고측의 재판절차에 대한 이의 제기도 거의 없었다. 그렇지만 1심 판결 결과는 유죄였고, 연방고등법원도 피고들의 항소를 기각했다. 연방고등법원은 데니스 사건과 법적 쟁점이 동일한 상황에서 1심 담당판사가 데니스 판결의 지침에 따라 재판을 진행했기 때문에 유죄판결에 아무런 법적 하자가 없다고 설명했다. 그러나 상고이유서에서 피고들은 데니스 판결에서 다루지 않은 법적 쟁점들을 제기했다.

첫번째는 피고인들이 폭력혁명을 기도하기 위해서 반정부단체를 조직하려고 모의했다는 혐의 부분에서 '조직'이라는 용어를 캘리포니아 연방법원이 잘못 해석했다고 주장했다. 그들은 지역 공산당을 조직한 후에 신입당원을 모집한 것도 반국가단체 '조직'으로 해석한 것은 잘못이라고 이의를 제기했다. 즉, 반국가 단체 조직 혐의는 공산당이 조직된 1945년의 행위에 국한되어 야 하며 그 이후의 당원 모집 활동에는 이러한 조직음모죄를 적 용할 수 없다고 주장했다. 피고인들이 이러한 주장을 하는 이유 는 스미스법상 반국가단체 조직 혐의의 시효가 3년이기 때문이 었다. 공산당이 재창당된 것은 1945년이었고, 기소된 것은 6년이 지난 1951년이었으므로 당연히 자신들은 무죄라는 것이다.

상고이유서에 제기된 두번째 쟁점은 1심 재판에서 담당판사 가 배심원들에게 내린 평결지침에 관한 것이었다. 1심 담당판사 는 정부의 폭력전복에 대해 단순히 의견을 제시하거나 그 미래 를 예측하는 것만으로는 유죄가 인정되지 않지만, 폭력으로 정부 를 전복하는 것이 필수적이라고 말했다면 스미스법을 위반한 것 이라고 배심원들에게 지침을 내렸다. 그러나 이러한 지침은 데 니스 사건의 1심에서 메디나 판사가 내린 평결지침보다 유죄 범 위가 넓은 것이었다.

당시 메디나 판사는 만약 피고인들의 행위가 공산주의 사상 에 관한 평화적인 연구·토의·교육이라면 무죄지만, 만약 불법 적 수단을 동원해 정부를 전복하려는 목적을 가지고 모의했다면 스미스법을 위반한 것이라고 설명했었다. 만약 예이츠를 비롯한 캘리포니아 공산당 간부들이 폭력으로 정부를 전복하는 것이 필 연적이라는 공산주의 혁명이론을 당원들에게 가르쳤다면 설사 정부전복을 시도하려는 의도가 아니라 하더라도 유죄판결을 받을 수밖에 없게 되지 않느냐는 것이 피고들의 주장이었다. 즉, 데니스 사건에서는 사상의 자유라는 이유로 무죄로 인정되었던 행위가 예이츠 사건에서는 유죄로 인정되었다고 피고인들은 항변했다. 폭력을 선동할 의도가 있었는지 여부를 유죄평결 기준으로 삼지 않음으로써 결과적으로 사상의 자유를 보장한 수정헌법 제1조를 침해한 것이라고 거듭 주장했다.

이에 검찰은 단순히 추상적인 이론으로서 정부 전복에 관해 토론하고 설명하는 것만 스미스법에 저촉되지 않는 것이므로, 하급심 판결에는 하자가 없다고 반박했다. 검찰은 또 피고들의 반국가단체 조직 음모가 1940년부터 시작해 기소 직전인 1951년까지 계속되었기 때문에 시효를 넘긴 것은 아니라고 주장했다. 즉, 피고들이 공산당의 불법적인 목적을 알면서도 당 간부로 재직하면서 당원을 모집하고 당의 정책을 추진했으며, 당원들을 교육시키고 유인물을 배포하며 정부전복을 선동해왔기 때문에 유죄가 당연하다는 논리를 내세웠다.

## 예이츠 사건 판결문의 논리

1957년 6월 17일, 드디어 연방대법원은 예이츠 사건의 결과를 발표했다. 그런데 그것은 5년 전의 데니스 판결과는 정반대였다. 연방대법원이 과거의 선례를 뒤집는 극히 드문 사례였다. 6:1로 5명의 캘리포니아 공산주의자들에게 무죄를 선고했고, 나머지 피고인들에 대해서는 재심을 명령했다(9명의 대법관 중 윌리엄 브레넌과 찰스 휘티커 대법관은 대법관 임명 전에 사건 심리가 개시되었기 때문에 참가하지 않았다). 불과 6년 만에 스미스법에 관한 연방대법원의 결정이 번복되는 순간이었다. 1951년의 데니스 판결에 참여했던 대법관 중 펠릭스 프랭크퍼터와 스탠리 리드 대법관이 과거와 달리 공산당원이 무죄라는 입장에 동조했다. 데니스 판결에서 소수 반대의견을 냈던 더글러스와 블랙 대법관, 그리고 데니스 판결 이후에 임명된 워렌 대법원장과 존 마셜 할란 대법관이 그들과 함께 다수의견을 구성했다. 클라크 대법관만이 데니스 판결 때와 마찬가지로 공산당 간부들의 유죄를 주장했다.

판결문을 집필한 할란 대법관은 데니스 사건과 예이츠 사건은 사실부분과 법적 쟁점이 다르기 때문에 데니스 판결이 번복된 것은 아니라고 말했다. 그러나 대부분의 법조계 관계자들은 연방대법원의 이러한 입장이 과거 판례가 잘못되었다고 인정함으로써 사법부의 권위와 품위를 떨어뜨리지 않으려는 변명에 불과한 것으로 받아들였다. 예이츠 사건 판결에 대한 논리는 매우 복잡하고 까다로웠다. 할란 대법관은 스미스법 자체가 위헌은 아니고 데니스 판결이 잘못된 것도 아니라고 강조해야 했고, 스미스법의 효력을 인정하면서도 공산주의자들의 평화적인 정치활동은 제약받지 않도록 논리를 만들어야 했다.

할란 대법관은 예이츠의 주장을 받아들여 스미스법상 반정부 단체 조직 음모 행위가 이미 결성된 불법조직의 활동까지 포함하는 것은 아니라고 해석했다. 따라서 캘리포니아 공산당 간부들에게 스미스법을 적용하는 것은 시효가 지났다고 인정했다. 할란 대법관은 또 1심 재판에서 담당판사가 배심원 평결 기준을 잘못 적용했음을 인정했다. 즉, 정부의 전복을 위해 언젠가는 폭력을 행사할 수도 있다고 주장하는 것마저 스미스법의 처벌 대상으로 삼아서는 안 된다는 것이다. 할란 대법관은 합법적인 사상과 표현의 영역과 불법적인 선동을 구별하는 기준을 다음과 같이 제시했다.

피고들이 즉각적인 불법 폭력행위를 선동했다면 당연히 처벌해야 한다. 그리고 그러한 행동을 취할 능력이 있고 그러한 행동의 발생이 이성적인 판단을 통해 예측된다면 처벌해야 한다. 그러나 폭력행위의 이론적 정당성을 주장하는 것까지는 처벌할 수 없다. 그러한 주장은 설사 궁극적으로 폭력혁명으로 이어진다 하더라도 구체적인 행동과는 시간적으로 너무나 거리가 멀어 처벌할 수 없는 것이다. 따라서 담당판사가 폭력혁명의 필요성과 의무를 주장하는 것도 처벌할 수 있다고 한 것은 잘못된 해석이었다. 즉각적인 폭력혁명을 기도하고 이를 선동하는 것만이 처벌대상인 것이다.

할란 대법관은 이러한 기준으로 검찰이 제시한 증거를 검토한 결과 피고 5명에게 무죄를 선언한다고 밝혔다. 그들과 관련한 증거의 대부분은 공산주의 이론에 관한 것들일 뿐 그들이 직접적으로 폭력행위를 선동했다는 부분은 발견되지 않았기 때문이다. 그러나 나머지 피고들은 1946년 샌프란시스코에서 공산당원 교습과 더불어 지하조직원 교육에도 참여했음이 인정되기 때문에 이 과정에서 스미스법이 금한 직접적인 폭력선동을 했을 수도 있으므로 재판을 다시 해서 위법행위 여부를 가리도록 명령했다.

한편 동조의견을 제시한 블랙 대법관은 스미스법 자체가 위헌이기 때문에 할란 대법관의 복잡한 논리가 불필요하다고 주장했다. 그는 공산주의와 같이 미국 사회가 혐오하는 정치적 이념을 신봉하는 사람들에 대해서는 공정한 재판이 진행되지 않는다는 것이 명백해졌다며, 미국 정부가 민주주의의 우월성을 내세우면서도 공산주의를 막기 위해 동원한 방법은 공산주의자들이 사용하는 방법과 큰 차이가 없었다고 정부를 비난했다. 블랙 대법관은 민주주의를 수호하는 가장 현명한 방법은 아무리 치졸한 억지 사상이라 하더라도 자유로이 개진되고 토론될 수 있게 하는 것이라고 거듭 강조했다. 다만 그러한 신념을 구체적인 행동으로 옮겨 국가안보나 개인의 권리를 침해할 경우에만 처벌하면 된다는 주장이었다.

미국 언론들은 예이츠 판결을 지지했다. 6년 전 데니스 판결이 나왔을 때 미국 언론들은 국가안보를 수호하는 현명한 판결이며, 후세에 길이 빛날 판결이라고 극찬했었다. 당시 반대의견을 쓴 블랙 대법관은 시대착오적인 인물로 언론의 비난을 받아야 했었다. 그러나 예이츠 판결에서는 사상의 자유를 강조한 블랙 대법관을 두둔하고 나섰다. 이처럼 사상의 자유에 대한 인식이 6년 사이에 크게 달라진 것은 데니스 판결이 공산당만을 효과적으로 억압하고 일반 시민의 자유와 권리에는 아무런 지장이 없을 것이라는 기대와 예측이 빗나갔기 때문이었다. 데니스 판결 이후 미국 사회는 반공 이데올로기의 횡포에 개인의 인권과 민주적 절차들이 마구 유린되는 것을 수없이 목격할 수 있었다. 블랙 대법관이 데니스 판결에 반대하면서 예언한 대로 공산당원에 대한 기본권 유린이 모든 미국인들의 인권과 미국 사회의 법질서를 뿌리째 흔드는 결과를 가져온 것이다.

사상과 표현의 자유에 대한 중요성을 깨달은 미국 언론은 예이츠 판결이 내려지자 사상의 자유를 통해 국가안보를 강화해야 한다는 블랙 대법관의 주장을 적극 지지했다. 『애틀랜타 컨스티튜션Atlanta Constitution』은 예이츠 판결이 국가안보를 핑계로 개인의 자유와 권리를 마구 유린하던 시대를 마감하는 것이라고 환영했다. 『밀워키 저널Milwaukee Journal』도 특정 사상과 표현을 범죄로 간주할 때 생기는 엄청난 사회적 피해를 제대로 인식한 올바른 판결이라고 칭찬했다.

예이츠 판결이 내려진 후 피고인들은 석방되었고, 1957년 12월 캘리포니아주 연방법원은 재심 명령이 내려진 피고인들에게 선고유예 판결을 내렸다. 검찰측이 유죄를 입증할 만한 충분한 증거를 제시하지 못했기 때문이었다. 다른 주의 공산당 간부들도 예이츠 판결을 기준으로 다시 재판을 받았고 대부분 석방되었다. 1957년 9월 연방고등법원은 코네티켓주에서 체포된 공산당 간부들에 대해 증거 불충분을 이유로 모두 석방했다. 담당판사는 9200쪽에 달하는 증언채취록 중에서 피고들이 폭력혁명 선동을 모의했다는 내용은 단 한 군데에서도 발견할 수 없었다고 밝혔다. 필라델피아· 시애틀· 호놀룰루 등에서도 증거 불충분을 이유로 피고들이 석방되었고, 1958년 여름엔 디트로이트와 세인트루이스, 이듬해는 클리블랜드· 피츠버그· 필라델피아· 보스톤· 푸에르토리코에서 공산당 간부들에게 기소유예 처분이 내려졌다. 예이츠 판결 기준에 따라 재심을 하고 유죄판결을 내린 곳은 덴버 연방지방법원뿐이었다. 그러나 1960년 봄, 이 판결도 연방고등법원에서 번복되었다.

## '사상의 자유'를 탄압한 대가

공산당 간부들이 연이어 석방되자 후버 FBI 국장은 1958년 연방의회에 제출한 보고서에서 공산주의자들의 위협에 대해 미국인들이 지나치게 안일하게 대응하고 있다고 경고했다. 그는 공산당원들이 법절차의 허점을 이용해 국가 전복 혐의에서 빠져나가고 있을 뿐이라며 공산주의자들의 정부 전복 위협은 상존한다고 주장했다. 그러나 그의 주장에 귀를 기울이는 미국인들은 그리 많지 않았다. 공산주의, 적어도 미국 내 공산주의자들은 더 이상 미국인들에게 두려움의 대상이 되지 못했던 것이다. 수년간에 걸친 미국 정부의 적극적인 반공정책 덕분에 미국 공산당은 강력한 좌익운동 조직에서 무기력한 정치적 광신자집단으로 몰락했다.

탄압정책은 공산당 조직의 축소와 지하화를 불가피하게 만들었고 이로 인한 공산당 활동의 위축과 당원들간의 유대 붕괴는

조직의 와해를 가져왔다. 데니스 재판을 통해 공산당 내부에 FBI
의 첩자들이 득실거린다는 것이 알려지면서 당 간부들은 의심이
가는 당원들을 제거하기 시작했다. 공산당은 또 첩자들의 침투
를 막는다는 이유로 새 당원의 모집을 사실상 포기했고 결국 고
령층의 골수분자들만이 당에 남게 되었다. 경제적인 타격도 컸
다. 미국 공산당은 스미스법 위반사건의 소송비용으로 50만 달
러를 지출해야 했다. 이로 인해 당 운영비의 감축이 불가피했고,
이는 상근 직원의 축소와 각종 활동의 제한으로 이어졌다. 예전
처럼 선전전단을 배포하거나 라디오나 신문에 광고를 내는 것도
비용이 없어 중단해야 했다. 공산당에게 사실상 정치활동 재개
를 허용한 예이츠 판결도 빈사상태의 미국 공산당을 구하는 데
는 도움이 되지 못했다.

물론 미국 정부의 탄압이 미국 공산당 붕괴의 유일한 요인은
아니었다. 미국 공산당의 궁극적인 붕괴 원인은 국제 공산주의
진영의 변화에 유연하게 대응하지 못했기 때문이었다. 1956년
후르쇼프가 소련 연방의회에서 스탈린의 학살행위를 폭로한 이
후 2년 동안 미국 공산당원 중 85%가 당을 떠났다. 당 간부들이
공산주의 이념의 종주국인 소련의 국내외 정책을 비판하는 것
을 반동으로 몰았기 때문이다. 스미스법 위반 사건으로 재판을
받을 때는 사상과 표현의 자유를 주장했지만 공산당 내부에서는
결코 이러한 자유가 허용되지 않은 것이다. 폴란드와 헝가리에
서 일어난 민중봉기에 대한 소련 정부의 가혹한 탄압도 많은 공
산당원들이 공산주의의 실체를 파악하고 좌익이념을 포기하는

데 결정적인 요인이 되었다. 1949년 말 5만5000여 명에 달하던 미국 공산당원의 숫자는 1953년 말까지 2만5000여 명으로 줄었다. 1958년 여름 FBI는 미국 공산당원의 숫자가 3000명에서 6000명 사이라고 연방의회에 보고했다.

그러나 1950년대 사상의 자유를 탄압당한 피해자가 미국 공산당에게 국한된 것은 결코 아니었다. 예이츠 판결을 통해 미국 사회는 인권의 중요성에 다시 눈뜨긴 했으나 이미 미국 사회에는 인권 침해와 법질서의 붕괴로 인해 엄청난 불행의 씨앗이 뿌려진 상태였다. 데니스 판결로 상징되는 미국 사회의 반공 열기는 민주주의의 원동력인 자유로운 의사 표현과 의견 교환을 불가능하게 만들었다. 많은 미국인들이 공산주의자로 여겨지는 것이 두려워 정부 정책에 대한 비판이나 정치적 의견 개진을 삼갔다. 거의 모든 미국 정치인들은 정치생명을 유지하기 위해서 공산당이 지지하는 노선과는 무조건 반대쪽 입장을 취해야 했다. 정부 정책의 타당성을 판별하는 가장 큰 기준이 반공 이데올로기가 되었다. 공산주의자들을 변호하는 변호사들까지 공산주의자로 간주되는 사회 분위기였다.

결국 인종차별 철폐, 국가의료보험 실시, 노동자의 권리 보장 등 자본주의 사회의 병폐를 시정하는 데 필요한 사회복지 정책이 단지 공산당이 지지하는 정책이라는 이유 때문에 그 실현이 지연되거나 중단되었다. 20세기 미국 역사의 가장 큰 상처인 베트남전 참전도 반공 강경노선에 서지 않으면 공산주의자로 몰리는 당시의 정치적 상황 때문에 이루어진 것이었다. 충분한 정치적·사회적 토론과 합의 없이 성급하게 베트남전에 개입함으로 써 미국은 수많은 생명과 재산의 피해를 감수해야 했다.

결국 1957년의 예이츠 판결이 반공 이데올로기를 통한 사상의 자유에 대한 탄압에 제동을 걸긴 했지만, 그 후유증은 1960년대 와 70년대로 이어지면서 미국 사회를 괴롭혔다. 사상의 자유를 탄압하며 미국인들이 치른 대가는 실로 엄청난 것이었다.

# 제 3 장

# 표현의 자유

# 항의의 표시로 국기를 태울 수 있는가

존슨 판결 Texas v. Johnson, 491 U.S. 397 (1989)

1984년 8월, 미국 텍사스주의 댈러스시에서 공화당 대통령 후보를 지명하는 전당대회가 열리고 있었다. 미국의 양대 정당인 공화당과 민주당의 전당대회는 대통령선거가 있는 해마다 열리며, 정당의 모든 정치인들이 모처럼 한곳에 집결하는 기회이다. 미국 정당의 전당대회에는 정치인들 외에도 국내 및 전세계 언론이 모여들어 열띤 취재경쟁이 벌어지기도 한다. 전당대회가 열리는 도시에는 소속 당원뿐만 아니라 그 정당의 정책을 반대하는 사람들도 모여들어 항의시위를 하는 것도 흔히 볼 수 있다.

공화당에서는 당시 현직 대통령인 로널드 레이건이 이미 후보로 지명되어 전당대회장에서의 긴박하고 극적인 정치적 대결은 기대할 수 없었다. 그래서 언론은 전당대회장 밖에서 벌어지는 다양한 집회와 시위에 많은 관심을 보였다. 댈러스 시내에서는

연방대법원은 성조기를 불태운 혐의로 체포된 그레고리 존슨의 행위를 수정헌법 제1조의 보호를 받는 것으로 인정했다.

공화당의 낙태금지 정강 채택에 반대하는 여성단체들이 여성의 낙태선택권을 수호하려는 대규모 군중집회를 열기도 했다.

댈러스 시내에서 항의시위를 벌이던 여러 단체 중에 국제청년당International Youth Party이라는 거의 알려지지 않은 미국 내 좌익집단도 있었다. 그들은 레이건 행정부의 외교정책과 대기업의 대외정책을 비판하는 가두시위를 벌였다. 그들은 또 일부 대기업의 빌딩에 들어가 핵전쟁의 결과를 극화하는 시위를 벌이고 건물 벽에 페인트를 뿌리거나 화분을 쓰러뜨리며 소란을 피우기도 했다. 한 빌딩 앞에서는 국기게양대에 걸린 성조기를 끌어내려 석유를 뿌리고 불태우기도 했다. 불타는 성조기를 향해 그들은 "우리는 미국에게 침을 뱉는다"고 외쳐댔다.

며칠 후 텍사스 주경찰은 자칭 공산주의 혁명가라고 주장하는 그레고리 존슨을 체포했다. 텍사스 주형법을 어기고 성조기를 고의로 훼손했다는 혐의였다. 존슨과 함께 시위를 한 100여 명의 시위군중 중에서 존슨만이 유일하게 구속, 기소된 것이다. 텍사스 주검찰은 존슨을 두 가지 이유 때문에 구속했다고 발표했다. 첫번째는 성조기 훼손행위로 야기되는 질서 파괴행위를 예방하기 위한 것이고, 두번째는 미국의 상징인 성조기의 신성함을 보존하기 위한 것이라고 그 근거를 내세웠다.

그러나 존슨이 성조기를 소각할 당시 신체상의 위협을 느끼거나 부상을 당했다는 사람들은 없었고, 군중들의 소요나 충돌도 없었다. 단지 일부 목격자들이 성조기를 불사르는 것을 보고 심한 불쾌감을 느꼈다고 검찰에 진술했을 뿐이었다. 국제청년당원들의 성조기 소각을 목격한 한 댈러스 시민은 불 탄 성조기의 재를 수거해 자신의 집으로 가져가 뒷뜰에다 묻었다.

## 불타버린 미국의 상징

다양한 인종으로 구성된 미국 사회를 국가공동체로 묶어주는 신성한 상징이 있다면 그것은 성조기와 「권리장전」이다. 미국의 국기인 성조기가 구체적으로 나타나는 시각적 상징이라면, 연방헌법 중에 표현의 자유를 보장한 수정헌법 제14조와 같이 인권을 보장한 수정헌법 조항들을 가리키는 「권리장전」은 미국인들의 의식 속에 자리잡은 정신적 상징이라고 할 수 있다. 1777년 6월 14일 미국 독립의회는 당시 독립을 선언한 13개 주를 상징해 붉은색과 흰색이 교차하는 띠와 청색 바탕에 흰색 별로 국기를 도안했다. 당시의 띠와 별은 13개였고, 새로운 주가 생기면서 별의 숫자는 계속 늘어났다. 독립전쟁 기간 동안 성조기는 13개 주를 단결시키는 동시에 국제적으로 미국의 주권을 인정받는 데 기여했다. 독립전쟁 이후 신생공화국의 상징이 된 성조기는 광활한 국토와 다양한 인종의 미국 사회가 국가적 정체성을 유지하는 데 중요한 역할을 했다.

독립전쟁과 함께 만들어진 성조기는 미국이 국가적 위기를 겪을 때마다 이를 극복하는 상징으로 되새겨져 왔다. 미국의 애국가조차도 성조기를 찬양하는 내용이었다. 1812년 영국과의 전쟁 당시 워싱턴에 살던 한 변호사는 영국 군함의 밤샘포격을 받은 해변가의 요새에서 아침햇살을 받으며 여전히 성조기가 휘날리는 것을 보고 감격해 「성조기여 영원하라Stars Spangled Banner」라는 시를 썼고 이 시가 미국 애국가의 가사가 되었다. 그리고 남북전쟁과 제1, 2차 세계대전을 겪으면서 성조기는 미국의 존립과 번영의 상징으로 자리를 굳혔다.

성조기의 신성함을 보호하기 위한 법이 제정되기 시작한 것은 제1차 세계대전 중이었다. 당시 다인종 국가로서는 처음으로 외국과의 전쟁을 치르면서 미국 정부는 국민들의 애국심을 고취하기 위해 각종 선전 방법을 동원했었다. 독일과의 전쟁을 치르게 되자 독일계 미국인들이 미국보다는 적국인 독일에게 충성할지도 모른다는 우려가 높아졌다. 대부분의 주에서 주민들에게 애국심을 강요하는 각종 법률이 채택되었고 성조기의 훼손을 금하는 주정부의 법도 이때 만들어졌다.

성조기보호법이 연방법으로 제정된 것은 베트남전 반대 데모가 심하던 1967년이었다. 당시 미국의 국방외교 정책을 비판하던 많은 청년들이 길거리에서 성조기나 징집카드를 불태우곤 했다. 성조기보호법은 공개적으로 성조기를 훼손하거나 태우거나 짓밟는 등 고의로 모욕하는 자는 1000달러 이하의 벌금이나 1년 이하의 징역에 처하게 만들었다.

성조기보호법에도 불구하고 미국 정부의 국방이나 외교정책에 반대하는 과격집단에게 성조기 화형식은 가장 쉬운 분노의 표현방식이 되었다. 성조기를 불태우며 반미구호를 외치는 외국인들의 모습은 미국인들에게는 익숙한 광경이 되었다. 그러나 미국 내에서 성조기를 공개적으로 훼손하는 행위는 흔치 않았다. 따라서 성조기 훼손에 관한 처벌은 극히 드물었다. 1974년 연방대법원은 성조기를 바지 엉덩이 부분에 부착해 앉을 때마다 성조기를 깔고 앉음으로써 미국의 국가정책에 대한 경멸을 표시하려 한 것은 정치적 표현의 한 방법이기 때문에 처벌할 수 없다는 판결을 내렸던 적도 있다.

성조기를 고의로 소각하는 것에 대한 처벌로는 존슨 사건이 첫번째였다. 텍사스 주지방법원에서 존슨은 1년의 징역형과 2000달러의 벌금형을 선고받았다. 그러나 텍사스 주고등법원 항소심에서 존슨은 무죄판결을 받았다. 존슨의 행위가 수정헌법 제1조에 의해 보호되는 상징적 표현으로 인정되었기 때문이었다. 존슨과 그의 단체가 행한 시위, 연설, 구호 그리고 배포된 전단의 내용 등을 고려해볼 때 존슨의 행위를 목격한 사람들이라면 누구나 그들이 전달하려 한 의미를 이해했을 것이라고 무죄 판결 이유를 설명했다. 즉 존슨의 성조기은 정치적 표현의 일부라는 것이다.

텍사스 주고등법원이 근거를 둔 판례는 1943년에 내려진 바네트 판결West Virginia Board of Education v. Barnette이었다. 여기서 연방대법원은 국기에 대한 경례를 거부한 '여호와의 증인' 학생들을 처벌하는 것은 종교 및 사상의 자유를 보장한 수정헌법 제1조를 위반하는 것이라고 판결했었다. 수정헌법 제1조의 핵심이 서로 다른 사상이나 의견을 자유롭게 표현할 수 있도록 보장하는 것임을 고려할 때 정부는 국민들에게 특정한 신념을 신봉하도록 강요할 수 없고 국기에 대한 존경심마저도 강요해서는 안 된다는 논리와 마찬가지로, 성조기의 신성함을 지키기 위해 국가 권력이 강제 사용되어서는 안 된다는 것이 텍사스 주고등법원의 판단이었다.

텍사스 주고등법원은 존슨의 성조기 소각행위로 성조기의 소중한 의미가 훼손되지 않았으며, 존슨의 행위가 성조기의 상징적 가치를 위협하는 중대하고 급박한 위험을 초래했다는 증거도 없다고 지적했다. 공개적으로 성조기를 훼손했을 때 격분한 군중들로 인해 발생할 수 있는 질서 파괴를 막아야 하기 때문에 성조기 소각행위를 금지해야 한다고 텍사스 주검찰은 주장했지만, 텍사스 주고등법원은 존슨의 성조기 소각으로 인해 폭력이나 기타 소란행위가 발생하지 않았음을 상기시켰다. 비록 성조기 소각이 주변에 모인 시민들에게 심한 모욕감을 야기시키긴 했으나 이러한 모욕감을 치안 파괴나 선동행위와 동일시할 수는 없다는 것이었다. 텍사스 고법의 결정에 불복한 텍사스 검찰은 연방대법원으로 즉시 상고했다.

당시 미국 사회에서 성조기에 대한 논쟁은 텍사스 주법원에서만 이뤄진 것이 아니었다. 1988년의 대통령선거에서 성조기는 중요한 선거쟁점으로 부상했다. 공화당의 조지 부시 후보는 민주당 후보인 마이클 듀카키스 매사추세츠 주지사의 애국심을 집중 공격하고 있었다. 매사추세츠주의 공립학교에서 수업 시작 전 '국기에 대한 맹세'를 의무적으로 암송하라고 규정한 주의회의 법안에 대해 듀카키스가 거부권을 행사했었기 때문이다. 변호사 출신인 듀카키스는 1943년 연방대법원이 '여호와의 증인' 학생들에게 이러한 맹세를 암송하라고 강요하는 것은 신앙의 자유를 침해하는 것이라고 한 판결을 예로 들면서 주의회의 법안이 위헌이라고 반대했었던 것이다.

부시는 듀카키스의 이러한 헌법 해석을 왜곡해 그가 성조기에 대한 존경심, 나아가 미국에 대한 애국심이 부족하다는 점을 암시하는 정치광고를 대대적으로 텔레비전을 통해 방영했다. 부시의 선거유세장에는 빠짐없이 대형 성조기가 걸리고 유세에 앞서 '국기에 대한 맹세'가 암송되었다. 결국 부시는 대통령으로 당선되었는데 부시의 승리에 결정적인 역할을 한 것이 바로 이 성조기였다.

브레넌 대법관은 성조기의 소각이 미국 정부에 대해 가지고 있는 정치적 견해를 상징적으로 표현한 행위임을 들어 '표현의 자유'에 이를 포함시켰다.

## "표현의 자유에 성역은 없다"

존슨의 성조기 소각 사건에 대한 연방대법원의 법정심리는 부시가 대통령으로 취임한 후인 1989년 3월 21일에 열렸다. 당시 연방대법관들의 성향대로 존슨 사건이 표결에 붙여진다면 존슨의 승소 가능성은 그리 높아 보이지 않았다. 존슨의 무죄를 주장할 것으로 예상되는 대법관은 윌리엄 브레넌, 더굿 마셜, 해리 블랙먼 등 3명에 불과했다. 그들은 표현의 자유를 보장하는 데 매우 적극적인 진보적 법관들이었다. 중도적 성향의 존 폴 스티븐스 대법관이 그들을 지지한다 하더라도 윌리엄 렌퀴스트 대법원장을 비롯한 바이런 화이트, 샌드라 데이 오코너, 안토닌 스칼리아, 안소니 케네디 등의 다수 대법관들이 존슨의 입장을 지지할 가능성은 희박해 보였다.

그러나 1989년 6월에 발표된 판결 결과는 존슨의 승리였다. 연방대법관들은 5:4의 표결로 성조기를 훼손하는 것은 상징적인 표현으로서 표현의 자유를 보장한 수정헌법 제1조의 보호를 받는 행위로 인정했다. 이는 스칼리아와 케네디 대법관이 진보적인 대법관들의 편을 들었기 때문에 가능했다. 스칼리아와 케네디는 레이건에 의해 임명된 소장 보수 대법관들로 이들이 진보적인 노령의 법관들과 한 편에 선 것은 뜻밖의 일이었다. 존슨 사건의 판결문은 1957년에 대법관으로 임명된 이후 30년이 넘는 동안 철저하게 인권옹호 판결을 내려온 83세의 브레넌 대법관이 작성했다.

브레넌은 과거의 판례를 제시해 우선 수정헌법 제1조의 보호 범위가 말로 표현되거나 문자화된 표현에 한정되는 것이 아니고, 상징적인 의미를 지닌 행위도 표현의 범주에 포함됨을 보여주었다. 물론 이런 경우 행동 자체에 표현적인 요소가 들어 있어야 연방대법원의 보호를 받을 수가 있었다. 연방대법원은, 어떤 행동이 '표현성 행동'으로 인정되기 위해서는 특정한 의미를 전달하려는 의도가 분명하고 이러한 메시지를 다른 사람들이 이해할 가능성이 높아야 한다는 조건을 달았다.

이러한 기준에 따라 연방대법원은 고등학생이 베트남전 참전 반대의사를 표현하기 위해 학교에서 검은 완장을 두르는 것, 백인전용 식당에서 흑인들이 연좌농성을 하는 것, 베트남전 참전 반대집회에서 군복을 착용하는 것, 노동자들이 특정 상품 불매운동을 위해 상점 앞에서 시위하는 것 등도 표현성 행위로 간주하고, 이러한 행위들을 금지하거나 처벌하는 것은 수정헌법 제1조에 위배된다는 판결을 내려왔다. 물론 브레넌은 정부가 상황에 따라 표현성 행위를 제한할 수 있다고 밝혔다. 그러나 이 경우에도 정부는 표현하는 내용 때문이 아니라 공중의 질서나 이익을 보호하기 위해 불가피한 경우에 국한하여 규제할 수 있는 것이라고 설명했다.

브레넌은, 현직 대통령이 대통령 후보로 재지명되는 전당대회 기간 동안에 성조기를 불태웠다는 것은 존슨이 레이건 행정부에 대한 정치적 견해를 상징적으로 강력하게 표현한 것이라고 해석했다. 텍사스 검찰도 존슨의 행위가 정치적 의견을 표현하기 위한 행동임을 인정했다고 지적했다. 또한 공중질서를 유지하기 위해 존슨을 처벌해야 한다는 주장에 대해서도, 브레넌은 존슨의 성조기 소각과 관련해 아무런 충돌이나 폭력사태도 발생하지 않았음을 상기시켰다. 텍사스 검찰이 제시한 증거는 존슨의 행위에 주변 사람들이 심한 모욕감을 느꼈다고만 기술되어 있었다. 더욱이 브레넌은, 존슨이 성조기를 소각하는 것 외에 페인트를 뿌리거나 화분을 쓰러뜨리는 등의 소란 행위에 대해서 텍사스 검찰이 기소하지 않은 것은 그의 행동이 치안유지에 큰 위협이 되지 않았음을 반증하는 것이라고 덧붙였다.

그는 정부가 개인의 표현이나 표현성 행위를 제약할 수 있는 경우는 즉각적인 불법행위를 선동하거나, 불법행위가 발생할 가능성이 아주 높을 경우에 국한한다는 연방대법원의 판례를 제시하면서 존슨이 치안을 파괴할 잠재적 가능성이 있었다는 것만으로 그를 처벌할 수는 없다고 판결했다. 즉, 존슨이 불법행위를 선동해서가 아니라 레이건 행정부의 정책에 대한 불만을 성조기 소각을 통해서 나타내려고 했기 때문에 기소되었다고 본 것이다. 만약 존슨이 성조기가 더러워졌거나 찢어져서 소각했다면 처벌을 받지 않았을 것이라고 브레넌은 주장했다. 연방법은 성조기가 훼손되었을 경우 오히려 성조기를 소각하는 것을 바람직한 방법으로 추천하고 있었다. 텍사스 주법도 성조기를 훼손하는 모든 경우를 금지하는 것이 아니라 이러한 행위가 다른 사람들에게 모욕감을 유발할 때에 국한해 처벌하도록 하고 있었다. 즉, 고의로 남에게 모욕감을 주기 위해 성조기를 소각하는 행위에 대해서만 처벌이 가능했다. 결국 존슨이 기소된 이유는 성조기를 소각하면서 표현하려고 했던 정치적 의미 때문이라고 브레넌은 결론지었다.

청중들이 표현이나 표현성 행위에 대해 동의하지 않는다거나 모욕감을 느낀다고 해서 정부가 그 표현이나 표현성 행위를 제약하는 것은 수정헌법 제1조의 의도와 정면으로 배치되는 것이었다. 언론의 자유가 가진 참된 기능은 사회적 논쟁을 유발하는 것으로, 청중들로부터 불안과 불만을 야기하는 표현, 즉 청중들을 자극하는 표현을 과감히 허락하는 것이야말로 진정으로 수정헌법 제1조의 근본 목적을 달성하는 것이라고 브레넌은 말했다.

또 미국 사회에는 서로 상충되는 의견의 제시를 통해 어떤 주제에 대해서도 솔직하게 토론할 수 있는 자유가 허락되어야 한다면서, 이것은 미국인들이 성스럽게 여기는 성조기에 대한 모욕적인 표현조차도 허용되어야 한다는 뜻이라고 역설했다. 즉, 사상과 표현의 자유시장에 성역이란 있을 수 없다는 것이다.

그는 정부가 국민들에게 성조기에 대한 존경을 강요할 수 없다는 과거의 판결을 상기시켰다. 1943년 연방대법원은 학교에서 성조기에 대한 경례를 강요하는 것이 개인의 양심이나 종교적 신념에 위배되는 행위를 하도록 강요하는 것이기 때문에 위헌이라고 해석한 바 있었다. 표현의 자유를 보장하는 수정헌법 제1조는 존재하지만, 국기만을 예외적으로 취급해야 한다는 헌법 조항은 없으므로 당연히 표현의 자유가 성조기의 신성함보다도 중요한 가치라는 논리였다. 정부가 국가적 정체성과 국가적 단결을 상징하는 성조기의 신성함을 강조하려는 목적에 대해 충분히 이해하고 동의하지만 그것을 국민들에게 강요하는 것은 용인될 수 없다는 것이다. 미국 국민들의 의식 속에서 성조기가 매우 각별한 위치를 차지한다는 것은 부인할 수 없는 사실이고 정부가 성조기를 국가의 상징으로 보존하기 위해 노력하는 것도 당연하지만, 성조기의 신성함을 지키기 위해 정치적 의사의 표현으로서 성조기를 소각하는 행위에 대해서 형사처벌을 할 수는 없다는 것이다.

그는 성조기를 불손하게 소각하는 것을 용인한다고 해서 미국인들이 성조기에 대해 갖는 경외감이나 그 상징적 의미를 포기하는 것은 아니라고 설득했다. 오히려 연방대법원의 판결로 인해 성조기가 미국 사회에서 차지하는 역할이 강화될 것이지 결코 약화되지 않을 것이라고 믿었다. 연방대법원의 결정이 성조기가 상징하는 자유의 원칙과 관용의 원칙을 반영하는 것이며, 존슨과 같은 사람들조차 관용하는 것이야말로 미국 사회가 가진 힘의 근원이라고 본 셈이다. 성조기가 상징하는 것은 미국 사회의 유연성이지 경직성이 아니라고 설파한 브레넌은 성조기의 신성함을 지키는 방법은 성조기를 모욕하는 사람을 처벌하는 것이 아니라 그들의 생각이 틀렸다고 평화적으로 설득하는 것이라고 강조했다.

표현의 자유의 중요성을 역설하기 위해 그는 1927년의 한 판결에서 브렌다이스 대법관이 언론의 자유를 주창한 반대의견문의 일부를 인용했다. 당시 그의 의견은 소수의견에 불과했지만, 이제는 모든 미국인들에게 불변하는 법적 진리로 인정받고 있었다. 브렌다이스는 민주주의와 이성의 힘에 대한 확신을 갖고 있는 사람이라면 어떤 표현도 '명백하게 현존하는 위험'을 제기한다고 볼 수 없을 것이라고 주장했었다. 단, 예외적 경우가 있다면 그것은 상황이 아주 위급해 토론의 여지를 제공할 시간적 여유가 없는 때였다. 이러한 경우를 제외하고 표현의 자유는 결코 제약되어서는 안 된다는 것이 브렌다이스의 신념이었다. "만약 토론을 통해 오류와 거짓을 밝혀낼 시간이 있다면 이에 대한 대응 방법은 강요된 침묵이 아니라 더 많은 표현"이라고 브렌다이스는 주장했다.

브렌다이스의 논리를 수용한 브레넌은 성조기를 소각하는 행위에 대한 적절한 대응방법은 자신의 성조기를 흔드는 것, 불타는 성조기에 경의를 표하는 것, 그리고 텍사스의 한 시민이 행동한 것처럼 소각된 성조기를 적절하게 묻는 것이지 성조기를 소각한 사람을 처벌하는 것이 아니라고 주장했다. 그러한 처벌은 성조기의 신성함을 지키는 것이 아니라 성조기가 상징하는 고귀한 자유를 훼손하는 것일 뿐이라고 결론지었다.

세인의 예상을 깨고 진보적인 대법관들의 판결에 동조한 케네디 대법관도 동조의견문을 통해 자신의 입장을 피력했다. 그는 사법부의 권위와 위신을 고려해 연방대법관들은 전통적으로 자신들이 내린 결정에 대한 개인적 감정을 밝히지 않아왔지만 존슨 사건은 예외적인 사건이라고 보았다. 그는 성조기 소각을 표현의 자유로 인정한 결정에 감정적으로 동의할 수는 없으나 헌법을 공정하게 해석했을 때 존슨이 무죄라는 결론에 도달할 수밖에 없었다고 자신의 심정을 밝혔다. 그는 헌법의 의미에 따르다 보면 간혹 대다수 국민의 감정과 반대되는 판결을 내려야 하는 것이 사법부 본연의 의무라고 강조하면서 연방대법원의 결정을 이해해달라고 호소했다.

케네디는 절대적 이념이 존재하지 않는 것이 미국 사회의 현실임에도 불구하고 성조기의 신성함과 고귀함은 미국 사회에 확고하게 뿌리내려 있다고 인정했다. 그는 성조기가 법과 평화에 대한 미국인들의 신념 그리고 그들이 누리는 자유를 상징한다고 설명했다. 그러나 성조기를 모욕하고 훼손하는 사람들조차도 법으로 보호한다는 것을 감정적으로는 받아들이기 어렵겠지만, 바로 그러한 관용이 성조기가 상징하는 미국 사회의 근본 이념에 충실하는 것이라고 주장했다. 따라서 그는 존슨 자신이 행한 행위가 다른 미국인들에게 얼마나 큰 모욕감을 주고 있는지에 상관없이 그의 행동은 명백히 표현성 행위로서 수정헌법 제1조에 의해 보호받아야 하는 것이라고 설득했다.

### '표현의 자유에도 한계는 있다'

그러나 반대의견문을 쓴 렌퀴스트 대법원장을 비롯한 4명의 보수 대법관들은 결코 성조기 소각행위를 표현의 자유로 인정할 수 없었다. 렌퀴스트 대법원장은 성조기는 특정한 정치적 신념을 대표하는 것이 아니기 때문에 사상의 자유시장에서 인정받기 위해 경쟁하는 이념이나 관점과는 근본적으로 다르다고 보았다. 렌퀴스트는 미국인들이 자신들의 사회적·정치적 혹은 종교적 신념에 관계없이 어떤 신비스러운 경외감을 성조기에 대해 품고 있다고 주장하면서, 성조기의 존엄성을 보호하는 게 특정한 이념이나 표현의 자유를 억압하는 것이 아니라고 주장했다. 또 표현의 자유가 모든 상황에서 완벽히 보장되는 것도 아님을 강조했다.

연방대법원은 1942년의 한 판결에서 정부가 처벌하거나 금지할 수 있는 일부 표현이 있다고 선언했었다. 즉 외설적이거나, 심하게 모욕적이거나, 명예를 훼손하거나, 폭력을 유발할 만큼 격렬한 언사들이 표현의 자유를 누릴 자격이 없는 부류의 표현으로 분류되었다. 당시 연방대법원은 이러한 표현들이 특정 이념을 표현하는 것도 아니고 진리 추구에도 큰 기여를 하지 못하는 반면 공중질서와 도덕을 위협하기 때문에 정부가 규제하는 것은 마땅하다고 선언했었다.

렌퀴스트는 존슨의 성조기 소각행위도 위에서 분류한 표현과 마찬가지라고 보았다. 즉, 특정 사상의 표현도 아니며 단지 공중질서를 위협할 뿐이라는 것이다. 물론 존슨이 성조기 소각을 통해 자신이 얼마나 조국에 대해 환멸을 느끼고 있는지를 표현하긴 했지만, 그의 행위는 특정한 이념을 표현하는 것이 아니라 무의미한 신음이나 고함과 같은 것으로, 주변 사람들을 위협·모욕하는 것일 뿐이라고 판단했다. 렌퀴스트는 또 존슨이 다른 방법으로 미국의 국가정책에 대한 반감을 표현할 수 있는 길이 충분히 열려 있으므로, 성조기 소각행위를 처벌하는 것이 그에게 표현의 자유를 완전히 차단하는 것은 아니라고 주장했다. 존슨이 처벌받은 것은 신성한 국가의 상징을 훼손한 것 때문이지 그가 전달하려는 이념이나 사상이 불순하기 때문은 아니었다고 렌퀴스트는 거듭 역설했다.

성조기의 역사를 회고한 렌퀴스트는 200여 년 동안 미국인들이 자발적으로 성조기에 대한 경외감과 애정을 쌓아왔음을 상기시켰다. 성조기 훼손을 처벌하려는 것은 미국인들이 성조기에 대해 갖고 있는 경외감을 법으로 나타낸 것일 뿐이라는 이야기다. 따라서 이는 국민 대다수를 모욕하거나 해치는 사회악에 대해 처벌하는 것으로서 살인이나 횡령, 환경오염 등을 처벌하는 것과 다르지 않다고 보았다. 마지막으로 렌퀴스트는 판결문을 쓴 브레넌 대법관의 논조를 비판했다. 그는 연방대법원의 역할은 헌법의 의미를 최종 해석하는 것일 뿐이라며, 마치 국민들을 말썽꾸러기 초등학생으로 간주하고 훈계하려는 대법관의 태도는 옳지 못하다고 비난했다.

중도적 성향을 가졌으면서도 비교적 표현의 자유를 옹호하는 입장을 견지해온 존 스티븐스 대법관도 반대의견문을 통해 존슨을 처벌한 것은 특정한 이념을 표현했기 때문이 아니라 중요한 국가적 상징물의 가치를 저하시키는 모욕적인 행동 때문이기에 위헌이 아니라고 주장했다. 워싱턴 대통령의 기념비에 게시판을 붙이거나 낙서를 하는 것을 헌법적 권리로 인정하는 것은 사상의 자유시장을 넓힐지는 모르지만 그럴 만한 가치가 없듯이, 성조기 훼손을 금지하는 것도 마찬가지라고 판단했다. 존슨이 자신의 생각이나 사상을 표현한 것 때문에 처벌되는 것이 아니라 자신의 불만을 표시하기 위해 선택한 방법에 문제가 있는 것이라고 스티븐스는 강조했다. 또 존슨은 자신이 전달하려는 메시지를 다른 방법으로 충분히 전달할 수 있으므로 표현의 자유에 대한 제약은 극히 미미하여 문제가 되지 않는다고 주장했다.

**성조기보호법의 위헌성**

연방대법원의 판결이 발표된 후 부시 대통령은 대법원의 판결을 지지한다고 밝혔다. 아무리 사법부의 판결이 자신의 견해와 배치된다 하더라도 대법원의 판결을 따름으로써 법을 준수하는 모습을 보이는 것은 미국 대통령에게 요구되는 덕목이었다. 그러나 이로써 부시가 성조기 문제를 더 이상 정치적 의제로 삼지 않겠다는 것은 아니었다. 언론사들이 실시한 여론조사에 의하면 미국인들은 압도적으로 연방대법원의 판결에 반대하는 것으로 나타났다. 사실 공화당뿐만 아니라 민주당 의원들까지도 성조기의 신성함에 대한 신념을 보여줌으로써 자신들의 애국심을 국민들에게 과시하고 싶어했다. 듀카키스가 대통령선거에서 참패하는 것을 목격한 미국 정치인들은 헌법의 원칙에 충실한 것보다는 감정적으로 애국심을 강조하는 것이 미국인들의 정서에 부합해 정치생명을 연장하는 길임을 잘 알고 있었다.

존슨 사건의 판결이 내려진 바로 다음날 연방상원은 연방대법원 판결을 비난하는 결의안을 97:3이라는 압도적인 표차로 통과시켰다. 비록 그 결의안은 아무런 구속력이 없었지만, 입법부가 사법부의 판결을 비난하는 결의안을 채택한 것은 역사적으로 아주 예외적인 일이었다. 비록 『뉴욕 타임스』를 비롯한 미국의 주요 언론들이 연방대법원의 판결을 지지하는 논조를 펼쳤으나 성조기의 소각을 금지해 성조기의 신성함을 지켜야 한다는 여론은 계속 거세어졌다. 헌법을 수정해서라도 성조기를 지키자는 목소리가 나왔고, 부시 대통령도 워싱턴의 알링턴 국립묘지를 참배한 자리에서 이를 지지하는 의사를 표명했다.

그러나 막상 헌법을 개정하기 위한 연방의회의 청문회가 진행되면서 성조기의 신성함을 지키는 것만큼이나 헌법, 그리고 헌법이 보장한 자유의 신성함을 지키는 것도 중요하다는 인식이 자리잡기 시작했다. 더욱이 순간적 편의나 감정에 따라 헌법을 고치는 것은 「권리장전」이 갖는 신성함을 유린하는 것이라는 의견이 높아졌다.

따라서 성급히 헌법을 고치는 것보다는 연방대법원의 판결에 부합하는 새로운 법을 제정해 성조기의 신성함을 보호하자는 의견이 연방의회 내에서 대두되었다. 특정한 목적으로 성조기를 훼손하는 행위만 처벌하는 것이 아니라 어떤 의도로든 간에 성조기를 훼손하는 것을 처벌하자는 것이었다. 그러면서 연방의회 의원들은 새로 입법한 성조기보호법의 합헌성을 보여주는 근거로 1960년대 베트남전 참전 반대자들이 반전의견의 상징적인 표시로 징병카드를 불태우는 것을 처벌한 연방법이 합헌 판결된 예를 들었다.

당시 연방대법원은, 징병카드의 소각을 금지한 것은 베트남전 참전을 반대하는 의사표현을 막기 위해서가 아니라 징집할 미국 청년들을 분류하는 데 징병카드가 필수적이기 때문에 병무 업무의 효과적인 수행을 위해 징병카드를 훼손하는 사람들을 처벌하는 것이므로 위헌이 아니라고 판결했었다. 그러나 성조기를 소각한다고 해서 정부의 업무가 지장받는 일은 전혀 없었기 때문에 징집카드와 성조기를 동일시할 수는 없었다. 사실 새로운 성조기보호법이 연방대법원으로부터 합헌성을 인정받으리라고 기대한 의원들은 많지 않았다. 그들은 뻔히 위헌인 줄 알면서도 이

를 반대했다간 비애국자로 공격받을 것이 두려워 새로운 성조기
보호법에 찬성표를 던진 것이다.

1989년 10월 의원들의 압도적인 지지 속에 연방의회를 통과
한 새로운 성조기보호법은 미국의 국기나 그 일부를 고의로 훼
손하거나 불태우거나 짓밟는 행위를 1년 이하의 징역에 처할 수
있게 했다. 의원들은 빠른 시일 내에 성조기보호법의 합헌성 여
부가 결정되도록 연방지방법원이 이 법을 위헌이라고 판단할 경
우 즉시 위헌성 여부를 연방대법원이 심의토록 하는 법조항까지
삽입했다. 한편 새로운 성조기보호법이 발효된 1989년 10월 28
일 0시를 기해 일부 미국인들은 거리에서 성조기를 불태웠다. 시
애틀에서 성조기를 불태우는 시위에 참가한 한 베트남전 참전자
는 정부로부터 애국심을 강요당하는 것을 거부한다는 의사를 표
현하기 위해 성조기를 불태웠다고 주장했다.

성조기를 소각한 이들은 즉시 경찰에 체포되었다. 이 사건은
연방지법에 새로 만든 성조기보호법의 합헌성 여부를 판단할 기
회를 주었다. 1990년 초, 두 연방지방법원에서 새로운 성조기보
호법도 위헌이라는 판결이 내려졌고, 연방대법원은 즉시 상고허
가서를 발부하면서 위헌성 여부를 신속하게 가리겠다고 밝혔다.
이것은 연방법원의 재판 회기가 끝나는 1990년 6월 안에 판결이
내려진다는 의미였다. 일부 법조계 관측자들은 11월에 있을 연방
의회선거를 앞두고 정치적으로 민감한 사안을 연방대법원이 판
결하는 데 우려를 표시하기도 했다. 연방대법원의 판결에 정치
적 입김이나 여론의 압력이 혹시 작용할지 않을까 해서였다.

그러나 법정 구두심리가 끝난 지 한 달 만인 1990년 6월, 연방대법원은 아히만 판결United States v. Eichman을 통해 성조기 소각을 금지하는 법은 위헌이라고 재차 선언했다. 성조기를 불태우는 것은 수정헌법 제1조에 의해 보호받아야 할 표현행위임을 재천명한 것이다. 어느 대법관도 입장을 바꾸지 않아 표결 결과는 존슨 판결과 마찬가지로 5:4였다. 이 사건에서도 판결문을 쓴 브레넌 대법관은 새로운 성조기보호법이 설사 특정한 이념이나 사상 혹은 의견을 대상으로 한 법이 아니라 하더라도 표현행위를 제약하는 것이기에 위헌이라고 판단했다. 그는 성조기를 훼손하는 행위를 처벌하는 것은 성조기가 상징하는 미국인들의 자유를 훼손하는 것이라고 거듭 강조했다.

성조기 소각을 표현 행위로서 보호하는 연방대법원의 두번째 판결이 내려지자 연방의회 내에서는 성조기 훼손을 금지하는 것을 헌법에 명문화하는 수밖에 없다는 의견이 지배적이었다. 1990년 6월 21일 연방하원은 성조기훼손을 금하는 헌법수정안을 표결에 붙였으나 헌법수정안 상정에 필요한 재적의원 2/3의 찬성을 얻어내지 못했다. 며칠 후 연방상원에서도 헌법 수정을 위한 표결이 있었으나 역시 재적의원 2/3의 찬성을 얻지 못했다. 헌법을 수정해야 할 만큼 성조기의 훼손을 막는 것이 심각한 문제로 받아들여지지 않은 것이다. 헌법 수정 시도가 실패로 돌아가자 성조기의 소각과 관련한 여론의 열기도 곧 식었다. 언론도 성조기 훼손행위에 대해 더 이상 큰 관심을 보이지 않았고 성조기를 불태우는 행위도 거의 보도되지 않았다.

연방대법원은 성조기 훼손 사건을 「권리장전」에 충실하게 해석함으로써 일시적인 여론의 비난을 극복하고 미국 사회에서 법과 사법부의 권위를 계속 유지할 수 있었다. 물론 연방대법원의 판결로 인해 성조기의 신성함이 감소되지도 않았다. 오히려 다수의 연방대법관들이 역설한 바대로 성조기의 모욕적 훼손마저 표현의 자유로 인정함으로써 성조기가 미국인들에게 상징하는 의미를 더욱 확고히 유지할 수 있게 되었다. 여론의 반발에도 불구하고 헌법상의 원칙을 깨지 않은 대법관들의 의지 덕분에 미국의 성조기와 「권리장전」 모두 미국의 자유와 평화의 상징으로서 그 권위를 유지할 수 있게 된 것이다.

## 음란물의 기준은 무엇인가

밀러 판결 Miller v. California, 413 U.S. 15 (1973)

1973년 어느 날 캘리포니아주 뉴포트 비치에 있는 한 식당에 우편물이 배달되었다. 배달된 우편물 중 한 광고전단의 봉투를 뜯은 식당의 여주인과 그녀의 아들은 크게 놀라고 분개했다. 그 광고전단은 포르노서적과 영화를 선전하는 것이었다. 『성교』 『남과 여』 『사진으로 본 섹스의 향연』 『사진으로 본 포르노의 역사』란 4권의 책과 〈결혼정사〉라는 영화를 선전한 이 광고전단에는 2명 이상의 남자와 여자가 다양한 자세로 성행위를 하는 장면이 묘사되어 있었다. 이 중에는 남녀의 성기가 보이는 그림도 있었다.

식당 주인은 즉시 이 우편물을 경찰에 신고했고, 이 전단을 보낸 밀러라는 사람이 캘리포니아 경찰에 체포되어 재판에 회부되었다. 밀러에게는 고의로 음란물을 배포해 캘리포니아 주형법을 위반했다는 혐의가 적용되었다. 밀러는 성인용 도색서적과 영화 필름을 판매하기 위해 캘리포니아주 전역에 대량으로 우편광고물을 보냈었다. 밀러는 같은 광고전단 때문에 로스앤젤레스에서 경찰에 체포된 적이 있었으나 재판에까지는 회부되지 않고 석방되기도 했었다.

밀러에게 적용된 캘리포니아 주형법은 다음과 같이 음란물에 대해 정의를 내렸다. "그 지역사회의 보통사람들의 기준으로 평가한 결과, 그리고 표현물을 전체적으로 평가했을 때, 호색적인 흥미를 자극하거나, 나체나 섹스 혹은 배설행위에 대해 수치스럽거나 불건전한 흥미를 유발하거나, 성에 대해 관행상 솔직하게 묘사하는 정도를 훨씬 지나쳤을 때, 또는 전혀 사회적으로 중요한 점을 찾아낼 수 없을 때" 이러한 표현물을 음란물로 간주하고, 이를 전시하거나 배포하는 것을 금지했다.

밀러에 대한 재판에서 캘리포니아 주법원은 캘리포니아 형법에서 규정한 음란물의 정의를 거의 그대로 적용했다. 재판장은 배심원들에게 밀러가 우송한 광고전단의 전체적인 주제가 호색적인 흥미를 유발하고, 관행적으로 행해지는 솔직한 성관계 표현의 범위에서 크게 벗어나고, 현재의 지역사회의 품위 기준에 위배된다면 음란물로 판정해 유죄를 인정해야 한다고 설명했다. 결국 배심원들은 밀러의 전단이 음란물이라고 평결을 내렸고, 밀러는 캘리포니아 고등법원을 거쳐 연방대법원에 상고했다.

## 음란물 판별 기준

음란물에 관한 법적 규제는 인간의 본능적 욕구와 사회적 규범의 조정을 꾀하는 것이다. 비록 정도의 차이가 있긴 하지만, 성적 표현에 대한 사회적 통제는 어느 사회에서나 발견되는 딜레마이다. 전통적으로 미국의 법은 성적 표현에 관한 법적 허용 여부를 결정하는 기준으로 '음란Obscenity'이라는 단어를 사용했다. 음란이라는 단어는 혐오스럽고 도덕적으로 건강치 못한 것을 총칭하는 것이다. 그러나 음란과 포르노Pornography가 같은 뜻을 지닌 것은 아니다. 포르노는 성적인 난잡함이나 성 충동을 일으키는 행위를 뜻한다. 포르노라고 해서 모두 음란하다고 간주되는 것은 아니다. 1970년대 이후 미국의 연방대법원은 포르노 중에서 정도가 심한 하드코어 포르노Hardcore Pornography만을 음란물로 간주해 법적으로 금지시켰고, 정도가 약한 소프트 포르노Soft Pornography는 음란물의 범주에 포함시키지 않고, 수정헌법 제1조의 보호를 받는 합법적인 표현으로 인정해왔다.

20세기 중반까지 음란물에 대한 사회적 규제는 인쇄술의 발달과 함께 강화되어왔다. 구텐베르크가 금속활자를 발명하기 이전에는 단지 제한된 수의 사람들만이 책을 접하고 읽을 수 있었고, 문학작품이나 정치적 논문들은 지배층·특권층에게만 읽혔다. 따라서 검열이란 제도는 불필요했다. 그러나 인쇄술의 발전으로 문맹률이 낮아지고 독서가 대중화되자 교회와 정부는 사상과 표현의 통제를 강화하기 시작했다. 우선 종교적 교리나 정치적 이론이 담긴 서적을 유통하는 것을 제한했다. 음란물에 대한 규제가 본격적으로 시작된 것은 19세기에 접어들면서 문학의 대중화가 확산되면서부터였다. 특히 19세기 후반 인쇄기술과 사진기술이 급속히 발전되면서 일반 대중들은 보다 노골적으로 나체나 성행위 장면을 묘사한 인쇄물에 접할 수 있게 되었다. 한편 시민권 보장이 확산되면서 종교적·정치적 표현에 대한 자유의 범위는 늘어났지만, 음란물에 대한 규제는 오히려 강화되기도 했다.

음란물에 대한 영미법상 최초의 규제는 1857년 영국 의회가 제정한 음란물출판금지법Obscene Publications Act이었다. 그러나 이 법에는 음란물에 대한 정의가 내려져 있지 않았고, 음란물을 판별하는 기준을 만든 것은 1867년의 영국 법원의 판결이었다. 당시 헨리 스콧이라는 사람이 로마 가톨릭 성직자들의 타락상을 폭로하는 팸플릿을 인쇄해 배포하려 했으나 음란물출판금지법에 의해 압수되었다. 그러나 영국의 하급 법원은 압수된 팸플릿을 스콧에게 돌려주라는 판결을 내렸다. 팸플릿 내용 중 일부가 음란하다고 볼 수 있긴 하지만, 그것은 가톨릭 교회의 사악함을 보여주기 위한 것이지 청소년들을 타락시키려 한 것이 아니기 때문에 처벌할 수 없다는 것이었다.

그러나 상급 법원은 하급심을 번복하고 스콧에게 유죄판결을 내렸다. 법원은 매우 엄격하게 음란물을 제한할 수 있는 기준을 채택했다. 우선 해당 도서를 읽을 가능성이 있는 사람들 중 어느 한 사람에게라도 불순한 성적 충동을 일으킬 가능성이 있다면 음란물이라는 것이었다. 또 전체 내용 중 일부만이 음란한 것으로 판명된다 하더라도 도서 전체를 음란한 것으로 간주해 금지하고 처벌할 수 있다는 것이었다. 따라서 스콧의 팸플릿이 설사 가톨릭의 비리를 고발하려는 것이었다 하더라도, 일부 불순한 내용이 포함되어 공중의 윤리를 해치는 결과를 가져왔기 때문에 음란물로 인정, 처벌해야 한다고 결론지었다.

스콧 판결에서 영국 법원이 제시한 음란물의 판정 기준은 이 사건을 처음 다룬 판사의 이름을 따 '히클린 감정법Hicklin Test'이라고 명명되었다. 영국의 음란물판매금지법과 히클린 감정법은 대서양을 건너가 미국 사회에도 이식되었다. 1873년 미국 연방의회는 음란한 서적이나 팸플릿, 신문, 잡지 등을 우편으로 배포하는 것을 금지하는 법을 제정했다. 현재까지도 미국 형법의 일부로 남아 효력이 살아 있는 이 법은 그동안 많은 문학작품을 우송 금지 명단에 올렸었다. 이중에는 로렌스의『채털리 부인의 사랑』이나 제임스 조이스의『율리시즈』, 제임스 존스의『지상에서 영원으로』등과 같은 명작 소설들도 포함되어 있었다. 히클린 감정법도 음란물을 판정하는 기준으로 미국 법원에 의해 채택되었다. 19세기 후반 미국 법원은 특정 도서가 청소년이나 정신적으로 취약한 사람들에게 불순한 성적 생각을 자극한다면 음란물로 간주한다고 판결했다.

그러나 히클린 감정법의 문제점이 드러나기 시작했고, 차츰 히클린 감정법을 부정하는 판결이 나타나기 시작했다. 히클린 감정법의 문제는 극히 일부의 음란성 내용 때문에 작품 전체를 금지시킬 수 있다는 점이었다. 이로 인해 미국 사회에서 진지한 문학작품으로 인정된 작품들에 대해 음란성 시비가 자주 제기되었다. 보수 종교단체나 시민단체가 그러한 작품의 일부 내용을 문제삼아 음란물이라고 고발하는 사례가 많았기 때문이다.

1894년 뉴욕 주대법원은 『아라비안나이트』 『데카메론』 등과 같은 고전 작품을 음란물이라는 이유로 배포를 금지시킬 수 없다고 판결했다. 뉴욕 주대법원은 어떤 작품 중 일부 구절에 문제가 있다고 해서 음란물로 간주해 배포를 금지한다면 많은 유명 문학작품의 배포가 중지되어야 할 것이라면서 히클린 감정법을 받아들이지 않았다. 그 뒤 미국 법원에서 히클린 감정법을 완전히 거부하고 새로운 음란물 판정방법을 제시한 것은 1933년이었다. 당시 연방지방법원은 조이스의 『율리시즈』를 음란한 문학작품이라고 압수한 것은 표현의 자유에 대한 위반이라고 판결했다.

이 사건을 담당한 존 울시 판사는 한 작품이 음란물인지를 판별할 때는 청소년이나 변태성욕자와 같이 성적 충동에 가장 취약한 사람의 반응을 기준으로 하는 것이 아니라 보통사람들의 반응을 기준으로 해야 한다고 주장했다. 울시 판사는 또 작품 전체가 음란물 판단의 기준이 되어야지 책의 일부 구절만 가지고 음란물인지를 판단해서는 안 된다고 강조했다. 그는 『율리시즈』작품 전체를 볼 때, 성적 충동이나 색욕을 일으키는 음란성 작품이라고 볼 수 없으며, 인간의 내면세계를 매우 비극적이고 강렬하게 묘사한 명작이라고 평가했다. 연방고등법원도 울시 판사의 판결을 승인했고, 정부가 상고를 포기해 연방대법원의 판결은 나오지 않았다.

미국 연방대법원이 음란물에 대해 최초의 판결을 내린 것은 1957년이었다. 그전까지 연방대법원은 음란물은 표현의 자유에 속하지 않다고 강조하긴 했었지만, 실제로 판결을 내린 적은 없었다. 따라서 1957년 이전까지 연방대법원이 정한 음란물 판별 기준은 존재하지 않았던 셈이다. 그때까지 음란물에 대한 헌법적 판례가 없었다는 것은 그 당시만 하더라도 음란물이 심각한 사회적 문제가 아니었고, 음란물의 정의에 대해 사회적 동의가 내려져 있음을 의미하는 것이었다. 그러나 제2차 세계대전 이후 포르노물이 미국 사회에 크게 증가하면서 음란물에 대한 명확한 기준이 필요해졌다.

1957년의 로스 판결Roth v. United States에서 연방대법원은 음란물에 대한 정의를 내리고 그 판별 기준도 제시했다. 우선 연방대법원은 음란물이 표현의 자유를 누리는 대상이 아님을 명확히 했다. 판결문을 집필한 브레넌 대법관은 어떤 이념이든, 그것이 이단적이든, 사회적인 물의를 일으키는 것이든, 여론의 질시를 받는 것이든 최소한의 사회적 중요성을 갖고 있게 마련이고, 따라서 수정헌법 제1조에 의해 완전한 보호를 받아야 한다고 설명했다. 그러나 음란물은 이러한 사회적인 중요성이 전혀 없는 것으로 표현의 자유로 보호받을 자격이 없다고 판단했다.

물론 음란물과 성적 표현이 동등한 것이 아니라는 점도 분명히 했다. 브레넌은 음란물이란 "호색적인 흥미를 일으키는 방식으로 성에 관해 다루는 표현물a material which deals with sex in a manner appealing to prurient interest"이라고 정의를 내렸다.

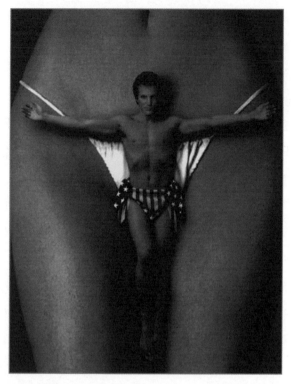

영화 〈래리 플린트〉에서 플린트는"법이 나 같은 쓰레기를 보호한다면 모든 사람을 보호하게 되는 것"이라고 외친다.

음란물을 판별하는 기준은 "보통사람들이 자신이 살고 있는 현재 커뮤니티의 기준을 적용했을 때 그 표현물의 주된 주제가 전체적으로 보았을 때 호색적인 흥미를 일으키는 것to average person, applying contemporary community standards, the dominant theme of the material taken as a whole appeals to prurient interest"이라고 제시했다. 그러나 이러한 기준도 결코 만족스러울 만큼 명확한 것은 아니었다. 도대체 '보통사람'이란 누구를 말하는 것이고,

'현재의 커뮤니티'란 무엇을 뜻하는 것이며, '호색적인 흥미'가 무엇인지 명확하게 정의되지 않았다.

결국 로스 판결 이후의 음란물에 관한 소송에서 대법관들은 음란물 판정 기준에 대해 저마다 다른 해석을 내놓았다. 음란물에 관한 연방대법원 상고심의 회수는 급증했고, 이때마다 연방대법관들은 조금씩 다른 기준을 제시해 수사기관과 하급 법원을 혼란시켰다. 다른 어떤 분야의 판결보다 음란물에 관한 연방대법원의 결정에서 대법관들의 개인적 견해 차이가 두드러졌던 것이다. 1966년 연방대법원이 심의한 음란물에 관한 판결 3건에서 모두 14개의 각기 다른 의견문이 작성되었다. 보수와 진보를 가르는 정치적 이데올로기도 음란물에 관한 판결에서는 큰 영향을 발휘하지 못했다. 표현의 자유를 최대한 보장해야 한다는 진보적 대법관들조차 그 기준에 대해서는 서로 다른 잣대를 제시했다.

## 음란물 판정 기준에 대한 다양한 판례들

비록 그 기준이 혼란스럽긴 했으나, 로스 판결 이후 연방대법원은 성적 표현물에 대해 비교적 관용적인 입장을 보여왔었다. 1959년의 한 판결Kingsley Pictures v. Regents에선 뉴욕 주정부가 영화 〈채털리 부인의 사랑〉의 상영을 허가하지 않은 것은 위헌이라고 판정했다. 뉴욕 주정부는 이 영화의 전체적인 주제가 간통행위를 적절하고 바람직한 행위로 묘사하고 있다는 이유로 상영을 불허했었다. 그러나 연방대법원은 음란과 성적 부도덕함은 동등한 것이 아니라고 설명했다. 이 영화는 특정 상황에서는 간통행위도 바람직하다는 생각을 전파하기 위한 것으로, 영화가 전달하려는 이념 때문에 상영 허가를 내주지 않은 것은 수정헌법 제1조가 보장하는 표현의 자유를 정면으로 위반했다고 판결했다.

1964년 한 판결Jacobellis v. Ohio에서는 연방대법원은 〈사랑하는 사람들Les Amants〉이라는 음란 영화를 상영했다는 이유로 지방법원에서 유죄판결을 받은 한 극장주에게 무죄판결을 내렸다. 연방대법원은 이 영화의 장면 일부에 성행위를 묘사하는 부분이 있긴 하지만, 이미 미국의 100여 도시에서 상영되었고 유명 영화 잡지나 영화비평가들로부터 호평을 받은 영화를 음란 영화로 간주할 수 없다고 결정했다. 만약 이 영화가 청소년들에게 바람직하지 않다면 그들에게만 상영을 금하면 되지, 영화의 상영을 아예 금지할 수는 없다고 밝혔다.

이 사건을 통해 연방대법원은 로스 판결에서 제시한 음란물 판정 기준을 일부 수정했다. 즉 '현재의 커뮤니티 기준Contemporary Community Standards'의 의미가 해당 지역의 지역성을 고려하라는 것은 아니라고 설명했다. 만약 그렇게 된다면 도시마다, 마을마다 다른 기준을 적용해야 하는데, 이는 불합리하다고 주장했다. '현재의 커뮤니티 기준'이란 대체로 미국 사회의 전반적인 기준을 적용하라는 것이라는 이야기다.

1966년 메모어 판결Memoirs v. Massachusetts에서도 연방대법원

은 로스 판결에서 제시한 음란물 판정 기준을 약간 수정했다. 로스 판결에서 연방대법원은, 음란물은 사회적인 중요성이 없기 때문에 표현의 자유의 일부로서 보호할 가치가 없다고 결정했었다. 그러나 메모어 판결에서 연방대법원은 조금이라도 그러한 사회적 가치가 있다면 음란물로 판정할 수 없다고 선언했다. 음란물의 범위를 대폭 축소한 것이다. 더욱이 사회적인 가치가 전혀 없다는 것을 입증하는 것이 검찰의 책임이라고 선언함으로써 음란물을 처벌하는 것을 매우 어렵게 만들었다. 어떤 표현물이 사회적 가치가 전혀 없다는 것을 입증하기란 거의 불가능한 일이기 때문이었다. 따라서 메모어 판결 이후 음란물에 대한 처벌은 더욱 어려워졌고 포르노물이 크게 늘어났다. 명백한 음란 도서에 성교육에 관한 일부 문구를 삽입하거나, 건전한 성생활을 하는 방법이라고 위장 포장해 경찰의 단속을 피하는 사례가 빈번해졌다.

로스 판결 이후 연방대법원의 불확실한 음란물 판정 기준은 음란물을 판정할 객관적 기준을 정하는 것이 얼마나 어려운 것인지를 보여주었다. 결국 보는 사람들의 성향과 관점에 따라 음란성의 여부가 결정될 수밖에 없었고, 아무리 많은 법률적 지식과 논리로 무장한 대법관들이라 하더라도 개인의 성향을 초월한 객관적 기준에 합의할 수 없었던 것이다.

대법관들도 음란물 판정 기준은 주관적일 수밖에 없음을 인정했다. 할란 대법관은 "한 사람의 저속함이 다른 사람에게는 서정시One man's vulgarity is another's Lyric"가 될 수 있다고 갈파했다.

스튜어트 대법관도 "나에게 가치 없는 책이 나의 이웃에게는 가치 있는 책이 될 수 있다"고 말했다. 그는 음란물이 무엇인가를 정의하려는 것은 정의를 내릴 수 없는 것을 정의하려는 무모한 일이라고 주장했다. 더글러스 대법관은 연방대법원에 음란물 여부를 가리려고 제시된 증거들이 자신에게는 대부분 아무런 가치 없는 쓰레기에 불과하지만 이런 것들이 남들에게는 귀중한 것이 될 수도 있다고 인정했다.

연방대법원이 음란성 여부를 결정할 명확한 기준을 제시하지 못하고 있는 사이, 음란물 및 포르노의 해악에 대한 미국 사회의 우려는 높아져갔다. 1970년 대통령이 임명한 '음란과 포르노에 관한 위원회The Commission on Obscenity and Pornography'의 보고서는 성인용 음란물에 대한 정부 규제가 실패했다고 평가했다. 무엇보다도 법적 기준이 불명확하기 때문이라고 이 위원회는 지적했다. 그래서 음란물을 금지하는 법을 실제로 적용하는 데 있어 많은 문제점이 제기될 수밖에 없었다. 연방대법원이 정한 기준은 주관적인 미학적·심리학적·도덕적 기준에 근거하고 있기 때문에 경찰관이나 배심원이나 법원이 음란물을 판정하는 데 구체적으로 도움을 주지 못한다고 지적했다. 그 결과 음란물 처벌에서 일관된 법 적용이 이루어지지 못하고 있고, 이로 인해 마땅히 수정헌법 제1조에 의해 보호를 받아야 할 표현물까지 제약하는 결과를 가져오고 있다고 우려했다.

이러한 법적 불확실성을 해결하는 대안으로 음란과 포르노에 관한 위원회는 음란물을 무조건 형사 처벌하려 할 것이 아니라,

검찰로 하여금 먼저 민사소송을 통해 음란물이라고 생각되는 표현물의 배포를 중지하도록 청구하고, 만약 음란물이라고 법원에 의해 판정이 되면 그 이후에 발생한 위반행위에 대해서만 형사처벌하는 방법을 제시했다. 이 위원회는 이러한 방법이 해당 표현물이 음란물인지 여부가 불확실할 때, 자신의 표현물이 음란물이라고 생각하지 않고 배포한 사람들을 불필요하게 처벌하는 것을 막는 길이라고 설명했다. 그러나 미국 의회나 법조계는 이러한 제안을 수용하지 않았다.

## 음란물 판정의 세 가지 기준 확립

마침내 1974년 연방대법원은 밀러 사건을 통해 음란물 판정의 불확실성을 해결할 만한 새로운 기준을 제시했다. 로스 판결 이후 17년 만에 최초로 다수의 대법관들에 의해 음란물을 판정하는 기준이 마련된 것이다. 로스 판결에서 제시한 기준을 부분적으로 수정한 1960년대의 기준은, 5명 이상의 다수 대법관들에게 인정받은 것이 아니라 3명 혹은 4명의 대법관들만이 동의했던 것으로 사실상 연방대법원의 판례로 인정받을 수 없었다. 그러나 밀러 판결에서는 버거 대법원장을 비롯한 5명의 보수적 대법관들이 새로운 기준에 대해 의견 일치를 보았다.

판결문을 집필한 버거 대법원장은 로스 판결 이후 연방대법원이 제시한 기준이 일관성이 없었음을 인정하면서 음란물의 판정 기준을 명확히 설정할 필요가 있다고 강조했다. 그러나 그는 사건에 따라 음란물 판정 기준이 바뀌고, 대법관들이 의견을 달리하는 것을 이상하게 여길 필요는 없다고 말했다. 버거 대법원장은 음란성 표현의 영역에서 '영원한 진리eternal verities'란 없다고 설명하면서 진지한 문학적·예술적·정치적·과학적 표현을 보호하기 위해서 대법관들이 매우 세심하게 판결을 내리다 보니 일반인들에게 일관성이 없는 것처럼 보일 뿐이라고 변명했다.

버거 대법원장은 새로운 음란물 판정 기준을 제시하면서 밀러도 새로운 기준에 따라 다시 재판을 받도록 명령했다. 그는 다음과 같은 세 가지 기준을 모두 충족시킬 경우 음란물로 간주된다고 설명했다. ①해당 지역사회의 보통사람의 기준으로 보았을 때, 그리고 표현물을 전체적으로 보았을 때 호색적인 흥미를 자극하고, ②명백히 모욕적인 방법으로 성행위를 묘사하고, ③전체적으로 보았을 때 진지한 문학적·예술적·정치적·과학적인 가치가 부족하다고 판단되면 음란물로 인정하여 처벌할 수 있다는 것이었다. 버거 대법원장은 이러한 부류의 표현을 '하드코어 포르노'라고 규정했다. 그는 비록 연방대법원이 전지전능한 신과 같이 정확하게 규제대상과 비규제대상을 구분할 수 없긴 하지만, 그럴 능력이 없다고 해서 정부가 규제를 포기한다면 그 결과는 하드코어 포르노의 범람을 용인하는 것이 될 것이라고 주장했다.

음란물로 간주되는 사례도 일부 제시됐다. 성기나 성행위를 명백히 모욕적인 방법으로 표현하는 것, 즉 자위행위, 변태적인 성행위, 성기의 노출, 배설행위 등을 묘사하는 것은 음란물이라는 것이다. 그는 성기나 성행위를 묘사한 표현이 수정헌법 제1조의 보호를 받으려면 최소한 진지하게 문학적이거나, 예술적이거나, 정치적이거나, 과학적인 가치를 갖고 있어야 한다고 강조했다. 지금까지는 검찰측에서 그러한 가치가 없음을 증명해야 했지만, 이제는 피고인들이 자신들의 작품이나 표현이 그러한 가치가 있음을 입증해야만 하게 됐다. 정부의 입장에서는 음란물에 대한 규제와 처벌이 훨씬 용이해졌다.

버거 대법원장은 또 로스 판결에서 제시한 '현재 커뮤니티의 기준'에 대해서도 그 의미를 명확히 했다. 이것은 전국적인 기준이 아니라 지역사회의 기준이라는 것이었다. 즉, 지역에 따라 음란물을 판정하는 기준이 다를 수 있다는 것이었다. 지역에 따라 수정헌법 제1조의 기준이 변하는 것은 아니지만, 음란물을 판정하는 데 기준이 되는 행위, 즉 호색적인 흥미를 자극하는 것이나 명백히 모욕적인 성적 표현이 어떤 것인지를 정하는 데 모든 법원에서 적용될 하나의 범국가적 기준이 필요한 것은 아니라는 주장이었다.

그는 거대하고 다양한 미국 사회에서 일률적으로 적용될 하나의 음란물 판정 기준을 만드는 것이 불가능하다고 인정했다. 북부의 메인주나 남부의 미시시피주 사람들이 대도시인 라스베가스나 뉴욕시 사람들과는 성에 대한 기준이나 감정이 다르기 때문이라고 그 이유를 설명했다. 미국인들은 성적 표현에 대해 각 주마다 각기 다른 성향과 태도를 갖고 있는데, 연방대법원이 이러한 다양성을 질식시킬 필요는 없다는 것이다.

버거 대법원장은 왜 음란물이 수정헌법 제1조의 보호 대상이 아닌지에 대해서도 설명했다. 그는 수정헌법 제1조가 자유롭고 왕성한 사상의 교환과 정치적 토론을 유도하려는 것이라면서, 음란물을 통해 상업적 이윤을 얻으려고 수정헌법 제1조를 동원하는 것은 표현의 자유를 얻기 위해 선조들이 겪은 역사적 고난을 모욕하는 것이라고 주장했다. 동시에 음란물의 규제가 다른 정치적·예술적 표현을 위축할 것이라는 우려를 일축했다. 19세기에는 청교도적 전통에 의해 성적인 표현을 엄격히 제한했지만, 이로 인해 진지한 문학적·예술적·정치적·과학적 이념을 표현하는 것을 제한하거나 위축시켰다는 역사적 증거를 발견할 수 없다는 것이다. 오히려 19세기는 문학적으로나 철학적으로 매우 왕성한 시기였다며, 성에 대한 호기심을 상업적으로 이용하는 것을 규제하는 것이 정치적·예술적 자유를 억압하는 결과를 가져올 것이라는 주장은 근거가 없다고 반박했다. 60년대 이후 성적 표현에 대한 관용이 미국 사회에서 오랫동안 억눌려왔던 성적 충동을 해방시키고 성에 대한 미국 사회의 이중성을 제거하는 긍정적인 결과를 가져온 점은 인정하지만, 그렇다고 해서 음란물까지 허용할 필요는 없다고 강조했다.

## 불분명하기는 마찬가지라는 반론도

반대의견을 집필한 더글러스 대법관은 수정헌법 제1조가 제정될 당시 일반 서적이나 잡지, 신문들과 성에 관한 출판물을 구별했다는 증거가 없다며 음란물을 표현의 자유 범주에서 제외하는 데 반대했다. 그는 점잖은 사람들뿐만 아니라 천박한 사람들도 토론에 참여할 수 있게 하는 것이 수정헌법 제1조의 근본목적이라면서 그 내용이 모욕적이라는 이유로 특정 표현을 금지하는 것은 수정헌법 제1조의 취지에 정면으로 위배된다고 주장했다. 그는 또 연방대법원에서 심의하는 음란물 관련 사건들의 대부분이 쓰레기나 다름없는 표현물에 관한 것들이지만, 결코 이런 것들만이 쓰레기는 아니라고 했다. 대부분의 선거유세에서, 신문지상에서, 텔레비전에서 제기되는 표현들도 쓰레기이기는 마찬가지라는 것이다. 그러나 그러한 표현들은 쓸모없는 쓰레기라는 이유로 처벌을 받거나 금지를 당하지 않는다면서 음란물도 똑같은 법적 보호를 받아야 한다고 강조했다.

더글러스는 과거의 음란물 판정 기준이나 이 사건에서 다수 대법관들이 제시한 기준이나 어차피 불분명하기는 마찬가지이기 때문에 국민들로 하여금 자신들의 행위가 위법행위인지를 판단할 수 있는 근거가 되지 못한다고 설파했다. 국민들이 이해할 수 없는 법적 기준을 준수하라고 요구하고 이를 위반했다는 이유로 처벌하는 것은 법이 국민을 보호하는 울타리가 되는 것이 아니라 함정에 빠뜨리는 덫이 되는 것이라면서, 이는 공정한 재판과 엄정한 사법 절차를 중시하는 나라에서는 있을 수 없는 일이라고 강조했다. 그는 미국 사회에서 수정헌법 제1조를 위반하지 않고 음란물 문제를 해결하는 길은 음란물을 처벌할 수 있도록 헌법을 수정하는 길뿐이라고 말했다. 표현의 자유를 보장하는 헌법이 존재하지만, 음란물을 표현의 자유에서 예외로 간주한다는 헌법조항이 존재하지 않기 때문에 음란물을 금지하는 것은 불가능하다는 것이 그의 결론이었다.

밀러 판결이 제시한 새로운 음란물 판정 기준은 비록 불명확한 부분을 여전히 내포하고 있긴 했지만, 과거의 연방대법원 판결에서 제시한 기준보다는 훨씬 명확하게 음란물을 판정할 수 있게 했다. 밀러 판결 이후 지금까지 음란물 판정 기준이 연방대법원에서 바뀌지 않았다. 따라서 밀러 판결 이후 미국 정부는 비교적 객관적인 설득력을 가지고 일관되게 음란물을 처벌할 수 있게 되었다.

이후 연방대법원은 일부 예외적인 상황에서는 설사 음란물이 아니라 하더라도 성적 표현을 규제할 수 있다고 인정하기도 했다. 예를 들어 포르노 영화를 상영하는 극장의 위치를 제한하는 것이나, 방송에서 과도한 성적 표현을 금지하는 것이나, 청소년들에 대한 포르노물 배포를 제한하거나, 청소년들을 대상으로 삼은 포르노물을 제작하는 것을 금지하는 것은 수정헌법 제1조를 위반하는 것이 아니라고 판결했다. 그러나 과거처럼 진지한 문학작품이나 예술작품을 음란물로 규정해 처벌하는 사례는 거의 발생하지 않았다. 밀러 판결에서 연방대법원이 제시한 음란물 판정 기준은 미국인들이 사회적 규범과 개인의 자유 사이에서 균형을 유지하는 방법으로 확고하게 자리를 잡은 것이다.

# 컴퓨터통신에서 음란성 표현을 제한할 수 있는가

르노 판결 Reno v. American Civil Liberties Union (1997)

1996년 2월 8일, 빌 클린턴 대통령은 연방의회가 제정한 통신법Telecommunications Act에 서명을 했다. 방송·통신 시장의 규제 완화를 골자로 하는 통신법 항목 중에는 통신품위법Communications Decency Act 조항도 포함되어 있었다. 통신품위법은 컴퓨터통신망을 통해 18세 이하의 청소년들에게 '상스럽거나Indecent 명백히 모욕적인patently offensive' 내용의 표현물을 전송하는 것을 금지했다.

방송과 마찬가지로 인터넷에도 포르노와 같은 음란물이 유통되는 것을 막기 위해 제정된 법이었다. 통신품위법을 위반하는 사람들에겐 최고 2년 이하의 징역과 25만 달러 미만의 벌금형이 주어지도록 했다. 단, 인터넷에 포르노물을 게시하긴 하지만 신용카드번호나 성인 전용 비밀번호 등을 사용해 청소년들이 접근할 수 없도록 적절한 조치를 취했다고 인정될 경우는 처벌을 면할 수 있다는 단서조항이 첨가되어 있었다.

연방의회에서 통신품위법을 발의한 제임스 엑손 네브래스카 주 연방상원의원은 1990년대에 접어들어 폭발적으로 사용자가 늘어난 인터넷이 청소년들의 문화·오락 등의 분야에서 많은 기여를 하고 있긴 하지만 협박, 외설, 프라이버시 침해, 어린이 유괴 등에 남용되는 경우도 많아 정부가 이러한 부작용을 막아야 한다고 주장했다. 인터넷이 보편화되면서 포르노 업자들이 인터넷을 통해 음란성 사진이나 그림을 유통시키고, 특히 호기심 많은 청소년들이 인터넷을 통해 쉽게 음란성 표현물을 접하고 있다는 미국인들의 우려를 반영한 것이었다.

통신품위법은 여느 법안과 달리 충분한 조사와 검토 없이 모법인 통신법에 포함되었다. 통신품위법안을 심사할 당시 대부분의 의원들은 인터넷을 사용하지도 않았고, 인터넷에 대해서 거의 알고 있지 못한 상태였다. 통신품위법의 필요성이나 효과에 대한 전문적 검토를 위한 청문회도 열리지 않았다. 그렇지만 1996년 2월 통신품위법은 의원들의 압도적인 지지를 받고 제정되었다. 11월의 선거를 앞둔 의원들이 포르노를 처벌하는 법안에 반대했다가는 경쟁 후보들로부터 포르노 지지자라고 공격을 받을 것이 뻔했기 때문이었다.

### 통신품위법의 실효성 논란

통신품위법안에 대한 반대의견은 의회 내에서보다는 언론과 학계로부터 집중적으로 제기되었다. 『USA 투데이』는 텔레비전이나 전화에 적용되는 법적 논리를 인터넷에 적용하는 것은 무리라면서, 통신품위법은 정보고속도로를 도보용 산책로로 만드는 우매한 짓이라고 힐난했다. 이 신문은 어린이들을 포르노나 외설물 등으로부터 보호하기 위해서라면 굳이 새 법을 만들지 않고도 기존의 외설금지법이나 아동보호법으로도 충분히 규제할 수 있다면서, 인터넷상의 외설물로부터 어린이들을 보호하는 것은 정부가 관여할 일이 아니라 부모 스스로 책임질 일이라고 주장했다. 『워싱턴 포스트』는 어린이들이 외설물이나 포르노를 구하려 마음만 먹으면 인터넷을 통하지 않고도 얼마든지 다른 데서 구할 수 있다면서 통신품위법이 실효를 거두지 못할 것이라고 예측했다. 이미 인터넷상의 음란물을 감지하고 여과하는 소프트웨어가 개발중에 있기 때문에 정부의 규제가 불필요하다는 주장도 있었다.

헌법학자들과 인권단체, 컴퓨터통신 관련단체들도 엑손 의원의 법안에 반대하고 나섰다. 로렌스 트라이브 하버드 법대 교수는 엑손 의원의 법안이 명백한 위헌이라고 선언했고, 로버트 콘리비어 가톨릭 법대 교수도 "법적인 불명확성 때문에 정보고속도로의 건설 속도가 예상보다 느려질 것이다"라고 우려하면서, 통신품위법이 컴퓨터통신 사업자와 사용자 모두에게 지나치게 엄격한 법적 책임을 요구하고 있다고 비판했다. 특히 그는 인터넷을 통해 전달하는 내용이 이 법에 저촉되는지를 당사자들이 몰랐을 경우에도 처벌케 하고 있는 것이 문제라고 지적했다. '상스럽거나 명백하게 모욕적인 내용'이 무엇인지 누구도 분명하게 정의를 내릴 수 없기 때문이었다. 미국시민권연맹은 이 법이 인터넷을 어린이 독서실 수준으로 만들 것이며, 연방정부의 검열행위를 인정한 것이나 다름없다고 비난했다. 현재 5만 개의 컴퓨터 네트워크가 상호 연결된 인터넷을 규제하려 드는 것은 민들레 홀씨가 바람에 퍼지는 것을 막으려는 시도와 같다고 한 전문가는 비유했다.

『타임』의 한 기고가도 엑손 의원의 법안이 효과나 합헌성을 고려하지 않은 정치적 제스처라고 비난하면서 인터넷을 통해 교류되는 성적 표현물의 양은 크게 우려할 만한 것이 아니라고 밝혔다. 그의 주장에 따르면, 성적 표현물 교류에 주로 사용되는 유즈넷Usenet은 전체의 11.5%를 차지하고 있는데, 유즈넷 사용 건수 중 성적 표현물이 차지하고 있는 것은 0.03%에 불과하다고 밝혔다. 한편 인터넷을 통해 포르노를 제공하는 업자들은 은근히 통신품위법을 반가워했다. 그들은 이미 청소년들이 접속하지 못하도록 신용카드번호나 성인확인시스템 등을 개발해 사용하고 있었기 때문에 통신품위법을 무서워할 필요가 없었다.

학계와 언론계 그리고 법조계의 반대에도 불구하고 통신품위법이 의회를 통과해 클린턴 대통령의 서명과 동시에 발효되자 수많은 인터넷 사용자들이 홈페이지에 청색 리본을 게시하고 바탕색을 검게 바꿔 통신품위법 반대캠페인을 벌였다. 한편 미국시민권연맹을 비롯한 20개의 시민단체와 인터넷 사용단체들이 즉각 필라델피아 소재 연방지방법원에 위헌소송을 제기했다. 미국시민권연맹은 위헌심사 결과가 나올 때까지 통신품위법의 집행을 중지해달라는 가처분 신청도 냈다.

통신품위법 발효 1주 만인 2월 15일 법원은 통신품위법 조항 중 '상스러운'이라는 용어의 정의가 불분명하다고 인정하면서 이 법의 집행을 중지하라는 명령을 법무부에 전달했다. 이어 미국 도서관협회 등도 통신품위법이 표현의 자유를 보장한 수정헌법 제1조에 위반된다며 위헌소송을 제기했다. 필라델피아 연방지방법원은 미국시민권연맹과 미국도서관협회의 위헌소송을 병합해 심사하기로 했다. 비록 직접 소송을 제기하진 않았으나 애플컴퓨터와 마이크로소프트 같은 컴퓨터업체와 아메리카 온라인, 컴퓨서브Compuserve, 프로디지Prodigy 등의 통신서비스 사업자들도 원고를 지지한다는 법정의견서를 제출했다.

위헌소송이 제기되자 통신품위법의 발의자였던 엑슨 의원은 반대자들이 "청소년을 보호하는 것보다는 포르노를 통해 돈을 버는 데 더 관심이 많은 사람들"이라고 비난했다. 그는 성인전용 서점에 아이들이 들어가지 못하게 하는 것과 마찬가지로 '인터넷 홍등가'를 아이들이 자유롭게 걸어다니도록 허용해서는 안 된다고 주장했다. 그러나 원고들은 외설이나 아동 대상 포르노 등은 현행법으로 처벌이 가능하다면서, 통신품위법을 반대한다고 해서 청소년들을 음란물에 노출되어도 괜찮다고 주장하는 것은 결코 아니라고 반박했다. 단, 청소년들을 보호한다는 구실로 성인들이 누려야 하는 표현의 자유까지 침해해서는 안 된다고 주장할 뿐이라는 것이다. 미국도서관협회의 주디스 크룩 국장도 인터넷이 21세기 정보통신의 주된 도구가 될 것이며, 인쇄술의 발명 이후 가장 중요한 통신수단이라고 말하면서 "어른들에게 아이들 수준에 맞는 정보만 접할 수 있도록 강요하는" 통신품위법은 위헌이라고 주장했다.

당시 컴퓨터통신업계는 이미 음란성 표현물을 기술적으로 제거하는 방법을 개발중이었다. 일부 사업자들은 이미 성인들에게만 전자게시판사용을 허용한다거나, 인터넷 접속시 복잡한 승인 과정을 거치도록 하여 포르노성 표현물에 청소년들이 접속하는 것을 막고 있었다. 통신사업체인 프로디지의 경우, 부모의 신용카드번호가 확인되어야 접속이 가능토록 해 청소년들의 통신망 접속을 통제했다. 소프트웨어 사업자들도 외설물 방지 프로그램 개발에 박차를 가하고 있었다. 미국 내의 영화나 비디오 게임에 섹스와 폭력 내용의 정도에 따라 등급을 매기는 것처럼 컴퓨터통신을 통해 교류되는 각종 정보에도 이러한 등급을 매기자는 움직임도 일고 있었다. 이를 위하여 미국전화전신회사, 아이비엠, 마이크로소프트 등을 비롯한 59개 회사가 컨소시엄을 구성하여 소프트웨어를 개발하고 있었다.

위헌소송이 제기되자 필라델피아 연방법원은 고등법원 판사인 돌로레스 슬로비터와 지방법원의 로널드 버크월터, 스튜어트 달젤 등 3명의 판사로 특별재판부를 구성하여 통신품위법의 위헌 여부를 심의하기로 했다. 통신품위법 조항 중 위헌소송이 제기될 경우에는 특별재판부를 구성하여 가능한 한 빠른 시일 내에 위헌 여부를 결정하라는 조항이 삽입되어 있었기 때문이다.

통신품위법에 대해 위헌소송이 제기될 것을 확신하고 만든 조항이었다. 특별재판부는 재판의 신속한 진행을 위해 증인들의 증언은 법정 구두증언 대신 서면으로 제출토록 하고 법정에서는 반대신문만을 받는 방법으로 진행한다고 발표했다.

한편 인터넷을 사용해본 경험이 없던 판사들은 인터넷 사용 방법과 인터넷을 통해 유통되는 음란표현물의 심각성을 직접 파악하기 위해 법정에 컴퓨터를 설치하도록 지시했다. 인터넷에 대해 잘 알고 있지 못하던 담당판사들을 위해 많은 컴퓨터 전문가들이 참고인으로 출석했다.

## 열린 교류 마당이 불러들인 규제의 벽

인터넷은 미국 국방부가 냉전체제를 감안해 만들기 시작한 컴퓨터통신망에서 비롯된 것이었다. 소련의 핵공격으로 컴퓨터통신망이 마비되는 사태를 예방하기 위해, 모든 컴퓨터통신망이 중앙집중제어를 받지 않고도 수많은 우회로를 통해 그물망처럼 연결되도록 한 것이다. 강력한 수퍼컴퓨터를 통해 연결된 이 전산망은 일부가 파손, 절단되어도 결코 통신이 두절되지 않도록 설계되었다. 인터넷은 독립된 관할기구나 통제기구도 없이 수많은 독립된 컴퓨터망 운영자들과 네트워크가 공통의 자료전송 방법 common data transfer protocols을 사용하여 서로 연결되어 있을 뿐이었다.

인터넷의 기원은 이른바 '아르파넷ARPANET'이라고 불리던 통신망으로 1969년 군과 군수산업, 국방과 관련된 연구를 하는 대학을 연결하기 위해 만든 전산망이었다. 아르파넷 이후 그와 유사한 통신망들이 잇달아 구축되었고, 이러한 컴퓨터통신망들이 다시 서로 연결되면서 인터넷이 된 것이다.

주로 군사적인 목적이나 학문적 영역에서만 사용되어오던 인터넷은 개인용 컴퓨터가 널리 보급된 1990년대 초반부터 일반인들도 쉽게 사용할 수 있게 되었다. 1981년에는 300대 미만의 컴퓨터가 인터넷에 연결되었으나 1989년에는 9만 대로 늘어났다. 인터넷에 접속하는 컴퓨터의 숫자는 1990년대에 접어들면서 폭발적으로 늘어나 1993년에는 10만 대에서 1996년 초에는 940만 대로 늘어났고, 1995년 말에는 4000만 명이 전세계에서 인터넷에 연결된 것으로 추산되었다.

인터넷을 폭발적으로 확산시킨 것은 90년대 중반 등장한 월드 와이드 웹world wide web, WWW이었다. 그전까지 일반인들이 인터넷을 활용할 수 있는 범위는 전자우편 정도였다. 사용방법이 까다롭고 정보의 호환이 어렵기 때문이었다. 그러나 www는 누구나 쉽게 인터넷을 이용할 수 있게 만들었다. 제네바에 위치한 유럽분자물리연구소의 과학자에 의해 만들어진 www는 문자·영상·음성·동화상 등이 서로 다른 컴퓨터 시스템에서도 쉽게 통용될 수 있도록 했다. www를 통해 소형 컴퓨터를 가진 사람들도 인터넷에 접속해 많은 양의 정보를 빠른 시간에 검색하고 교류할 수 있었다. 누구나 컴퓨터와 모뎀 그리고 컴퓨터통신 계정만 있으면 인터넷에 접속해 정보교류에 참여할 수 있게 된 것이다. 따라서 지금까지 매스미디어가 독점적 우위를 차지했던 정보교류 방식이 인터넷에서는 적용될 수 없었다. 권력이나 자본을 통해 차지할 수 있었던 정보교류상의 독점적 기능이 인터넷에서는 무의미해졌기 때문이다. 이는 지금까지 정보의 흐름을 통제해오던 국가권력이나 매스미디어의 영향력이 축소되는 결과를 가져왔다.

인터넷이 등장하기 전까지 매스미디어는 시민과 가깝기보다는 권력에 종속되거나 친밀한 관계를 유지하며 성장해왔다. 신문·방송·영화산업 등이 기술을 개발하고 시장을 확보하기 위해서 권력의 통제에 순응하는 대가로 독점적 이익을 얻는 형태의 타협이 보편적으로 이루어졌다. 그러나 뉴미디어인 인터넷에서는 이러한 규제와 타협이 거의 불가능해졌다. 이제는 누구나 컴퓨터와 모뎀을 전화회선에 연결시켜 세계 구석구석에서 메시지를 동시에 주고받는 것이 가능해졌기 때문이다. 따라서 수많은 인터넷 사용자들을 감시하고 규제하는 것이 현실적으로도 불가능해졌다. 그래도 기득권층은 모든 가능한 수단을 동원해 인터넷을 규제하려고 시도했다.

중국, 싱가포르, 베트남, 한국 등의 아시아 국가에서는 인터넷 접속을 사전 제한하거나 정치적으로 불순한 내용이 인터넷을 통해 교류되는 것을 처벌하려 했다. 이에 비해 미국의 통신품위법은 성적인 표현물의 규제만을 막으려는 시도였다. 즉, 서점에서 합법적으로 판매되는 포르노 잡지의 내용물이 인터넷상에서 범람하는 것을 예방하기 위한 조치였다. 이를 위해 미국 의회가 채택한 방법은 인터넷을 방송과 동일시하고 방송의 규제 논리를 인터넷에 적용하는 것이었다. 잡지나 영화를 통해 묘사되는 적나라하고 노골적인 성적 표현이 방송에서는 허용되지 않았기 때문이었다.

1934년에 제정된 미국의 방송법은 연방통신위원회에 '공공의 이익과 편의 혹은 필요성'에 의해 방송국 허가를 거부하거나 취소할 수 있는 권한을 부여했다. 이에 따라 신문·잡지와 달리 방송국은 청소년들에게 저속한 내용을 방송할 경우 정부의 제재를 받았다. 연방대법원도 이러한 규제가 표현의 자유를 침해하는 것이 아니라고 판결했다. 방송은 사적인 이익을 위해 공공의 재산인 전파를 사용하고 있으므로 공공의 이익을 준수할 의무가 있고, 공공의 이익 중에는 음란하고 저속한 표현을 배제하는 것도 포함된다는 논리였다.

그러나 컴퓨터통신은 인쇄매체와 방송매체의 특성을 모두 갖고 있기 때문에 지금까지 인쇄매체와 방송매체를 차별해온 법적 논리가 적용되기 어려웠다. 방송과 달리 인터넷은 누구나 원하는 사람들이 이용할 수 있었다. 팸플릿을 만들어 돌리는 것과 마찬가지로 인터넷에 홈페이지를 만들어 여러 사람들에게 정보를 제공할 수 있는 것이다. 그러나 한편으로는 방송처럼 불특정 다수에게 동시에 접근할 수 있다. 팸플릿을 돌리려고 일일이 가정을 방문할 필요 없이, 약간의 컴퓨터 조작으로 수천 명의 사람들에게 동시에 메시지를 전달할 수 있기 때문이다. 통신품위법에 대한 위헌소송이 제기되자 과연 연방법원이 컴퓨터통신을 법적으로 어떤 범주의 미디어에 포함시킬 것인가에 관심이 집중되었다.

## 찬반 의견의 공방전

1996년 3월 15일 첫 재판이 열리자 3명의 법관들은 법정에 특별히 설치된 컴퓨터 화면 앞에 모여 앉았다. 그들은 인터넷에 대한 큰 호기심을 보였다. 슬로비터 판사는 이 사건을 맡기 전까지 인터넷을 전혀 사용해본 적이 없었고, 버크월터 판사도 친구와 함께 인터넷 검색을 해본 경험이 있을 뿐이었다. 그래서 그들은 참고인으로 출석한 전문가들에게 컴퓨터 전문용어 대신 보통사람들이 이해할 수 있는 쉬운 용어를 사용해달라고 주문했다.

예상대로 법무부측의 변호사는 인터넷이 방송매체와 유사하다고 주장했다. 그들은 라디오나 텔레비전과 마찬가지로 인터넷에 어린이들이 쉽게 접근할 수 있기 때문에 그들을 보호하기 위해 저속한 내용을 규제해야 한다고 주장했다. 인터넷에서는 마우스를 한 번 누르는 것만으로 쉽게 음란물을 입수할 수 있고, 통신품위법은 그러한 음란물에 어린이들이 노출되는 것을 막기 위해서 만들어진 합리적이고 필수적인 수단이라는 논리를 내세웠다. 이를 입증하기 위해 법무부 변호사들은 법정에 설치한 컴퓨터를 통해 『플레이보이』나 『펜트하우스』 같은 음란물 홈페이지에 접속했다. 인터넷 포르노가 얼마나 심각한지 판사들에게 직접 보여주기 위해서였다. 그러나 정도가 아주 심한 것들은 컴퓨터 화면이 아니라 인쇄물로 제출되었다.

법무부 변호사들은 어린이에 대한 보호가 전적으로 부모에게만 맡겨질 수 없다며 아동학대금지법이나 아동포르노금지법 등을 통해 정부가 아동을 보호하는 법규를 제정하고 집행해왔음을 상기시키면서, 인터넷에서도 정부가 나서서 위험하고 유해한 표현물들을 차단해야 한다고 주장했다. 그들은 통신품위법이 합법적인 토론이나 의견 교환까지 처벌할 것이라는 주장은 과장이라면서, 통신품위법의 의도는 인터넷을 통해 상업적인 음란물 판매를 막으려는 것일 뿐이라고 강변했다.

반대로 통신품위법이 표현의 자유를 침해하는 위헌 법률이라고 주장한 원고측의 증인들은 통신품위법이 파생시키는 문제점들을 나열했다. 미국 최대의 컴퓨터통신 사업체인 아메리카 온라인의 변호사는 자신의 회사가 제공하는 정보서비스 중 건강분야의 유방암, 성병, 산모의 수유, 그리고 자연분만법 등에 관한 서비스가 통신품위법에 저촉된다고 설명했다. 문자나 그림을 통해 성기의 묘사가 불가피하고 이것이 '상스럽거나 명백히 모욕적인 표현'의 범주에 들어갈 수 있기 때문이었다. 그는 통신품위법이 발효되면 유명 화가들이 그린 누드화도 컴퓨터통신망을 통해 교류될 수 없을 것이라고 주장했다.

피츠버그의 카네기 도서관장인 로버트 크론버거는 지금까지 도서관이 소장하고 있는 자료에 대해 청소년들이 인터넷으로 자유롭게 접근할 수 있도록 허용해왔는데, 통신품위법이 발효되면 이를 중단해야할 것이라고 말했다. 도서관 자료 중에는 통신품위법에 저촉될 만한 내용이 무수히 많고, 청소년들의 접근을 차단하기 위해선 이 도서관 1년 예산의 1/4이 넘는 470만 달러가 필요하다고 증언했다.

원고측의 변호사들은 컴퓨터통신은 그 속성이 방송보다는 인쇄매체에 가깝다면서 인터넷을 방송과 동일시해서 규제하는 것은 부당하다는 논리로 맞섰다. 인터넷은 방송처럼 공공의 재산인 전파를 사용하지도 않고, 소수의 사람들만 활용할 수 있는 매체도 아니라고 설명했다. 인터넷은 신문이나 잡지처럼 누구나 원하면 만들어 배포할 수 있는 통신수단이므로 인쇄매체로 간주해 최대한 표현의 자유를 보장해주어야 한다고 주장했다. 원고측의 증인들은, 정부가 제시한 청소년의 접근을 차단하는 방법이 실효성도 없고 비용도 지나치게 많이 들어 결국 자신들마저 인터넷을 사용할 수 없게끔 만들 것이라고 증언했다.

우선 신용카드번호 조회 방법을 통해 성인임을 확인한 후 인터넷 접속을 허용하는 경우, 이때 1건당 1달러의 조회 비용이 소요되는데 대부분의 시민단체들은 이런 비용을 부담할 능력이 없다는 것이다. 성범죄 피해자에 대한 상담을 하는 한 시민단체의 경우 1996년 2월 4일부터 3월 4일까지 자신들의 인터넷 홈페이지에 3300건이 조회되었는데 청소년들의 접속을 막기 위해 신용카드번호 조회를 사용할 경우 3300달러의 예산이 필요했다. 그러나 이 단체는 이러한 경비를 지불할 능력이 없어 결국 인터넷 사용을 포기할 수밖에 없게 될 것이라고 주장했다. 미국 최대의 인권단체인 미국시민권연맹도 신용카드번호를 조회해야 할 경우 자신들의 홈페이지를 폐쇄할 수밖에 없다고 증언했다.

## 통신품위법이 간과한 것

진지하게 양측의 입장을 경청한 3명의 연방지방법원 판사들은 96년 6월 11일 판결 결과를 발표했다. 재판 과정을 취재한 『뉴스위크』의 한 기자는 재판부가 인터넷상의 표현의 자유에 대해 보여준 태도는 통신품위법을 제정한 연방의회 의원들이 보여준 태도와는 정반대였다고 평가했다. 판사들은 정치인들과 달리 애국심과 사명감을 갖고 표현의 자유를 보장한 수정헌법 제1조에 대해서 심사숙고했다고 논평했다.

연방지방법원 3명의 판사 모두 통신품위법이 위헌이라고 판결했다. 법정에 제시된 증거에 비추어 인터넷은 방송보다는 인쇄매체에 유사하다는 결론을 얻었다고 판사들은 설명했다. 재판부는 텔레비전이나 라디오를 켜는 경우와 마찬가지로 인터넷 사용자들이 예기치 않게 음란물을 컴퓨터 화면에서 발견하는 경우는 거의 없을 것이라고 보았다. 간단히 마우스를 조작해 인터넷에서 정보를 쉽게 입수할 수는 있지만 단순히 라디오 다이얼을 돌리거나 텔레비전 채널을 바꾸는 것보다는 훨씬 복잡한 사용지침을 따라야 하기 때문이었다. 따라서 인터넷 사용자가 성적인 표현물을 우연히 접하게 될 기회는 거의 없다고 보았다.

재판부는 또 성인용 비밀번호나 신용카드번호를 사용하는 등의 청소년 보호대책을 마련할 경우 통신품위법상 처벌을 하지 않겠다는 정부의 정책은 실효가 없다고 지적했다. 우선 비용과 시간이 많이 들고, 또 정보를 보내는 사람이 수용자가 성년인지 미성년인지를 알 수 있는 신뢰할 만한 방법도 아니라고 보았다. 따라서 통신품위법을 준수하기에는 아직 통신기술이 따라주지 못하고 경제적으로도 많은 비용이 들어 결과적으로 성인들의 표현의 자유에 대해 제약이 가해질 것이라고 결론지었다.

재판장이었던 슬로비터 판사는, 청소년들을 보호하는 것은 정부의 마땅한 의무이지만 헌법상 보장된 표현의 자유를 제약하는 정부의 규제가 허용되기 위해서는 그러한 조치가 절실히 필요하고 그 방법 외에 다른 대안이 없다는 것을 입증해야 한다는 것이 연방대법원의 판례라고 지적했다. 컴퓨터통신은 텔레비전이나 라디오와는 달리 사용자가 적극적으로 특정 정보를 구하기 때문에 어린이들이 인터넷상을 검색하면서 상스럽거나 명백하게 모욕적인 자료를 우연히 보게 될 가능성은 거의 없을 뿐 아니라 그런 표현물이 어떤 것인지 불분명하여 헌법에 위반된다고 설명했다. 통신품위법이 발효된다면 상스러운 것이 어떤 것인지 몰라 억울하게 처벌되는 사람들도 많을 것이고, 처벌이 두려워 아예 인터넷 사용을 포기하는 사람들도 늘어날 것이라고 전망했다.

또한 슬로비터 판사는 아동을 보호한다는 이유로 성인의 표현의 자유를 침해하는 것은 용납할 수 없다고 강조했다. 통신품위법이 적용되면 성행위를 묘사한 영화나 연극, 책 등에서부터 현대미술이나 사진까지도 금지될 것이기 때문이었다. 이렇게 될 경우 인터넷은 결국 어린이를 위한 놀이터에 머물고 그 무한한

잠재력은 사장될 것이라고 경고했다. 그녀는 또 통신품위법이 규제하는 정보 중에는 성인뿐만 아니라 미성년자에게도 중요한 문학적·예술적·교육적 정보가 포함될 수 있다고 보았다. 예를 들어 에이즈를 예방하기 위해 건강한 성행위를 묘사하는 자료를 청소년에게 제공할 수도 있을 터인데, 이러한 정보가 청소년들의 생명을 구하는 중요한 정보임에도 불구하고 통신품위법에 저촉될 것이라고 설명했다.

통신품위법의 적용 대상을 상업포르노 제작자들에게 한정한 것으로 해석해달라는 연방검사들의 요청도 받아들여지지 않았다. 슬로비터 판사는 위헌성이 있는 법안을 합헌으로 만들기 위해 판사가 임의로 좁게 해석하는 것은 사법부의 월권행위라고 규정했다. 의회가 상스러운 것과 명백히 모욕적인 것에 대한 정의를 내리지 않은 상황에서 사법부가 헌법에 맞추기 위해 임의로 좁게 해석할 수는 없다며, 사법부의 기능은 입법된 법 자체를 놓고 그것이 헌법의 기준에 맞는지 여부만 판단할 뿐이라고 선언했다. 이어서 통신품위법에 대해 위헌판결이 내려진다 하더라도 미성년자를 보호할 방법이 완전히 차단된 것은 아니며, 현재의 아동포르노금지법을 엄격히 적용하는 것만으로도 정부와 의회가 우려하는 인터넷상의 음란물로부터 청소년들을 보호할 수 있다고 주장했다.

버크월터 판사 역시 상스럽고 명백히 모욕적인 표현에 대한 정의가 불분명함을 문제삼았다. 그는 정부가 이런 애매모호한 법 조문을 통해 시민들을 처벌하는 것은 표현의 자유를 보장한 수정헌법 제1조는 물론이고 정당한 법 절차를 보장한 수정헌법 제5조에도 위반된다고 보았다. 만약 정부가 표현의 자유라는 신성한 영역에 들어가 불가피하게 시민들의 권리를 제한하려 한다면 범법행위에 해당되는 영역이 명확하게 구분되어야 한다고 주장했다.

또한 법적으로 금지된 영역이 애매모호해서 보통사람의 상식으로 판단했을 때 상반되거나 상이한 해석이 내려진다면 그것은 정당한 법 절차라는 헌법정신에 위배되는 것이라고 지적했다. 의회는 법을 집행하는 사람들에게 정확한 기준을 제공하여 자의적이고 차별적인 법집행을 막아야 할 의무가 있다는 것이다. 만약 그렇지 못하다면 경찰이나 검찰 그리고 배심원이 자신들의 취향과 기호에 따라 법을 적용게 될 것이고, 이는 법치주의를 파괴하는 것이라고 설명했다.

비교적 정부의 주장을 수용하는 태도를 보인 이는 달젤 판사였다. 그는 상스러운 표현을 규제하는 것을 무조건 위헌이라고 볼 수는 없다고 주장했다. 그는 원고들의 주장에 과장된 부분도 많다고 보았다. 그러나 그 역시 통신품위법이 위헌이라는 결론에 도달할 수밖에 없었다. 통신품위법은 인터넷이 가져다준 미디어 혁명을 무의미하게 만들 것이기 때문이었다. 달젤 판사는 인터넷이 모든 사람들에게 자신이 원하는 것을 표현할 기회와 수단을 제공하여 지금까지의 정보 교류의 격차를 해소하고 시민들이 다양한 주제에 대해서 참여, 토론하게 만든다고 격찬했다. 인터넷을 통해 시민들은 자신들과 관련한 문제를 전세계 사람들과 함께 토론할 수단을 갖게 되어 진정한 의미의 표현의 자유가 실현될 수 있다고 주장했다. 따라서 주파수가 한정되어 있다는 이유로 저속한 방송 내용을 규제해온 정부의 간섭이 인터넷에는 적용될 수 없다고 결론지었다.

달젤 판사는 통신품위법이 적용된다면 인터넷의 가장 큰 장점인 다양성을 파괴하고 정보유통 비용을 높여 결국 지금의 신문과 방송처럼 자본가들이 언론매체를 독점하는 현상이 반복될 것이라고 경고했다. 즉, 신용카드번호 조회 등 수신자의 나이를 구별하는 절차에 필요한 인적·재정적 자원이 있거나 다수 대중의 인기를 얻을 수 있는 정보들만 인터넷상에 남게 되어 결국 기존의 미디어와 마찬가지로 소수가 독점하는 편향된 정보망이 될 것이라고 예상했다. 인터넷 포르노업자들은 이미 신용카드나 성인용 비밀번호를 사용하고 있기 때문에 이 법의 영향을 받지 않게 될 것이고, 결국 통신품위법은 청소년 보호라는 원래의 목적보다는 정보의 불균형이라는 미국 사회의 문제를 심화시킬 것이라고 전망했다. 따라서 인터넷이 가져오는 다양성을 지키기 위해 일부 부작용은 감수해야 한다고 덧붙였다.

그는 모든 사람들이 참여할 수 있는 인터넷상의 대화 중 일부가 분명히 일상적인 대화의 한계를 넘어서 노골적이고, 저속하고, 상스러울 수 있지만 세상의 각계각층 사람들이 참여하기 때문에 그런 것은 불가피한 일이라고 역설했다. 인터넷에는 정부의 규제가 없어서 매우 혼란스럽기는 하지만 그 혼란이 바로 인터넷의 장점이라면서, 미국인들이 누리는 자유는 혼란과 불협화

음 속에서 진리와 자유를 찾는 것이라고 설명했다. 이러한 혼란은 인터넷이 가져온 혁명적 성과에 비하면 아주 작은 부작용에 불과한데, 이를 없애기 위해 만든 통신품위법은 빈대를 잡기 위해 초가삼간이 아닌 지구 전체를 태우는 것이라고 비유했다.

## 불분명한 규제는 부작용 불러

연방지법의 판결이 공표되자 법무부는 즉시 연방대법원에 상고하겠다고 발표했다. 연방대법원도 상고를 곧바로 허가하여 최고법원의 판결 결과에 미국인들의 관심이 집중되었다. 한 헌법학자는 이 사건이 지난 4반세기 동안 연방대법원이 표현의 자유에 관해 심리한 사건 중 가장 중요한 사건이 될 것이라고 논평했다. 그러나 연방대법원이 어떤 판결이 내릴지는 속단하기 어려웠다.

연방대법원은 전통적으로 표현의 자유를 적극적으로 보호하는 판결을 내려오긴 했지만, 뉴미디어에 대해서는 비교적 보수적인 판결을 내려왔다. 영화를 비롯해 라디오, 유선텔레비전 등이 등장한 초창기에 연방대법원은 정부의 규제를 대체로 허용해왔었다. 예를 들면, 1915년 연방대법원은 영화를 표현의 한 형태로 인정하지 않고 상업행위로만 간주하여 표현의 자유를 보장한 수정헌법 제1조에 적용되지 않는다며 영화 검열에 대해 합헌판결을 내리기도 했다.

연방지방법원의 판결이 내려진 지 꼭 1년 후, 연방대법원은

7:2로 통신품위법이 위헌이라고 판결했다. 다수 대법관들이 사용한 법적 논리는 연방지방법원 판사들이 제시한 것과 별로 다름이 없었다. 다수 대법관을 대표해 판결문을 쓴 존 스티븐스 대법관은 상스러운 표현과 명백히 모욕적인 표현에 대한 정의가 불분명하다는 점을 지적했다. 불분명하게 정의된 용어를 사용했다는 것은 의회가 청소년들을 보호하기 위해 충분히 세밀하게 검토한 후 통신품위법을 제정했다고 볼 수 없어 위헌 판결을 내렸다고 설명했다. 표현의 자유를 제약하는 정부의 규제는 그 목적과 대상이 분명하고, 그 효과에 대한 확신이 있어야 하며, 그 규제 방법 외에는 다른 대안이 없다는 것을 입증해야 한다고 그 기준을 제시했다. 그러나 통신품위법의 입법 과정에서 의회가 인터넷의 특성에 대해 잘 파악하고 있는 전문집단으로부터의 자문도 받지 않았다는 사실은 통신품위법의 졸속 제정을 입증하는 것으로 간주됐다.

스티븐스 대법관은 대상이 불분명한 규제는 불필요한 냉각효과를 동반해, 심각한 부작용을 낳는다고 설명했다. 더구나 통신품위법이 각 위반 사례마다 2년 이하의 징역이라는 엄한 처벌을 하고 있기 때문에, 이를 두려워한 많은 사람들이 합법적인 정보 교류도 회피하게 될 것이고, 이는 표현의 자유가 심각하게 위축되는 현상을 가져올 것이라고 전망했다.

또한 스티븐스 대법관은 인터넷을 방송과 동일하게 규제해서는 안 되며, 인쇄매체와 마찬가지로 최대한 표현의 자유를 보장받아야 하는 표현 수단이라고 선언했다. 인터넷은 방송처럼 제한된 전파를 이용하는 것도 아니고 사용자들이 쉽게 접할 수 있는 것도 아니기 때문에 방송과 동일하게 취급되어서는 안 된다는 것이었다. 그는 방송에서 상스러운 내용을 규제하도록 한 것은 라디오나 텔레비전의 속성상 스위치를 켬과 동시에 예상치 못한 저속한 내용이 시청자들에게 전달될 수 있어, 이로부터 청소년들을 보호하기 위한 조치라고 설명했다. 반면 인터넷은 컴퓨터를 켠 후 접속하기까지 비교적 복잡한 절차를 거쳐야 하기 때문에 그럴 염려가 없다는 것이다. 그리고 방송에서는 저속한 내용을 청소년들이나 부모가 함께 보는 시청시간대에는 금지하는 대신 심야시간대에 허용하는 등 시간상의 융통성이 있으나, 통신품위법은 그런 시간적 차등 없이 일률적 규제를 하고 있기 때문에 잘못이라고 판단했다.

연방대법원은 통신품위법이 제정되면 성적인 행위나 성기를 적나라하게 표현할 수밖에 없는 사회적인 문제들, 즉 낙태·동성애·에이즈·강간·성병예방 등을 위한 토론이나 지침도 처벌대상이 될 뿐만 아니라 누드화·명작소설 등도 인터넷상에서는 그 내용을 교류할 수 없게 될 것이라고 전망했다. 이러한 결과는 청소년들을 보호한다는 명목하에 대다수 성인들의 합법적 권리마저 제약하는 것이라고 보았다. 물론 청소년들을 보호하기 위해 성인들의 권리가 일부 제약을 받을 수도 있지만, 그럴 경우는 다른 대안이 없다는 것을 정부가 입증해야 한다고 요구했다. 그러나 부모들이 부적절하다고 판단하는 인터넷 홈페이지에 청소년들이 접근할 수 없도록 하는 소프트웨어가 개발되고 있는 상황이기 때문에 통신품위법이라는, 의회가 취한 가혹한 방법은 불필요하고 허용될 수도 없다고 설명했다.

한편 법적 처벌을 면제받을 수 있는 조건으로 제시된 진지한 대책, 예를 들어 신용카드번호를 확인하거나 성인전용 비밀번호를 부여하는 것은 많은 비용이 소요되어 대부분의 비상업적 사용자들에게 경제적인 타격을 가할 것이라는 점도 하급심 판결에서 인정한 대로 연방대법원에서도 받아들여졌다. 설사 그러한 방법을 사용한다 하더라도 청소년들이 성인번호를 도용할 경우 그 대책이 없다는 사실도 지적되었다. 또 인터넷을 규제하는 조치가 없어 많은 사람들이 인터넷 사용을 주저하거나 포기한다는 정부의 주장도 근거가 없다며 받아들이지 않았다. 인터넷의 사용자가 여전히 폭발적으로 늘어나고 있기 때문이었다. 오히려 통신품위법이 효력을 발휘한다면 자유로운 의견 교환을 막아 인터넷의 확산을 막게 될 것이라고 주장했다. 스티븐스 대법관은 "민주주의 사회에서 표현의 자유를 촉진함으로써 얻는 이익이 추상적이기만 할 뿐 증명되지 않은 사전 검열의 효과보다 훨씬 크다"며 판결문을 마무리했다.

그러나 렌퀴스트 대법원장과 함께 부분적인 반대의견을 제시한 오코너 대법관은 통신품위법이 성인들간의 표현물에 적용될 때는 위헌이지만, 성인들이 청소년들에게 보내는 내용 중 상스럽거나 명백하게 모욕적일 경우에 처벌하는 것은 타당하다고 주장했다.

## 21세기식 '표현의 자유'

통신품위법을 위헌으로 판정한 연방대법원의 판결문은 즉시 인터넷을 통해 전세계에 알려졌다. 판결문 낭독이 끝난 지 20분 만에 1만2000개의 홈페이지에서 판결문이 게시되었다고 로이터 통신은 전했다. 인터넷이 등장하기 전에는 일반인들이 연방대법원의 판결문을 입수하는 데 한 달 이상이 소요되었다.

연방대법원의 결정에 대한 반응은 예상한 대로였다. 미국시민권연맹은 연방대법원의 결정이 21세기식 표현의 자유를 결정하는 중요한 판결이라면서 환영했다. 아이라 글라서 사무총장은 국민의 자유를 보호하기 위해서는 독립된 사법부가 왜 필요한지를 잘 보여준 판결이라고 평가했다. 그녀는 "누구나 통신품위법이 위헌인 줄 알고 있었다. 그럼에도 불구하고 연방의회는 통신품위법을 통과시켰고 대통령은 법안에 서명했다"고 정치인들을 비난했다.

반면 통신품위법을 발의했던 의원 중의 한 사람이었던 댄 코츠 연방상원의원은 대법관들이 컴퓨터 판매점에 가서 2시간만 있으면 인터넷에 어떤 내용들이 유통되는지 알 수 있었을 것이라며 판결에 불만을 표시했다. 보수적인 시민단체인 가족조사협의회의 한 간부도, 이제는 포르노 사업자들이 자유롭게 인터넷을 통해 청소년을 유인할 수 있게 되었다고 개탄했다. 통신품위법을 발의했던 의원들은 합헌 판정을 받을 수 있는 새로운 규제 법안을 만들겠다는 입장을 밝혔다. CNN과 갤럽의 공동 여론조사에 의하면, 미국인들의 94%가 인터넷에서 포르노를 금지하는 법에 찬성하는 것으로 나타났다.

그러나 표현의 자유의 중요성을 강조한 연방대법원의 판결을 외면하거나 무시하려는 시도는 결코 발생하지 않았다. 미국인들은 연방대법원이 정한 테두리 안에서, 즉 표현의 자유를 침해하지 않고 청소년들을 보호할 수 있는 방법을 모색했다. 판결 후 클린턴 대통령은 성명을 통해 인터넷이 표현의 자유를 실현하는 강력한 수단이라고 인정하면서 헌법상 보호를 받아야 한다고 강조했다. 그러나 인터넷상에는 청소년들에게 부적절한 내용도 유통되고 있으므로 학부모와 교사들이 인터넷의 부작용으로부터 청소년들을 보호할 수 있는 도구를 마련해야 한다고 말했다. 클린턴 대통령은 컴퓨터업체와 부모, 교사, 도서관 관계자들을 소집해 연방대법원의 판결문을 검토한 뒤, 청소년들이 인터넷을 통해 유해한 내용을 접하지 않도록 하는 방법을 계속 모색하겠다고 밝혔다. 그는 소프트웨어 개발과 등급제 등의 방법을 통해 청소년들이 인터넷 홍등가에 들어가지 않도록 지도할 수 있을 것이라고 대안도 제시했다.

통신품위법 사건을 통해, 아무리 심각한 부작용이 있다 하더라도 결코 표현의 자유를 침해하지 않고 문제를 해결하려는 연방대법원의 의지를 다시 한번 확인할 수 있었다.

**제 4 장**

# 언론의 자유

# 공익을 위해 신문 발행을 사전에 중지시킬 수 있는가

니어 판결 Near v. Minnesota, 283 U.S. 691 (1931)

1924년 매주 토요일 아침이면 미국 미네소타주의 작은 도시인 덜루스에는 존 모리슨이 발행하는 『립 소우Rip-saw』라는 4쪽짜리 주간신문이 배포되었다. 1890년대 덜루스는 인근에서 철광맥이 발견되며 번창하기 시작했다. 주로 유럽에서 이민 온 노동자들이 광산 일자리를 찾아 모여들었고 일확천금을 꿈꾸는 투기꾼들도 모여들면서 서로 속고 속이는 사기와 도박이 횡행하는 서부의 개척지와 비슷한 분위기의 도시가 되었다. 도박판과 홍등가가 성업을 이루던 덜루스에서는 선거 부정, 관료의 뇌물수수 등이 비일비재했고 정치인들과 범죄자들의 결탁이 공공연히 이루어졌다. 1917년 덜루스에도 금주령이 내려지면서 밀주자들과 이들을 보호하는 정치인들과 경찰의 부패 고리는 더 끈끈해졌다.

존 모리슨은 1917년 3월 『립 소우』를 창간하면서 광고로 지면을 채우느라 여념이 없는 무책임한 일간지들이 보도하지 않는 숨겨진 사실들을 들춰내겠다고 약속했다. 그 후 모리슨의 주간지는 밀주 판매, 도박단, 섹스 스캔들, 갱단의 폭력, 관료의 부패 등에 관한 기사로 지면을 채워나갔다. 덜루스 주민들의 선정적 호기심을 채워준 모리슨의 신문은 상당한 인기가 있어 매주 5000부씩 팔려나갔다.

모리슨은 지면을 통해 전차의 건설, 공중화장실 설치, 경찰의 급료인상 등을 요구하기도 했지만 부패한 정치인들과 경찰관들의 비리 폭로가 주된 기사였다. 물론 덜루스의 정치인들과 관리들은 모리슨의 신문을 멸시하고 공격했는데 그들 가운데 일부는 모리슨이 부정을 폭로하겠다고 협박한 후 광고를 강요하는 협잡꾼이라고 비난했다. 결국 1924년 10월 모리슨은 주상원의원과 전 시장, 그리고 한 판사를 무지하고 부패한 호색한이라고 묘사해 명예훼손 혐의로 90일간의 구류처분을 받기도 했다.

그럼에도 불구하고 모리슨의 독설은 끊이지 않았고 그의 신문으로부터 집중 공격을 받은 일부 의원들이 선거에서 낙선하는 사태가 일어났다. 선거가 끝나자 덜루스의 정치인들은 모리슨의 신문과 같은 저속하고 비열한 신문을 금지할 법이 필요하다면서 1925년 공중도덕보호법Public Nuisance Act을 주의회에 제출하기에 이르렀다. 이 법안은 외설적이고 저속한 내용을 보도하는 신문이나 잡지 등을 제작·출판·판매하는 것을 금지하고, 선량한 의도와 정당한 목적으로 정확한 사실만을 보도하는 언론만을 허용했다. 이 법안은 압도적인 지지로 미네소타 주의회를 통과했다. 미네소타의 주요 일간지들은 이 법안이 언론을 이용해 협박·공갈을 일삼는 저속 주간지들을 추방하고 책임 있는 언론을 보호하는 법이 될 것이라며 적극적인 지지를 표명했다.

공중도덕보호법은 그 의도대로 곧 모리슨의 신문에 적용되었다. 덜루스 시장은 모리스가 자신의 부정부패에 관한 허위기사를 게재했다며 법원에 정간명령을 청구했고, 담당판사는 즉시 모리슨에게 인쇄 및 배포 중지명령을 내렸다. 이 명령을 어긴다면 수천 달러의 벌금을 부과하겠다는 경고도 덧붙여졌다. 모리슨은 상급법원에 항소했으나 재판이 끝나기 전에 뇌졸중으로 사망하게 된다. 그의 사망에도 불구하고 재판은 진행되어 미네소타 주 법원은 모리슨의 신문이 덜루스 시장의 부패에 관련된 기사를 싣지 않는다면 앞으로 다시 제작할 수 있다고 판결했다. 그러나 모리슨의 신문은 더 이상 덜루스의 거리에 모습을 나타내지 않았다.

## 황색 저널리즘의 횡포

1920년대 중반의 미국에서 모리슨의 신문과 같은 선정적 주간지들을 발견하는 것은 결코 어려운 일이 아니다. 주로 중소도시에서 제작되던 이러한 주간지들은 19세기 말부터 미국 대도시에서 생겨난 황색 저널리즘의 후예들이었다. 미네소타의 가장 큰 도시인 미니애폴리스에서도 이러한 주간지들이 인기를 끌고 있었다. 미니애폴리스는 캐나다에서 밀수되어 시카고와 세인트루이스 등지로 운반되는 위스키들이 거쳐가는 곳이었다. 밀수로 벌어들인 돈이 도박과 매춘으로 연결되면서 각종 범죄조직이 미니애폴리스에서 활개를 쳤다.

정치인이나 관리들은 대개 범죄조직에 매수되거나 아니면 감히 그들에게 대적을 하지 못한 채 그들의 범죄를 묵인해주고 있었다. 주요 일간신문들도 이러한 부정부패를 못 본 척하기는 마찬가지였다. 이러한 틈새로 주간지들이 비집고 들어가긴 했지만, 부정부패의 척결보다도 자극적인 기사로 독자들을 확보하거나 부패를 폭로하겠다며 돈을 뜯어내려는 의도가 더 컸다.

미니애폴리스에서 주간지를 제작하던 제이 니어와 하워드 길포드도 비슷한 부류의 저질 언론인이었다. 길포드는 1913년부터 미니애폴리스 바로 인근의 세인트폴에서 이 도시 지도급 인사들의 도박, 매춘, 외도 등에 관한 것을 주요 기삿거리로 삼는 『리포터The Reporter』라는 주간지를 만들어왔다. 1916년부터 길포드와 동업을 시작한 니어는 극우적 성향과 인종적 편견이 가득 찬 사람이었다. 『리포터』는 범죄기사와 아울러 섹스 스캔들, 흑인과 유대인들을 경멸하는 기사들로 채워졌다. 부패 공무원과 범죄조직과의 끈끈한 유대는 니어의 신문에 풍부한 기삿거리를 제공했다. 그러나 비록 선정적이긴 했지만 『리포터』의 보도는 대부분 사실이거나 사실에 가까운 것이었다.

1917년 길포드와 니어는 『리포터』를 한 도박업자에게 팔고 헤어졌다. 그러나 1927년 다시 손을 잡고서 새로운 주간지인 『새터데이 프레스Saturday Press』를 창간했다. 그들은 자신들로부터 『리포터』를 인수한 발행인이 범죄조직은 물론이고 경찰과도 결탁하여 진실을 감추거나 왜곡시키고 있기 때문에 새로운 신문이 필요하다고 주장했다. 이를 뒷받침하듯 『새터데이 프레스』의 창간 소식이 알려지자 미니애폴리스 경찰서장이 찾아와 신문의 배포를 금지한다고 경고했고, 며칠 후 길포드는 갱단의 총에 맞아 중태에 빠졌다. 이에 굴하지 않고 니어는 신문을 제작, 배포했다.

『세터데이 프레스』 창간호의 1면은 도박 범죄조직과 경찰관의 결탁을 폭로하는 기사로 채워졌다. 다음 호에는 세탁업협회에 가입하지 않고 독자적으로 세탁소를 경영하려던 한 가족에게 협회가 범죄조직을 앞세워 공갈·협박하고 있다는 기사가 실렸다. 길포드의 총격에 대해서도 경찰의 무능을 비난하는 기사가 실렸다. 니어는 범죄조직과 경찰 사이의 부패에 대해 주요 일간지들이 보도하지 않고 있는 점도 공격했다. 미니애폴리스 시장과 경찰서장, 그리고 지방검사가 한결같이 눈이 멀었거나 아니면 유대인에 의해 운영되는 범죄조직과 연루되어 있음이 분명하다고 주장했다.

화가 난 미니애폴리스 경찰서장은 섹스, 폭력, 잔혹범죄 등의 내용을 싣는 저속한 출판물의 제작과 판매를 금하는 시 조례를 적용하여 『새터데이 프레스』의 가두판매를 금지하라고 명령했다. 이에 대해 니어는 청교도들도 자신의 신문을 저속한 신문으로 간주할 수 없을 것이라면서 반발했다. 더 나아가 다음 호에서도 니어는 검찰과 공무원들을 공격하는 기사를 실으면서 그들과 계속 싸울 수 있도록 구독료나 성금을 보내달라고 독자들에게 호소했다. 그러나 성금을 보내준 독자는 없었다.

한편 지방검사인 프레드 올손은 공중도덕보호법을 적용하여 1927년 11월 21일 미네소타 주지방법원에 길포드와 니어가 『새터데이 프레스』나 기타 유사한 이름으로 신문을 제작, 배포할 수 없도록 발행정지 명령을 내려달라고 요구했고, 판사는 이를 즉석에서 받아들였다. 니어와 길포드는 이러한 결정이 언론의 자유를 침해한 결정이라고 반발했다. 미네소타 주헌법은 "언론의 자유는 영원히 침해될 수 없으며 누구든지 주제에 상관없이 자신의 감정을 자유롭게 말하고 쓰고 보도할 수 있어야 한다"고 선언하고 있었고, 연방헌법 역시 언론의 자유를 보장하고 있었기 때문이다.

다행히 무일푼이나 다름없는 니어와 길포드를 위해 토머스 라티머라는 인권변호사가 법률구조를 자원했다. 법률 위반을 뒷받침하는 검찰측의 사실 제시가 불충분하다고 판단한 라티머 변호사는 니어와 길포드에게 발행정지 결정을 일단 수용하고 공중도덕보호법이 위헌이라는 주장을 펴자고 제안했다. 법정 변론에서 라티머 변호사는 공중도덕보호법과 같은 법을 가진 나라는 당시 지구상에 두 나라, 즉 공산주의 러시아와 무솔리니의 이탈리아뿐이라며 이 법이 반민주적인 정치적 탄압의 도구라고 주장했다. 실제로 이 사건이 진행되는 동안 권위 있는 일간지인 『미니애폴리스 저널』은 "진정으로 자유롭기 위해서는 신문이 어떤 의견이든지 표현할 수 있어야 할 뿐만 아니라 아무런 구속도 받지 않고 신문을 배포할 수 있어야 한다"며 무솔리니가 이탈리아에서 자행하고 있는 언론 탄압을 공격하는 사설을 실었다.

그러나 이처럼 이탈리아의 언론의 자유를 주창하면서도 미네소타주의 주요 일간지들은 코앞에서 벌어지는 니어 사건에 관해서는 아무런 관심도 보이지 않았다. 라티머 변호사가 법정에서 변론한 지 일주일 만에 담당판사는 그의 주장을 받아들일 수 없다는 판결을 내렸다. 공중도덕보호법은 사회적 해악인 저속한 언론을 뿌리뽑기 위해 만들어진 정당한 법이라는 내용이었다. 그러나 담당판사는 합헌성에 대한 확신이 서지 않은 듯 위헌 여부의 심사를 주대법원에 요청했다.

비록 니어와 길포드의 『새터데이 프레스』가 정간당한 상태였지만 이 신문이 고발 보도했던 범죄에 대한 수사는 진행되고 있었다. 이 신문의 정간명령이 내려진 지 두 달 만에 미니애폴리스 경찰서장에 대한 조사가 시작되었다. 그는 기소까지 되지는 않았으나 시장의 압력으로 결국 사표를 내야 했다. 세탁업협회의 공갈에 대한 보도와 관련해서는 75명의 회원들이 불공정 거래행위로 기소되어 벌금형을 받았으며 협회장에 대해서는 자격정지 명령이 내려졌다. 세탁소 주인을 폭행한 4명의 조직폭력배들에게는 4년의 징역형이 언도되었다. 『새터데이 프레스』의 보도가 결코 사실 무근이 아니었음이 인정된 것이다.

## 언론의 자유냐, 언론의 방종이냐

미네소타 주대법원은 1928년 4월 공중도덕보호법의 위헌성 여부에 대한 심의에 들어갔다. 라티머 변호사는 이 법이 미네소타 주헌법과 수정헌법 제1조에 보장된 언론의 자유를 침해했다고 주장했다. 재판이 시작된 지 5주 후,『새터데이 프레스』의 정간 결정이 내려진 지 9개월 만에 미네소타 주대법원은 만장일치로 공중도덕보호법이 합헌이라는 결정을 내렸다.

새뮤엘 베일리 윌슨 주대법원장은 니어의 신문을 잡초나 매춘에 비교하면서 이런 것을 제거하는 것은 주의회의 당연한 권리이자 책임이라고 옹호했다. 그는 미네소타 주헌법이 언론의 자유를 보장한 것이지 언론의 방종을 보장한 것은 아니라면서 개인의 명예를 훼손하는 허위사실의 유포나 악의적인 목적으로 타인의 명예를 해치기 위해 특정 사실을 보도하는 것까지 보호하는 것은 결코 아니라고 판단했다. 그는 결사의 자유가 보장된다고 해서 불법적인 단체의 조직이나 폭동을 인정하지 않는 것과 마찬가지로, 언론의 자유가 보장된다 하더라도 그러한 보호를 받는 표현에는 분명 한계가 있다고 선언했다.

니어의 재판은 미네소타주에서 큰 주목을 받지 못했지만, 멀리 시카고와 뉴욕에서 이 사건을 주시하고 있는 사람들이 있었다. 이들의 관심은 니어나 길포드에 대한 개인적인 동정에서 우러나온 것이라기보다는 언론의 자유의 중요성에 대한 각별한 인식에서 나온 것이었다. 니어는 당시 뉴욕에 인권을 침해당한 사람들을 도와주는 단체가 생겼다는 말을 친구로부터 듣고 수소문하여, 당시 창립한 지 몇 해 되지 않던 미국시민권연맹에 도움을 요청하는 편지를 보냈었다. 이 단체의 대표인 로저 볼드윈은 니어 사건의 중요성을 감지하고, 당시 미국시민권연맹으로서는 많은 금액인 150달러의 예산을 니어 사건의 법률지원을 위해 집행하기로 결정했다.

많은 유대인들로부터 재정적 원조를 받던 미국시민권연맹이 유대인, 가톨릭, 흑인에 대해 편견에 가득찬 보도를 일삼고 공산주의자와 노동운동을 적대시하던 니어와 길포드에게 법률구조를 하기로 한 것은 인권의 보편성에 대한 연맹의 신념을 잘 보여주는 것이었다. 이러한 차별 없는 인권구조 활동 때문에 미국시민권연맹은 좌익 공산주의 집단이라는 비난을 받기도 했다. 사실 이 연맹의 핵심인사들인 클라렌스 대로우 변호사, 펠릭스 프랭크퍼터 하버드 법대 교수, 노만 토머스 목사 등은 당시 기준으로 보아 좌익 성향이 강한 사람들이었다. 당시 미국에서 가장 우익적 논지를 펴는 주요 일간지였던 『시카고 트라뷴』은 이 단체의 인권 구제활동을 비판하면서 그들을 소련의 앞잡이라고 매도하기도 했다.

1928년 7월 미국시민권연맹은 미네소타주의 공중도덕보호법이 『새터데이 프레스』뿐만 아니라 미국 전체의 언론의 자유에 대한 위협이라고 미네소타 주대법원에 재심을 청구하면서, 필요하다면 니어 사건을 연방대법원에까지 상고하겠다고 발표했다. 이 연맹은 이 사건의 촛점을 언론 검열과 다를 바가 없는 언론의 '사전 억제'라는 점에 맞추었다. 언론에 발표한 성명서에서 "지금까지 언론에 대한 통제는 형사법상이나 명예훼손법에 의한 사후처벌이었다. 그러나 새로 제정된 미네소타주 공중도덕보호법은 이와는 근본적으로 다른 사전 억제 장치로 언론의 자유에 대한 중대한 위협"이라고 주장했다. 이러한 법이 미국의 다른 주에서도 만들어질 수 있다는 점을 강조하면서 이 문제가 결코 미네소타주에만 국한된 것이 아니라고 설명했다.

이 연맹이 니어와 길포드에게 법률구조를 하기로 결정하자 미네소타주의 주요 일간지들은 경악을 표시했다. 『미니애폴리스 트리뷴』은 사설을 통해 미국시민권연맹이 쓸데없이 간섭을 한다면서 판사들이 이 법을 악용하여 신문의 정당한 보도를 사전 억제할 가능성은 거의 없다고 주장했다. 오히려 언론이라는 점을 이용해 공갈과 협박을 일삼는 저질·악덕 언론의 횡포가 더 큰 문제라고 지적했다.

사실 미국시민권연맹은 니어 사건의 중요성을 인식하고 있었으나 연방대법원까지 가서 이들을 변호할 인적·재정적 준비는 불충분한 상태였다. 이때 갑자기 미국 언론계의 거물이 니어 사건에 개입하면서 판도가 순식간에 달라졌다. 니어는 미국시민권연맹뿐만 아니라 『시카고 트리뷴』의 발행인인 로버트 맥코믹에게도 도움을 요청하는 편지를 보내었다. 미네소타주의 주요 일간지들이 언론의 자유를 위해서 싸우는 자신을 돕기는커녕 오히려 자신을 멸시하고 공격하고 있다는 니어의 하소연에 맥코믹이 관심을 보인 이유는 자신의 신문도 최근 수차례 법정싸움을 해야 했기 때문이었다. 이러한 소송 경험은 그를 언론의 자유에 대한 집착이 가장 강한 신문발행인으로 만들었다. 비록 신문의 규모에서는 엄청난 차이가 있었지만, 니어 사건을 통해 맥코믹은 언론인으로서 니어에게 연대감을 갖게 된 것이다.

조부로부터 신문사를 이어받은 맥코믹은 예일대학과 노스웨스턴 법대를 졸업한 변호사이기도 했다. 1911년부터 그의 사촌인 조 맥코믹과 함께 『시카고 트리뷴』을 상속받은 그는 탁월한 경영수완을 보여 1924년에 이 신문을 미국에서 가장 발행부수가 많은 신문으로 만들었다. 1920년 43만 부였던 발행부수가 1930년에는 83만5000부로 늘어났다. 강력한 보수우익 정치적 성향을 가진 맥코믹은 『시카고 트리뷴』을 통해서 기업인·주지사·대통령 등을 가리지 않고 자신의 정치적 신조와 맞지 않는 사람들을 신랄하게 공격하고 비판해왔다. 1930년 『타임』이 워싱턴 주재기자들을 상대로 조사한 결과 『시카고 트리뷴』이 가장 편파적인 신문으로 뽑혔던 적도 있었다.

이러한 『시카고 트리뷴』의 독설 때문에 맥코믹은 자동차회사 사장인 헨리 포드와 시카고 시장인 윌리엄 톰슨 등으로부터 명예훼손으로 피소되어 50만 달러에 달하는 소송 비용을 부담해야 했었다. 덕분에 명예훼손소송에 대한 경험이 풍부해진 『시카고 트리뷴』의 웨이마우스 커클랜드 변호사는 니어 사건의 자료를 검토한 후 이 사건이 자신의 피를 끓게 만들었다고 맥코믹에게 말했다. 만약 미네소타 주법이 합헌이라고 인정될 경우 다른 주에서도 비슷한 법을 만들려 노력하게 될 것이고 이에 따라 도박·밀주 등 사회악을 제거하려 노력하는 신문들은 판사에 의해 독단적으로 정간처분을 받게 되는 사태가 발생할 것이라고 우려했다. 이러한 커클랜드 변호사의 의견을 듣고 맥코믹은 니어 사건에 완전히 발을 들여놓게 되었고, 맥코믹은『시카고 트리뷴』의 변호사들을 니어의 법정대리인으로 선정하기에 이르렀다.

맥코믹은 미국신문발행인협회American Newspaper Publishers Association 임원들에게 니어 사건을 지원해달라고 요청했다. 이 협회의 언론자유위원회 위원장이기도 한 맥코믹은 니어 사건의 소송비용을 협회에서 부담하자고 제안했다. 신문발행인협회 같은 단체에서 니어 사건을 지원하지 않는 한, 법원의 부당한 결정 때문에 경제적으로 파탄을 당한 작은 신문이 소송에서 승리하기는 힘들다는 이유를 내세웠다. 그러나 협회 회장인『로스앤젤레스 타임스』의 해리 챈들러 사장은 니어 사건의 중요성에 대해서 확신이 서지 않은 상태였다. 그는 다른 주에서도 미네소타주의 공중도덕보호법과 유사한 법을 만들 때까지 좀더 지켜보자는 신중론을 폈다.

맥코믹이 니어 사건에 적극적으로 나서자 미국시민권연맹이 법률구조를 철회하겠다고 연락을 해와 미네소타 주대법원의 재심에는『시카고 트리뷴』변호사들이 대리인으로 나섰다. 그들은 변론에서 신성모독과 청소년에 유해하다는 이유로 소크라테스를 사형시킨 아테네 시민들, 모세의 율법을 비판했다는 이유로 사형을 당한 예수 등 인류 역사상 표현의 자유를 억압한 사례를 나열했다. 동시에 존 밀턴, 존 스튜어트 밀 등 언론의 자유를 주창한 사상가의 저술과 올리버 웬델 홈즈 연방대법관의 최근 판결문까지 동원하여 미네소타주의 공중도덕보호법이 위헌이라고 역설했다. 그러나 미네소타 주대법원은 한 페이지의 간단한 판결문을 통해 니어에게 패소 판결을 내렸다. 니어는 즉시 연방대법원으로 상고하게 된다.

## 연방대법원 대법관 9명의 성향

니어 사건에 대해 미국의 유력 일간지들은 상반된 반응을 보였다. 일부 신문들은 맥코믹의 언론의 자유를 위한 투쟁을 적극 지지하기도 했지만, 이를 마땅치 않게 여기는 신문들도 있었다. 당시 가장 진보적인 신문이었던 『크리스천 사이언스 모니터』는 미네소타 주법을 탄생시킨 원인은 저속하고 무책임한 언론에 있다고 주장하면서 맥코믹의 니어 사건 지원을 비난했다. 그러나 신문발행인협회는 회원들의 찬반 투표결과에 따라 니어 사건을 지원하기로 결의했다. 이 협회는 "미네소타주의 공중도덕보호법은 미국 헌법 채택 이후 시도된 미국민의 자유에 대한 도전 중 가장 심각한 것 중의 하나로 민주주의 체제를 본질적으로 위협하는 것이다. 따라서 신문발행인협회 회원들은 이 법뿐만 아니라 언론의 자유를 침해하는 모든 법률을 폐기하려는 노력에 대해 전적으로 협조할 것을 결의한다"는 결의문도 채택했다.

유능한 변호사의 도움과 미국 여론을 유리하게 움직여줄 신문발행인협회의 지원을 받게 된 맥코믹의 최종 목표는 물론 9명의 연방대법원 대법관들 중 다수의 지지를 확보하는 것이었다. 일단 판례에서는 니어가 불리했다. 우선 언론의 자유에 대한 연방대법원의 판례가 많지 않았고, 있다 하더라도 정부의 언론 탄압을 합헌으로 인정하는 판결이 대부분이었기 때문이다. 1930년까지 연방대법원에는 노동자의 권리보다는 기업을 옹호하고 인권보다는 질서를 우선시하는 보수적인 대법관들이 다수를 차지하고 있었고, 이러한 보수세력의 득세는 상당히 지속될 것으로 예상되었다.

그들은 사회개혁과 복지 그리고 인권 보장에 대한 미국 민중들의 요구를 '재산권 보호' '사회적 질서 유지' '국가안보' 등의 논리로 차단하고 있었다. 하워드 태프트 대법원장은 동료 보수 대법관들에게 헌법 질서를 유지하는 유일한 희망은 자신을 포함한 6명의 보수 대법관들이 가능한 한 오래 사는 것이라고 말하기까지 했다. 연방대법관은 종신 임기였기 때문이었다. 그러나 1930년에 접어들면서 태프트 대법원장이 갑자기 건강상 집무를 할 수 없게 되어 은퇴하게 되고, 에드워드 샌포드 대법관도 치과수술을 받던 중 갑자기 사망하면서 확고했던 보수 대법관 진영에 균열이 생겼다.

태프트의 후임으로는 이미 대법관을 한 차례 역임했으며, 대통령 후보와 외무장관을 지낸 화려한 경력의 찰스 휴즈 변호사가 임명되었다. 샌포드의 후임으로는 특별검사를 역임한 후 필라델피아에서 변호사 활동을 하고 있던 오웬 로버츠가 임명되었다. 이들은 연수입 십수만 달러의 변호사 생활을 포기하고 2만 달러의 연봉을 받는 대법관이 된 것이다. 공화당 출신인 휴즈 대법원장은 비교적 합리적 성향을 갖고 있었고 인권 보호에 대한 관심이 높았기 때문에 올리버 웬델 홈즈, 루이스 브렌다이스, 할란 피스크 스톤 등 진보적 대법관들의 입장에 동조할 가능성이 많았다. 따라서 로버츠 대법관이 보수와 진보 진영 가운데 어느 쪽의 입장을 지지하느냐에 따라 대법원의 결정이 판가름나는 상황이었다.

니어 사건에서 보수 진영을 이끌어갈 사람은 미네소타주 출신인 피어스 버틀러 대법관이었다. 미네소타주에서 대기업들을 대변한 변호사로 명성을 날렸던 버틀러 대법관은 니어의 『새터데이 프레스』와 같은 선정적 주간지들이 야기하는 사회적 문제점에 대해 잘 알고 있었다. 따라서 그는 공중도덕보호법의 필요성에 대해서 절실히 공감하고 있었다. 한편 맥코믹은 니어 사건이 연방대법원에서 승소하려면 브렌다이스 대법관을 자기 편으로 끌어들여야 한다고 판단했다. 브렌다이스는 미국 최초의 유대인 출신 연방대법관으로 홈즈 대법관과 함께 철저한 인권 수호자로서 존경을 받고 있었다. 반유대인적 편견이 강한 맥코믹이었지만 그는 대법원 상고심 자료에서는 예수의 사형에 관한 언급을 삭제해 브렌다이스의 감정을 건드리지 말도록 지시했다.

하버드를 졸업하고 매사추세츠에서 개혁적인 변호사로 명성을 떨친 브렌다이스는 기업의 독점과 횡포를 견제하고 노동자의 권익을 옹호하기 위해 많은 사건을 무료 변호하여 '국민의 변호사'라는 칭호를 얻기까지 한 경력의 소유자였다. 윌슨 대통령의 개혁정책에 주요 브레인으로 활약하기도 한 브렌다이스는 윌슨에 의해 1918년 대법관으로 지명이 되었다. 그는 단지 유대인이라는 이유 때문에 상원 인준청문회에서 강력한 반대에 부딪히기도 했었다.

브렌다이스는 당시 워싱턴에서는 아주 특이한 인물이었다. 수백만 달러의 재산을 가졌음에도 불구하고 1년에 1만 달러 이상 쓰지 않는 검소한 생활을 했다. 워싱턴의 거의 모든 유명 변호사들과 고급 관료들이 리무진을 타고 다닐 때 그는 마차를 타고 다녔다.

## '썩은 가지 치기'보다 '나무 전체 살리기'로

니어 사건의 연방대법원 법정 변론은 1931년 1월 31일 진행되었다. 그러나 소송 당사자인 니어와 길포드의 모습은 법정에 보이지 않았다. 그들은 워싱턴까지 여행할 경비도 없었고 사건 자체에 대해서도 이미 관심을 상실한 상태였다. 길포드는 아예 소송 당사자의 자격을 스스로 포기했다. 언론의 자유를 지킨다는 고상한 명분보다는 자신의 신문을 하루빨리 발행하는 것이 최대 목표였던 니어도 맥코믹이 언론의 자유에 초점을 맞추어 재판을 지루하게 끌고 가는 데 큰 불만을 가지고 있었다.

미네소타 주정부의 대리인으로 법정에 선 제임스 마크햄 주법무차관은, 공중도덕보호법은 주의회가 주민들의 복지를 위해 제정할 수 있는 권리를 행사한 것일 뿐 결코 사전 억제나 사전 검열이 아니라고 반박했다. 니어의 신문을 정간 조치한 것은 과거의 보도행위에 대한 처벌일 뿐이라면서, 공중도덕보호법은 언론을 이용하여 허위사실을 유포하고 금품 갈취를 일삼는 저질 언론을 정화하는 효과가 있기 때문에 언론을 탄압하는 것이 아니라 언론에 도움을 주는 법이라고 주장했다.

니어의 법정대리인으로 나선『시카고 트리뷴』의 커클랜드 변호사는 이미 서면으로 제출한 67쪽의 상고변론서를 요약해서 읽어 내려갔다. 물론 그 내용은 미네소타 주대법원에서 그가 주장한 대로 언론의 자유가 침해되어서는 안 된다는 것이었다. 그는 언론의 자유를 제한하는 것은 정치적·도덕적·경제적·산업적으로 파멸을 가져올 정도의 심각한 해악일 경우에만 정당화될 수 있다고 주장하면서, 언론의 자유에 수반되는 일부 부작용이 그것을 이유로 언론에 재갈을 물릴 때 발생하는 해악보다 훨씬 적다는 것이 역사적으로 증명되었다고 역설했다. 또 무책임한 저질 언론만이 미네소타주 공중도덕보호법에 적용받을 것이라는 논리를 반박하면서 권위 있고 책임 있는 언론도 이러한 법에 의해 제재를 받게 될 것이라고 주장했다.

커클랜드는 30여 년 전『뉴욕 타임스』가 뉴욕 주정부 관리들의 부정부패를 고발하는 기사를 보도했을 때 뉴욕주 정치인들에게 온갖 압력과 협박을 받았고 경쟁 신문사들로부터도 조롱을 받은 사실을 상기시켰다. 그때 뉴욕에 공중도덕보호법과 같은 법이 존재했었다면『뉴욕 타임스』는 정간되었을 것이고 뉴욕시의 부정부패는 제거되지 못했을 것이라며 대법관들을 설득했다. 그는 어떤 표현도 사전 억제나 사전 검열이 허용되어서는 안 되며, 이것이 언론의 자유를 보장한 수정헌법 제1조의 원래 의미라고 강조하면서 무책임한 언론의 허위보도나 공갈협박 등을 통한 금품 갈취는 명예훼손이나 기타 형법을 통해 처벌하면 된다고 주장했다.

법정 심리가 끝난 후 니어 사건은 여느 사건과 마찬가지로 매주 토요일 오후에 열리는 대법관 회의에서 심의되었다. 대법관 회의는 철저하게 비밀리에 진행되고 여기서 심의된 자료와 메모, 노트 등은 심의가 끝난 후 금고에 보관되었다가 사건이 종결되면 폐기되는 것이 관례였다. 니어 사건에 관해 대법관 회의에서 표결한 결과 스톤·로버츠·휴즈·홈즈·브렌다이스 등 5명의 대법관이 미네소타 주법을 위헌이라고 보았고, 4명의 보수 대법관들은 위헌이 아니라는 입장이었다. 휴즈 대법원장은 브렌다이스 같은 철저한 인권옹호론자와 로버츠와 같은 중도적 대법관의 입장도 모두 수용하여 절충적인 판결문을 직접 쓰기로 했다.

1931년 6월 1일, 연방대법원은 니어의 『새터데이 프레스』를 정간시킨 미네소타주의 공중도덕보호법을 위헌이라고 판결했다. 휴즈 대법관은 마치 목사가 설교하듯 웅변조로 판결문을 발표하는 습관이 있었으나 니어 사건의 경우에는 판결문을 한 자도 빠트리지 않고 천천히 읽어 내려갔다. 휴즈 대법원장은 정부 관리들을 비판할 권리가 민주주의의 기초라는 것을 강조하면서 미국을 건국하던 당시 이미 언론의 사전 억제 조치를 금지했다는 사실을 상기시켰다. 언론의 그릇된 보도에 대한 처방은 명예훼손법에 근거해 보상과 처벌을 요구하는 것이지 신문이나 잡지에 대해 사전에 간행하지 못하도록 요구하는 것은 아니라고 재확인했다.

미네소타주의 공중도덕보호법이 불필요하다는 점을 강조하기 위하여 그는 수정헌법의 초안자인 제임스 매디슨의 말을 인용했다. "모든 일에 있어 어느 정도의 부작용은 불가피한 것이고 이는 언론에 있어서도 마찬가지이다. 여러 주에서의 경험을 통해 체득한 언론 자유의 이치는, 일부 썩은 가지들을 마구 잘라 없애는 것보다는 나무 전체가 잘 자랄 수 있도록 보호하여 좋은 열매를 맺도록 하는 것이 현명하다는 것과 같다."

휴즈 대법원장은 현대 사회에서의 언론의 중요성을 강조했다. "최근 정부의 행정이 점점 더 복잡해지면서 부정과 부패의 가능성은 더 늘어났고 범죄도 크게 증가했다. 범죄집단과 부정을 일삼는 무책임한 관리는 국민의 생명과 재산의 안전을 위협하고 있다. 이로 인해 민주사회의 첨병인 용감한 언론이 더욱 절실하게 필요해졌다. 일부 무책임하고 부도덕한 언론인들에 의해 언론의 자유가 남용된다고 해서 관료들의 부정부패를 감시하는 언론이 사전 억제를 받아서는 안 된다는 원칙의 중요성이 감소되는 것은 아니다." 그러나 휴즈 대법원장은 언론의 자유가 언제나 완벽하게 보장되는 것은 아니라는 단서를 붙였다. 즉, 전시의 군사작전에 관한 정보나 무장반란을 선동하는 것 그리고 음란외설물에 대한 정부의 사전 억제는 정당하다는 것이다. 휴즈는 미네소타주의 공중도덕보호법에서 이러한 예외적 요소를 발견하지 못했기 때문에 위헌이라고 결론지었다.

반대의견문을 제출한 버틀러 대법관은 『새터데이 프레스』의 내용을 문제삼으면서 공중도덕보호법이 사전 검열 조치가 아니라 언론의 공갈행위와 허위보도에 대한 사후 처벌에 불과하다고 주장했다. 그는 외설물에 대한 사전 억제의 예외적 적용을 들어, 음란외설 간행물을 사전 금지할 수 있다면 왜 악의적으로 남의 명예를 더럽히는 신문의 보도를 금지하는 것이 부당한지 이해할 수 없다고 이의를 제기했다.

## 가장 저속한 주간지가 최고 권위지를 보호한 아이러니

연방대법원 판결에 가장 기뻐한 사람은 물론 맥코믹이었다. 맥코믹은 니어의 신문이 허위보도 때문에 정간당한 게 아니라 정부 관리들의 부정부패를 고발한 진실보도 때문에 정간당한 것이라고 강조하면서, 이 판결이 언론의 자유를 위한 싸움에서 가장 큰 승리 중의 하나로 역사에 기록될 것이라고 평가했다. 니어 사건의 초기에는 거의 관심을 보이지 않았던 미국의 주요 일간신문들은 연방대법원의 판결을 환영하면서 크게 보도했다. 『시카고 타임스』마저 사설을 통해 치열한 경쟁자인 『시카고 트리뷴』이 공익을 위해 훌륭하게 봉사한 것을 치하했다. 한편 『뉴욕타임스』는 맥코믹이 미국의 모든 신문사를 위해 중요한 일을 했다고 칭찬하면서도, 연방대법원에 의해 언론의 자유가 재천명되었지만 이것이 방종의 허가를 의미하는 것은 아니라며 언론의 자숙을 촉구했다.

타지역의 언론과 달리 미네소타주의 주요 일간지들의 반응은 여전히 부정적이었다. 미니애폴리스의 3대 일간지 중 어느 신문도 연방대법원의 판결을 환영하지 않았다. 『미니애폴리스 스타』는 아주 짧은 사설을 통해 저질 언론을 척결한다는 좋은 목적으로 만들어진 공중도덕보호법이 무효가 되었음을 애석해하면서, 아직도 의지만 있다면 다른 법들을 적용해서라도 이러한 저질 언론의 척결은 가능하다고 위안을 삼았다. 『미니애폴리스 트리뷴』은 미국의 신문들이 사소한 언론의 자유 침해에도 과민하게 반응한다고 꼬집으면서, 다른 지역의 신문들은 니어 판결을 환영할 것이지만 저질 언론이 아직도 많은 미네소타주에서는 결코 환영받지 못할 것이라고 내다보았다.

연방대법원의 승소 판결이 있은 지 1년 4개월 후인 1932년 10월 니어와 길포드의 『새터데이 프레스』는 다시 미니애폴리스 거리에 등장했다. 복간된 이 신문의 내용은 정간당하기 전과 크게 달라진 것이 없었다. 그들은 자신들의 신문이 연방대법원에서 인정받은 유일한 신문이며 언론의 자유를 위해서 과감히 싸워서 승리한 유일한 신문이라고 대대적으로 선전했다. 그러나 이 신문은 오래 가지 못했다. 신문 판매가 부진하여 적자가 누적되자 길포드는 신문사업에서 손을 떼고 미니애폴리스 시장선거에 출마하겠다고 나섰다. 그러나 그는 1934년 9월 갱단에 의해 피살된 시체로 발견되었다. 니어도 2년 후 미니애폴리스의 한 병원에서 62세의 생을 마감했다.

비록 니어와 길포드의 생애는 보잘것없었으나 그들이 남긴 판결은 언론의 자유를 확고히 한 초석이 되었다. 니어 판결은 가장 멸시받는 언론에 의해 얻어진 값진 성과였다. 니어 판결 이후 연방대법원은 언론의 자유를 기본권 중의 기본권으로 규정하고 언론 자유의 침해에 대해서는 매우 철저하게 판결해왔다. 니어 판결에서 천명된 언론의 사전 검열금지 원칙은 40여 년 후인 1970년 연방대법원에 의해 다시 확인되었다.

닉슨 행정부가 국방상의 기밀을 보도했다는 이유로 『뉴욕 타임스』와 『워싱턴 포스트』에 사전 보도 금지를 요청했으나, 연방대법원은 이 판례를 상기시키며 요청을 거부한 국방성 보고서 사건이 바로 그것이었다. 미국 언론 중 가장 저속한 주간지에 의해 만들진 선례가 미국 최고의 권위 있는 신문를 보호하는 데 기여한 것이다. 언론 자유의 중요함과 더불어 가장 밑바닥에 있는 사람들을 보호하는 것이 결국 사회 전체를 보호하는 것이라는 인권보호의 보편성 원칙이 다시 한번 확인된 셈이다.

# 공직자를 비판하는 언론보도가 명예훼손에 해당되는가

설리반 판결 New York Times v. Sullivan, 375 U.S. 254 (1964)

1960년 3월 23일 『뉴욕 타임스』 건물 2층 광고국으로 존 머레이라는 흑인이 찾아왔다. 광고를 내기 위해서였다. 당시 『뉴욕타임스』는 상업광고 외에도 사설광고editorial advertisement라고 불리는 정치광고, 이념광고도 많이 실었다. 이러한 광고지면은 북한의 김일성이 공산혁명이념을 주창하기 위해서 애용하기도 했고, 시민단체들이 특정한 문제에 대한 여론의 지지를 호소하기 위해서 사용하기도 했다. 머레이가 가져간 광고는 앨라배마주에서 흑백차별의 철폐를 요구하며 민권운동을 주도하고 있던 마틴 루터 킹 목사를 돕기 위해 만들어진 킹목사보호위원회Committee to Defend Martin Luther King의 모금광고였다.

당시 미국 남부에서는 노예해방 이후에도 지속되어온 인종차별을 종식시키기 위한 투쟁이 킹을 비롯한 흑인목사들의 주도하

미국 흑인의 인권운동에 앞장섰던 킹 목사는 간디의 영향을 받아 비폭력 저항에 입각해 운동을 이끌었다.

에 치열하게 전개되고 있었다. 남북전쟁의 결과, 비록 흑인을 노예로 삼는 것은 불법화되었지만 백인 위주의 사회에서 남부 흑인들의 정치적·사회적·경제적 지위에는 그 후에도 큰 변화가 없었다. 백인들은 흑인들을 노예로 부려먹지 못하는 대신 철저하게 소외시키고 차별했다. 「독립선언서」에서 모든 인간은 동등하게 창조되었다고 주장한 나라였지만 피부색이 검다는 이유로, 혹은 흑인의 피가 섞였다는 이유로 요람에서 무덤까지 차별이 진행되었다. 실제로 병원에서부터 묘지까지 모든 공공시설에서 흑인용과 백인용이 엄격히 분리되었다. 당연히 백인들을 위한 시설은 우수하고 흑인들의 시설은 초라하고 부실했다.

노예해방 이후 모든 미국인에게 동등한 권리를 부여한 헌법 조항을 새로이 제정했음에도 불구하고 이러한 흑백차별이 계속될 수 있었던 것은 연방대법원의 판결 때문이었다. 1896년 연방대법원은 흑백을 분리하는 것이 결코 흑인들의 평등권을 침해하는 것이 아니라고 판결했었다. 분리되었지만 동등하다는separate but equal 논리를 동원해 흑인들을 2등 시민으로 차별하는 것을 합법화한 것이다. 그러나 1954년 연방대법원은 공립학교에서 흑인 학생과 백인 학생을 분리시키는 것이 평등권을 침해한다고 판결하면서 흑인민권운동의 기폭제를 마련했다. 이 판결Brown v. Board of Education은 사실 오랫동안 흑인의 지위 향상을 위해 투쟁해온 흑인민권단체와 인권변호사들의 피나는 노력 덕택에 만들어진 작품이었다.

### 끝나지 않는 인종차별

킹 목사가 주도하는 흑인민권운동은 1955년 12월 1일 앨라배마주 몽고메리시에서 한 흑인 여자 봉제직공에 의해서 시작되었다. 하루 일을 마치고 피곤한 몸을 이끌고 집으로 돌아가던 로자 파크스Rosa Parks라는 흑인 여자는 시내버스 앞자리에 앉았다. 백인 버스 운전기사는 그 자리를 백인 남자에게 양보하고 뒷자리로 가서 앉으라고 명령했다. 타고 내리기 쉬운 앞좌석은 백인전용이기 때문이었다. 파크스는 이를 듣지 않았고 경찰이 그녀를 강제로 버스에서 끌고 내려 흑백분리법을 위반한 혐의로 체포했다. 이 사실을 알고 분개한 몽고메리시의 흑인들은 버스 안 타기 운동을 벌였다. 수십 킬로미터를 걸어서 출퇴근하거나 교회 단위로 트럭을 동원해 버스를 대신했다. 이 버스 안타기 운동을 주도한 목사들 중에 당시 27세의 킹 목사도 참여하고 있었다.

몽고메리시의 버스 안 타기 운동에서 시작된 1950~60년대의 흑인민권운동은 간디의 비폭력 저항운동과 비교되었다. 백인버스 안 타기 캠페인에서 탁월한 지도력과 웅변술을 보여준 킹 목사는 곧 흑인민권운동의 상징적·실제적 지도자가 되었다. 흑백분리를 고수하려는 앨라배마의 백인들은 온갖 구실로 킹 목사를 비롯한 흑인민권운동 지도자들을 괴롭혔다. 킹 목사는 버스 안 타기 운동을 모의한 혐의로 앨라배마 주법원에서 유죄판결을 받았으나 연방대법원에 상고해 승소했다. 1956년 12월 연방대법원은 몽고메리 시내버스에서의 흑백차별은 위헌이라는 판결을 내렸다.

남부의 백인들은 흑인민권운동을 보호하는 판결을 잇달아 내린 연방대법원뿐만 아니라 흑인들에게 동정적으로 보도하는 북부 언론에 대해서도 불만이 컸다. 그들은 100여 년 전 노예해방을 선동하던 북부의 인권운동가와 기자들이 다시 남부에 출현해 남부 백인의 자결권을 박탈하고 있다고 보았다. 백인들은 지역 정치인들과 경제인들을 대규모 집회나 은밀한 정치적·경제적 압력으로 압박해 흑백분리정책을 계속하도록 해왔다. 공립학교에서의 흑백분리가 위헌이라는 판결이 내려진 지 6년이 지난 1960년에도 앨라배마·미시시피·조지아·루이지아나·사우스캐롤라이나에서는 백인들의 저항 때문에 아직도 흑백 학생이 한 학교에 다니지 않고 있었다. 평등권을 요구하는 흑인들에게는 협박과 폭력을 사용하는 것도 서슴지 않았다. 투표권을 행사하려는 흑인들이 폭행과 협박을 당하는 사례도 비일비재했고 많은 민권운동가들이 백인들의 테러에 의해 살해되었다. 백인 경찰과 백인 법관에 의해 운영되는 남부의 사법제도하에서 이러한 범죄행위는 묵인되곤 했다.

앨라배마 주검찰은 킹 목사가 소득세 신고서를 허위로 작성했다며 위증죄로 기소했다. 전례가 없었던 검찰권 행사는 킹 목사를 음해하기 위한 것이었다. 이밖에도 앨라배마 주경찰은 교통위반 등 갖가지 죄목을 동원해 킹 목사를 법적으로 옭아매려 하고 있었다. 1964년, 법적으로 곤경에 처한 킹 목사를 돕기 위해서 뉴욕에서 킹목사보호위원회가 결성되었다. 여기에는 루스벨트 대통령의 미망인이었던 엘레너 루스벨트 등 저명한 진보적 사회인사들과 흑인 노조지도자, 목사 그리고 해리 벨라폰테, 시드니 포이티어 등의 흑인 연예인들도 동참했다.

『뉴욕 타임스』에 이 위원회의 모금광고를 내러 간 존 머레이는 브로드웨이에서 활동하는 극작가였다. 머레이는 시간과 경비를 절약하기 위해 광고대행사에 맡기지 않고 직접 원고를 들고 신문사를 찾아갔다. 당시 『뉴욕 타임스』의 전면광고비는 약 4800달러였다. 『뉴욕 타임스』에는 허위광고, 개인을 공격하는 광고, 음란성 광고를 싣지 않는다는 규정이 있었으나 머레이가 가져온 광고는 이러한 범주에 포함되지 않아 1960년 3월 29일자 『뉴욕 타임스』에 「그들의 솟구치는 함성을 들어라Heed Their Rising Voices」라는 제목으로 실렸다. 이 제목은 열흘 전 『뉴욕 타임스』의 사설을 인용한 것이었다. 『뉴욕 타임스』는 이 사설에서 날로 증가하는 흑인들의 평화적 대규모 시위에 지지를 표명하면서 연방의회가 '그들의 솟구치는 함성'에 귀를 기울여야 한다고 주장했었다.

## 『뉴욕 타임스』 광고의 명예훼손 시비

『뉴욕 타임스』에 실린 킹목사보호위원회 광고의 주요 내용은 다음과 같았다.

지금 전세계가 알고 있듯이 수천 명의 남부 흑인 학생들이 미국 헌법에 보장된 대로 인간의 존엄성을 유지하며 살 수 있는 권리를 쟁취하기 위해 비폭력 시위에 대규모로 동참하고 있다. (…) 그러나 이 학생들은 이러한 권리를 인정하기를 거부하는 사람들이 휘두르는 폭력의 물결에 휩쓸리고 있다. (…) 앨라배마주의 몽고메리시에서는 학생운동 지도자들이 학원 내에서 총과 최루탄으로 무장한 경찰들에 의해 쫓겨나고 있다. (…) 학생회 전체가 등록을 거부하며 대항하자 학교 당국은 그들을 굶겨 굴복시키기 위해 식당문을 잠궜다.

이 광고는 이러한 행위를 저지른 사람들의 이름을 구체적으로 거명하지는 않았다. 단지 '헌법을 위반하는 남부인들Southern violators of the Constitution'이 킹 목사의 평화적 저항을 협박과 폭력으로 굴복시키려 하고 있다고 주장했다. "그들은 킹 목사의 집을 폭파해 그의 아내와 자녀들을 살해하려 했으며 킹 목사를 속도 위반, 부랑 혐의 등으로 7번이나 체포했고 지금은 위증죄로 최고 징역 10년형을 선고할 수 있게 만들었다."

『뉴욕 타임스』에 게재된 광고의 끝에는 64명의 지지자들의 이름도 명기되었다. 그 아래에는 역시 광고의 내용을 지지한다는 20명의 흑인 목사들의 이름들이 따로 명기되어 있었다. 광고의 맨 아래쪽 끝에는 독자들에게 성금을 보내달라는 쿠폰도 인쇄되어 있었다. 이 광고의 효과는 즉시 나타났다. 광고가 나간 지 얼마 지나지 않아 광고액의 몇 배가 넘는 성금이 킹목사보호위원회에 접수되었다.

1960년 『뉴욕 타임스』의 총발행부수는 65만 부였는데 이중 앨라배마주에서 정기독자나 가두판매대로 나가는 숫자는 394부에 불과했다. 그중 한 부가 몽고메리시의 석간 신문인 『앨라배마 저널』로 배달되었다. 이 신문 편집국 기자인 레이 젠킨스는 며칠 늦게 배달된 『뉴욕 타임스』를 훑어보다가 킹목사보호위원회의 광고를 발견하고 4월 5일자 신문에 이 광고에 대해 보도했다. 이

기사는 광고의 내용과 더불어 서명한 인물들을 소개했고, 광고 내용의 일부가 사실이 아니라고 반박한 앨라배마 주립대학 관계자들의 말을 인용했다. 학생들 전체가 등록을 거부했다거나 식당이 강제 폐쇄되었다는 것은 사실이 아니라는 주장이었다. 한편 몽고메리시의 조간신문인 『몽고메리 어드버타이저』의 4월 7일자에는 『뉴욕 타임스』 광고를 거짓이라고 비난하는 사설이 실렸다.

다음날 몽고메리 시의원인 엘비 설리반은 『뉴욕 타임스』로 편지를 보냈다. 그는 『뉴욕 타임스』에 실린 광고에 자신이 마치 직권을 남용한 것처럼 묘사되었다고 주장하면서 『뉴욕 타임스』가 이 광고를 정정해줄 것을 요청했다. 설리반은 같은 내용의 편지를 광고에 서명한 흑인 목사 중 앨라배마에 거주하고 있던 4명에게도 보냈다. 사실 이 흑인 목사들은 설리반의 편지를 받기 전까지 『뉴욕 타임스』의 광고에 대해서는 아무 것도 모르고 있었다. 그들의 이름을 허락없이 사용했던 것이다.

설리반의 편지를 받은 『뉴욕 타임스』의 고문변호사 루이스 로엡은 4월 15일 설리반에게 답장을 보냈다. 우선 그 광고가 어떻게 설리반과 관계가 되는지 분명치 않으니 좀더 자세하게 설명해달라고 요구했다. 광고의 내용에 일부 사실과 다른 점이 발견되긴 했으나 대부분 정확하다고 주장한 로엡은 이 문제를 계속 조사하겠다고 약속했다. 『뉴욕 타임스』 보도 내용에 실수가 있다면 언제나 기꺼이 이를 교정하려 노력하고 있다고 로엡은 덧붙였다. 로엡의 편지를 받은 설리반은 답장을 보내는 대신 『뉴욕 타임스』와 4명의 흑인 목사를 상대로 몽고메리시에 있는 앨라배마 지방법원에 50만 달러의 손해배상을 요구하는 명예훼손 소송을 제기했다.

한편『뉴욕 타임스』는 존 패터슨 앨라배마 주지사에게 광고의 내용에 대해 사과한다는 기사를 실었다.『뉴욕 타임스』는 킹목사 보호위원회가 실은 광고를 통해 패터슨 주지사를 지목해 비난하려는 의도가 전혀 없었으나 광고 내용이 그런 오해를 불러일으킬 수도 있기 때문에 사과한다는 것이었다. 그러나 패터슨 주지사 역시 설리반과 마찬가지로『뉴욕 타임스』와 4명의 흑인 목사를 상대로 100만 달러의 손해배상을 요구하는 명예훼손 소송을 제기했다. 이밖에 몽고메리 시장, 2명의 시의원, 한명의 전직 시의원도『뉴욕 타임스』와 4명의 목사를 상대로 각각 50만 달러의 손해배상 소송을 제기했다.

『뉴욕 타임스』는 명예훼손 소송을 당할 경우 '합의'를 보지 않는 것을 원칙으로 삼고 있었다. 합의를 볼 경우 허위보도를 정정할 목적보다는 언론을 협박하기 위해 악용될 우려가 있었기 때문이었다. 어쨌든『뉴욕 타임스』가 명예훼손 소송에서 패소하는 경우는 드물었고 더욱이 많은 금액을 배상한 예는 거의 없었다. 그러나『뉴욕 타임스』의 변호사인 로엡은 설리반 소송이 예전의 소송과는 달리 심각한 문제라고 인식했다. 엄청난 손해배상 액수를 요구하며 일단의 정부 관리들이 명예훼손 소송을 제기하는 것은 허위사실을 밝히고 손상된 명예를 회복하기 위한 것이라기보다는『뉴욕 타임스』의 보도를 위축시키려는 의도가 분명했다.

로엡은 뉴욕 월스트리트의 법률회사인 로드 데이 앤 로드Lord Day & Lord 소속이었으나 거의 전적으로 『뉴욕 타임스』를 위해서만 일하고 있었다. 로엡은 우선 『뉴욕 타임스』의 소송을 앨라배마주에서 대리할 현지 변호사를 수소문했다. 그러나 평소 로엡의 법률회사와 관계하던 앨라배마 현지 법률회사들은 모두 거절했다. 그들에게 앨라배마 주정부의 고위관리들이 고소한 외부의 신문과 흑인들을 변호하는 것은 사업상 자해행위나 다름이 없는 것이었다. 로엡은 수소문 끝에 당시 앨라배마에서 괴짜 변호사로 평가받던 에릭 엠브리를 소송대리인으로 선임할 수 있었다. 엠브리는 백인이면서도 흑인들의 인권 보호를 위해 많은 소송을 맡아온 변호사였다.

맞상대인 설리반의 변호사는 하버드 법대를 졸업하고 몽고메리시에서 변호사로 활동을 하던 38세의 롤란드 나쉬만이었다. 그는 앨라배마 주법무부에서 검사로 일한 적도 있었고, 27세 때부터 연방대법원 소송을 맡기도 한, 나이에 비해 경험이 많은 변호사였다. 나쉬만에게 명예훼손 소송은 생소한 것이 아니었다. 그러나 지금까지는 명예훼손에 피소된 신문사의 입장에서 그 부당성을 변론해왔었다. 그의 평소 소송의뢰인 중에는 몽고메리시의 신문인 『앨라배마 어드버타이저』와 『앨라배마 저널』도 포함되어 있었다. 나쉬만은 설리반 외 나머지 2명의 몽고메리 시의원으로부터도 소송을 맡아달라는 요청을 받고 이를 수락했다. 나쉬만은 설리반이 가장 먼저 소송을 제기하는 것이 유리하다고 판단했다. 『뉴욕 타임스』에 실린 광고가 설리반 자신에 관한 것임을 주장하기가 다른 시의원보다 쉬웠기 때문이다. 그 광고는 경찰의 과잉진압을 비판했고, 설리반은 경찰업무를 관장하는 시의원이었다.

설리반 사건의 재판을 맡은 월터 존스 앨라배마 지방법원 판사는 전형적인 명문가 출신이었다. 그의 아버지는 남북전쟁 당시 남군 장군으로 참전했고 종전 후에는 앨라배마 주지사를 역임했다. 존스 판사의 재판 경력은 철저히 흑인의 인권을 무시한 판결로 점철되어 있었다. 존스 판사는 전국적 흑인민권단체인 유색인종지위향상협회NAACP가 앨라배마주에서 활동하는 것을 금지시키는 판결을 내렸고, 버스에서의 흑백차별을 반대하는 평화적 시위를 처벌하기도 했다.

## 악용된 명예훼손 제도

설리반 사건의 재판은 11월 1일부터 3일간 진행되었다. 법정에 배석한 변호사의 수만으로도 이 사건이 평범한 사건이 아님을 알 수 있었다. 설리반은 3명의 변호사를 소송대리인으로 선임했고,『뉴욕 타임스』는 에릭 엠브리 외에 4명의 변호사를 추가로 선임했다. 흑인 목사들도 각각 1명씩 변호사를 선임했다. 재판의 첫 절차인 배심원 선임은 36명의 배심원 대기자 중에서 선발되었다. 이 중 2명이 흑인이었으나 최종 선택된 12명의 배심원은 모두 백인이었다. 다음날 조간신문인『앨라배마 저널』은 이 12명의 배심원의 이름과 사진을 1면에 게재했다.『뉴욕 타임스』의 변호사들은 이러한 보도가 설리반에게 유리한 판결을 내리도록 배심원들에 압력을 가하는 것이라고 주장하면서 존스 판사에게 강력히 이의를 제기했으나 받아들여지지 않았다.

재판이 시작되자 『뉴욕 타임스』의 변호사인 엠브리는 광고에 설리반이 거명되지 않았고 아무리 추론을 해도 그를 광고의 내용과 직접 연결시킬 수 없기 때문에 소송이 성립될 수 없다고 주장했다. 4명의 흑인 목사를 대리한 변호사들은 피고들이 『뉴욕 타임스』에 실린 광고에 자신들의 이름을 사용하라고 허락해준 적이 없기 때문에 책임이 없다고 주장했다. 한편 설리반의 변호사 나쉬만은 설리반의 이름이 직접적으로 사용되지는 않았지만 기사 내용이 설리반에 관한 것임을 충분히 추론할 수 있다고 주장했다. 몽고메리시의 3명의 시의원 중 설리반이 경찰과 소방서에 관한 업무를 담당하고 있었고, 경찰의 과잉진압을 문제삼은 광고의 내용은 경찰을 책임지고 있는 설리반을 겨냥한 것이라는 해석이었다. 그는 『뉴욕 타임스』가 설리반의 명예를 훼손했기 때문만이 아니라 장차 허위사실 보도를 반복하지 않도록 하기 위해서 설리반에게 손해배상이 이루어져야 한다고 주장했다.

변호인들의 변론이 끝나자 존스 판사는 배심원들에게 평결을 내리는 기준을 설명했다. 우선 문제된 광고의 내용에 오류가 있었고 이로 인해 원고의 명예와 직위에 손상을 가져왔음은 증명이 되었으므로 원고는 이로 인해 손해를 입었다는 것까지 증명할 필요는 없다고 설명했다. 따라서 배심원이 결정해야 할 사항은 『뉴욕 타임스』에 실린 광고의 내용이 설리반과 직접적으로 연결이 되는 것인지 그리고 만약 그렇다면 손해배상액은 얼마가 될 것인지를 결정하는 것이라고 말했다. 배심원은 심의에 들어간 지 2시간 20분 만에 설리반에게 승소판결을 내렸다. 그리고 설리반이 요청한 대로『뉴욕 타임스』는 50만 달러의 손해배상을 해야 한다고 평결했다.

설리반 사건의 손해배상액은 앨라배마에서 당시까지 명예훼손 판결에서 내려진 배상금 중 가장 큰 액수였다. 당시『뉴욕 타임스』는 가뜩이나 기자들의 파업과 경영 악화로 인해 경제적으로 어려운 상황이었다. 설리반 외에도 4명의 원고들이 같은 액수의 손해배상을 요구하는 소송을 제기하고 있었고, 이 재판의 결과도 설리반 사건과 차이가 없을 것으로 보아 과연『뉴욕 타임스』가 이만한 액수를 감당할 수 있을까 의문이 제기될 정도였다. 그러나 앨라배마에서 송사에 휘말린 외부 언론은『뉴욕 타임스』만이 아니었다. CBS-TV는 몽고메리 거주 흑인들이 백인들로부터 유권자 등록을 방해받고 있다는 방송 보도를 한 후 120만 달러의 손해배상을 요구하는 명예훼손 소송에 시달리고 있었다.

1964년 설리반 사건의 연방대법원 최종 판결이 내려지기 전까지 미국 남부에서 정치인이나 주정부 공직자들이 언론을 상대로 제기한 명예훼손 손해배상 요구 액수는 총 3억 달러에 달했다. 설리반 판결이 내려진 후『앨라배마 저널』은 재판 결과를 지지하는 사설을 통해 북부의 신문들이 남부의 실정에 대해 무책임하게 보도하는 것을 앞으로는 자제하게 될 것이라고 전망했다. 이 신문은 오직 진실만을 보도했다면 이러한 막대한 손해배상은 없었을 것이라고 『뉴욕 타임스』를 비난했다. 물론 설리반 사건은 남부의 백인우월주의자들이 개인의 명예를 보호하기 위한 명예 훼손 제도를 공직자를 비판하는 언론과 개인에 대한 협박용으로 변형시킨 경우였다.

한편 흑인들은 민권운동이 성공하려면 전체 미국인의 지지가 필요하고 여기에 언론의 역할이 결정적이라는 것을 잘 알고 있었다. 킹 목사는 영국의 식민지 지배를 비폭력 저항운동을 통해 물리친 간디의 이념을 흑인민권운동에 도입했다. 간디가 성공할 수 있었던 것은 영국 언론이 그의 이념과 활동을 영국 국민들에게 정확히 전달했기 때문이었다. 간디의 이념과 행동에 감명을 받은 영국인들은 인도의 독립운동을 탄압하는 정부에 분노했다. 킹 목사의 비폭력 저항운동도 사실 미국 국민들의 양심에 호소하는 것이었다. 그래서 남부 백인들은 흑인들이 처한 비인간적 현실과 이를 극복하기 위한 그들의 투쟁 과정을 보도하는 언론에 재갈을 물리려고 시도한 것이다.

오랫동안 흑인의 부당한 처우를 도외시해온 미국의 언론은 1954년의 브라운 판결 이후 남부에서의 흑백차별에 대해 많은 관심을 보이기 시작했다. 북부 도시에서 발행되는 신문의 기자들이 적지나 다름없는 남부에 특파되어 흑백차별의 추한 모습을 생생하게 고발했다. 특히 미국 언론에서 점차 큰 영향력을 발휘하기 시작한 TV의 뉴스에서 남부 흑인의 처참한 모습이 생생한 화면을 통해 전달됨으로써 미국 여론을 움직이는 데 결정적인 역할을 했다. 연방법원으로부터 어렵게 백인전용 학교에 입학

허가를 받고 등교하는 한두 명의 흑인 어린이와 학부모, 그리고 그들을 둘러싸고 비웃고 협박하는 백인 무리들의 잔인한 모습이 TV 화면에 자주 등장했고, 많은 미국인들이 자유와 평등에 대한 자신들의 자부심에 깊은 상처를 받았다. 언론의 적극적인 보도는 남부의 흑백차별에 무관심하던 미국 여론을 자극했고 마침내 정치인들을 움직이게 되었다.

1963년 초까지만 해도 남부 백인의 표를 잃을까 두려워 흑인 민권운동에 미온적인 태도를 보이던 케네디 대통령은 백악관에서 전국으로 생중계된 특별 TV담화를 발표했다. 케네디는 더 이상 흑인민권운동에 대한 남부 주정부들의 탄압을 연방정부가 방관할 수는 없다고 선언하면서 연방의회에게 인종차별을 철폐하는 법안을 만들어달라고 주문했다. 결국 1964년 연방의회는 남부 출신 의원들의 완강한 반대에도 불구하고 정부기관, 공공시설, 공립학교, 취업 등에 있어 인종차별을 금지하는 민권법을 통과시켰고, 그 다음해에는 흑인들의 선거권 침해를 강력하게 처벌하는 선거권법도 통과시켰다.

## 연방헌법이 보호하지 않아온 '명예훼손'

앨라배마 주법원의 재판 결과가 알려진 후 『뉴욕 타임스』는 즉시 재심을 신청했다. 그러나 흑인 목사들의 변호사는 그 기한을 넘기고 말아 앨라배마 법원으로부터 설리반에게 손해배상액을 지불하기 위해 재산을 압류한다는 고지서가 날아들었다. 결국 목사들이 소유한 땅과 저축구좌가 몰수되었고 승용차도 압류되었다. 한편 존스 판사는 『뉴욕 타임스』의 재심신청을 기각했고, 『뉴욕 타임스』는 즉시 앨라배마 주대법원에 항소했다. 그러나 큰 기대는 걸지 않았다. 당시 앨라배마 주대법원은 인종차별 정책을 유지하는 마지막 보루와 같은 역할을 하고 있었다. 심지어 상급법원인 연방대법원이 파기환송한 사건까지 갖가지 구실을 내세워 무시할 정도였다.

예상한 대로 1962년 8월 30일 앨라배마 주대법원은 『뉴욕 타임스』와 흑인 목사들에게 패소 판결을 내렸다. 주대법원은 『뉴욕 타임스』가 조금만 주의를 기울였으면 광고의 내용이 사실이 아니라는 것을 쉽게 알 수 있었으므로 무책임한 보도에 대한 책임을 져야 한다고 판결했다. 언론의 자유를 침해당했다는 『뉴욕 타임스』의 주장에 대해서는 수정헌법 제1조는 명예를 훼손한 보도에는 적용하지 않아온 것이 연방대법원의 판례에 나타나 있다고 반박했다.

『뉴욕 타임스』에게 남은 마지막 법적 선택은 연방대법원에 상고하는 것이었다. 그러나 『뉴욕 타임스』 간부들은 연방대법원의 판결에 큰 기대를 걸지 않았다. 사실을 확인하지 않고 광고를 게재해 개인의 명예를 훼손했다면 그 책임을 지는 것은 어쩔 수 없는 것 아니냐는 비관적 견해가 『뉴욕 타임스』 경영진에서 대두되었다. 더욱이 앨라배마 주대법원이 판결한 대로 연방대법원은 명예훼손은 연방헌법에 의해 보호되는 사안이 아니라고 거듭 천명해온 것도 사실이었다. 따라서 연방대법원에서 상고를 허가할 가능성은 높지 않았다. 미국의 사법제도상 연방대법원이 주법원의 결정에 대해 심리하는 것은 위헌 여부가 있을 때만 가능했다.

어쨌든『뉴욕 타임스』는 연방대법원에 상고하기로 결정했고 컬럼비아 법대의 허버트 웩슬러 교수를 담당변호사로 선임했다. 당시 52세인 웩슬러는 저명한 헌법학 교수였으며 연방 법무부 검사를 역임했고 여러 차례 연방대법원에서 소송을 대리한 경험이 있었다. 그는『뉴욕 타임스』의 고문변호사인 로엡과 컬럼비아 대학 동창으로 이미 앨라배마주법원에서 재판할 때부터 법률자문을 해주곤 했다. 사건을 맡은 웩슬러에게 우선 시급한 것은 연방대법원이 상고를 허가하도록 만드는 것이었다. 상고허가제를 실시하고 있던 연방대법원은 상고 청원된 사건 중 극히 일부만을 접수·심리했다. 새로운 법적 해석이 필요하거나 동일한 사안에 대해 하급 법원에서 상반된 판례가 나왔을 경우만 상고를 허가하는 것이 관례였다.

지금까지의 명예훼손에 관한 판례를 세밀하게 분석한 웩슬러는 실망하지 않을 수 없었다. 그때까지 내려진 영국이나 미국의 판례들이 앨라배마 주법원이 내린 판결과 크게 다르지 않았기 때문이었다. 명예훼손 소송절차는 철저하게 피고에게 불리하게 되어 있었다. 즉 해당 표현에 대한 진실 여부를 증명할 책임이 피고에게 있었고, 일단 사실이 아님이 판명이 되면 원고는 해당 표현으로 인해 실제로 손해를 입었다는 것도 증명할 필요가 없었다. 자동차사고나 의료사고 등에서와 같이 실제로 피해를 입은 정도를 증명해야 하는 다른 손해배상 재판과는 전혀 달랐던 것이다.

연방대법원에 제출한 상고이유서에서 웩슬러는 명예훼손 소송이 정부 관리에 의해 악용될 경우 언론의 자유를 보장한 수정헌법 제1조를 위반하는 것이라는 대담한 주장을 폈다. 그는 수정헌법 제1조에서 금지하는 행위에 명예훼손 소송을 포함시키는 것이 가능하다고 믿었다. 1920년대 이후 연방대법원은 헌법상 보장받아야 할 표현의 영역을 꾸준히 넓혀왔기 때문이다. 자신의 주장을 역사적으로 뒷받침하기 위해 웩슬러는 명예훼손 소송이 1798년에 제정되었다가 2년 만에 무효가 된 선동법Sedition Act과 큰 차이가 없다고 설명했다. 정부와 공직자를 비판하는 것을 형사처벌토록 한 당시의 선동법은 미국 여론의 강한 반발에 부딪혔고 이를 제정한 정권은 이로 인해 다음 선거에서 참패하는 수모를 당했었다.

웩슬러는 앨라배마 주대법원의 판결은 명예훼손에 관한 법적 해석과 그 적용 범위에 있어 정부 관료의 행위를 비판할 권리를 지나치게 제약하기 때문에 언론의 자유를 침해하는 것이라고 주장했다. 개인의 명예를 보호하기 위한 법률적 장치를 정부에 대한 공격을 차단하는 것으로 남용하고 있다는 주장이었다. 만약 설리반 판결이 확정된다면 그 영향은 언론에게만이 아니라 정부기관에 대해 불만을 표시하는 모든 사람들에게 악영향을 미칠 것이라고 우려했다. 수정헌법 제1조의 주된 목적은 국민들이 정부를 비판할 권리를 보호하고 자유로운 정치적 토론의 장을 마련하는 것인데, 명예훼손이라는 이유로 이러한 표현을 처벌하는 것은 민주사회에서 있을 수 없다는 논리였다.

한편『뉴욕 타임스』와 함께 상고허가를 요청한 4명의 흑인 목사들은 워싱턴D.C.에서 개업중인 인권변호사들의 도움을 얻을 수 있게 되었다. 이들은 상고이유서에서 표현의 자유보다는 남부 흑인들에게 가해지는 백인들의 법적 차별을 강조했다. 설리반 사건을 앨라배마의 인종차별주의자들이 흑인들에게 보장된 권리를 침해하기 위해 자행하는 많은 시도 중의 하나로 규정했다. 만약 연방대법원이 앨라배마 주대법원의 판결을 파기하지 않는다면 언론의 자유뿐만 아니라 남부 흑인들의 민권투쟁 자체가 소멸되고 말 것이라고 그들은 주장했다.

이에 맞서 설리반의 변호사 나쉬만은 상고를 기각해야 한다는 이유서를 연방대법원에 제출했다. 그는『뉴욕 타임스』와 흑인 목사들이 전면광고를 통해 전국 65만 독자에게 몽고메리시의 경찰이 마치 사악하고 불법적인 행동을 일삼는 것처럼 오도하려 했다고 주장했다.『뉴욕 타임스』광고의 주목적은 진실을 알리기 위한 것이 아니라 기금모금을 위한 선동이었고, 이 광고를 게재하면서『뉴욕 타임스』직원 중 누구도 그 광고의 내용이 진실인지 여부를 확인하지 않았기 때문에 명백한 책임이 있다고 본 것이었다. 나쉬만은 또 명예를 훼손하는 표현은 결코 연방헌법에 의해 보호를 받은 적이 없다는 점과 지금까지 주법원에서 판결한 명예훼손 사건에 연방대법원이 개입한 적이 없었음을 강조했다.

연방대법원에 상고허가를 요청한 사건은 피고와 원고로부터 모든 서류들이 제출된 후 대법관 회의에서 그 여부가 결정되는 것이 관행이었다. 1963년 1월 7일 연방대법원 재판연구관은 심리가 기각된 100여 건의 사건 목록과 더불어 심리가 허가된 7개 사건의 목록을 게시판에 붙였다. 거기에는 설리반 사건이 포함되어 있었다. 1963년 전반기 연방대법원의 재판 일정은 이미 모두 꽉 차 있어서 설리반 사건은 10월에 시작하는 다음 회기에 심리가 시작되었다.

## 명예훼손에 관한 웩슬러의 대담한 법해석

연방대법원의 상고가 허가되자 웩슬러 교수는 본격적으로 변론 준비에 들어갔다. 웩슬러는 우선 명예훼손 소송이 수정헌법 제1조에 해당되지 않는다는 연방대법원의 거듭된 판례를 극복하는 것이 중요하다고 보았다. 이것은 대단히 어려운 작업이었다. 연방대법원은 선례에서 갑자기 벗어나 새로운 판례를 만들어내는 것을 지극히 꺼려했다. 아무리 새로운 판결이라 하더라도 어디선가 선례를 찾아 꿰맞추는 것이 대법관들의 장기였다. 따라서 연방대법원 사건을 맡은 변호사들은 자신들의 법률적 주장이 전통에서 벗어난 것이 아니라 선례에 입각한 것임을 강조해야 했다. 웩슬러도 자신의 주장이 역사적인 맥락에서 벗어나는 것이 아님을 강조하기로 했다. 이를 위해서는 과거 명예훼손이 수정헌법 제1조의 보호대상이 아니라고 규정한 판결과 설리반 사건과의 차별성을 명확히 해야 했다. 동시에 언론 자유의 범위를

웩슬러 변호사는 명예훼손이라는 이유만으로 정치적 견해를 포함한 표현을 처벌하는 것은 민주사회에서 있을 수 없다고 주장했다.

넓혀간 판결과 설리반 사건과의 동질성을 밝혀야 했다.

1963년 9월 6일 웩슬러는 95쪽에 달하는 변론서면을 제출했다. 웩슬러는 우선 명예훼손이 수정헌법 제1조에 해당되지 않는다고 선언한 과거의 판례들이 설리반 사건처럼 공직자의 행위를 비판하는 표현에 대해 적용된 것이 아니었음을 지적했다. 동시에 웩슬러는 연방대법원이 자유로운 정치적 토론을 보장하기 위해 내린 많은 판결들을 열거했다.

그는 설사 보도내용이 진실이 아니더라도 이를 금지할 수 없다는 연방대법원 판결을 예시했다. 웩슬러는 만약 진실보도만이 명예훼손의 처벌을 면하게 된다면 미국인들이 안전하게 표현할 수 있는 것은 관리들에 대한 찬양뿐일 것이라고 덧붙였다. 웩슬러는 또 미국 연방헌법을 기초한 제임스 매디슨의 말도 인용했다. "정부를 모함하거나 경멸하려는 자들을 처벌하는 것은 공인들의 자질과 공적인 문제를 자유롭게 토론할 수 있는 권리를 박탈하는 것이다."

웩슬러는 1798년에 제정된 선동법과 이의 폐지를 둘러싼 논쟁을 집중적으로 거론했다. 선동법은 당시 법조인들에게는 거의 알려지지 않은 역사적 사건이었다. 웩슬러와 두 명의 다른 변호사들은 선동법에 대해 공부하기 위해 18세기 미국사 자료를 뒤져야 했다. 이를 통해 그들은 정부와 공직자에 대한 비판을 처벌하는 것을 당시 미국인들이 강력히 반대했다는 사실을 입증할 수 있었다. 웩슬러는 설리반 사건이 비록 민사소송이긴 하지만 공직자를 비난한 것에 대해 엄청난 액수의 손해배상을 물게 하는 것으로 그 목적이나 결과에서 18세기 말에 제정된 선동법과 큰 차이가 없다고 주장했다.

이러한 웩슬러의 법 해석은 매우 대담한 것이었다. 사실 법적인 용어상 명예훼손과 선동법은 당시까지만 해도 서로 무관한 것으로 여겨졌다. 하나는 개인의 명예 손상에 대한 민사적 손해배상을 뜻하는 것이었고, 또 하나는 국가나 정부 관리에 대한 모독을 처벌하는 것이었다. 그러나 두 가지 모두 언론의 자유를 침해하는 점에서는 동일하다는 것이 웩슬러의 주장이었다.

웩슬러는 선동법이 2년 만인 1800년에 폐지되었다는 사실, 그리고 이를 제정한 정권이 붕괴했다는 사실로 보아 정부 관리에 대한 비판을 처벌하는 것은 위헌이라는 논리를 폈다. 그는 사실에 입각한 보도만을 허락하는 것은 명백히 언론의 자유를 침해하는 것이라고 당시 선동법 입법을 반대한 존 니콜라스 연방하원의원의 발언도 인용했다. 니콜라스는 설사 보도할 내용이 사실이라고 확신하더라도 법원에서 진실이라고 자신 있게 증명하는 것은 쉽지 않을 것이라고 주장했다. 웩슬러는 『뉴욕 타임스』의 광고가 바로 선동법의 처벌대상이 되었던 그러한 종류의 언론보도와 다르지 않다고 강조했다.

웩슬러는 아울러 공직자들이 업무수행상 발언한 내용에 대해서는 명예훼손 소송으로부터 면제해온 기존의 판례를 제시했다. 공직자의 업무수행이 위축되지 않도록 하기 위한 제도였다. 민주사회에서 공적인 토론에 참여하는 것은 시민들의 정치적 권리이자 책무이므로 일반시민들도 이에 상응하는 권리를 누려야 한다는 주장이었다. 적어도 정부 관리나 정부 정책에 관한 발언에 대해서는 명예훼손으로부터 면책권이 주어져야 한다는 것이었다.

또 명예훼손이 성립되려면 피고측이 사실적 악의actual malice를 품었다는 것을 증명해야 한다고 주장했다. 이것도 이미 일부 주법원에서 받아들인 것이라고 웩슬러는 설명하면서 11개의 판례를 예로 제시했고, 법학자들의 이에 대한 지지의견도 첨부했다. 구체적인 예로 1908년 선거에 나선 한 후보가 사실인 줄로

믿고 상대 후보에 관한 부정확한 사실을 언급했지만 이를 명예훼손 소송의 근거로 인정하지 않은 판례를 인용했다. 웩슬러는 또 명예훼손 소송에서 피고가 실수했다는 이유만으로 원고가 입은 실제 손해를 검증하지도 않은 채 손해배상을 해야 하는 것은 부당하다며, 공직자에 관해 고의로 허위사실을 배포해 명예를 훼손했다면 실제로 손해를 입은 것만큼만 배상해주는 것이 합리적이라고 주장했다.

자신이 주장하는 새로운 법적 근거에 따라 웩슬러는 『뉴욕 타임스』 사건을 분석했다. 『뉴욕 타임스』 광고 중 사실과 다른 부분은 두 군데로, 킹 목사가 4차례 체포되었는데 7차례 체포되었다고 한 것과 앨라배마 주립대학에 많은 경찰병력이 배치되었을 뿐인데 마치 캠퍼스를 포위한 것처럼 보도한 대목이었다. 웩슬러는 이러한 사소한 오보가 설리반의 명예를 훼손했다고 볼 수는 없다고 주장했다. 또한 배심원이 손해배상액 중 실제 배상액 actual damage이 얼마이고 처벌적 배상액punitive damage이 얼마인지 밝히지도 않은 채 엄청난 액수를 배상케 한 것도 문제삼았다. 미국의 민법상 처벌적 손해배상은 형법상의 벌금과 유사한 것으로 같은 행위의 재발을 막고 다른 사람들에게 경종을 울리기 위한 목적으로 만들어진 것이었다. 웩슬러는 설리반 판결에서 『뉴욕 타임스』의 과실 정도와 배상액과의 합리적인 연관관계가 없다고 주장했다.

4명의 흑인 목사의 변호인들은 변론서면에서 앨라배마 주법원의 존스 판사가 몽고메리시에서 진행한 재판이 흑인에 대한 사법적 차별의 전형이라고 강조했다.

한편 설리반의 변호사는 상고허가 청원을 기각해야 한다면서 주장한 내용과 큰 차이가 없는 변론서면을 제출했다. 그는 지난 10년간 연방대법원이 44건에 달하는 명예훼손 사건의 상고를 기각했음을 지적하면서 『뉴욕 타임스』와 흑인 목사들의 주장이 법적인 근거가 없음을 재차 강조했다.

최고의 지위를 놓고 경쟁을 벌이던 『시카고 트리뷴』과 『워싱턴 포스트』는 언론 자유를 수호하는 차원에서 『뉴욕 타임스』의 입장을 지지하는 제3자 참고의견을 각각 연방대법원에 제출했다. 『시카고 트리뷴』은 명예훼손 소송을 이용해 언론의 비판적 보도를 통제하려 한 역사적 사례들을 적시했다. 17세기 영국 정부가 왕실이나 정부를 비판한 언론인들의 코를 베고 귀를 자르고 교수형에 처하는 등의 가혹한 행위를 한 것을 적나라하게 예시하면서 앨라배마 주법원의 결정이 수세기 전에 적용된 반민주적 악법을 20세기에 재현하는 것이라고 주장했다. 『워싱턴 포스트』는 공직자의 업무수행에 대해 비판적인 보도는 설사 사실적 오류로 인해 명예훼손의 여지가 있다 하더라도 그것이 사실인 줄 모르고 보도한 것이라면 수정헌법 제1조의 보호를 받아야 한다고 주장했다. 『워싱턴 포스트』는 1959년 연방대법원이 음란서적을 판매한 서점상의 유죄판결을 파기하면서 그 이유로 피고가 책의 내용이 음란물인 줄 미리 알았다는 증거가 없다고 했음을 상기시켰다. 이러한 사전 인지가 명예훼손 소송에서도 중요한 판단 기준이 되어야 한다는 주장이었다.

연방대법원에서의 구두심리 일정이 잡혔을 때『뉴욕 타임스』의 고문 변호사인 로엡은 구두심리를 웩슬러 교수 대신 자신의 법률회사의 동료인 허버트 브라우넬에게 맡기려고 했다. 아이젠하워 행정부에서 법무장관을 지낸 브라우넬은 당시 재직중인 연방대법관 중 워렌 대법원장, 할란 대법관, 그리고 브레넌 대법관의 임명에 큰 영향력을 발휘했었다. 그러나 오빌 드라이프스『뉴욕 타임스』사장은 브라우넬을 법정에 서게 하는 것이 현명치 못하다고 반대했다. 『뉴욕 타임스』가 대법관들과 개인적 유대관계가 있는 변호사를 법정에 세우게 되면 불필요한 오해를 불러일으킬 수 있다는 이유에서였다. 결국 상고이유서를 작성한 웩슬러 교수가 구두심리도 맡기로 했다. 1964년 1월 6일 열린 설리반 사건의 구두심리에서 대법관들은 양측 변호인들에게 비교적 다양한 질문을 던졌으나 이들이 어떻게 판결을 내릴지 예견할 만한 징후는 발견되지 않았다.

1964년 3월 9일 콜럼비아 법대에서 강의중이던 웩슬러는 비서로부터 "판결 번복, 만장일치"라는 짤막한 메모를 전달받았다. 이 메모를 학생들에게 읽어주자 박수가 터져나왔다. 그러나『뉴욕 타임스』가 승소한 것은 사실이었으나 엄격히 말해 만장일치는 아니었다. 모든 판사가 설리반의 소송을 기각하는 데는 동의했으나 그 법률적 근거에는 의견이 일치되지 않았기 때문이었다.

브레넌 대법관이 작성한 판결문에는 9명의 대법관 중 골드버그, 블랙, 더글러스 대법관이 동의서명을 하지 않았다. 이중 골드버그와 블랙은 각자의 동조의견문Concurring Opinion을 제출했다.

동조의견문은 판결 결과에는 동의하지만 그 법적 근거나 기준에 대해 이견을 가진 대법관들이 작성하는 것이었다. 설리반 사건에서 대법관들 사이에 이견이 생긴 것은 공직자의 명예훼손 여부를 판명하는 '사실적 악의actual malice' 기준 때문이었다. 브레넌 대법관을 포함한 6명의 대법관은 명예훼손 소송에서 공직자가 사실적 악의를 입증한다면 승소할 수도 있다고 본 반면 골드버그, 블랙, 더글러스는 공직자의 공무에 대한 언론 보도는 어떤 경우라도 명예훼손 소송의 대상이 되어서는 안 된다고 주장했다.

## 보수적인 브레넌의 진보적 평결

브레넌 대법관은 뉴저지 주대법원 판사로 있다가 1956년 아이젠하워에 의해 연방대법관으로 임명되었으며, 임명될 당시에는 중도 보수적인 판결을 내릴 것이라 예상되었지만 오히려 워렌, 블랙, 더글러스 대법관들과 함께 인권을 옹호하는 판결을 내리는 데 앞장서고 있었다. 설리반 사건 판결문에서 브레넌은 웩슬러의 주장을 전적으로 수용하면서 앨라배마 주법원의 판결은 언론의 자유를 보장한 수정헌법 제1조를 침해한 위헌판결이라고 결론을 내렸다. 명예훼손 소송이 헌법상의 권리인 언론의 자유를 침해했다는 역사상 최초의 판결을 내린 것이다.

브레넌 대법관은 명예훼손 소송을 헌법상의 보호 대상으로 인정하지 않은 과거의 판결은 설리반 사건과는 달리 공직자의 공무수행에 관한 비판적 표현을 대상으로 한 것이 아니기 때문에

이 사건의 선례로 인정할 수 없다고 주장했다. 법원의 위엄과 명예를 지킨다는 명목으로 판사나 판사의 판결을 비난하는 보도를 법정 모독으로 처벌하는 것은 언론의 자유를 침해한 것이라고 본 1941년의 판결Bridges v. California을 선례로 들었다. 국민의 비판에 대한 수용은 판사뿐만 아니라 시의원에게도 마찬가지로 필요한 것으로 설리반의 요구를 들어줄 수 없다는 논리였다. 일부 사실적인 오류나 모욕적인 언사가 섞였다고 해서 공직자에 대한 비판을 언론의 자유에서 제외하는 것은 부당하다고 판단했다. 그리고 그 표현 형태가 언론보도가 되었든, 광고가 되었든 상관이 없다고 말했다.

브레넌 대법관은 웩슬러가 변론서면에서 예시한 대로 1798년의 선동법을 둘러싼 논쟁을 예로 들면서 공직자에 대한 비판을 처벌하지 않는 것이 미국의 역사적 전통에 충실한 것이라고 설명했다. 그리고 선동법이 제정된 지 2년 만에 연방의회에서 이를 무효화시킨 사실, 이 법에 의해 처벌을 받은 모든 사람들을 사면해준 사실, 그리고 1840년에는 이 법에 의해 유죄판결을 받고 실형을 산 언론인의 자손들에게 손해배상을 해준 사실 등을 상기시켰다. 역사적 근거를 설명한 브레넌 대법관은『뉴욕 타임스』에 실린 광고의 내용이 실제 사실과 다르다는 이유만으로 명예훼손이 성립될 수는 없다고 결론지었다. 공공의 문제에 대한 토론은 무제한 개방되어야 하며, 여기에 격렬하고 신랄한 비판이 포함되는 것은 불가피하다고 보았다. 이러한 와중에 부정확한 발언이 튀어나올 수도 있으나 언론의 자유가 제 가치를 발휘하려면 이

브레넌 대법관은 명예훼손 소송이 헌법상의 권리인 언론의 자유를 침해했다는 역사상 최초의 판결을 내렸다.

러한 오류에 대한 관용이 필수적이라고 덧붙였다.

또한 브레넌은 명예훼손이라고 제기된 부분에 대한 사실 여부를 법정에서 증명하는 것은 매우 어렵다는 점도 지적했다. 보도한 내용의 진실성을 입증할 의무를 언론에 지울 경우 비록 내용이 진실이라고 믿더라도 그것을 증명할 자신이 없거나 소송을 당했을 때 소요되는 비용이 걱정돼 언론의 진실보도는 위축될 것이고, 따라서 언론의 활발한 정부 감시와 비판 기능이 퇴화될 것이라고 설명했다. 그러므로 명예훼손 소송에서 피고에게 보도한 내용이 진실임을 증명할 의무를 지우는 것은 언론의 자유를 보장한 수정헌법 제1조에 위배된다는 논리였다.

그리고 공직자들이 공무수행 중 발설한 내용에 대해 명예훼손에 대한 책임을 면제해준 판례를 예로 들면서, 시민들과 언론에게도 정부나 공직자에 대해 감시·비판하는 경우 이와 상응하는 권리가 주어져야 한다고 판결했다. 더구나 공직자들의 경우 언론을 통해 오보를 정정하거나 자신들과 다른 주장을 하는 사람들을 반박할 수 있는 길이 쉬우므로 언론의 단순한 실수로 인한 오보를 공직자에 대한 명예훼손으로 인정하는 것은 과잉 보호라고 보았다.

### '사실적 악의'라는 새로운 기준

마지막으로 브레넌 대법관은 명예훼손 소송에서 적용되어야 할 새로운 법적 기준을 제시했다. 공직자의 명예훼손이 성립되려면 보도한 내용이 사실과 다르다는 것만으로는 불충분하고, 피고측이 '사실적 악의'를 품었음을 분명하고 확실하게 원고가 입증해야 한다고 판시했다. 여기서 '사실적 악의'는 원한이나 앙심을 뜻하는 것이 아니라 보도한 내용이 진실이 아님을 알면서, 혹은 진실이 아니라고 믿을 만한 충분한 이유가 있음에도 불구하고 사실 여부의 확인을 명백히 소홀히 한 경우에 해당되었다. 그리고 원고는 '사실적 악의'와 더불어 명예훼손에 의해 실제로 손해를 보았다는 것도 증명해야 했다.

이러한 새로운 법적 기준에 따르면 설리반의 명예훼손이 성립될 수 없다는 것이었다. 우선『뉴욕 타임스』가 광고의 내용이 사실과 다름을 이미 알고 있었다는 것이 증명되지 않았다. 광고 내용의 사실 여부를 확인하지 않은 것을 피고의 실수로 인정할 수는 있지만 결코 사실적 악의는 될 수 없다고 설명했다. 브레넌 대법관은 또 설리반이 광고의 내용과 직접 연관성이 있다는 것을 증명하지 못했다고 지적했다. 그는 이런 판결 취지에 맞추어 다시 재판을 진행하라며 앨라배마 주법원으로 사건을 되돌려 보냈다.

블랙, 더글러스, 골드버그 등 3명의 대법관은 설사 공직자의 비판이 고의적인 거짓 보도라고 하더라도 헌법상 보호를 받아야 한다면서, 다수의견으로 채택한 '사실적 악의' 기준이 언론의 자유를 보호하는 데 충분치 못하다는 주장을 폈다. 블랙 대법관은 평소 언론의 자유는 완벽히 보장되어야 한다는 신념을 밝혀왔기 때문에 그에게 '사실적 악의'와 같은 절충적 기준은 받아들여질 수 없었다. 블랙은 누구보다도 앨라배마 백인들의 정서를 잘 아는 대법관이었다. 그는 앨라배마에서 태어나 판사와 변호사 생활을 했고 연방상원의원까지 지냈었다. 그러나 블랙은 공립학교에서의 흑백차별을 위헌이라고 결정한 1954년의 브라운 판결과 그 이후의 인종차별 관련 판결에서 흑인들의 입장을 지지한 것 때문에 앨라배마에서는 고향을 저버린 배신자 취급을 받고 있었다. 변호사였던 그의 아들마저도 고향인 앨라배마에서 변호사 개업을 포기하고 다른 주로 이주해야 했다.

블랙은 명예가 훼손되었다는 설리반의 주장이 터무니없다고 보았다. "현실적으로 보았을 때 설리반이 손해를 입었다기보다는 『뉴욕 타임스』의 광고로 인해 정치적·사회적·경제적 권위가 오히려 올라갔을 것"이라고 비꼬았다. 블랙은 앨라배마주의 공직자들이 『뉴욕 타임스』에 대해서 총 11건에 560만 달러의 손해배상을 요구하는 명예훼손 소송을 제기중이고, CBS방송에 대해서는 5건에 170만 달러를 요구하는 소송이 계류중이라는 사실을 지적하면서 이것은 명예훼손 소송을 이용해 언론에 재갈을 물리려는 조직적 음모라고 주장했다.

블랙은 이러한 언론탄압에 대항하는 길은 공직자의 공무수행에 관한 언론 보도에 대해서는 명예훼손 면책권을 부여하는 것뿐이라고 말했다. 그는 설사 앨라배마 주법원의 배심원들이 브레넌 대법관이 제시한 '사실적 악의'를 기준으로 평결을 내렸더라도 그 결과는 마찬가지로 나왔을 것이라며, 언론을 탄압하려는 음모는 어떤 법적 기준을 제시하든 이를 왜곡시켜 목적을 달성할 것이라고 주장했다. 또한 '사실적 악의'라는 것이 매우 추상적이고 판단하기 어려운 개념으로, 입증하거나 반박하기 어려워 구체적인 법적 기준이 되기 힘들다는 점도 지적했다.

그러나 브레넌 대법관이 제시한 기준만으로도 『뉴욕 타임스』는 재정상의 위기를 면할 수 있었고, 4명의 흑인 목사들은 4년간의 법적 고난과 악몽에서 벗어날 수 있었다. 연방대법원의 판결에 기가 죽은 설리반은 앨라배마 주법원에 재심 신청마저도 포기했다. 물론 다른 공직자들이 『뉴욕 타임스』를 상대로 고소한 사건도 재판으로 이어지지 않았다. 한편 설리반의 변호사는 1만

3000달러에 달하는 재판비용을 패소한 설리반 측에 부담시킨 연방대법원의 결정을 재고해달라고 요청했다. 원고와 피고가 각각 절반씩 부담케 해달라는 것이었으나 연방대법원은 이를 거절했다. 연방대법원이 패소한 소송당사자에게 재판 비용을 부담케 하는 것은 관례였다.

설리반 판결의 법적 파급효과는 소송당사자에게만 국한된 것이 아니었다. 권력이 명예훼손을 구실로 언론을 위협하는 것을 사실상 불가능하게 만듦으로써, 다음에 살펴볼 국방성 보고서 사건과 같이 언론이 권력의 비리를 낱낱이 고발할 수 있는 토대를 만들어놓은 것이다. 설리반 판결은 민주주의 사회에서는 공직자의 권위나 명예보다는 언론보도의 자유가 훨씬 더 중요함을 재확인한 판결이었다.

# 국가 안보가 우선인가, 국민의 알 권리가 우선인가

국방성 보고서 판결 United States v. New York Times, 403 U.S. 713 (1971)

1971년 6월 13일 『뉴욕 타임스』 1면에 「베트남전 기록: 국방성, 30년간 점증된 미국의 개입을 조사Vietnam Archive: Pentagon Study Traces 3 Decades of Growing U.S. Involvement」라는 제목의 톱기사가 실렸다. 총 6면에 걸쳐 보도된 이 기사는 미국 국방성이 역사학자·정치학자·외교전문가 등에 의뢰해 극비리에 작성한 『미국의 대베트남정책 결정 과정의 역사, 1945년~1957년History of U.S. Decision-Making Process on Vietnam Policy, 1945~1967』에서 발췌한 것이었다.

총 47권, 7000여 쪽에 달하는 이 보고서는 『뉴욕 타임스』의 닐 시한 기자가 국방성 자문위원으로 보고서 작성에 참가한 매사추세츠공과대학 국제연구소의 다니엘 엘스버그 연구원으로부터 입수한 기밀문서였다. 미국 연방정부의 기밀은 1급비밀Top

Secret, 기밀Secret, 대외비Confidential의 3등급으로 분류되는데 이 보고서는 1급비밀 자료였다. 이 '국방성 보고서'를 입수한 후『뉴욕 타임스』는 3개월 동안 극비리에 4명의 취재기자와 3명의 편집기자, 그리고 조사원들을 호텔에 머물게 하면서 7000여 쪽에 달하는 기록을 점검토록 했다. 이 보고서는 당시 미국 사회에서 가장 큰 정치적 쟁점이 된 미국의 베트남전 참전 문제에 중대한 영향을 미칠 것으로 예상되었다.

## 엄청난 파장을 몰고 올 비밀보고서의 폭로

미국의 베트남전 개입은 제2차 세계대전 직후로 거슬러 올라갔다. 베트남을 점령하고 있던 프랑스는 1945년 베트남 독립군을 진압하기 위해 미국의 도움을 요청했다. 미국 정부는 베트남 독립군의 지도부가 공산주의자라는 이유를 들어 프랑스군에게 군사원조를 해주기로 결정했다. 그러나 1954년 프랑스군은 독립군에게 항복했다. 제네바에서 열린 종전회담에서 베트남 독립군과 프랑스 정부는 영토를 일단 남북으로 나눈 후 통일을 위한 선거를 실시하는 협약을 맺었다. 그러나 총선거에서 공산주의자들의 승리가 확실하게 되자 미국의 아이젠하워 정부는 선거를 반대하는 남쪽의 반공 우익세력을 지원했고, 이어서 내란이 벌어지자 군사고문단을 파견했다. 베트남이 공산화되면 이웃의 동남아 국가들도 공산화될 것이라는 도미노 이론을 명분으로 내세웠다. 군사고문단의 숫자는 해마다 증가해 1963년에는 1만6000여 명에 이르렀다. 1965년부터 미군은 직접 전투에 참가했고, 국방성 보고서 작성 작업이 시작된 1967년에는 베트남에 파병된 미군이 50만 명에 달했다.

그러나 미국의 엄청남 군수물자 지원과 병력 투입에도 불구하고 미군과 베트남군이 베트남전에서 승리할 기미는 보이지 않았다. 열대 밀림에서 게릴라전을 벌이는 원주민들과의 전투에서는 우수한 화력과 장비도 큰 효과가 없었다. 1960년대 말에 접어들자 냉전 논리에 대한 회의와 엄청난 미국 병사들의 희생에 대한 원성이 높아갔고, 베트남전 참전 반대 시위도 격렬해졌다.

1967년 여름, 그때까지 베트남전에 대해 낙관하던 맥나마라 국방장관은 참전반대론이 소수의 진보주의자와 학생들로부터 로버트 케네디 상원의원 등 일반 정치가들로 확산되자 베트남전 참전에 관한 역사적 진실을 밝혀야겠다고 마음을 먹고 베트남전에 관한 모든 정부 문서를 수집, 정리해 보고서를 작성하도록 지시했다. 비밀리에 진행된 이 작업을 위해 역사학자·정치학자·외교학자들이 동원되었고, 맥나마라 장관은 이들에게 정부 소유의 모든 베트남전 관련 자료를 열람하게 했다. 1969년 1월 15일 비로소 완성된 국방성 보고서의 원고는 1969년 6월 인쇄되어 행정부 고위층에 배포되었다. 그러나 일반 국민들에게는 베트남전쟁이 끝난 후 공개할 예정이었다.

국방성 보고서는 베트남전의 내막이 정치인들이 주장하던 것과는 전혀 상반됨을 증명해주었다. 트루먼 행정부는 프랑스의 식민지 전쟁을 도와주러 직접 개입했고, 아이젠하워 행정부도

다니엘 엘스버그는 베트남전이 정치가와 고위 관리들의 정치
적 이익을 위해 이용되고 있다고 확신했다.

1954년의 제네바 협정을 파기하는 데 직접적인 역할을 했으며,
케네디 행정부는 미국 정부의 군사 개입을 대폭 늘렸고, 존슨 행
정부는 의회에 알리기도 전에 은밀하게 전쟁을 수행했다. 미국
의 참전이 공산주의 침략에 대항해 자유를 수호하기 위한 것이
아님도 분명해졌다.

1964년 존 티맥나턴 국방차관이 작성한 메모에는 베트남전의
목적 중 70%는 미국의 치욕적인 패배를 막기 위해서이고, 20%
는 베트남이 중국의 손아귀에 들어가는 것을 막는 것이며, 단지

10%만이 베트남인의 자유를 위한 것이라고 기록되어 있었다. 모두 정부가 공식적으로 발표한 내용과는 반대되는 사실이었다. 전쟁의 효과에서도, 승리를 장담하던 정치인들이나 고위 장성들의 낙관적 주장과는 달랐다. 미 공군의 대규모 베트콩 지역 공습은 미군에 큰 도움을 주지 못했던 것으로 밝혀졌다.

이 보고서 작성 작업에 참여했던 엘스버그는 지난 20여 년 동안 베트남전이 정치가와 고위 관리들이 자신들의 정치적 이익을 지키는 데 이용되었다고 확신하게 되었다. 그들이 국민을 기만하면서 엄청난 희생을 강요한 것이라고 분개했다. 전쟁이 속히 종결되기 위해서는 이 비밀보고서가 모든 미국인들에게 공개되어야 한다고 믿었다. 1970년 2월 엘스버그는 상원 외교위원장이었던 풀브라이트에게 3000쪽가량을 우송했다. 면책특권을 가진 국회의원을 통해 베트남전의 진상을 알리려는 시도였다. 그러나 풀브라이트가 협조를 거부해 엘스버그의 시도는 무산되었다. 결국 그는 국가기밀 누설이라는 처벌을 감수하면서 언론에 이 자료를 공개하기로 마음 먹고, 가장 권위 있는 『뉴욕 타임스』 기자와 접촉했다.

『뉴욕 타임스』는 국가기밀을 보도하는 것을 주저하지 않은 신문이었다. 국가기밀의 언론 누출은 워싱턴에서 늘 일어나는 일이었다. 정치인들은 기밀자료를 고의적으로 정치적 목적이나 외교상의 목적으로 언론에 누설해왔다. 정부 관리들이 기밀 정책 자료를 의회에 제공하고 이를 입수한 의원들이 선택적으로 언론에 폭로하는 것도 워싱턴 정가의 관행이었다. 그러나 베트남전처럼 국가안보상, 외교상, 그리고 국내정치적 상황에 엄청난 반향을 몰고 올 수 있는 비밀보고서를 기사화하는 것은 큰 도박이었다. 『뉴욕 타임스』의 한 경영진은 "우리의 보도가 어떤 결과를 가져올지 알 수 없었다. 법정에서 지독한 싸움을 하리라고는 예상했었으나 여론이 어떻게 기울지는 알 수 없었다. 우리는 보도의 필요성을 대중들이 이해해주기를 기대했다"고 후에 술회했다.

한편 당시 닉슨 행정부는 마치 언론과 전쟁을 하듯 강력한 언론 제재수단을 동원하고 있었다. 1968년의 선거에서 보수 공화당 대통령 후보인 닉슨과 부통령 후보로 나선 스피로 애그뉴는 진보적인 언론들이 반전운동을 부추키고 인종폭동을 조장해 미국이 이 지경이 되었다고 국민들에게 호소했다. 그들은 언론이 미국의 장점을 외면하고 추한 면만 집중보도한다고 주장했다. 그들이 당선된 후 당연히 언론에 대한 제재가 강화되었다. 법무부는 범죄를 수사한다는 이유로 기자들을 소환해 반전이나 인종폭동과 관련된 단체나 개인을 취재한 기자들에게 취재원을 밝히라고 요구하곤 했다. 1969년 1월부터 1971년 7월까지 CBS와 NBC 방송국은 총 122건의 소환장을 발부받았다. 소환된 기자들의 대부분은 취재원을 밝히기를 거부했으며, 이로 인해 그중 일부는 법정모독죄로 감옥에 가기도 했다.

엘스버그를 통해 국방성 보고서를 입수한 『뉴욕 타임스』의 경영진과 편집자들은 먼저 변호사들과 상의했다. 국방성 보고서를 점검한 변호사들은 보도하지 말라고 권고했다. 법정 투쟁에서

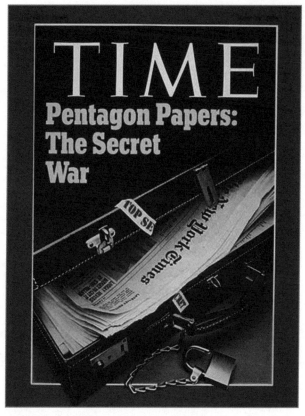

『뉴욕 타임스』는 존 미첼 법무부 장관의 기사 보도중지 요청을 거절하고 국민의 알 권리를 위해 지독한 법정 싸움을 시작했다.

정부에게 패소할 가능성이 많기 때문이었다. 그러나 『뉴욕 타임 스』의 부사장이며 상임변호사였던 당시 38세의 제임스 구데일은 보도를 해야 한다고 강력히 주장했다. 제임스 레스턴을 비롯한 『뉴욕 타임스』 기자들도 강력히 요구했다. 『뉴욕 타임스』 기자들 은 국방성 보고서가 역사적 기록으로 현재의 전쟁상황이나 국가안보에는 큰 영향을 미치지 않는다고 판단했다. 그들은 국방성 보고서를 분석하면서 국가안보에 위험이 된다고 판단될 만한 자료들, 예를 들어 전투계획, 비밀무기, 진행중인 외교협상 등에 관한 자료들을 발견하지 못했다. 『뉴욕 타임스』 기자들은 기사화를 강력히 주장할 뿐 아니라 장차 예상되는 닉슨 행정부의 법적 조치에도 굴복하지 말고 언론의 자유를 수호하는 측면에서 계속 보도해야 한다고 주장했다. 레스턴은『뉴욕 타임스』가 국방성 보고서를 보도하지 않겠다면 자기가 최근 구입한 매사추세츠의 한 지방신문에 보도하겠다고 선언했다. 결국 아서 슐즈버거 사장은 6월 13일부터 하루에 6면씩 10일간 보도할 것을 승인했다.

## 미국 역사상 최초의 보도금지 사태

『뉴욕 타임스』의 첫번째 보도가 나간 후 존 미첼 법무장관은 『뉴욕 타임스』 사장에게 전보를 보냈다. "나는 국방성 장관으로부터 1971년 6월 13일과 14일자『뉴욕 타임스』에 보도된「국방성 베트남전 연구의 주요 내용」이라는 기사가 1급비밀로 분류된 국방에 관련된 정보를 포함하고 있다는 사실을 고지받았습니다. 이러한 비밀정보의 언론보도는 간첩법 조항에 의해 금지되어 있습니다. 더욱이 이러한 종류의 기밀정보를 계속 보도하는 것은 미국의 국방 이익에 치유할 수 없는 해를 끼칠 것입니다. 따라서 나는 이러한 종류의 기밀정보를 더 이상 보도하지 말 것을 정중히 요구하며 해당 자료들을 국방성으로 돌려보내주실 것을 요구합니다."

이 전보를 검토한 『뉴욕 타임스』의 법률자문회사는 정부의 요구에 응하라고 조언했다. 그러나 부사장인 구데일 변호사는 보도를 중단할 수 없다고 주장했다. 결국 보도를 중단하자는 경영진과 보도를 계속해야 한다는 기자들과의 의견 대립을 해결하기 위해 런던에 출장중이던 슐즈버거 사장이 급거 귀국했다. 그는 고심 끝에 법무장관의 요구를 무시하고 계속 보도하기로 결정했다. 『뉴욕 타임스』는 법무장관에게 "우리는 법무장관으로부터 국방성의 베트남 연구보고서에 관해 더 이상의 보도를 하지 말아달라는 전보를 받았습니다. 『뉴욕 타임스』는 법무장관의 요청을 정중하게 거절할 수밖에 없습니다. 왜냐하면 국방성 보고서에 담긴 내용들은 국민들이 알고 있어야 하는 내용이라고 믿기 때문입니다. 우리는 또한 앞으로의 보도를 막기 위해 법무부 장관이 보도금지 가처분 신청을 하려 한다는 것도 알고 있습니다. 우리는 이 문제가 사법부가 결정해야 할 문제라고 믿습니다. 『뉴욕 타임스』는 이 기사를 처음 보도하기로 결정했던 것과 같은 이유로 가처분 금지 요구에 대해 반대합니다. 물론 우리는 법원의 마지막 판결을 따를 것입니다"라는 답신을 보냈다.

1971년 6월 15일자 『뉴욕 타임스』에는 시리즈 세번째 기사보다 「미첼 베트남 기사 보도중지 시도, 그러나 뉴욕 타임스 거절」이라는 제목이 더 크게 인쇄되었다. 동시에 『뉴욕 타임스』는 법적 대응을 준비했다. 그러나 『뉴욕 타임스』 법률자문회사의 변호사들은 자신들의 법률조언을 받아들이지 않았다는 이유로 법적 대응 준비에 참여하기를 거절했다. 할 수 없이 구데일은 법무부에 소환받은 기자들을 변호하고 있던 당시 최고의 헌법학자인 알렉산더 비켈 예일대 법대 교수에게 변호를 부탁했다. 다음날 아침 비켈은 제자이며 언론전문 변호사인 플로이드 아브람스와 함께 『뉴욕 타임스』 빌딩에 도착했다. 그들이 도착한 때와 거의 동시에 연방법원으로부터 30분 내에 법정에 출두하라는 통지서가 전달되었다.

뉴욕의 연방지방법원 법정에서 연방법무부는 『뉴욕 타임스』의 기사가 간첩법을 위반한 것으로 미국의 방위 이익에 중대한 해를 입혔고, 앞으로 보도가 계속된다면 미국의 국익에 복구할 수 없는 손해를 야기시킬 것이므로 중단되어야 한다고 주장했다. 적어도 다음 주에 열릴 정식재판 때까지 보도가 중지되어야 한다고 요구했다. 그러나 비켈 교수는 보도중지 요구가 전형적인 언론 검열이라고 반박했다. 간첩법은 신문을 대상으로 입법한 것이 결코 아니기 때문에 보도중지는 부당하다는 이유를 내세웠다.

그러나 담당판사는 정부의 보도중지 가처분신청을 일단 받아들였다. 미국 역사상 최초로 신문기사가 정부에 의해 보도를 금지당하는 사례가 발생한 것이다. 하지만 담당판사는 『뉴욕 타임스』가 소지한 국방성 보고서를 압수해달라는 정부의 요구는 기각하고 4일 후 본 재판을 열겠다고 말했다. 『뉴욕 타임스』는 6월 16일 국방성 보고서에 관한 기사가 들어갈 자리를 『뉴욕 타임스』와 법무부 간의 법정 공방 기사로 대신 채워야 했다. 이제 미국인의 관심은 국방성 보고서 내용 자체보다도 미국 최고 권위의 신문과 닉슨 행정부 간의 법정 싸움으로 옮겨갔다.

## 『워싱턴 포스트』의 경쟁적 동참

『뉴욕 타임스』의 경쟁지로 『뉴욕 타임스』 못지않게 권위 있는 신문이라고 자부하던 『워싱턴 포스트』의 기자들은 특종을 빼앗긴 것을 아쉬워하면서, 어떻게 하든 자기들도 국방성 보고서를 입수하여 기사화하려고 노력했다. 그러나 국방성 보고서를 입수할 수 없어 『뉴욕 타임스』의 기사를 요약하는 것 외에는 다른 방법이 없었다. 『워싱턴 포스트』는 법원에 의해 『뉴욕 타임스』의 보도가 중단되자 언론의 자유를 위해서라도 국방성 보고서에 관한 보도가 계속되어야 한다고 판단했다. 경쟁심과 동시에 언론의 자유를 지키기 위한 싸움에 동참해야겠다는 동지애의 발로였다.

당시 『워싱턴 포스트』의 편집부국장 벤 바그디키안은 엘스버그가 국방성 보고서를 『뉴욕 타임스』에게 주었을 것이라고 추측하고 즉시 그와 접촉을 시도했다. 이미 엘스버그가 진원지라는 소문은 파다하게 퍼져 있었고 그는 FBI의 추적을 피해 잠적해 있었다. 그러나 바로 다음날 바그디키안은 엘스버그로부터 국방성 보고서의 복사본을 입수하는 데 성공했다.

엘스버그가 『워싱턴 포스트』에 전달한 분량은 모두 4400쪽에 달했다. 『뉴욕 타임스』에게는 석 달 동안 국방성 보고서를 집중적으로 분석할 시간이 있었지만, 『워싱턴 포스트』는 단 이틀 동안에 이를 분석해 기사화해야 했다. 더구나 『워싱턴 포스트』가 이 시점에서 국방성 보고서를 보도하는 것은 법적으로도 매우 위험한 일이었다. 『뉴욕 타임스』에게 이미 보도를 금지하는 법원의 판결이 내려졌음에도 『워싱턴 포스트』가 다시 똑같은 내용을 보도하는 것은 법정모독 행위로 처벌받을 수도 있었기 때문이었다. 당연히 『워싱턴 포스트』의 변호사들은 국방성 보고서의 보도에 적극 반대했다. 그들은 『뉴욕 타임스』 재판 결과가 나올 때까지 기다리자고 주장했다. 졸속으로 쓴 기사가 국가안보에 해를 주지 않으리라는 보장이 없다고 주장한 이들은 라이벌 신문사와의 경쟁 때문에 이처럼 중요한 사건을 성급히 보도하는 것은 우스꽝스러운 일이라고 말했다.

그러나 바그디키안은 담당기자들이 10여 년 넘게 베트남전 기사를 써온 베테랑으로 이들의 판단에 맡겨야 한다고 주장했다. 언론 자유라는 측면에서도 국민들이 알아야 할 중요한 정보를 정부의 압력 때문에 보도를 중지해서는 안 되며 더욱이 정보를 입수하고도 보도를 하지 않는다면 마치 『워싱턴 포스트』가 정부의 입장에 동조한다는 인상을 줄 우려가 있다는 이유를 내세웠다. 결국 『워싱턴 포스트』 발행인인 캐서린 그레이엄은 보도를 승인했다.

6월 18일자 『워싱턴 포스트』의 국방성 보고서 보도기사를 본 『뉴욕 타임스』 기자들은 자신들의 신문도 법원의 명령을 무시하고 보도를 재개하자고 주장했다. 그들은 경쟁지는 보도하는데 자신들은 보도하지 못하는 것이 억울하기도 했지만『워싱턴 포스트』의 동지애에 감사하기도 했다. 그것은 마치 쓰러진 전우의 총을 집어들고 전장으로 향하는 병사의 모습과 같았다.『뉴욕 타임스』기자들은『워싱턴 포스트』의 보도기사가 자신들의 법정투쟁에 도움이 되리라 믿었다. 사전 검열을 통해서 보도를 막는게 불가능하다는 것이 증명되었기 때문이다.

한편 6월 18일 오전 렌퀴스트 법무차관은『워싱턴 포스트』의 편집국장인 벤자민 브래들리에게 전화를 통해 법무장관의 메시지를 전달했다. 그것은『뉴욕 타임스』에게 4일 전에 전달된 것과 내용상 동일한 것으로 보도를 중지해달라는 것이었다. 브래들리는 이를 정중하게 거절했고, 담당변호사들은 그날 오후 5시 법정에 출두해야 했다. 이 사건의 담당판사는 워싱턴에서 가장 잘 알려지고 존경받는 판사인 제라드 기셀로 정해졌다. 이 소식을 들은『워싱턴 포스트』변호사들은 회심의 미소를 지었다. 기셀은 예일대학 시절『뉴욕 타임스』통신원으로 일한 적도 있어 신문에 대해 잘 이해하고 있었으며, 한때『워싱턴 포스트』자문변호사로 일한 적도 있었다.

법정에서 낭독된 법무부의 고발장에 따르면『워싱턴 포스트』는 해당기사가 미국의 국익을 손상시키고 적국의 이익에 사용될 수 있다는 것을 알면서도 이를 보도, 배포함으로써 간첩법을 어겼다는 것이다.『뉴욕 타임스』사건과 마찬가지로 정부는 본안소송이 있을 때까지 보도를 중지해달라고 담당판사에게 요청했다. 그러나『워싱턴 포스트』의 변호사는 국익에 해가 될 만한 기밀정보는 신문사에서 스스로 보도를 자제한다고 반박했다. 이제 둑에 구멍이 여기저기 생겨 걷잡을 수 없이 물이 새어나오는 것과 마찬가지로 국방성 보고서 내용이 알려져 더 이상 국민들에게 비밀이 될 수 없다고 주장했다. 그는 국방성 보고서가 두 신문에서 보도하기 전부터 이미 정부 밖으로 유출되었음을 지적했다. 기셀 판사는 2~3일 동안만이라도 자신이 사건을 검토하는 동안 보도를 자진 중단해줄 수 없겠냐고 물었다. 그러나 변호사는 재판의 편의보다는 언론의 자유와 국민의 알 권리가 더 중요하다면서 기셀 판사의 요구를 거절했다.

그날 오후 8시 기셀 판사는 정부의 보도중지 가처분 신청을 기각하는 결정을 내렸다. 뉴욕의 연방지방법원이 내린 결정과 정반대였다. 기셀 판사는 간첩법이 언론의 검열이나 보도 삭제를 위해 제정된 법이 아니기 때문에 이 사건에 적용될 수 없다고 판결했다. 그는 또 『워싱턴 포스트』의 보도가 미국의 국익에 해가 된다는 증거를 정부가 제시한 바 없으며, 다른 사람들이 이미 국방성 보고서의 내용을 유출시키고 있는 상황에서 『워싱턴 포스트』만 보도를 중지시키는 것은 공정치 못하다고 밝혔다. 그는 6월 21일 본안소송을 개시하겠다고 밝혔다.

그날 밤 즉시 법무부는 연방고등법원에 항소했고, 새벽 1시 3명의 고등법원 판사들이 소집되었다. 그들은 2:1로 가처분 신청을 기각한 기셀의 판결이 부당하다고 결정했다. 두 명의 고등법원 판사는 판결문을 통해 언론의 자유에 한계가 없는 것은 아니며 가능한 한 최소한의 기간 동안의 사전 보도 금지는 언론의 자유를 심각하게 저해하는 것이 아니라는 입장을 밝혔다. 잠시 동안의 보도 중단으로 생기는 해보다는 경솔한 보도로 인해 국가 안보에 미칠 해가 훨씬 크기 때문이라는 이유를 내세웠다. 결국 『워싱턴 포스트』의 보도 역시 일시 중단되었다. 『워싱턴 포스트』는 대법원에 상고하는 대신 6월 21일로 정해진 본안소송에 주력하기로 결정했다.

한편 6월 18일 『뉴욕 타임스』의 본안소송이 열렸을 때 비켈 교수는 정부의 사전 보도 제한은 그 상황이 아주 불가피한 비상사태일 때만 허용되어야 한다고 주장했다. 그러나 자신이 맡은 『뉴욕 타임스』 사건에서 정부는 그것을 전혀 증명하지 못하고 있다고 말했다. 그는 『뉴욕 타임스』의 워싱턴 지국장인 막스 프랑켈의 서면증언을 통해 연방정부 관리들의 기밀 누출이 워싱턴 정가에서는 오랜 관행으로 굳어져 있음을 지적했다. 프랑켈에 의하면, 고위 관료들이 기밀정보를 기자들에게 누설하지 않는다면 외교·군사·국방에 관한 언론보도는 불가능한 것이었다. "최고위층 관리들은 자신들의 정책을 지지하는 사람들을 찾기 위해, 혹은 경쟁 부서의 정책이나 계획을 방해하기 위해서 기밀을 누설하고, 중간층 관리들은 상급자의 관심을 끌기 위해서나, 상급자의 명령에 대항하는 데 필요한 지지세력을 모으기 위해서 국방·외교상의 비밀을 기자들에게 누출한다"고 증언했다. 정부는 능력껏 비밀을 감추고, 언론은 능력껏 그것을 찾아내어 국민의 알 권리를 충족시키는 것이 워싱턴 정가의 생리라는 것이다.

다음날인 6월 19일 토요일 오후 2시 머레이 거페인 판사는 『뉴욕 타임스』에게 승소판결을 내렸다. 정부는 국방성 보고서의 보도가 국가안보에 어떻게 영향을 미치는지 구체적으로 제시하지 못했으며, 간첩법을 입법할 당시 국방에 관한 보도까지 적용 대상으로 포함시키려 했다는 증거가 없다고 판결 이유를 제시했다. 거페인 판사는 또 위급한 사태가 발생할 경우 사전 보도 통제가 가능하다는 단서도 붙였다. 그러면서도 그는 국가안보의 원천은 헌법상에 보장된 미국인의 자유를 최대한 보장하는 것이라고 선언했다. 언론의 자유야말로 미국의 민주적 제도의 우수성을 세계적으로 나타내온 것이고 다른 나라들과 미국을 구별하게 하는 특성이라고 강조했다. 『뉴욕 타임스』는 국민의 알 권리를 보장하기 위해 노력했을 뿐이지 이적행위나 미국의 이익에 해를 주기 위해 국가 기밀을 누설한 것은 아니라고 결론지었다.

6월 21일 월요일에 열린 재판에서 『워싱턴 포스트』도 역시 무죄판결을 받았다. 기셀 판사는 정부가 국방성 보고서의 보도를 강제로 중단시킬 만한 증거를 제시하지 못했다고 판단했다. 『워싱턴 포스트』의 보도가 외교관계의 단절을 불러오거나, 미국이나 동맹국에 무력 공격이나 전쟁을 야기시키거나, 군사방위 전략에 차질을 가져온다거나, 정보 수집에 차질을 가져온다는 등의 구체적 증거를 정부는 제시하지 못했다고 판결 이유를 설명했다. 가처분 결정에서는 승리했지만 1심 본안소송에서는 모두 패소한 닉슨 정부는 두 사건 모두 고등법원에 항소했다.

판결이 난 후 다른 신문들도 앞다투어 국방성 보고서를 입수하여 기사화시켰다. 6월 22일자 『보스턴 글로브』는 「기밀 국방성

문서가 베트남전에서 케네디 대통령의 역할을 밝혔다」라는 제목
으로 1면 톱기사를 장식했다. 6월 23일엔 『시카고 선 타임스』, 6
월 24일에는 『로스앤젤레스 타임스』와 『마이애미 헤럴드』를 비
롯한 11개 신문이 기사화했다. 『볼티모어 선』 『세인트 루이스 포
스트 디스패치』 『크리스챤 사이언스 모니터』 등의 다른 유력 신
문들도 잇달아 기사화했다. 『뉴욕 타임스』와 『워싱턴 포스트』 외
에 6월 말까지 국방성 보고서 내용을 보도한 신문은 20여 개에
달했다. 그러나 그중 4개의 신문만이 간첩법 위반 혐의로 고발되
었다. 국방성 보고서 내용을 보도하는 신문사가 걷잡을 수 없게
늘어남에 따라 그들을 모두 법정으로 소환하는 것은 현실적으로
불가능해졌다.

### 두 연방고법의 상반된 판결, 연방대법원으로

연방고등법원으로 이어진 언론사와 행정부 간의 법정 다툼은
그 내용상 큰 변화가 없었다. 뉴욕 연방고등법원에서 열린 『뉴
욕 타임스』의 재판에서 검찰측은 군사기밀에 대한 사전 보도 제
한은 관례였고, 연방대법원도 1931년의 판례에서 그것을 인정했
다고 주장했다. 국가안보에 필수적인 정부의 1급비밀 문서를, 더
구나 정부가 도난당한 자료를 신문사가 자의적으로 인쇄할 수는
없다며 『뉴욕 타임스』가 일반에게 공개한 것은 국가안보에 심각
한 위험을 초래할 것이라는 주장도 이어졌다. 기사를 보도하기
전에 『뉴욕 타임스』가 정보의 자유법Freedom of Information Act에

따라 국방성 보고서 내용을 공개하라고 공식 요청을 했었거나, 국방성에 보도를 허락해달라는 요구를 했었거나, 논설을 통해 기밀 해제를 요구했었다면 정부는 위험한 부분만 삭제한 후 공개했을 것이라는 게 검찰 주장의 요지였다.

변호를 맡은 비켈 교수는 『뉴욕 타임스』의 보도가 국가안보를 위협한다는 아무런 근거도 제시되지 않았다고 거듭 강조했다. 국방성 보고서를 읽어보지도 않은 정부측의 증인은 석 달 동안 검토한 『뉴욕 타임스』 기자만큼 그 내용에 대해서 알고 있지 못하다고 검찰측 주장을 반박했다. 비켈 교수는 또 간첩법의 입법 과정을 상기시키면서 『뉴욕 타임스』에 간첩법을 적용하는 것은 부당하다고 지적했다. 그는 1917년 간첩법을 제정할 당시 일부 연방의회 의원들이 대통령이 전쟁중 국가방위에 해롭다고 판단되는 정보를 출판하거나 전달하는 것을 금지시키는 조항을 삽입하려 했으나 사전 보도 검열이라는 이유로 배제된 사실과, 1953년과 1957년에도 일부 의원들이 비슷한 조항을 삽입하려고 시도했으나 위헌이라는 이유로 저지당했다는 의회 기록을 증거로 제출했다.

워싱턴의 연방고등법원에서도 비슷한 공방전이 검찰과 『워싱턴 포스트』의 변호사 사이에 벌어졌다. 검찰은 『워싱턴 포스트』의 보도는 대통령의 위신을 실추시키는 것이라며 언론의 자유 못지않게 대통령의 국정 수행능력도 마찬가지로 중요하다고 주장했다. 반면 『워싱턴 포스트』의 변호사는 언론의 사전 보도 제한은 즉각적이고 중대한 위협이 있을 경우에만 허용되어야 하는 데 이 사건에서는 전혀 그런 증거가 없다고 주장했다. 또한 현재 점점 더 많은 신문들이 보도에 동참하고 있어 정부의 보도 금지 노력은 실효를 거둘 수 없을 것이라는 설명도 덧붙였다.

역사상 유례가 없는 언론과 행정부 간의 법적 공방은 두 연방 고등법원이 서로 다른 결정을 내림으로써 더욱 흥미로워졌다. 비교적 보수적인 판사들로 구성된 뉴욕의 연방고등법원 전원합의부는 5:3으로 뉴욕지방법원으로 사건을 돌려보내면서 정부가 특별히 위험하다고 주장하는 부분에 대해 재심을 명령했다. 대신『뉴욕 타임스』는 재심할 부분을 제외하고는 국방성 보고서를 계속 보도할 수 있다고 판결했다.

이와 달리 워싱턴 연방고등법원은 7:2로 정부의 주장을 완전히 기각하고 기셀 판사의 1심 판결을 지지했다. 워싱턴 연방고등법원은 정부의 주장이 사전 보도 제한을 정당화할 만큼 구체적이지 못하다고 판결 이유를 설명했다. 그러나 2명의 판사는 반대 의견을 통해 국방성 보고서의 보도가 아군 병사의 죽음, 군사동맹의 균열, 적과의 협상 어려움, 제3국과의 외교관계 지장 등을 가져올 가능성이 충분하기 때문에 보도를 중지시켜야 한다고 주장했다.

『뉴욕 타임스』는 연방고등법원의 판결에 불복해 즉시 연방대법원에 상고하면서 신속히 판결을 내려줄 것을 요청했다.『워싱턴 포스트』에게 패소한 정부 또한 즉시 연방대법원에 상고했다. 상고 바로 다음날인 6월 25일 연방대법원은 두 사건을 신속히 심리하겠다고 발표했다. 한 사건이 하급법원에서 시작해 연방대법원의 최종판결까지 이르는 데 2~3년이 소요되는 것이 보통인 미국에서 극히 이례적인 것이었다. 그리고 바로 다음날인 6월 26일 워싱턴의 대법원 건물 앞에는 1500여 명의 인파가 재판을 방청하려고 몰려들었다. 일반인에게 할당되는 연방대법원의 재판 참석인원은 174명에 불과했는데 말이다.

당시 연방대법원은 보수 공화당과 진보적 민주당 정치인들과의 틈바구니에 끼어 정당이나 이념을 초월한 헌법기관이라는 전통적 권위에 크게 손상을 입은 상태였다. 1968년의 대통령선거에서 보수 공화당 후보인 닉슨은 진보적인 대법관들을 집중 공격했다. 그는 당시 미국 사회의 혼란, 즉 베트남전 반대 여론의 고조, 인종 폭동의 증가 등으로 인한 사회적·정치적 혼란의 책임을 연방대법원에게 돌렸다. 즉 연방대법원에서 다수를 차지하고 있는 진보적 대법관들이 헌법을 그 제정 의도대로 엄격하게 적용하지 않고 자신들의 정치적 신념에 따라 판결함으로서 법질서가 흔들리게 되었다는 것이다. 그는 대통령이 되면 헌법을 제정 의도에 따라 엄격히 해석하는 인물을 대법관으로 임명하겠다고 약속했다.

그러나 연방의회는 닉슨이 대통령이 된 후 지명한 두 명의 대법관 후보들에 대해 인종차별적 판결을 내렸던 판사라는 이유로 인준을 반대했다. 이로 인해 연방대법원은 정치적 이념이나 파벌적 이해관계를 초월해 공정하게 법을 해석한다는 미국인들의 신념을 크게 약화시켰다. 국방성 보고서 사건을 심리할 9명의 대법관 중 할란·버거·블랙먼은 보수 성향이 뚜렷했고, 더글러스·

블랙·브레넌·마셜은 진보적인 대법관이었다. 판결의 결과는 중도적 입장을 견지하던 화이트와 스튜어트 대법관이 어느 편에 서는가에 따라 달라질 운명이었다.

한편 연방대법원 소송에서 국가를 대표하는 검사는 『뉴욕 타임스』를 변호하는 비켈의 하버드 법대 스승인 그리스월드 법무부 차관이었다. 연방대법원에 제출한 변론서면을 통해 그리스월드는 국방성 보고서가 정부 소유 재산이라는 점을 상기시켰다. 그는 대통령이 외교상의 최고 책임자와 군통수권자로서의 권한이 제한받지 않기 위해서는 국가안보에 해가 되는 정보를 유출한 자를 처벌하는 것만으로는 부족하며, 국가안보에 복구할 수 없는 해가 발생하기 전에 이를 방지하는 것이 당연한 조치라면서 보도중지의 정당성을 주장했다.

그러나 두 신문의 변호사들은 법정 심리에서 아주 위급하고 피할 수 없는 재앙이 발생할 것이 명백한 상황에서만 사전 보도 통제가 허락되어야 하며, 그런 경우에도 그 보도 내용이 발생할 위급 사건과 직접적인 관계에 있다는 사실이 입증되어야 한다고 역설했다. 변호인들은 정부와 언론은 서로 협조적일 때도 있고 적대적일 때도 있는데, 양자의 관계는 규정이 없어서 혼란스러워 보이지만 지금까지 잘 균형을 유지해왔다고 말했다. 그렇기 때문에 만약 사법부가 언론에 불리하도록 판결하여 그 균형을 깬다면 그것은 수정헌법 제1조를 침해하는 것이라고 주장했다.

## 언론의 자유에 대한 대법관들의 견해

법정 심리가 끝난 지 불과 이틀 후인 6월 30일 연방대법원은 6:3으로 두 신문사에게 무죄를 선고하는 판결을 내렸다. 버거 대법원장과 할란, 블랙먼 대법관만이 정부의 편을 들었다. 이례적으로 9명의 대법관 모두 의견서를 작성했다. 각자 자신들이 갖고 있는 언론의 자유에 대한 생각들을 나열했다. 중도적 입장의 스튜어트 대법관은 민주주의를 유지하는 데 언론의 자유가 필수적임을 역설했다. 그는 행정부의 정책 입안과 권력 남용을 시민들이 감시하기 위해서는 자유롭게 정보를 입수하고 보도할 수 있는 언론이 있어야 한다고 강조했다.

스튜어트 대법관은 다음과 같이 과도한 기밀 유지 제도의 허점을 지적했다. "도덕적, 정치적, 그리고 실제적인 면에서 볼 때 기밀을 피하는 것이 가장 현명한 것이다. 모든 것이 기밀이라면 기밀은 아무런 의미도 없다. 그러한 제도는 냉소적이거나 부주의한 사람들에 의해 도외시당할 것이고, 자신의 이익 보호나 증대만을 도모하는 사람들에 의해 악용될 것이다." 스튜어트 대법관은 또 정부의 입장을 이해할 수는 있지만 국방성 보고서 내용을 보도한 것이 국가안보에 "직접적이고 즉각적이며 복구 불가능한 손해"를 입힐 것으로 예상되지는 않는다고 결론지었다.

철저한 언론의 자유 신봉자인 블랙 대법관은 어떤 이유도 정부가 언론보도를 중단시킬 수는 없다고 주장했다. 그는 언론의 역할은 국민을 위한 것이지 정치가를 위한 것이 아니라며, 오직 자유롭고 규제받지 않는 언론만이 효과적으로 권력을 감시할 수 있다고 역설했다. 언론의 가장 큰 책임은 정부가 국민을 속이는 것을 막는 것이라면서, 국방성 보고서를 보도한『뉴욕 타임스』『워싱턴 포스트』그리고 다른 신문들은 미국의 선조들이 수정헌법 제1조를 만든 뜻을 정확히 이어받은 것이라고 칭찬했다. 그는 국가안보라는 애매모호한 말로 수정헌법 제1조를 침해해서는 안 된다고 거듭 강조하고, 민주주의를 희생시키면서 군사와 외교 비밀을 지키는 것은 미국의 안보에 전혀 도움이 되지 않는다고 분명하게 밝혔다. 더글러스 대법관도 민주정부에서의 비밀은 근본적으로 반민주적인 개념으로 관료주의적 실수를 끊임없이 만들어 낼 뿐이라고 거들었다.

이에 대해 반대의견을 쓴 버거 대법원장은 이 사건의 핵심 쟁점은 언론의 자유가 아니라 정부가 잃은 정부 재산을 되찾으려는 것이라고 주장했다. 즉 엘스버그가 유출한 국방성 보고서는 정부의 재산이기 때문에,『뉴욕 타임스』와『워싱턴 포스트』가 이를 정부에 되돌려주어야 한다는 것이었다.

연방대법원의 판결로『워싱턴 포스트』는 7일 만에,『뉴욕 타임스』는 11일 만에 다시 기사를 보도할 수 있게 되었다. 연방대법원의 역사적 판결은 전국의 모든 신문지상에 일제히 대서특필되었다. 거의 모든 신문이 대법원의 판결을 지지한 것은 당연했다. 물론 백악관의 실망과 분노도 당연한 것이었다. 미첼 법무장관은『워싱턴 포스트』의 발행인인 그레이엄을 만나 베트남전에 관해 미국을 도와온 공산국가에 관한 정보와 미국 정부가 외국간의 교신을 도청하고 있다는 정보가 유출될 경우 형사상의 처벌을 받게 될 것이라며, 이에 관한 보도를 자진 중지할 것을 요청하기도 했다. 물론 이러한 협박성 요구는 단호히 거절되었다.

연방대법원의 최종 판결이 내려진 지 석 달 후 닉슨 행정부는 국방성 보고서의 일부 내용을 삭제한 후 12권으로 묶어 출판해 일반에게 판매했다. 그러나 정부가 만든 500질의 보고서가 모두 팔리는 데는 무려 3개월이 걸렸다. 『뉴욕 타임스』가 만든 국방성 보고서 요약 단행본이 이미 100만 권이 넘게 팔린 뒤였기 때문이었다.

한편 미국 역사상 최대의 내부 비리 고발자가 되어 잠적중이던 엘스버그는 6월 28일 보스턴의 연방검찰 사무실에 출두할 것이라고 언론에 발표했다. 연방수사국과 법무부의 국내안보국은 엘스버그가 국방성 보고서를 언론사에 누출했을 것이라는 심증을 잡고 수사중이었고, 연방법원으로부터 이미 체포영장을 발부받은 상태였다. 운집한 기자들에게 엘스버그는 자신이 국방성 보고서를 누출시킨 장본인이라고 고백하면서, 베트남전을 끝내기 위해서라면 감옥에라도 갈 각오가 되어 있다고 말했다.

국방성 보고서 보도 사건은 미국의 국가안보를 저해하기보다는 닉슨 행정부의 붕괴를 가져오는 직접적인 요인이 되었다. 연방대법원의 판결에 분개한 닉슨 대통령은 언론에 대한 적개심으로 불탔고 정부 기밀 유지에 편집광적인 반응을 보였다. 닉슨 행정부는 반드시 엘스버그를 처벌하겠다고 별렀다.

그러나 엘스버그의 재판은 선고유예로 끝나고 말았다. 백악관에서 '배관공'이라는 불법조직을 구성해 엘스버그의 집에 불법 도청장치를 설치하고, 엘스버그의 정신과 의사인 루이스 필딩의 사무실에까지 불법 침입해 엘스버그의 파일을 뒤졌다는 사실이 밝혀졌기 때문이었다. 이 불법조직이 또한 앞에서 살펴보았듯이 워터게이트 빌딩의 민주당 사무실에 불법 침입한 사실이『워싱턴 포스트』의 칼 번스타인과 밥 우드워드 기자를 통해 밝혀지면서 닉슨 행정부의 광범위한 불법행위가 밝혀졌고, 결국 닉슨은 1974년 미국 역사상 최초로 대통령직에서 사임해야 했다.

# 신문기업이 누릴 수 있는
# 언론자유의 범위는 어디까지인가

AP통신 판결 Associated Press v. United States, 326 U.S. 1 (1945)

지난 2006년 6월 우리 헌법재판소는 '신문 등의 자유와 기능 보장에 관한 법률(이하 신문법)'에 대한 위헌심사 결정을 발표했다. 신문시장의 불균형 해소가 주목적인 신문법은 이미 입법 단계부터 언론자유 침해 논란을 일으켰다. 여당과 일부 시민단체들은 소수 독과점신문으로부터 독자의 권익과 여론 다양성 보장을 위해 신문법이 필요하다고 주장했다. 소수 신문의 여론 독과점을 견제하는 것은 언론자유의 침해가 아니라는 것이다. 반면 야당과 일부 신문들은 신문법이 정부에게 비판적인 신문을 억압하고 언론자유를 제약하는 위헌적 법률이라고 반대했다.

헌법재판소는 신문법 조항 중 겸영 소유 제한, 경영자료 신고 및 공개의무 조항 등 대부분의 신문기업 규제조항에 대해 합헌 결정을 내렸다. 신문의 언론자유가 중요한 기본권이긴 하지만,

신문의 공적 기능과 책임을 위하여 정부가 필요한 규제를 할 수 있다고 본 것이다. 헌법재판소는 그러한 신문의 공적 기능을 "민주주의 사회에서 언론의 다양성 보장"으로 해석한 것이다.

미국에서도 신문기업에 대한 정부 규제가 뜨거운 헌법적 쟁점으로 등장한 적이 있다. 1942년 미국 연방정부는 당시 1274개의 지역 일간신문사가 회원으로 가입하고 있는 AP통신을 반독점법 위반으로 기소했다. AP통신에 가입한 신문사와 같은 지역에서 경쟁하는 신문사는 회원 가입을 매우 어렵게 만든 정관 조항 때문이었다. 회원사에게는 비회원사와 뉴스 교류를 하지 못하도록 만든 정관도 반독점법이 규정한 불공정 거래행위라고 연방정부는 주장했다.

이 AP통신 판결은 신문기업에 대한 헌법적 규제가 뜨거운 쟁점으로 떠오른, 처음이자 마지막 사건이었다. 미국에는 한국 헌법 21조 3항과 같은 언론의 공적 기능 보장 조항이 없다. 정부가 언론의 자유를 제약하는 법을 만들 수 없다고 명백하게 못박은 수정헌법 제1조만 존재한다. 따라서 미국에서 신문시장의 다양성 보장은 정부의 개입이 아니라 정부 개입의 최소화를 통해 보장하는 방식이다. 이는 1974년 마이애미 헤럴드 판결Miami Herald Publishing Co. v. Tornillo에서 확인된 바이다.

당시 연방대법원은 신문사가 선거후보자들에게 반론권을 보장하도록 만든 플로리다 주법에 대해 위헌판결을 내리면서, 여론 독과점을 해소하기 위해 정부가 개입하는 것은 수정헌법 제1조 위반이라고 결론지었다. 연방대법원은 신문시장의 집중으로 인해 미국 사회의 여론 다양성이 심각한 위협을 받고 있다는 점은 인정했다. 그러나 그러한 문제를 해소하는 것은 독자와 언론인들의 몫이지 정부의 몫이 아니라고 보았던 것이다. "책임 있는 언론은 분명 바람직한 목표이지만, 언론의 책임이 헌법에 명시되지 않았고 다른 많은 윤리적 의무와 마찬가지로 법제화될 수 없다"는 것이다.

그러나 미국의 신문기업도 영업과 재무 등 경영부문에서는 일반기업과 마찬가지로 정부의 규제를 받아야 한다. 예를 들면, 신문사들도 근로자 보호, 독과점 금지, 세금 납부, 환경 보호 등과 관련한 법규를 준수해야 한다. 미국의 신문들은 이러한 규제에 대해서도 언론자유의 침해를 주장하며 위헌소송을 제기했었다. 이 AP통신 판결은 기업으로서의 신문이 누리는 언론자유의 범위에 대해 연방대법원이 명확한 기준을 제시한 판결이었다.

## AP통신의 역사

통신사란 뉴스를 수집해 언론사에게 제공하는 일종의 뉴스 도매상이다. 통신사는 자신들이 취재하고 편집한 뉴스를 독자나 시청자에게 직접 보급하는 것이 아니라 주로 신문이나 방송에게만 제공한다. 언론사들은 자신들이 직접 취재하기에는 너무 어렵거나 비용이 많이 드는 타지역 뉴스나 국제뉴스를 통신사로부터 구입해 사용한다. 국내에는 연합통신·뉴시스 등의 통신사가 있고, 해외에는 미국의 AP통신을 비롯해 프랑스의 AFP, 영국의

로이터, 중국의 신화통신 등이 유명하다.

　미국의 AP통신은 2007년 현재 세계 240여 곳에 지사를 두고, 3700명을 고용한 세계 최대의 통신사이자 언론사이다. 지금까지 AP통신이 받은 퓰리처상만 해도 다른 어느 언론사보다 많은 48개에 달한다. AP통신이 여타 통신사와 크게 다른 점은 일반적 영리기업이 아니라는 점이다. AP통신은 1500개의 미국 일간지들이 회원으로 가입한 비영리조합이다. 국토가 광활하여 전국지보다는 지역신문 위주로 신문시장이 형성된 미국에서 각 지역의 회원(신문)사들끼리 뉴스를 서로 공유하는 조합 형태의 통신사는 출범 초기부터 매우 효과적이었다.

　AP통신은 1848년 6개의 뉴욕 일간지 발행인들이 국제뉴스를 공동취재해 경비를 절감하기로 합의하면서 본격 시작되었다. 19세기 말 도시화와 산업화로 신문 독자들이 크게 늘어나고 전신과 전화의 등장으로 뉴스 전송이 용이해지자, AP통신 회원사는 뉴욕시 일원의 신문사에서 미국 전역의 신문사들로 확대되었다. 회원수가 늘어나면서 국제뉴스의 공동취재 외에도 지역뉴스의 교환을 통해 회원(신문)사들은 저렴한 비용으로 신문을 제작할 수 있게 되었다.

　신문 제작에 AP통신의 활용도가 높아지면서, 회원 가입을 둘러싼 문제가 발생하기 시작했다. 거의 모든 미국의 신문들이 AP통신 회원사로 가입해 저렴하게 해외 뉴스와 타지역 뉴스를 제공받기를 원했다. AP통신 기사가 없다면 신문 제작이 매우 어려웠기 때문이다. AP의 성공에 자극받아 UP(United Press, 오늘날의 UPI)와 INS(International News Service) 등의 경쟁 통신사가 생겨났지만, AP통신과는 양적으로나 질적으로나 비교가 되지 않았다. 자기 지역 외의 뉴스는 거의 전적으로 통신기사에 의존해야 하는 군소 신문들에게는 AP의 회원이냐 여부가 성공과 실패의 분수령이었다. 더구나 1919년부터 AP통신은 유럽통신사들과 뉴스 교환 계약을 맺어, 유럽 지역 뉴스의 미국 내 독점전달 경로가 되었다.

AP통신 기사가 이렇게 신문 제작에 필수불가결한 존재가 되자, 몇몇 신문사들은 25만 달러 이상의 가입비를 지불하고서 회원사가 되었다. 또 일부 신문사들은 경쟁 신문사가 AP통신 회원이 되는 것을 막기 위해서 30만 달러 이상을 지불하고 제2회원권을 구입하기도 했다. 게다가 기존 회원 신문사들은 경쟁자를 견제하기 위해 신규 회원 가입을 엄격히 제한했다.

그로 인해 AP통신의 초창기부터 AP통신의 회원 가입 제한이 신문뉴스 시장의 독과점 행위라는 비판이 끊이지 않고 제기되었다. 『시카고 트리뷴』의 발행인 조지프 메딜은 뉴욕 신문들이 장악한 AP통신은 가장 악독하고 사악하고 치명적인 독점이라고 맹비난했다. 당시 한 법학자도 AP통신을 "현존하는 독점체제 중 가장 완전한 난공불락"이라고 주장했다. 1890년 반독점법이 제정되자, 그에 따라 AP통신을 규제해야 한다는 목소리가 높아졌다. 그러나 당시 유일한 대중언론매체인 신문을, 그 가운데서도 가장 강력한 신문사들로 구성된 AP를 규제한다는 것은 정치적으로 매우 힘든 상황이었다. 연방의회의 청문회가 열리기도 했지만, 연방정부는 1942년까지 아무런 조치도 취하지 않았다.

법적 소송이 전혀 없었던 것은 아니다. 1900년 AP통신은 비회원 신문사의 불공정거래 고발로 일리노이주에서 재판을 받아야 했다. 원래 뉴욕에서 시작한 AP통신은 본부를 시카고로 옮겼는데, 1890년대에 신규가입한 회원사인 서부지역 신문사들이 뉴욕 소재 신문들의 횡포에 반발해서 생긴 결과였다. 그렇지만 회원 가입제한 조항은 크게 달라지지 않았다.

일리노이주 시카고에서 발행되는 한 일간지가 AP통신의 회원 정관을 어기고 다른 통신사의 뉴스를 신문제작에 사용하여 회원 자격을 정지당하자, 그 정관이 일리노이 주법에 위반되는 불공정 거래 행위라며 소송을 제기했다. 일리노이 주대법원은 AP통신에게 패소 판결을 내리고 정관을 바꾸도록 명령했다. 그러나 AP통신은 정관을 바꾸는 대신 일리노이 법원의 판결이 적용되지 않는 뉴욕으로 본사를 다시 옮겼다. 경쟁 신입회원 가입 조항과 비회원사와의 뉴스 교류 금지조항은 1942년 연방정부의 소송 때까지 크게 달라지지 않았다.

1915년에는 뉴욕의 한 일간지가 AP통신의 회원가입 조항을 이유로 연방정부에게 반독점법 위반이라며 처벌을 요구했지만 정부는 아무런 조치도 취하지 않았다. 당시 AP통신은 유럽의 통신사와 독점계약을 맺고 있어, 비회원사들은 제1차 세계대전 발발 직전 위급하게 돌아가던 유럽의 정치군사적 상황을 제대로 독자들에게 전달할 수가 없었다. 그러나 당시 연방 법무부는 AP가 다른 통신사와 경쟁을 하고 있어, 시장독점이라고 볼 수 없다며 반독점법 적용대상이 아니라는 유권해석을 내렸다.

## 신문 신뢰의 위기

1942년 연방정부의 반독점 기소가 발표되자, AP통신 회원사들은 지난 40여 년간 법적 문제가 되지 않았던 회원가입 관련 정관을 이제서야 문제삼는 것은 정치적 보복이라고 주장했다. 그러나 지난 40여 년간 미국인들의 신문에 대한 인식은 상당한 변화를 보였다. 신문에 대한 신뢰도가 과거와 같지 않았던 것이다.

미국 수정헌법 제1조는 언론의 자유freedom of speech와 신문사의 자유freedom of the press를 구분해 명시했다. 그래서 미국의 신문사들은 자신들은 미국의 헌법에서 유일하게 특정되어 보호받는 산업분야라고 주장하기도 했다. 미국 초기의 역사에서 언론자유는 신문의 자유와 동일시되었다. "신문 없는 정부보다는 정부 없는 신문을 택하겠다"는 토머스 제퍼슨의 말은 미국인들이 신문에 대해 갖는 신뢰도와 언론자유에 대한 신념을 잘 보여준다. 영국과의 독립전쟁 당시 국민을 결집하고 무력투쟁을 선동하는 데 결정적인 역할을 한 것도 바로 신문이었다. 건국 후의 심각한 정파간·지역간 대립에도 불구하고, 헌법을 제정하고 민주적인 정부체제를 구축하는 데에도 신문의 역할은 매우 컸다.

그러나 19세기 후반 신문이 대중화되고 시장경쟁이 치열해지면서, 신문의 상업성과 이윤추구에만 몰두하는 신문사주에 대한 비난이 사회 각계로부터 쏟아지기 시작했다. 1900년 헨리 브라운 대법원장은 언론의 자유를 가장 목청 높여 외치는 신문들이 개인의 인격의 신성함을 공격하기 위해 언론의 자유를 남용한다고 비난했다. 시어도어 루스벨트 대통령은 기자를 '쓰레기 줍는 인간'이라는 뜻의 '머크레이커'에 비유하기도 했다.

국민 여론과 신문 논조와의 차이는 프랭클린 루스벨트 정부에서 더욱 명확하게 나타났다. 1929년 시작된 대공황의 극복을 위해 루스벨트 대통령은 강력한 시장규제와 노동자 보호 경제정책을 폈다. 특히 노동시간 단축, 최저임금 보장, 노조결성권 보장, 미성년자 노동금지 등 친노동 뉴딜 개혁입법은 일반 기업주뿐만 아니라 신문사주에게도 큰 영향을 미쳤다. 대다수 신문들은 루스벨트 대통령의 뉴딜정책에 대해 비판적인 논조를 견지했다. 그러나 당시 여론은 루스벨트의 편이었다. 1932년 대통령선거에서 루스벨트를 지지한 신문은 45%였던 반면 미국민의 57%가 그를 지지했다. 1936년 선거에서도 대부분의 신문이 공화당 후보를 지지했지만 미국민은 압도적인 표차로 민주당의 루스벨트 후보를 선택했다.

신문의 논조와 국민 여론 사이의 간격이 넓어지자 언론계 내부에서도 우려의 목소리가 높아졌다. 신문업계 내부의 개혁이 이루어지지 않는다면 외부의 압력과 간섭이 불가피할 것이라는 경고가 나오기 시작했다. 특히 저명 언론인들이 언론사주에게 전하는 경고가 잇따랐다. 월터 리프먼은 만약 신문발행인들이 현실을 직시하고 그 문제를 해결하지 않는다면 언젠가는 분노한 여론이 의회를 통해 도끼를 들고 언론에 달려들 것이라고 경고했었다. 미국신문편집인협회 회장을 지낸 윌리엄 알렌 화이트는, 미국 언론의 문제는 남의 탓으로 돌릴 것이 아니라 내부의 문제로 여기고 해결해야 한다고 주장했다. 『시카고 선』의 논설위원인 로버트 라쉬는 미국의 언론인들이 헌법에 보장된 자유를 지키는 수호자로 존경받는 것이 아니라 점점 더 소수의 사람들에게 집중되고 있는 특권을 누리는 사람들로 여겨지고 있다고 비난했다. 『시카고 트리뷴』의 조지 셀데스도 미국 신문에서 유일하게 비판받지 않는 성역이 있다면 그것은 신문 자신이라고 비판했다.

당시 미국의 언론사주들에게 언론의 자유는 언론활동에 일절 간섭할 수 없음을 의미하는 것으로 받아들여졌다. 특히 언론사주들은 언론의 자유를 자신들의 기업활동의 권리와 동일시했다. 따라서 언론기업 운영을 제약하는 뉴딜 개혁입법은 언론자유의 심각한 위협이라고 주장했다. 그러나 이러한 신문사주들의 주장과 달리, 대다수 미국인들은 뉴딜 개혁을 언론기업에도 적용하는 것을 언론자유의 침해라고 보지 않았다. 오히려 언론사주들이 기득권을 지키기 위해 사회경제적 개혁을 거부하면서 언론의 자유를 방패로 삼는다고 여겼다. 미국의 신문시장은 점점 더 소유가 집중되고 이러한 소유구조가 신문의 내용에까지 영향을 미친다고 비난했다. 이러한 신문에 대한 불신은 연방대법원의 노동법 관련 판결에서도 나타났다. 당시의 피고도 AP통신이었다.

연방대법원은 1937년의 NLRB 판결Associated Press v. NLRB에서 신문사도 일반기업과 마찬가지로 노사관계법National Labor Relations Act을 지켜야 한다고 판시했다. 신문기업을 포함한 모든 사기업에 적용된 노사관계법은 노동자의 노조결성권·단체협약권·파업권 등을 보장하는 것이었다. NLRB 판결은 AP통신이 노조에 가입하고 활동해온 한 편집국 직원을 해고하면서 비롯되었다. 노사관계법을 주관하는 노사관계위원회National Labor Relations Board는 AP통신에게 노사관계법 위반이라며 해고된 편집국 직원을 재고용하라고 명령했다. 그러나 AP통신은 노사관계위원회 명령이 언론자유를 침해한다며 위헌소송을 제기했다. 자유롭고 공정한 언론보도를 위해서는 뉴스를 왜곡시킬 가능성이 있는 근로자를 해고할 자유가 보장되어야 한다고 주장했다. AP통신은 노조에 가입한 기자는 노사문제를 객관적으로 공정하게 보도하지 못하기 때문이라는 논리를 내세웠다.

그러나 연방대법원은 5:4의 결정으로 노사관계위원회의 해고철회 명령에 대해 합헌판정을 내렸다. 연방대법원은 신문의 내용이나 논조를 제약하려는 의도가 없는 이상, 일반적으로 적용되는 기업규제를 신문기업이나 통신사에 적용하는 것은 수정헌법 제1조 위반이 아니라고 선언했다. AP통신이 언론이라는 이유로 정부의 기업적 규제에서 제외되는 것은 아니며, 신문사의 발행인도 일반인과 마찬가지로 반독점법을 준수하고 세금을 납부해야한다는 점을 강조한 것이었다.

연방대법원은 또한 노사관계위원회의 해고철회 명령은 공정한 뉴스 배포와는 아무런 관계가 없다면서, 언론자유가 침해되었다는 AP통신의 주장을 반박했다. 노사관계위원회의 명령은 통신사의 취재나 편집 활동에 결코 영향을 미치지 않는다고 설명했다. 연방대법원은 해고된 편집국 직원이 과거 뉴스를 왜곡했거나 앞으로 뉴스를 왜곡할 가능성이 있다는 증거를 AP통신이 제시하지도 못했다고 덧붙였다.

## 연방정부와 AP통신의 충돌

AP통신이 반독점법으로 기소되는 데 계기가 된 것은 시카고 지역의 백화점 갑부인 마셜 필드가 1941년 12월 새로이 창간한 『시카고 선』의 AP통신 가입 신청이었다. 『시카고 선』은 창간 즉시 AP가입 신청을 했으나 경쟁사인 『시카고 트리뷴』의 반대로 가입할 수 없게 되자, AP통신이 불법적인 반독점 행위를 한다고 연방 법무부에 고소했다. 1890년에 제정되고 1914년에 추가 제정된 연방 반독점법은 불법적인 거래·계약·연합trust 등을 통한 독점이나 독점시도를 금지했다. 반독점법 위반행위에 대해 정부는 벌금이나 징역형을 부과할 수 있고, 정부 혹은 피해를 입은 기업이나 개인은 불법행위를 한 기업을 상대로 민사소송을 제기할 수도 있다.

1942년 8월 연방정부는 AP통신을 본사가 있는 뉴욕의 연방지법에 반독점법 위반으로 기소했다. 피고는 이사회원인 18개의 신문사를 포함해 가입 신문사 모두였다. 연방정부는 AP통신 회원사의 경쟁자들에게는 회원가입을 어렵게 만들고, 회원(신문)사들끼리만 뉴스를 공유하는 정관조항이 불법 독점행위라고 주장했다. 당시 AP통신의 정관에 따르면, AP통신 회원사가 없는 지역에서 신문을 발행하고 있는 신문사는 약간의 가입비만 내고 회원가입이 가능했다. 그러나 지역 내 이미 AP통신 회원신문사가 존재하면 그 회원사의 동의를 받아야 가입할 수 있었다. 만약 기존 회원사가 반대할 경우, 전체 AP통신 회원사 과반수 이상의 동의가 필요하고, 상당한 액수의 추가회비를 납부해야 했다. 반독점법 위반으로 지적된 또다른 정관 조항은 회원신문사가 비회원사나 다른 통신사에게는 뉴스를 제공하지 못하게 한 규정이었다.

연방정부의 기소장에 따르면, AP통신은 1900년부터 1928년까지 100개의 경쟁신문 가입신청을 접수했다. 이들 중 6개사만이 회원가입에 성공했다. 1929년부터 1941년까지는 경쟁사가 가입신청을 한 경우가 4개사로 크게 줄었지만, 역시 모두 가입을 거부당했다. 연방정부는 AP통신으로부터 뉴스를 공급받는 것은 시장경쟁에서 신문이 생존하는 데 필수적이라고 주장했다. 비록 AP통신 외에도 2개의 통신사가 있지만, 가장 양질의 뉴스를 공급하는 AP통신을 이용할 수 없다면 신문으로서 성공하기가 거의 불가능하다는 것이다. 독자들의 권리 침해도 언급되었다. AP통신의 반독점 행위로 인해 독자들은 필요한 모든 뉴스를 다양한 제공자로부터 공급받지 못하고 있다는 것이 기소자인 연방정부의 주장이었다.

이에 AP통신 회장인 로버트 맥린은 AP통신의 운영은 철저히 합법적이라며, 정부의 주장은 근거가 없다고 반박했다. 자유로운 언론은 정부의 간섭 없이 뉴스의 공급과 선택을 언론사 스스로가 결정해야 한다고 주장했다. 일부 신문들은 연방정부의 반독점 기소가 뉴딜정책에 비판적인 언론에 대한 보복이라고 주장했다. 루스벨트 대통령이 자신에게 많은 정치자금을 기부한 특정 신문발행인을 도와주려는 것이라고도 주장했다.

야당 의원들은 물론이고 여당의원들까지도 루스벨트 행정부를 비난했다. 일부 의원들은 의회 차원에서 정부의 소송 동기에 대해 진상조사를 해야 한다고 주장했다. 민주당 상원의원인 해리 버드는 순수하게 비정파적이고 비정치적인 통신사에 대한 반독점 기소에 경악했다며 기소 철회를 촉구했다. 공화당 찰스 플럼리 하원의원은 정부의 반독점 기소가 「권리장전」을 동결시키려는 사회주의자, 공산주의자, 급진주의자, 지식인, 그리고 그들의 동조자들의 압력에 의한 것이라고 주장했다. 공화당 하원의원 스털링 콜은 AP통신이 제2차 세계대전 전시상황에 기여하고 있는 바를 고려해서라도, 전쟁이 끝날 때까지 소송을 중단하라고 법무장관에게 요청하기도 했다.

뉴욕 연방지법은 사건의 중요성을 감안해 단독판사가 아닌 3명의 법관으로 구성된 합의부에 이 사건을 배정했다. 1943년 10월 발표된 연방지법의 판결은 2:1로 AP통신의 패소였다. 다수 법관들은 AP통신이 비록 독점기업은 아니라 하더라도, 독점금지법은 위반했다고 본 것이다. 비록 3개의 통신사가 존재하지만, 동일한 사건에 대해서도 각 통신사마다 각기 다른 관점에서 뉴스를 제공할 수 있으므로, 신문사들은 세 통신사 모두로부터 뉴스를 공급받을 수 있어야 한다는 것이다. 특히 AP통신처럼 최고

수준의 통신사로부터 신문사가 뉴스를 공급받지 못하면, 그 신문의 독자는 정보접근권이 침해된다고 설명했다. 결국 AP통신의 제한적 회원가입 정관은 다양한 정보의 교류와 그것을 통한 현명한 결정을 기초로 삼는 민주사회의 기본이념에 배치된다는 설명이다. 연방지법은 AP통신에게 신규회원가입 조항을 수정하고, 회원사에게만 뉴스를 제공하는 조항과 비회원사와의 지역뉴스 교류를 금지한 정관조항도 삭제하라고 명령했다.

이 연방지법의 판결 직후, AP통신의 변호사들과 AP회원 신문사 발행인들은 미국 국민들도 이제는 독일 국민처럼 정부의 통제를 받는 언론이 되었다고 일제히 개탄했다. 이어서 AP통신 이사회는 연방지법의 판결을 연방대법원에 상고하기로 만장일치로 결의했다.

## 공중의 언론자유와 신문발행인의 언론자유

그러나 1945년 6월 연방대법원은 5:3으로 AP통신에게 또다시 패소결정을 내렸다. 로버트 잭슨 대법관은 예전 AP통신이 기소되었던 시절 법무부 장관이었기에 판결에 참여하지 않았다. 다수 대법관을 대표해 판결문을 작성한 휴고 블랙 대법관은 당시 미국에서 가장 거대하고 막강한 언론사인 AP통신을 "상거래의 규제와 제한을 하는 법규를 스스로 만들고, 그러한 규제를 결정하고 처벌하는 초사법적 기구를 제공하는 초정부적인 기구"라며 강력하게 비난했다. 블랙 대법관은 AP통신의 회원가입 정관 조항이 신문시장에 새로운 경쟁자가 등장하는 것을 막고, 자유경쟁을 저해하는 것으로 명백한 반독점법 위반이라고 설명했다.

블랙 대법관은 신문기업의 독점행위까지 수정헌법 제1조가 보호하는 것은 아니라고 설명했다. 그는 오히려 신문기업의 독점행위를 규제하는 것이, 즉 AP통신과 같이 사상의 자유로운 흐름을 저해하는 사적 집단으로부터 국민을 보호하는 것이 수정헌법 제1조의 올바른 적용이라고 말했다. 그는 수정헌법 제1조의 보호이익을 공중의 권리와 신문발행인의 권리로 구분했다. 두 권리가 충돌할 경우, 공중의 언론자유가 신문발행인의 언론자유에 우선한다고 선언한 것이다.

신문을 발행할 자유는 모두를 위한 자유를 뜻하지 일부를 위한 자유를 뜻하는 것은 아니다. 신문 발행의 자유는 헌법에 의해 보장되었지만, 다른 사람들의 신문 발행을 제한하기 위해서 연합체를 결성할 자유까지 보장된 것은 아니다. 수정헌법 제1조에 의거해 정부의 간섭으로부터 보호받는 언론의 자유가 사적 이익집단이 언론자유를 억압하는 것까지 용인하는 것은 아니다. 뉴스와 의견의 교류를 제한하려고 조직된 사적 집단이 헌법적 면책권을 가졌다는 주장을 인정할 만한 여지가 수정헌법 제1조에는 전혀 없다.

블랙 대법관은 수정헌법 제1조가 보호하는 언론자유는 다양한 출처로부터 가능한 많은 정보를 전파하는 것을 전제로 하고 있다고 설명했다. 신문경영상 AP통신의 뉴스를 공급받지 못하는 것은 현재 AP통신 회원사와 경쟁하고 있거나 향후 경쟁하려는 신문사에게 매우 심각한 악영향을 미친다면서, AP통신의 정관은 신문시장의 공정한 경쟁을 막는 명백한 반독점법 위반이라는 것이다. 이는 여론 다양성의 중요성과 아울러, NLRB 판결에서 세운 원칙을 재확인한 것이었다. 즉, 신문은 정부의 기업규제에 있어서 다른 기업과 동일하게 취급되어야 한다는 원칙 말이다. 블랙 대법관은 "신문발행인에게 자신의 기업 운영을 규제하는 법을 위반해도 처벌받지 않도록 하는 특별한 헌법적 성역을 제공할 이유가 없다"고 강조했다.

동조의견concurring opinion을 제시한 프랭크퍼터 대법관은 신문의 헌법적 지위에 대해서 다수 대법관과는 다른 의견을 보였다. 그는 신문이 제공하는 "진실과 지식은 땅콩이나 감자와는 다르다"면서 신문에게 특별한 법적 대우를 해야 한다고 주장했다. 그럼에도 그는 다수의 결정에 동의했는데, 수정헌법 제1조의 보호가 신문발행인보다는 독자와 국민을 위한 것이어야 한다는 점에 동의했기 때문이다.

반대의견을 제시한 3명의 대법관들은 이 사건을 공중의 언론자유와 신문기업의 언론자유 사이의 충돌로 보지 않았다. 이 사건은 언론자유 보호를 요청하는 신문사들과 그들을 위협하는 정부 사이의 대립으로 간주했다. 로버츠 대법관은 AP통신이 경쟁신문을 파괴하려 했다는 다수 대법관의 주장을 반박했다. AP통신 회원이 아닌 신문사들은 다른 통신사로부터 부족함 없고 만족할 만한 뉴스를 구입할 수 있고, 지금까지 AP통신의 뉴스 없이도 잘 운영돼왔다고 주장했다. 또 다른 반대의견에서 머피 대법관도, 반독점 규제의 경우에서도 신문사들은 수정헌법 제1조를 고려해 특별하게 취급되어야 한다고 주장했다. 그러한 신문사의 특별한 지위 때문에 정부의 규제는 신중해야 하고, 신문사들이 반독점법을 위반했다는 '명확하고 과오 없는 증거clear and unmistakable proof'가 있어야 정부의 규제가 가능한 것인데 이 사건에는 그러한 증거가 제시되지 못했으므로 AP통신사에게 승소 판결을 내려야 한다고 주장했다.

## 허친스위원회의 보고서

연방대법원의 패소판결 이후에 AP통신 회원(신문)사들은 곧바로 투쟁을 포기하지 않았다. AP통신에게는 반독점법 면제를 부여하는 반독점법 개정을 추진했다. 사법부의 판결을 입법부의 결정으로 무효화시키려는 시도였다. 『시카고 트리뷴』의 발행인 맥코믹의 주도로 1946년 연방의회에 AP통신에게 반독점법 적용 예외를 보장하는 법안이 제출되었다. 그러나 정치권의 반응은 반독점법 소송 시작 때처럼 뜨겁지 않았다. 회원사들조차도 의회 로비에 적극 나서지 않았다. 1946년 선거에서 신문사주들에게 우호적인 공화당이 다수당이 되었음에도 AP통신 반독점예외 법안은 의회를 통과하지 못했다. 그 이유로 언론사학자 마가렛 블랜차드는 세 가지를 꼽았다. 연방대법원의 판결에도 불구하고 실제로 신문사들은 언론자유 침해라고 할 만한 신문제작상의 제약을 받지 않았고, 회원정관 변경으로 손실을 입은 신문사도 그리 많지 않았다는 점, 또한 연방대법원의 판결을 무효화하는 법안은 전례도 없고 따라서 반대여론에 대한 부담이 컸기 때문이라는 것이다.

또한 연방대법원 판결 이후 더욱 고조된 언론의 책임론도 연방대법원의 판결을 뒤집는 법 제정을 어렵게 만들었다. 1946년 열린 의회청문회에서 미국기자노동조합American Newspaper Guild의 변호사 모리스 언스트는 언론계에 집중된 소유구조가 미국인들의 자유로운 사상의 흐름을 막는다고 비난했다. 그는 이 문제에 대해 의회 차원의 조사를 주장하면서 언론사의 복수소유 및 겸영 제한, 언론사의 인쇄시설 소유제한, 복수소유 신문에 대한 세금 중과, 소규모 신문에 대한 세금 우대 등을 통해 언론의 소유집중을 규제할 것을 제안했다. 1947년 2월 제임스 머레이 연방상원의원도 신문과 라디오 산업의 경쟁·집중·소유 문제를 연방무역위원회를 통해 감독해야 한다고 주장했다. 그는 많은 지역사회에서 하나의 신문만이 발행되는 실정이고, 이러한 신문은 다수의 여론이 아닌 소수 신문사주의 관점을 전달한다고 비판했다.

1947년 3월에는 허친스위원회의 보고서가 발표되었다. 로버트 허친스 당시 시카고대학 총장을 비롯한 하버드 법대의 자카리아 채피 교수, 유니온 신학대학의 라인홀드 니버 교수, 하버드 역사학과의 아서 슐레징거 등 13명의 저명 학자가 3년 동안 미국사회의 언론자유 문제를 조사하고 분석한 결과였다. 허친스 보고서는 미국 내 언론의 자유가 심각한 위험에 처해 있다고 결론지었다. 그러나 그 원인을 정부의 규제 때문으로 보지 않았다.

소수의 거대한 기업군이 소유하는 미국의 언론은 공익적 기능을 외면했고, 이로 인해 자신의 견해를 언론을 통해 발표할 수 있는 사람들의 숫자가 크게 줄었다고 허친스위원회는 주장했다. 신문시장의 경제논리로 인해 보다 많은 독자들을 확보하려는 압박이 커졌으며, 그 결과 최대다수를 만족시키려는 상품으로서의 신문이 강조되고, 따라서 대중들이 알아야 할 뉴스보다는 선정적이고 자극적인 뉴스들로 지면이 채워지고 있다고 지적했다. 언론자유를 회복하는 대안으로는, 독점금지법을 적용해 신문의 소유집중을 막을 것을 요구했다. 또한 강제 정정이나 반론권 보장도 법적으로 가능하다고 보았다. 국가보안법도 폐지해 설사 혁명적인 변화를 요구하는 사람들에게조차도 표현의 자유를 보장함으로써 진정한 사상의 자유시장이 형성되도록 정부가 유도해야 한다고 주장했다.

결국 이 AP통신 판결은 국민이 누리는 언론의 자유와 신문기업이 누리는 자유의 차이를 설명하고, 두 자유가 상충할 경우 누구의 자유가 우선인지를 분명히 밝혔다는 데 의미가 있다. 이 판결에 따라 신문사들도 일반기업과 마찬가지로 반독점 규제를 받게 되었지만, 신문시장의 변화에는 크게 영향을 미치지 않았다. 비록 신규 신문사들도 AP통신 회원으로 쉽게 가입할 수 있게 되었지만, 신문시장에서의 경쟁은 점점 더 줄어들었고 1960년대에 이르러서는 대부분의 지역에서 한 개의 신문이 독점하는 체제로 굳어졌다. 2000년대에 이르러서는 2개 이상의 신문이 상호경쟁하는 지역은 10여 개 도시에 불과한 수준이 되었다.

오랫동안 이러한 독과점체제에 익숙해진 미국 신문들은 결국 뉴미디어 혁명의 가장 큰 희생자가 되고 말았다. 1990년대 후반 이후 미국 신문은 판매부수, 광고수주, 신문기업의 주가, 고용인원 등이 모두 감소 추세를 벗어나지 못하고 있다. 인터넷의 등장에 따른 변화 탓이기도 하지만 오래된 독과점체제하에서 변화와 개혁을 게을리한 결과이기도 하다. 수정헌법 제1조가 신문기업에게 부여하는 언론의 자유가 이윤추구의 자유가 아니라 국민의 알 권리를 위한 자유라는 점을 수시로 되새기고 실천했다면, 지금과 같은 위기는 피할 수 있었을 것이다.

제 5 장

# 공정한 사법제도

# 변호사의 조력을 받을 권리는 어디까지 보장되나

기드온 판결 Gideon v. Wainwright, 372 U.S. 335 (1963)

1962년 1월 8일, 연방대법원 건물 지하실에 있는 우편취급소에 클라렌스 얼 기드온이라는 플로리다의 한 교도소 수감자가 보낸 편지가 배달되었다. 겉봉투에는 발신자의 이름 아래 수감번호 003826이 적혀 있었고, 그 안에는 교도소에서 수감자에게 공급되는 용지에 연필로 서툴게 쓴 편지가 들어 있었다. 편지지 상단에는 "편지는 일주일에 2통만 허용되며 반드시 영어로 쓰여야 한다"는 교도소의 규정과 이러한 규정에 따르지 않는 편지는 발신할 수 없다는 경고문도 인쇄되어 있었다.

기드온의 편지는 비록 형식을 제대로 갖추고 있진 않았지만 상고 허가청원서로 분류되었다. 1년에 3000건 이상 접수되는 연방대법원의 상고 허가청원서는 일정한 형식적인 요건을 갖추어야 했으며, 100달러의 수수료가 필요했다. 그러나 경제적으로 수수료를 지불할 능력이 없는 사람들이나 형식적인 절차를 따를

수 없는 사람들에게는 이러한 조건을 엄격히 따르도록 요구하지
는 않았다. 가난한 청원자들에게는 수수료를 면제해주고, 또한
원래 40부의 청원서를 제출해야 하지만 이들에게는 1부만 제출
토록 했다. 타이프 대신 자필로 쓴 청원서도 받아주었다. 실제 청
원 내용이 근거가 있다고 판단된다면 법적 절차나 형식상의 사
소한 잘못은 묵과하는 것이 연방대법원의 관례였다.

## 변호사의 조력을 받을 권리

자필로 쓴 상고청원서에서 기드온은 자신이 변호사의 도움 없
이 재판을 받아 헌법에 보장된 '정당한 법적 절차Due Process of
Law'를 침해당했다고 호소했다. "본 상고인은 재판 중에 변호사
의 도움을 요청했으나 담당판사가 이를 거절하였습니다. 본 상
고인은, 모든 중죄 혐의의 피고인은 변호사의 도움을 받아야 한
다고 연방대법원이 판결한 적이 있다고 담당판사에게 주장했으
나 판사는 이를 무시했습니다"라고 주장했다.

기드온은 절도 혐의로 체포되어 플로리다 주법원에서 유죄판
결을 받고 복역중이었다. 그는 1961년 6월 플로리다주 파나마시
의 해안가에 위치한 작은 식료품점에 들어가 맥주와 포도주를
훔쳐 달아났다는 혐의로 구속되었다. 당시 51세의 기드온은 술
과 노름으로 세월을 보내는 부랑자였다. 재판정에 선 기드온의
얼굴엔 주름이 깊게 패여 있었고 흰머리가 덥수룩이 헝클어진
초췌한 모습이었다. 알콜 중독 때문에 양손은 계속 흔들리고 있

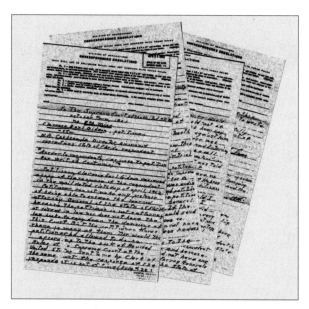

기드온은 연필로 서툴게 쓴 청원서에서 자신이 변호사의 도움 없이 재판을 받아 헌법에 보장된 '정당한 법적 절차'를 침해당했다고 호소했다.

었고 목소리마저 명확치 못했다. 그러나 비록 무일푼으로 변호사를 수임할 엄두도 내지 못할 기드온이었으나 자신이 변호사도 없이 재판을 받는 것은 공정치 못하다고 믿었다. 아무리 가난해도 범죄혐의를 받고 법정에 서게 된다면 변호사의 도움을 받는 것이 미국인의 권리라고 그는 생각했다. 재판이 시작되자 검은 법복을 입은 판사가 기드온에게 물었다.

재판장 : 재판받을 준비가 되었습니까?

기드온 : 준비가 되지 않았습니다.

재판장 : 왜 준비가 되지 않았습니까?

기드온 : 변호사가 없습니다.

재판장 : 왜 변호사가 없습니까? 오늘이 당신의 재판날이라는 것을 몰랐습니까?

기드온 : 저는 재판부가 저를 변호할 변호사를 선임해주실 것을 요청합니다.

재판장 : 미안하지만 당신에게 변호사를 선임해줄 수 없습니다. 플로리다주법에 따르면 중죄를 범한 혐의로 재판을 받는 피고인에게만 법원이 변호사를 선임해줄 수 있습니다.

기드온 : 그러나 연방대법원은 저 같은 사람도 정부가 선임한 변호사의 무료변호를 받을 수 있다고 했습니다.

플로리다 주법원의 판사는 기드온의 요청을 거절한 채 재판을 진행했고 배심원은 쉽게 유죄평결을 내렸다. 판사는 단순절도범에게 주어지는 최고형인 징역 5년을 선고했다. 기드온이 이미 전과 4범이라는 기록을 갖고 있었기 때문이다. 기드온은 플로리다 주고등법원과 주대법원에서도 자신의 유죄판결이 확정되자 연방대법원에 억울함을 호소하는 편지를 보낸 것이다.

그러나 기드온이 편지에서 주장한 것처럼 기드온과 같은 처지의 형사피고인에게 정부가 변호사를 선임해야 한다는 연방대법원 판결은 없었다. 연방대법원은 피고인이 지적·정신적 장애로 인해 법정에서 스스로를 변호할 능력이 없다고 판단되는 경우나 사형에 처할 수 있는 중대한 범죄를 저지른 혐의를 받고 있을 경우에 한해서 정부 비용으로 변호사를 선임하라고 판결한 적이 있을 뿐이었다.

변호사의 조력을 받을 권리는 "모든 형사사건에서 피고인은 변호사의 도움을 받을 권리를 갖는다"고 명시한 수정헌법 제6조에서 비롯된다. 그러나 수정헌법 제6조가 제정된 지 150여 년이 지난 1930년대 초반까지 변호사의 조력을 받을 권리는 대부분의 법정에서 보장되지 않고 있었다. 철저한 지방자치 원칙이 사법제도에도 엄격히 적용되었기 때문이었다. 수정헌법 중에서 인권과 관련된 「권리장전」은 20세기 초반까지 연방정부의 인권 침해만을 억제하는 것으로 해석되었고, 주정부에서는 주헌법에 따라 자치적으로 주민들의 권리 영역을 정했었다. 따라서 주정부가 정한 법을 위반한 사건은 연방법원이 아닌 주법원에서 재판을 받게 되었고, 이 과정에서는 연방헌법이 아니라 주헌법에 보장된 권리만을 행사할 수 있었다. 그리고 대부분 주헌법에는 변호사의 조력을 받을 권리가 포함되어 있지 않았다.

그러나 19세기 후반에 접어들면서 사법제도의 자치권에 대한 미국인들의 생각도 차츰 바뀌기 시작했다. 그런 변화가 생기게 된 가장 큰 이유는 남부 주가 주정부 자치권을 근거로 노예제도를 고수했기 때문이다. 결국 이를 철폐하기 위해 남북전쟁이라는 엄청난 희생이 따랐고, 노예해방을 위해서 주정부가 개인의 자유와 권리를 보장하지 않고 침해할 경우 연방정부가 주정부를 규제할 수 있다는 수정헌법 제14조가 추가 제정되었다. 그러나 수정헌법 제6조에 보장된 변호사의 조력을 받을 권리가 연방법정에서는 물론이고 주법정에서도 적용되어야 한다는 최초의 판

결이 나온 것은 1932년의 이른바 스카츠보로 사건Scottsboro Case
에서였다.

## 미국 전역의 관심이 집중된 스카츠보로 사건

1931년 3월 25일 앨라배마주를 횡단하는 화물열차에 9명의 흑인 소년들이 타고 있었다. 소년들의 나이는 13세부터 19세까지 다양했고, 다른 칸에는 여러 명의 백인 소년들과 2명의 백인 여자도 있었다. 기차 여행 도중 흑인과 백인 소년들 간에 싸움이 붙었고, 힘에 밀린 백인 소년들이 열차 밖으로 내던져졌다. 백인 소년들은 인근 마을에 가서 도움을 청했고, 백인 보안관은 민병대까지 동원하여 다음 기차역에서 흑인 소년들을 기다리고 있었다. 열차가 정거장에 닿았을 때 2명의 백인 여인은 흑인 소년들에게 강간을 당했다고 주장했고, 흑인 소년들은 즉시 체포되었다.

당시 미국 남부에서는 남북전쟁 이후 노예제도는 폐지되었으나, 흑인들은 노예시절과 큰 차이가 없는 정치적·경제적·사회적 차별을 받고 있었다. 특히 범죄 혐의를 받고 재판을 받는 흑인들은 백인들이 독점한 사법제도 아래서 거의 100% 유죄판결을 받는 것이 상례였다. 흑인들은 변호사가 될 수 없었으며 배심원들은 모두 백인들로 구성되어 있었다. 특히 남부 백인들은 흑인 남자들에 의한 백인 여성들의 강간에 대해 가히 히스테리적으로 반응하여 그런 혐의를 받고 있는 흑인들을 재판에 회부하기도 전에 교수형이나 화형에 처하는 린치를 가하곤 했다.

백인 여성이 흑인 소년들에게 집단강간을 당했다는 소문이 퍼지자 마을의 분위기는 금방 험악해져 이 소년들이 린치를 당할 가능성이 커졌다. 이에 보안관은 이 소년들을 32킬로미터 떨어진 스카츠보로의 구치소로 이송하고 군대를 동원하여 이들을 감시하도록 했다. 3월 31일 피의자 중 열세 살짜리 어린 소년을 제외한 나머지 흑인 소년들은 모두 검찰에 의해 기소되어 법정에 소환되었다. 그러나 법정에 선 피고인들은 모두 범죄사실을 부인했다. 흑인 소년들은 당시 대부분의 남부 흑인들처럼 학교 교육을 받지 못해 글자도 읽지 못하는 상태라 법정에서 자기를 스스로 변호하는 것이 불가능했다. 그러나 이들에게는 자신들을 대신해 변호할 변호사가 없었다. 변호사는커녕 가족들에게 알릴 기회조차 주어지지 않았다.

법원이 선임한 변호사는 재판 개시일인 4월 6일 재판 시작 직전 피고인들과 약 30분간 면담한 것이 고작이었다. 소년들은 세 그룹으로 나뉘어 재판이 진행되었고, 모든 재판이 하루 안에 끝났다. 소년들의 재판이 진행되는 동안 법정 주변에는 수천 명의 성난 백인들이 둘러싸고 있었다. 모두 백인으로 구성된 배심원은 모든 피고인들이 유죄라고 결정했다. 당시의 앨라배마 주법에 따르면 강간죄를 저지른 피고인은 최저 10년의 징역형에서 사형까지 처할 수 있었으며, 그 형량도 배심원이 결정하도록 되어 있었다. 배심원은 8명의 피고 모두에게 사형을 선고했고, 나이가 어린 소년에 대해서는 만장일치의 합의를 보지 못하여 평결 불능Hung Jury으로 종결되었다.

사건 담당판사는 재심을 요구하는 변호인측의 요구를 기각하고 배심원의 판결을 확정했다. 흑인 소년들은 앨라배마 주대법원에 상고했다. 그러나 앨라배마 주대법원은 나이가 어린 1명의 유죄만을 파기하고 나머지 7명에 대한 유죄판결을 확정했다. 주대법원의 판결에 불복한 흑인 소년들은 최고법원인 연방대법원에 상고했다.

재판이 진행되면서 스카츠보로 사건은 미국인들의 큰 관심을 모았다. 이 사건은 미국인들에게 사법제도의 오점을 보여주는 상징으로 받아들여져 많은 인권단체들이 소년들의 구명운동에 나서 미국 전역에서 항의 시위와 집회가 열렸다. 덕분에 이 소년들은 연방대법원 재판에서는 당시 미국에서 최고로 유능한 변호사들의 도움을 받을 수 있었다.

1932년 11월 연방대법원은 중대한 범죄를 저지른 혐의로 재판을 받는 피고는 충분한 시간을 갖고 재판을 준비할 수 있어야 하며 변호사의 조력을 받을 권리가 보장되어야 한다고 판결했다. 경험과 학식이 많은 사람들조차 법정에서 자신을 효과적으로 방어할 수 없다는 사실을 상기시키면서 나이도 어리고 글도 읽지 못하는 피고인들이 성난 군중에 둘러싸인 채 변호사도 없이 재판을 받았다는 것은 명백하게 변호받을 권리를 침해당했다는 것이다. 흑인 소년들과 같은 피고인들은 재판의 모든 과정에서 변호사의 도움이 절대적으로 필요하며 변호사의 도움에 따라서 유무죄가 바뀔 수도 있다고 설명했다. 그러나 연방대법원은 변호사의 조력을 받을 권리가 모든 형사사건에까지 적용되는 것은 아니라고 그 한계를 그었다. 단지 스카츠보로 사건에서처럼 피고인들이 중대한 범죄 혐의로 극형에 처해질 수 있고 자신들 스스로 변호할 수 있는 능력이 없을 경우라면 담당재판부는 피고인들의 요청에 관계없이 변호사를 선임해야 한다고 선언했다.

1938년 연방대법원은 연방형법을 위반한 피고인이 경제적으로 변호사를 고용할 형편이 되지 못하면 연방정부가 이들에게 무료로 변호사를 선임해주어야 한다고 판결했었다Johnson v. Zerbst. 그러나 1942년에는 이러한 권리가 전체 형사사건의 90% 이상을 차지하는 주형법 위반사건에는 해당이 되지 않는다면서 변호받을 권리가 확대되는 데 제동을 걸었다Betts v. Brady. 이 판결에서 연방대법원은 스카츠보로 사건에서처럼 공정한 재판을 받지 못할 가능성이 높고, 극형에 처해질 수 있는 중대한 범죄 혐의를 받는 사건이 아닌 이상, 가난한 피고인에게 변호사를 선임하는 문제는 주정부가 자치적으로 판단할 사안이라고 결정했다.

## 변호사는 장식품이 아닌 필수 존재

기드온이 연방대법원에 보낸 편지에서 언급한, 중범죄의 혐의를 받고 있는 피고인들은 변호사의 도움을 받아야 한다는 주장은 따라서 근거가 없는 것이었다. 그럼에도 불구하고 기드온에게 상고가 허가된 것은 당시 연방대법원이 워렌 대법원장의 주도하에 사법제도의 공정성 확보와 인권 향상에 많은 노력을 기울이고 있었기 때문이었다. 1962년 6월 4일 연방대법원은 기드온의 상고를 허가한다고 발표했다. 더구나 연방대법원은 플로리다 주법원에서는 변호사도 구하지 못했던 기드온에게 미국에서 가장 유능하다고 알려진 변호사를 국선변호사로 선임해주었다. 가난한 상고자에게 유능한 국선변호사를 선임하는 것은 연방대법원의 전통이었다. 이렇게 선임된 변호사는 이를 명예로 여기고 기꺼이 무료변론에 나서는 것 역시 전통이었다. 기드온의 변호사로 임명된 아베 포타스 변호사는 인권변호사로 널리 알려진 인물로 후에 연방대법관으로 임명된 거물이었다.

포타스와 같은 유능한 변호사를 임명하는 것은 대법관들에게도 도움이 되었다. 그들은 대법관들이 심의할 법적 문제들을 세밀히 검토할 것이고, 만약 선례를 깨뜨리는 새로운 판결이 불가피하다면 이에 대한 역사적·법적 근거를 충실하게 제공할 것이기 때문이었다.

그러나 포타스에게는 헌법상의 원칙이나 기준을 제시하는 것보다 변호사로서 의뢰인인 기드온 개인의 이익을 보호하는 것이 더 우선이었다. 즉, 그의 무죄판결을 받아내는 것을 최우선 과제로 삼았다. 따라서 변호인의 조력을 받을 권리에 대한 논쟁은 벌이지 않고, 증거 불충분이나 재판 절차상의 실수 등을 발견하여 무죄판결을 받아낼 수 있다면 그것을 택해야 했다. 그러나 기드온의 재판 기록을 검토한 포타스는 결국 변호사의 조력을 받을 권리에 대한 새로운 해석이 필요하다고 보았다. 기드온이 처한 상황이 스카츠보로 사건과는 크게 달랐기 때문이다. 기드온은 미성년자도 아니고 재판 중에 위협을 받지도 않았다. 또 크게 복잡한 사건도 아니었고 중죄의 처벌을 받을 사건도 아니었다. 그러나 만약 기드온이 변호사의 도움을 받았다면 재판 결과는 달라졌을 것이라고 포타스는 확신했다.

기드온의 유죄판결에 결정적 역할을 한 것은 검사가 내세운 증인이었다. 그 증인은 절도사건이 발생한 날 새벽 5시 30분경 기드온이 식품점 앞에서 포도주 한 병을 들고 나오는 것을 보았으며 자신이 들어가보니 식품점 내 자동판매기가 부서져 있었다고 증언했다. 변호사가 없었던 기드온은 증인에 대한 반대신문을 제대로 하지 못했고 기드온이 법정에 세운 증인들도 그의 무죄를 입증하는 데 큰 도움을 주지 못했다. 기드온은 검사가 제시한 증거에 대해서도 이의제기를 하지도 않았으며, 판사에게 피고가 죄를 범했다는 사실에 의심의 여지가 없어야 한다는 엄격한 유죄평결 조건을 배심원에게 확실히 주지시키라는 요구도 하지 못했다. 만약 변호사가 있었으면 당연히 제기되었을 절차상의 문제들이었다. 포타스는 형사재판에서 변호사의 도움은 공정한 재판을 받는 데 필수적이라고 주장하면서 기드온에게 이러한 권리가 보장되지 못했기 때문에 그의 유죄판결은 무효라는 요지의 이유서를 연방대법원에 제출했다.

기드온이 미국에서 가장 유능한 변호사의 도움을 받게 된 반면 플로리다주를 변호할 검사는 연방대법원에 발도 들여보지 못한 풋내기 법대 졸업생이었다. 브루스 제이콥이라는 이 검사는 당시 26세로 플로리다주 법무부 차관보로 일하고 있었다. 연방대법원에 제출한 변론서에서 제이콥은 가난한 피고인에게 정부가 변호사를 제공해야 한다는 건 역사적 근거가 없다고 주장했다. 더욱이 죄질이 가벼운 피고인에게까지 주정부가 변호사를 선임해야 한다면 예산상으로도 이를 도저히 감당할 수 없다고 현실적인 한계를 내세웠다. 또 당시 플로리다 교도소에 수감중인 7836명 중 5093명이 변호사 없이 재판을 받고 복역중인데, 만약 기드온이 승소한다면 이들도 동시에 풀려날 수밖에 없게 되어 치안에 큰 문제를 일으킬 것이라면서 기드온의 유죄판결을 확정해달라고 요청했다.

다른 한편으로 제이콥은 플로리다 주정부의 입장을 강화하기 위하여 다른 주정부의 법무장관들에게 자신을 지지해달라고 요청했다. 연방대법원 상고심의 경우 원고나 피고의 입장을 지지하는 개인이나 단체가 제3자 참고의견을 제출할 수 있었다. 그러나 미국의 50개 주 중에서 단지 2개 주에서만 제이콥의 요청을 받아들였다. 반면 23개 주법무장관들은 오히려 기드온의 주장을 옹호하는 참고의견에 서명했다. 후에 부통령을 역임한 월터 먼데일 당시 미네소타 주법무장관은 성명을 통해 자신의 주에서는 이미 경제적으로 어려운 형사피고인에게 주정부가 무료로 변호사를 선임해주는 제도가 만족스럽게 운영되고 있다며, 이러한 제도가 전국적으로 확산되기를 바란다고 밝혔다.

1963년 1월 15일, 연방대법원 법정에서는 기드온 사건에 대한 간단한 구두심리가 열렸다. 포타스는 어떤 피고인도 변호사 없이 공정한 형사재판을 받기란 불가능하다고 주장했다. 그는 미국의 20세기 초 전설적인 인권변호사였던 클라렌스 대로우의 예를 들었다. "대로우가 배심원을 조작한 혐의로 기소되었을 때 그가 가장 시급하다고 생각한 것이 자신의 변호사를 구하는 것이었습니다. 대법관님도 아시다시피 대로우는 당시 미국에서 가장 유능한 변호사 중 한 사람이었습니다." 포타스는 주정부가 지방 자치 원칙을 내세워 헌법에 보장된 권리를 침해하는 것은 부당하다고 강조했다. 그는 변호받을 권리에 대해 연방대법원이 지금까지 내린 판결들은 주정부로 하여금 일관성 있는 정책을 마련하지 못하도록 만들었다고 비판했다. 그래서 연방대법원이 이번 기회에 변호인의 조력을 받을 권리에 관하여 모든 주정부에 적용될 총괄적 기준을 마련하는 것이 개인의 권리 보호와 더불어 주정부의 자치권 보장에 기여할 것이라고 주장했다.

그러나 제이콥은 변호사를 무료로 선임하는 것에 대해 연방법원이 획일적으로 기준을 세우는 것보다는 각 주가 저마다의 특성과 사정을 고려하여 자치적으로 결정하는 것이 연방헌법의 근본 정신을 위배하지 않는 것이라고 강조했다.

법정 심리가 있은 지 두 달 후인 3월 18일 연방대법원은 기드온 사건의 판결 결과를 발표했다. 결과는 기드온의 주장을 만장일치로 받아들이는 것이었다. 선례를 뒤집는 것을 극히 꺼리는 연방대법원이었지만 주정부가 가난한 형사피고인에게 변호사를 선임할 의무가 없다고 선언한 1942년의 판결Betts v. Brady을 정면으로 번복한 것이었다. 판결문을 집필한 블랙 대법관은 1942년의 판결이 선례인 스카츠보로 판결Powell v. Alabama의 원칙과 정신을 잘못 적용한 것이라고 솔직히 인정했다. 블랙 대법관은 피고인의 경제적인 형편 때문에 기본권이 유린되어서는 안 된다는 점을 분명히 했다.

우리의 사법제도하에서 가난하여 변호사를 구하지 못한 형사피고인이 공정한 재판을 받기란 거의 불가능하다는 사실은 이성을 가진 사람이면 누구나 공감할 것이다. (…) 정부는 피고인을 기소하고 재판하기 위해 변호사(검사)를 두고 있다는 점, 그리고 부유한 피고인들이 반드시 변호사를 고용한다는 사실은 형사재판에서 변호사가 단순한 사치성 장식품이 아니라 절대로 필요한 존재라는 것을 나타내는 것이다. 설사 다른 나라에서는 변호받을 권리가 기본권이 아닐 수도 있지만 미국에서는 침해될 수 없는 국민의 권리임이 분명하다.

그러나 블랙 대법관은 변호받을 권리가 어느 정도로 무거운 범죄에까지 적용돼야 하는지는 언급하지 않았다. 또 과거에 변호사 도움 없이 재판을 받고 복역중인 수감자에게도 이 판결의 효력이 발효되는지에 대해서도 분명한 입장을 밝히지 않았다.

## 변호사 한 사람의 힘

기드온 판결의 영향력은 즉각 나타났다. 판결 후 형사피고인의 변호사 선임 규정이 없었던 13개 주가 즉시 정부 선임 변호사제도를 도입했다. 플로리다 주의회도 기드온 판결 2개월 후 정부 선임 변호사제도를 마련하는 법안을 통과시켰다. 당시 플로리다

주지사였던 패리스 브라이언트는 "지금과 같은 사회적 양심의 시대에 복잡한 형사소송 절차에 미숙하다는 이유로 무고한 사람이 처벌받아서는 안 된다"며 이 제도의 도입을 환영했다. 기드온 판결의 효력은 다른 수감자들에게도 나타났다. 기드온과 같은 처지에 있던 복역수들도 자신들의 석방을 탄원하기 시작했고, 플로리다 주정부는 이중 1000여 명을 석방했다. 이들에게 변호사를 선임해 다시 재판을 하기가 너무 번거로울 뿐만 아니라 재심에서 재차 유죄판결을 받아낼 가능성이 희박했기 때문이었다.

그러나 연방대법원 판결 이후에도 기드온은 즉시 석방되지 못했다. 대신 주정부가 선임한 프레드 터너라는 변호사의 도움을 받아 플로리다 주법원에서 다시 재판을 받아야 했다. 변호사의 선임 여부가 재판 결과에 큰 차이를 가져온다는 것은 기드온의 재심에서 여실히 입증되었다. 터너 변호사는 기드온에게 불리한 증언을 한 쿠크라는 사람이 전과자라는 사실을 밝혀냈다. 쿠크가 기드온이 저질렀다는 절도 혐의를 받고 경찰조사를 받은 사실도 밝혀냈다. 기드온 재심의 마지막 변론에서 터너 변호사는 쿠크가 자신의 범행을 은폐하고 기드온에게 누명을 씌우려 거짓 증언을 했다고 밝혔다. 마지막 변론이 끝난 후 배심원들은 1시간 만에 기드온에게 무죄평결을 내렸다. 변호사 한 사람의 힘이 징역 5년과 무죄라는 큰 차이를 만든 것이었다.

플로리다 교도소에서 풀려난 기드온은 다시 부랑생활을 시작했다. 몇 년 후 켄터키의 경마장에서 가진 돈을 몽땅 잃은 기드온은 부랑혐의로 다시 철창 신세를 져야 했다. 물론 변호사를 구할 돈도 없었다. 재판에서 기드온은 자신의 사건을 다룬 책『기드온의 트럼펫』을 판사에게 보여주었다. 유명인을 만난 것을 기쁘게 여긴 판사는 기드온을 기꺼이 풀어줄 작정이었다. 그래도 혹시나 해서 기드온에게 지금과 같은 경미한 범죄를 저지른 빈곤한 범법자에게도 변호받을 권리가 적용되기를 바라느냐고 물었다. 기드온이 그렇다고 하자 판사는 그러면 그에게 다시 한 번 자기 권리를 찾을 수 있게 6개월의 징역형을 선고하겠다고 했다. 이후 기드온이 실제 복역을 했는지는 알려지지 않다. 기드온이 사망한 1972년, 연방대법원은 국선변호사 선임제를 징역형에 해당하는 모든 범죄의 피고인에게까지 확대해야 한다는 판결을 내렸다Argersinger v. Hamlin.

기드온 판결 덕분에 대부분의 도시와 주에서는 정부가 변호사를 고용하여 가난한 형사피고인을 도와주는 공공변호사Public Defender 제도를 두게 되었다. 일부 지역에서는 담당판사가 임의로 개인 변호사를 선임하게 하고 그 비용을 정부가 부담했다. 1984년에 발표된 법무부의 통계에 의하면 정부 선임 변호사나 개인이 비용을 들여 고용한 변호사나 유무죄의 결과에는 큰 차이가 없다고 한다. 그러나 변호사가 없이 재판을 받을 경우 유죄를 받는 비율은 현저히 늘어났다고 한다. 물론 아직도 변호받을 권리에 대한 모든 문제가 해결된 것은 아니다. 가난한 피고인들은 경험이 적고 시간과 능력이 부족한 변호사들에 의지해야 하는 반면 부유한 사람들은 유능하고 막강한 영향력을 가진 변호사들을 고용하고 있다. 따라서 법의 공정성보다는 재력에 의해

기드온의 묘비에는 다음과 같은 비문이 새겨져 있다. "각 시대는 인간의 이익을 위한 법의 진보를 이끌어낸다."

정의가 결정된다고 믿는 미국인들이 많은 것도 사실이다. 그러나 기드온의 법정 투쟁 덕분에 미국인들이 보다 공정한 사법제도를 만들 수 있었던 것은 부인할 수 없는 사실이다.

그러나 기드온은 미국 사법제도에 미친 영향에 비한다면 초라하게 생을 마감했다. 부랑생활을 계속하던 기드온은 1972년 1월 18일 미주리에서 사망했다. 12년 후인 1984년 미국시민권연맹은 기드온의 용기를 기리는 묘비를 세웠다. 아무리 하찮은 사람이라도 사회의 인권 신장에 기여할 수 있다는 것을 보여주기 위함이었다. 기드온의 묘비 제막식에는 주지사 등 생전에 그가 감히 만나볼 수 없었던 많은 저명인사들이 참석했다. 그의 묘비에는 기드온이 포타스 변호사에게 보냈던 편지의 한 구절이 새겨져 있었다.

"각 시대는 인간의 이익을 위한 법의 진보를 이끌어낸다."

# 강요된 자백을 유죄의 증거로 삼을 수 있는가

미란다 판결 Miranda v. Arizona, 377 U.S. 201 (1966)

1963년 3월 어느 날 애리조나주의 피닉스 시경찰은 에르네스토 미란다라는 멕시코계 미국인을 체포했다. 18세 소녀를 납치해 강간했다는 혐의로 경찰에 연행된 미란다는 그 피해 소녀에게 범인으로 지목되었다. 경찰서로 연행되어 변호사도 없는 상태에서 두 명의 경찰관에 의해 조사를 받은 미란다는 처음에는 결백을 주장했으나 약 2시간가량 심문을 받은 후에는 자신의 범행을 인정하는 구두자백과 범행자백 자술서를 썼다. 이 자술서 끝에는 미란다의 자백이 경찰의 협박이나 형량경감 조건 없이 자발적으로 이루어졌다는 것과, 자신의 진술이 재판에서 불리하게 사용될 수 있다는 사실, 그리고 자신의 법적 권리에 대해서 미란다가 충분히 인지했다는 문구가 타자로 쳐 있었다. 그 아래에는 중학교도 졸업하지 못한 미란다의 서투른 필기체 서명이 보였다.

그러나 재판이 시작되자 미란다는 자신의 자백진술서를 증거로 인정하는 것에 반대했다. 애리조나 주법원은 미란다의 요구를 받아들이지 않았다. 결국 자백진술서는 배심원이 유죄를 평결하는 결정적 증거가 되어 최저 20년, 최고 30년의 중형을 언도받았다. 미란다는 애리조나 주대법원에 상고했지만 역시 유죄가 인정되었고, 마지막 수단으로 연방대법원에 상고를 청원했다. 상고청원서에서 미란다는 수정헌법 제5조에 보장된 불리한 증언을 하지 않아도 될 권리와 수정헌법 제6조에 보장된 변호사의 조력을 받을 권리가 침해되었다고 주장했다.

## 법과 피의자 인권 보장의 현실

흔히 「권리장전」이라고 불리는 미국의 연방수정헌법 중 제4·5·6·7·8조는 우리나라 헌법 제12조의 내용과 비슷하게 형사소송 과정에서 피의자가 누리는 권리를 명시하고 있다. 수사기관의 가혹행위나 불공정한 재판을 막기 위한 장치였다. 영국의 압제로부터 독립을 시도한 미국인들은 건국 시절부터 공정한 수사와 법집행을 민주주의의 핵심으로 간주하고 이를 보장하기 위해 아예 헌법으로 명문화시켰다. 이후 공정한 수사와 법집행 절차가 민주사회의 기둥이라는 인식은 보수·진보의 입장에 관계없이 모든 미국인들에게 깊이 심어져 있었다.

미국의 헌법사상 가장 진보적이고 자유주의적인 대법관 중의

한 사람으로 꼽히는 브레넌 대법관은 1957년의 한 판결에서 "형사소송에서 미국의 이익은 승소하는 데 있는 것이 아니라 정의가 집행되는 데 있다"고 선언한 바 있다. 보수 성향의 법무장관 출신 클라크 대법관도 1961년의 한 판결에서 "정부가 스스로 법을 준수하지 않는 것보다 더 빨리 정부를 파멸로 이끌 수 있는 것은 없다"고 경고했었다.

피의자의 인권을 보장한 수정헌법 조항이나 연방대법관들의 훈계에도 불구하고 피의자의 인권은 오랫동안 제대로 보장받지 못했다. 1930년대 대통령이 임명한 특별위원회가 작성해 연방의회에 보고한 자료들을 보면 당시 경찰의 폭력과 강압 행위가 빈번했다는 것이 명백하다. 이러한 보고서들이 나왔음에도 불구하고 피의자로부터 자백을 받아내기 위한 구타·매달기·채찍질 등 물리적 폭력과 장기간의 구금심문은 중단되지 않았다. 1961년, 대통령이 임명한 민권위원회는 일부 경찰들이 아직도 자백을 얻어내기 위해 폭력을 사용한다는 것을 시사하는 증거를 많이 찾아내었다고 보고했다.

이처럼 피의자의 자백을 받아내기 위한 경찰의 가혹행위가 중단되지 않았던 것은 수정헌법에서 보장하는 피의자의 권리가 1960년대까지 지방자치의 원칙에 따라 주정부에는 적용되지 않고 연방법원과 연방수사국에만 적용되는 것으로 해석되었기 때문이었다. 각 주의 경찰과 검찰, 법원은 독자적인 헌법과 형사소송 제도에 따라 수사하고 법을 집행하고 있었고, 수정헌법에서 보장한 피의자의 권리는 무시되기 일쑤였다. 그러나 1960년대 들어 워렌 대법원장이 이끄는 연방대법원은 「권리장전」의 적용 범위를 차츰 늘려갔고 이 과정에서 주정부 경찰에 체포되어 재판을 받는 피의자의 인권도 신장될 수 있었다.

수정헌법 제14조는 남북전쟁 후 남부 주의 노예제도를 철폐하고 인종차별을 막기 위해 인권에 관한 문제에서는 연방정부가 주정부의 권한을 제한할 수 있도록 하기 위해 제정되었다. 애당초 남부 흑인들의 인권을 보장하기 위해 만든 이 헌법 조항은 20세기 들어 종교의 자유, 표현의 자유 등을 침해하는 주정부의 규제를 막는 데 사용되어왔고, 1960년대에 접어들면서는 주정부의 경찰이나 법원에서 범죄 피의자의 권리를 보장하기 위해 적극 활용되었다.

미란다의 상고심이 열리기까지 미국 법원은 수사기관의 자백 강요를 예방하기 위해 보장한 권리, 즉 묵비권을 행사할 권리나 자신에게 불리한 증언을 거부할 권리는 경찰의 심문과정에서는 적용되지 않는 것으로 인정했다. 주법원에서 피의자의 자백을 증거로 채택할지의 여부는 전체적인 심문 상황이 강압적이었느냐의 여부에 따라 결정되는 것이 관례였다. 예를 들어 경찰이 피의자를 회유하거나 압력을 행사했더라도 피의자에게 음식을 제때에 주고 밤에 잠을 자게 하면서 얻어낸 자백이라면 전체적인 상황이 강압적이지 않았기 때문에 증거로 인정할 수 있다는 것이었다. 이러한 판례에 따른다면 미란다의 자백을 증거로 인정한 것은 아무런 법적 하자가 없었다. 그의 자백이 강압적인 상황에서 얻어진 것이라는 증거가 없었기 때문이었다.

그러나 이러한 법적 관행은 수사기관으로 하여금 피의자의 자백을 받아내기 위해 설사 폭력은 쓰지 않더라도 강압적인 분위기를 만들도록 유도했다. 1960년대 경찰의 수사지침서와 교과서에는 다양한 피의자 심문 방법과 효과적인 피의자 심문 전략이 들어 있었다.

"취조대상과 홀로 있는 것은 산만함을 막고 피의자에게 외부의 지원을 차단하기 위해 필수적이다. 피의자의 유죄에 대해 확신하고 있다는 분위기는 그의 저항 의지를 약화시킨다. 피의자의 역할은 단지 경찰이 원하는 미리 예견된 각본을 확인하는 것이다. 인내와 끈기를 가지고, 간혹 가혹한 질문을 한다. 수사관은 자백을 얻어내기 위해서 목적이 달성될 수 있는 위치로 자신과 심문대상을 꾸준히 옮겨야 한다. 정상적인 방법으로 필요한 결과를 얻을 수 없을 때 경찰은 거짓으로 법적 조언을 해주는 등의 현혹된 책략을 사용할 수도 있다. 피의자 자신이나 주변 환경에 대한 불안함을 이용해 피의자를 계속 당황하게 만드는 것이 중요하다."

연방대법원에 제출한 상고청원서에서 미란다는 비록 경찰이 자신에게 가혹행위를 하진 않았지만 강압적인 분위기에서 자백을 강요한 것은 수정헌법 제5조 위반이라고 주장했다. 아울러 미란다는 애리조나 경찰에게 심문을 받는 동안 변호사의 도움을 받지 못했기 때문에 수정헌법 제6조에 명시된 변호사의 조력을 받을 권리도 침해당했다고 항변했다. 이때까지만 해도 변호사의 접근이 차단된 취조실에서 자백을 받아내는 것은 미국 수사관들의 관행이었다. 자신에게 불리한 증언을 하지 않을 권리와 변호사의 조력을 받을 권리는 상호 밀접하게 관련된다. 경찰의 심문을 받기 전이나 심문 도중에 변호사와 상의할 권리가 보장된다면 당연히 수사관들이 강압적인 심문을 할 수 있는 여지나 피의자가 자신에게 불리한 증언을 할 여지가 줄어들게 마련이었다.

미란다가 연방대법원에 상고할 당시 연방대법원은 형사피의자가 변호사의 조력을 받을 권리를 점차 확대하고 있었다. 1958년의 크루커 판결Croocker v. California에서 연방대법원은 피의자가 경찰의 심문과정에서 변호사의 조력을 받을 기회를 차단당했다고 하더라도 그의 자백을 증거로 인정할 수 있다고 판결했다. 그러나 1964년 마시아 판결Massiah v. United States에서 연방대법원은 일단 기소된 피의자는 변호사가 없는 상태에서 불리한 발언을 하도록 심문받거나 유도당할 수 없다고 번복했다. 또한 변호사를 접견할 권리가 주정부 관할 사건에도 적용이 된다는 것이 같은 해 말로이 판결Malloy v. Hogan에서 확인되었다.

그리고 같은 해에 내려진 에스코베도 판결Escobedo v. Illinois에서도 연방대법원은 경찰이 피의자를 조사하는 과정에서 변호사의 조력을 받을 수 있는 권리가 보장되어야 한다고 선언하면서 변호사 접근권이 보장되지 않은 상태에서 얻어낸 자백은 증거능력이 없다고 결정했다. 이 판결은 일선 수사관들에게 많은 의문점들을 제기했다. 판결 내용상 우선 어떤 상태에서 받은 자백이 증거로 인정될 수 있는지의 여부가 명확하지 않았고, 경찰이 혐의자에게 묵비권을 행사할 수 있다는 것을 고지해주어야 하는 지도 불분명했다. 만약 혐의자가 변호사를 선임하고 싶어하지만 재정적 능력이 없는 경우 경찰은 심문을 계속할 수 있는지, 만약 피의자가 변호사를 원하지 않는다면 어떻게 할 것인지 등도 확실하지 않았다.

당연히 하급법원에서 에스코베도 판결에 대해 각기 다른 해석이 쏟아져 나왔다. 1965년 한 해 동안 연방대법원은 무려 170여 건에 달하는 묵비권과 변호사 접근권에 관련한 사건의 상고 허가를 요청받았다. 하급법원에서 동일하거나 유사한 사건에 대해 서로 다른 판결을 내릴 때 최종 결정을 내리는 것이 주임무인 연방대법원은 1966년 미란다 사건 외에 3건의 비슷한 사건을 선택해 상고를 허가하고 병합심리하기로 결정했다.

연방대법원이 미란다 사건과 함께 심리한 나머지 세 사건도 모두 미란다와 같은 강력범들이 상고한 사건으로 피고인들은 각각 무장강도, 은행강도, 강도살인 혐의자였다. 이들은 미란다와 마찬가지로 모두 외부와 차단된 상태에서 경찰관 혹은 검사로부터 심문을 받았다. 이들은 묵비권에 대해 고지를 받지 못하고 변호사의 접근이 차단된 채 얻어낸 자백으로 인해 유죄판결을 받았다고 주장하며 하급법원의 판결이 무효라고 항변했다.

### 피의자 보호를 위해 취해야 할 조치

1966년 6월 13일 연방대법원은 미국 연방대법원 역사상 가장 신랄하게 비판받고 가장 광범위하게 분석된 판례 중의 하나가

된 미란다 사건의 판결을 내렸다. 9명의 대법관 중 5명의 대법관이 미란다를 비롯한 상고인들의 권리, 즉 자신에게 불리한 증언을 하지 않아도 될 권리와 변호사를 접견할 권리가 침해되었기 때문에 상고인들의 유죄를 인정할 수 없다고 결정하며, 각 피고인들에게 재심의 기회를 주도록 명령했다. 워렌·블랙·더글러스·브레넌·포타스 등 진보적인 5명의 대법관이 다수를 구성했고, 할란·스튜어트·화이트·클라크 대법관이 소수 반대의견을 냈다. 비록 간신히 1표 차이로 승소한 것이지만 미란다 판결은 연방대법원이 경찰의 수사과정에서 피의자의 권리를 적극 보장한 1960년대의 많은 판결 중 백미에 해당하는 것이었다.

다수 대법관들은 에스코베도 판결에서 천명된 대로 경찰이 연행해 조사하는 모든 피의자에게도 변호인 접근권이 적용되어야 한다고 재확인했다. 그러나 미란다 판결의 초점은 변호인 접근권보다는 강요된 자백을 하지 않을 권리에 맞추어졌다. 판결문을 집필한 워렌 대법원장은 미란다 판결의 핵심이 구금상태에서 혹은 신체의 자유를 심각하게 제한받은 상태에서 심문을 받은 피의자로부터 얻어낸 진술을 증거로 인정할 수 있느냐 하는 것이라고 설명했다. 그는 체포 단계에서 피의자가 변호사를 접견한 후 행한 자백이나 피의자가 변호사를 접견할 권리를 명백히 포기하고 나서 행한 자백만이 증거로서 유효하다고 선언했다. 물론 모든 자백이 증거로 불허되는 것은 아니고 피의자가 변호사를 반드시 접견해야 하는 것도 아니라고 워렌 대법원장은 덧붙였다.

워렌 대법원장은 미란다 판결이 미국의 법제도에 혁신적인 변화를 가져오는 것은 아니며 이미 오랫동안 인정되고 실행되어 오던 원칙을 다시 적용할 뿐이라고 안심시켰다. 그는 자신의 결정이 헌법에 보장된 '누구도 형사 사건에서 자신에게 불리한 증언을 하도록 강요를 받아서는 안 된다' '피의자는 변호사의 조력을 받아야 한다'는 기본적인 권리를 명확히 하는 것일 뿐이라고 주장했다. 워렌 대법원장은 경찰의 가혹행위가 아직도 사라지지 않았다는 현실을 지적했다. 그는 경찰이 피의자에게 폭력을 사용하는 것이 아직도 우려의 대상이 되어야 할 만큼 만연되어 있다며, 피의자에 대한 구금심문을 적절하게 규제하지 않는 한 이러한 인권침해 관행은 사라지지 않을 것이라고 보았다.

그는 설사 물리적 폭력이 가해지지 않는다 하더라고 밀폐된 상태에서 비밀리에 벌어지는 경찰의 구금심문은 심리적 가혹행위일 수가 있다고 설명했다. 이러한 피의자 심문 과정은 전적으로 피의자를 수사관의 의지에 복종하기 위해 만든 것으로 비록 물리적 위협은 아니지만 인간의 인격을 파괴하기는 마찬가지라는 것이다. 따라서 피의자 구금심문에 자연적으로 따르는 강압성을 해소하기 위해 적절한 보호조치를 취하지 않는 한 피고로부터 받은 어떤 진술도 강요받은 자백이 아니라고 인정할 수 없다고 선언했다. 피의자나 피고인의 구금심문 과정에는 원천적으로 강압이 존재하고 이것은 피의자에게 저항할 의지를 약화시켜 본인의 의사에 반해서 진술하도록 강요하는 것과 마찬가지라는 논리였다. 따라서 피의자에게 보장된 인권을 침해하지 않으려면 수사기관은 피의자에게 적절하고 효과적으로 자신의 권리에 대해 고지해야 한다고 결론지었다.

워렌 대법원장은 수사기관이 피의자의 인권을 보장하기 위해 어떤 조치를 취해야 하는지를 아주 구체적이고 상세하게 제시했다. 우선 검찰은 피의자에게 불리한 증언을 하지 않을 권리를 효과적으로 보장하는 절차를 마련했음을 증명해야 했다. 이러한 장치가 마련되지 않은 구금심문에서 나온 증언은 그것이 유죄를 증명하는 것이든 무죄를 입증하는 것이든 상관없이 증거로 사용될 수 없다. 워렌 대법원장은 구금심문이라는 것이 피의자가 체포된 상태를 의미할 뿐만 아니라, 설사 체포된 상태가 아니라 하더라도 어떤 형태로든 자신의 행동의 자유를 심각하게 제한을 받은 상태에서 수사관들에 의해 시작된 심문을 뜻한다고 그 적용 범위를 명확히 했다.

검찰이 피의자의 인권을 보호하기 위해 취해야 할 조치는 다음과 같았다. "심문을 시작하기 전 피의자는 묵비권을 행사할 수 있다는 것, 언급한 어떤 말도 자신에게 불리한 증거로 사용될 수 있다는 것, 그리고 변호사를 접견하고 도움을 받을 수 있다는 것을 고지받아야 한다. 피고는 이러한 권리를 포기할 수 있으나 그것은 자발적이어야 하고 주변 상황을 분명히 인지한 후 포기했다는 것이 증명되어야 한다. 그러나 피의자가 수사 도중에 어떤 형태로든 변호사와 상의하고 싶다는 것을 표시한다면 심문은 중단되어야 한다. 마찬가지로 피의자가 변호인이 없는 상태에서도 어떤 형태로든 심문을 받고 싶지 않다고 표시하면 경찰은 심문을 계속할 수 없다." 워렌 대법원장은 이러한 요건을 제시한 목적은 심문 과정에서 피의자가 묵비권을 행사하든 자백을 하든 완전한 자유상태에서 하도록 보장하기 위한 것이라고 강조했다.

워렌 대법원장은 이처럼 수사기관에게 피의자의 인권을 철저히 보장하라고 요구하는 것이 범죄를 수사하는 경찰관의 전통적인 기능을 방해하려는 것은 결코 아니라고 주장했다. 그는 범죄 현장에서 기초적 수사자료를 얻기 위해 피의자에게 질문하는 것이나 사실 조사 과정에서 필요한 일반적인 질문은 여전히 아무런 영향을 받지 않는다고 언급했다. 이러한 상황에서는 구금상태의 심문 과정에 수반하는 강압적인 분위기가 존재하지 않기 때문이었다. 또한 모든 자백이 증거로 쓰일 수 없다는 것은 아니라고 덧붙였다. 강압적이지 않은 상황에서 피의자가 자유롭고 자발적으로 진술한 것은 당연히 증거로 채택될 수 있기 때문이었다. 그는 연방대법원이 개인의 권리를 보호하는 한편으로 언제나 수사관들이 자신들의 임무를 수행할 수 있도록 광범위한 재량권을 주어왔다고 상기시켰다.

그러나 4명의 소수 대법관들은 이 같은 결정이 경찰의 수사 기능을 크게 위축시키는 것이라고 신랄하게 비난했다. 법정에서 반대의견을 직접 읽은 할란 대법관은 근엄하고 침착하던 평소 태도를 유지하지 못하고 얼굴을 붉히며 감정에 복받쳐 떨리는 목소리로 다수 대법관들의 판결을 공격했다. 할란 대법관은 미란다 판결이 역사상으로도 선례가 없는 '위험한 실험'이라고 지칭하면서 다수 대법관들이 점점 높아지는 범죄율 때문에 미국인들의 걱정이 늘어나고 있는 사실을 무시하고 사회적 이익을 외면한 채 피의자에게만 특혜를 주는 무책임한 판결을 내렸다고 개탄했다. 할란 대법관은 이 결정이 경찰의 가혹행위를 예방하거나 강압행위를 막는 데 효과적이지 못할 것이라고 예견했다. 강압적인 심문 방법을 쓰는 수사관들은 그 사실을 법정에서 부인할 것이고, 헌법상에 보장된 권리의 고지와 포기에 관해서도 능숙하게 거짓말을 할 수 있게 되리란 것이었다.

그는 애당초부터 경찰의 심문은 원천적으로 약간의 압력을 피의자에게 가해 범죄행위를 고백하도록 유도하는 것이라고 보았다. 따라서 수정헌법 제5조의 목적은 심문 과정상 수사관이 피의자에게 과도한 압력을 행사하지 못하게 하는 것이지 피의자의 자발적인 고백만을 허용하는 것은 아니라고 주장했다. 그는 또 진보적 다수 대법관들이 헌법상의 원칙을 지나치게 성급히 바꾸려고 시도함으로써, 국민들이 자발적으로 시도하고 있는 장기적이고 꾸준한 제도 개선 노력을 좌절시키고 있다고 비난했다.

미란다 판결은 보수적인 미국인들로부터 1960년대의 다른 인권 판결들과 마찬가지로 범죄 예방이나 범죄 피해자의 권리보다는 범죄자의 권리를 더 존중하는 판결이라는 거센 비난을 받아야 했다. 미란다 판결이 발표되자 미국 전역의 경찰들도 강력히 반발했다. 그들은 연방대법원이 미국 사회를 범죄자들로부터 보호하려는 경찰을 오히려 범죄자로 취급했다며 흥분했다. 경찰이 위기감을 느낀 것은 당연했다. 강력범죄 중 3/4 이상의 유죄판결이 피의자의 자백에 의존한다는 통계가 이미 나와 있었기 때문이었다. 뉴욕시 경찰청장인 패트릭 머피는 "피의자들이 이러한 자신들의 권리를 고지받는다면, 그들은 이제 자백을 하지 않을 것"이라고 단언했다.

일부 하급법원의 판사들마저도 연방대법원의 미란다 판결을 비난했다. 1969년 워렌에 이어 대법원장이 되는 당시 연방고등법원의 버거 판사도 연방대법원의 잇달은 피의자 인권보호 판결을 비판했다. "우리는 피의자의 어떤 말도 그것이 법정에서 이루어지지 않는 한 증거로 사용할 수 없게끔 만들고 있다. 이제 형사재판에서 유무죄 여부는 무의미해졌으며 우리는 연방대법원이 만든 자의적 규칙의 늪에서 허우적거리고 있다. 이러한 규칙들은 불충분하게 입안이 되었고 자주 적용하기 불가능하다."

### '미란다 경고문'과 미란다의 최후

비록 거세게 반발하긴 했지만 대부분의 주정부 경찰서들은 미란다 판결 이후 연방대법원의 판결 취지에 따라 '미란다 경고문'을 만들어 수사관들로 하여금 체포를 당하거나 심문을 받는 피의자들에게 읽어주도록 했다. 필라델피아 경찰서가 피의자에게 고지해야 할 경고문을 적은 '미란다 카드'의 앞면은 다음과 같았다.

우리는 당신이 다음과 같은 법적 권리를 갖고 있다는 것을 설명하고 경고할 의무가 있습니다.

미란다 판결은 보수적인 미국인과 경찰들의 거센 반발을 샀지만 결국 판결의 취지에 따른 '미란다 경고문'을 만들었다.

A. 당신은 묵비권을 갖고 있어 아무 말을 하지 않아도 됩니다.

B. 당신이 말한 것은 법정에서 당신에게 불리하게 사용될 수 있습니다.

C. 당신은 우리가 질문을 하기 전에 당신이 원하는 변호사와 상의할 권리가 있고 우리가 질문하는 동안 변호사를 배석시킬 권리도 갖고 있습니다.

D. 만약 당신이 변호사를 선임할 경제적 능력이 없지만, 그래도 변호사를 원한다면 우리가 질문을 시작하기 전에 공익변호사가 선임될 것입니다.

E. 당신은 우리에게 진술을 하더라도 언제나 원할 때에 중단할 권리가 있습니다.

'미란다 카드' 뒷면에는 다음과 같은 질문들이 인쇄되어 있었다.

피의자들에게 물어보아야 할 질문

1. 당신은 묵비권을 행사할 수 있다는 것과 아무 말을 하지 않아도 된다는 것을 알고 있습니까?
2. 당신이 한 말이 당신에게 불리하게 사용될 수 있다는 것을 알고 있습니까?
3. 묵비권을 행사하고 싶습니까?
4. 우리가 질문을 하기 전에 변호사와 상의할 권리가 있다는 사실을 알고 있습니까?
5. 만약 당신이 변호사를 선임할 경제적 능력이 없지만, 그래도 변호사를 원한다면 공익변호사가 선임될 것이고 그때까지 우리는 아무런 질문도 하지 않을 것이라는 사실을 알고 있습니까?
6. 당신은 지금 변호사와 상의하고 싶습니까? 혹은 우리가 질문하는 동안 변호사를 당신과 함께 배석시키고 싶습니까?
7. 아무런 강요나 두려움 없이 당신의 자유로운 의지로, 그리고 어떤 협박이나 보상받을 약속 없이 우리의 질문에 답할 용의가 있습니까?

미란다 판결 이후 미국 경찰의 '미란다 경고'가 수사상 어떤 영향을 미쳤는지 많은 조사가 이루어졌다. 이러한 조사의 결과는 미란다 판결로 인해 많은 범죄자들이 무죄 석방되리라는 우려가 기우였음을 보여주었다. 미국에서 가장 많은 형사사건을 다루는 캘리포니아주 로스앤젤레스 카운티 검찰의 에벨 영거 검사는 이 판결 이후 약 4000여 건에 달하는 강력범죄 사건을 조사했다. 여기에서 조사한 사건 중 10%의 경우만 범인의 자백을 필요로 했던 것으로 나타났다. 더욱 놀라운 것은 조사대상 피의자 중 50%는 '미란다 경고'에도 불구하고 자백을 했다. 뉴욕시와 디트로이트·피츠버그·워싱턴에서도 이와 비슷한 조사 결과가 나왔다. 1970년 연방의회에 제출된 한 보고서는 비록 대도시 범죄율이 계속 증가해 경찰관들이 감당하기 어려울 정도이지만, 대법원의 미란다 판결이 그들의 수사력을 저하시켰다는 증거는 없다고 결론지었다.

1969년 진보 대법관들을 비판하던 버거 고등법원 판사가 대법원장에 임명되고, 이후 보수 대법관들이 다수를 차지했지만 미란다 판결은 번복되지 않았다. 연방대법원은 수사기관이 점유한 장소뿐만 아니라 신체의 자유가 보장되지 않는 상태의 심문이라면 피의자의 집이나 교도소 등도 포함시켜야 한다면서 '미란다 경고'가 고지되어야 할 범위를 오히려 넓히기도 했다. 그러나 위급한 상황, 예를 들어 경찰관이 신변의 위협을 느끼는 등의 상황에서는 '미란다 경고'를 하지 않아도 된다고 판결하기도 했다. 어쨌든 미란다 판결은 수사력에 큰 지장을 주지 않은 채 경찰의 수사 관행을 변화시키고 피의자의 인권을 신장시키는 데 크게 기여했다. 1986년의 한 판결Moran v. Burvine에서 연방대법원은 미란다 판결이 "피고의 권리와 사회적 이익을 모두 보호하기 위해 사려 깊게 만들어진 균형 잡힌 판결"이라고 평가했다.

한편 1967년 2월, 미란다는 애리조나 주법원에서 다시 재판을 받았으나 다시 유죄판결을 받았다. 두번째 재판에서 그의 유죄판결에 결정적인 역할을 한 것은 여자친구의 증언이었다. 미란다가 다른 강도죄로 애리조나 교도소에서 복역하고 있을 때 면회를 간 그녀에게 미란다는 자신이 범인이라고 고백했었던 것이다. 두번째 재판에서 배심원은 불과 1시간 반의 협의 후에 미란다의 유죄를 선언했고, 판사는 첫번째 재판 때와 동일한 형량을 선고했다. 미란다는 이 판결도 연방대법원에 상고했으나 이번에는 상고허가를 받지 못했다.

1972년에 가석방된 미란다는 그 후에도 가석방 규칙을 어겼다는 이유로 수차례 교도소를 드나들어야 했다. 1976년 미란다는 피닉스의 어느 술집에서 카드 노름을 하다가 싸움이 붙어 살해되었다. 애리조나 경찰이 미란다의 살해용의자를 체포하면서 '미란다 경고'를 낭독해주었음은 물론이다.

# 불법적으로 입수한 증거를 재판에서 사용할 수 있는가

맵 판결 Mapp v. Ohio, 367 U.S. 643 (1961)

1957년 5월 23일, 클리블랜드시 교외에 위치한 돌리 맵의 집에 3명의 클리블랜드 경찰관이 찾아왔다. 맵은 2층 주택에서 15세 딸과 함께 살고 있었다. 클리블랜드 경찰은 최근 발생한 폭탄 테러 사건으로 수배중인 혐의자가 맵의 집에 숨어 있다는 익명의 제보를 받고 출동한 것이었다. 그 제보자는 맵의 집에 마약 흡입기기들도 많이 숨겨져 있다고 알려주었다.

경찰관들이 누른 초인종 소리에 맵은 현관문을 열고 경찰관들을 맞았다. 그들은 조사할 것이 있으니 집안에 들어갈 수 있게 해달라고 요청했다. 맵이 그 이유를 묻자 경찰은 그녀에 관해서 조사할 것이 있다고만 말했을 뿐, 제보 내용에 대해서는 밝히지 않았다. 맵은 경찰관들이 현관에서 기다리는 동안 변호사에게 전화를 했다. 맵의 변호사는 경찰관들이 압수수색영장을 제시하지 않으면 집으로 들여보내지 말라고 조언했다. 전화를 끊은 맵이 수색영장의 제시를 요구하자, 경찰관들은 경찰본부와 무전을 교신한 후 일단 물러났다. 그러나 그들은 맵의 집 주위에 잠복해 있으면서 감시를 계속했다.

그로부터 약 3시간 후 4명의 경찰관들이 추가로 지원을 나왔고, 그들은 다시 맵의 현관문을 두드렸다. 그러나 맵이 즉시 현관문을 열어주지 않자, 경찰관 중 일부가 집 뒤편 유리창문을 깨고 집 안으로 들어갔다. 2층 계단을 내려오고 있던 맵은 경찰이 자신의 허락 없이 집에 들어왔다며 재차 수색영장을 제시할 것을 요구했다. 그러자 경찰관 중 한 명이 수색영장이라며 흰 종이 한 장을 그녀에게 흔들어 보였다. 맵은 그 종이를 잽싸게 낚아채, 셔츠 품 속에 감췄다. 경찰은 그 종이를 빼앗으려 했고, 맵은 빼앗기지 않으려 했다. 경찰은 맵이 공무집행을 방해하고 있다며 수갑을 채워 2층에 있는 그녀의 침실에 감금시켰다.

그 후 경찰은 맵의 옷장·서랍·가방 등을 샅샅이 수색했고, 딸의 침실과 거실·식당·지하실도 수색했다. 경찰의 수색이 진행되는 도중에 맵의 변호사가 도착해 집에 들어가려고 했으나 경찰의 제지를 받아 들어가지 못했다. 그는 경찰관들에게 수색영장을 제시하라고 요구했으나 그들은 수색영장을 발부받았다고만 말했을 뿐 이를 제시하지는 않았다.

가택 수색을 마친 경찰관들은 익명의 제보자가 말한 대로 맵이 경찰에서 수배중인 사람을 은신시켰다는 증거를 찾아내지는 못했다. 그럼에도 불구하고 경찰은 맵을 구속했다. 수색하던 중에 발견한 몇 장의 사진이 음란물이라는 이유였다. 클리블랜드 시가 속한 오하이오 주형법은 도색적이거나 음란한 사진이나 그림, 도서 등을 소지하는 것을 금지하고 있었다. 맵의 집에서 발견된 음란물은 네 장의 작은 팸플릿, 두 장의 사진, 그리고 한 장의 스케치 그림이 전부였다.

오하이오 주지방법원에서 열린 재판에서 맵의 변호사는 경찰이 제시한 증거가 법으로 금지된 음란물도 아니며, 도색적인 책이나 잡지, 사진 등을 소지하는 것을 처벌하는 것은 헌법에 보장된 표현의 자유를 위반한 것이라고 주장했다. 그러나 경찰이 제시한 증거가 수색영장도 없이 불법적인 수색, 압수를 통해 얻은 것이라는 점에 대해서는 이의 제기를 하지 않았다. 따라서 실제로 압수영장이 발부되었는지조차 재판 과정에서는 명확하게 판명되지 않았다. 도색사진과 그림이 어디에서 발견되었는지에 대해서도 경찰과 피고의 주장이 달랐다. 경찰은 음란물이 맵의 침실에 있던 옷장과 가방에서 발견되었다고 주장했으나, 맵은 지하실에 있던 종이상자에서 나왔다며, 그것들은 지하실에서 잠시 묵던 친구의 소지품이었다고 반박했다.

## 증거배제원칙

맵의 변호사가 소송 과정에서 경찰의 압수수색영장 발부 여부를 문제삼지 않은 것은 당시의 법적 현실을 고려할 때 당연한 것이었다. 이른바 증거배제원칙exclusionary rule이 오하이오 주법원에서는 인정되지 않았기 때문이었다. 증거배제원칙이란 형사소송에서 검찰이나 경찰이 피고인의 법적 권리를 침해하며 불법으로 입수한 증거가 법정에서 피고에게 불리하게 사용할 수 없다는 원칙이다. 피고는 검찰이 그러한 증거를 사용하지 못하도록 재판장에게 요구할 수 있고, 재판장이 이를 받아들이면 해당 증거는 유무죄 여부를 심리하는 배심원들에게 제시될 수 없다. 증거배제원칙의 적용 대상은 구체적인 물증 외에 피의자의 자백 등도 포함되지만, 대개 경찰이 불법적으로 영장 없이 수색하고 압수한 증거자료가 해당된다.

미국 법원의 형사소송에서 피고측은 검찰이 제시한 증거 일부가 사건과 관련이 없다거나 부적절하다거나 증거능력이 없다고 판단될 경우, 재판장에게 이를 증거로 인정하지 말아달라고 요청할 수 있었다. 형사소송에서 범인의 유무죄 입증 여부에 증거가 결정적으로 작용하기 때문에 증거채택에 관한 검찰과 피고의 공방은 재판의 주요한 쟁점일 경우가 많다. 그러나 20세기 초반까지 미국의 법원에서는 증거 입수방법의 적절성은 문제되지 않았다. 만약 증거의 일부가 절취한 것이라면 절도죄로 처벌하거나 증거의 반환 등을 요구할 수 있으나, 유무죄를 입증할 증거 능력이 소멸되는 것이 아니었다.

그러나 경찰이 강압적으로 탈취하거나 불법적으로 입수한 증거는 재판에서 증거로 채택되어서는 안 된다는 주장이 계속 제기되었다. 그 근거는 미국의 수정헌법 제4조였다. "부당한 수색과 체포로 국민의 신체, 가택, 서류 및 재산의 안전을 보장받는 국민의 권리는 침해될 수 없다. 모든 영장은 정당한 이유가 있어야 하고, 선서나 서약에 의하여 지지되어야 하며, 특히 수색장소와 체포대상자 또는 압수대상 물품명을 반드시 기재해야 한다."

이러한 수정헌법 제4조는 영국과 다른 미국의 독특한 헌법제도로 식민지 시절 영국 정부로부터 무차별적으로 압수수색을 당해온 미국인들이 권력을 견제하기 위해 만든 제도였다. 당시 영국 정부는 식민지 미국인들의 밀수를 막기 위해 수색영장도 없이 원하는 곳을 마음대로 수색할 수 있었다.

독립 이후 미국인들은 법관이 발부한 영장이 없이는 함부로 압수수색을 하지 못하도록 만들었다. 또 압수수색을 하려면 충분한 사유가 있어야 하고 그 대상도 명확히 한정되도록 제한했다. 물론 영장 없는 수색이 모두 불법으로 인정되는 것은 아니었다. 범인을 체포하거나 증거인멸 방지를 위해 부득이한 경우 영장 없는 체포나 수색은 허용되었다.

수정헌법 제4조는 만약 정부가 이를 위반할 경우 어떻게 해야 하는지 명시하지 않았다. 차츰 증거배제원칙을 수정헌법 제4조의 실현 방법 중의 하나로 제시하는 사람들이 늘어나긴 했지만 20세기 초반까지만 해도 이 원칙은 연방대법원으로부터 인정받지 못했다. 1904년의 한 판결Adams v. New York에서 연방대법원은 경찰이 증거를 불법으로 입수했다고 해서 증거 능력이 소멸되는 것은 아니라고 밝힌 바 있었다.

증거배제원칙을 수용한 최초의 연방대법원 판결은 1914년의 위크스 판결Weeks v. United States이었다. 이 판결에서 연방대법원은 우편을 이용해 불법 복권을 판매한 피고인의 유죄판결을 뒤집었다. 그의 집에서 나온 증거자료들이 압수수색영장 없이 압수된 것이었기 때문이었다. 연방대법원은 만약 불법으로 입수한 증거가 불법행위를 저지른 사람의 유죄를 입증하기 위해 사용된다면, 수정헌법 제4조는 아무런 가치가 없게 될 것이라고 설명했다. 범죄자들을 처벌하는 것만큼이나 정부가 헌법에 명시된 원칙을 지키는 것도 중요하다고 강조한 것이다.

위크스 판결은 역사상 최초로 수정헌법 제4조를 위반했을 경우 어떻게 해야 할지를 보여준 사례였다. 만약 정부가 증거를 압수할 권리가 없다면, 법원은 그렇게 입수한 증거를 재판에서 사용할 수 없다는 것이었다. 그러나 이 판결에서 적용한 증거배제원칙은 연방법 재판에서만 적용되는 것으로, 지방자치원칙에 따라 주법원에까지 적용되는 것은 아니었다. 이 판결 이후 일부 주정부가 연방정부와 마찬가지로 증거배제원칙을 채택하기도 했지만, 이를 채택하지 않은 주정부도 여전히 많았다.

증거배제원칙을 반대하는 사람들은 이 원칙이 불법적인 압수수색을 방지하는 효과가 없다고 주장했다. 불법적으로 증거를 입수하는 경찰들을 처벌하는 제도가 아니기 때문에 경찰의 그릇된 관행은 계속된다는 것이다. 특히 대부분의 압수수색은 증거를 입수하기 위해서라기보다는 혐의자들에게 겁을 주고 충격을 주기 위한 것이기 때문에 이 원칙이 경찰의 자의적 압수수색을 예방하는 효과를 가져오지 못한다는 주장이었다. 단지 범죄자들을 처벌하는 것을 어렵게 만들어 치안 유지와 범죄 예방에 방해만 될 뿐이라는 것이다. 이보다는 해당 경찰을 징계하거나 피해자가 경찰에게 손해배상을 청구할 수 있도록 하는 것이 자의적인 압수수색을 막는 데 더 효과적인 방법이라고 설명했다.

어쨌든 연방대법원은 차츰 증거배제원칙을 주정부 경찰의 수사 과정에도 확대 적용해나가기 시작했다. 비록 수정헌법 제4조가 연방경찰에게만 적용되는 것이지만, 수정헌법 제14조에 따라 주법원에서 재판을 받는 형사피의자들도 적법한 절차에 따라 개인의 자유와 권리를 보호받을 수 있기 때문이었다. 연방대법원은 수정헌법 제14조가 보장하는 개인의 자유와 권리 중에는 불법적인 압수수색을 받지 않을 권리도 포함된다고 선언하면서, 사실상 수정헌법 제4조를 주정부 경찰에도 적용시키기 시작했다.

그러나 1949년 울프 판결Wolf v. Colorado에서 연방대법원은 증거배제원칙이 주정부 재판에 일률적으로 적용되는 것은 아니라고 판단했다. 이 사건에서 콜로라도 주경찰은 한 산부인과 의사의 환자 예약기록을 영장 없이 압수했다. 그 예약기록에 기재된 환자들을 조사한 경찰은 피의자를 불법 낙태수술 시술 혐의로 구속했고, 콜로라도 주법원은 그에게 유죄판결을 내렸다. 그 의사는 자신의 유죄를 입증하기 위해 콜로라도 주경찰이 사용한 증거가 불법으로 압수된 것이라며 연방대법원에 상고했다. 그러나 연방대법원도 피고의 유죄판결을 확정했다. 연방대법원은 수정헌법 제4조에서 규정한 불법적인 압수수색 금지가 연방정부뿐만 아니라 주정부에도 적용이 된다는 원칙을 재확인했지만, 주정부가 증거배제원칙을 반드시 채택해야 하는 것은 아니라고 판단했다. 주정부는 굳이 증거배제원칙을 적용하지 않고서도 다른 제도와 방법을 동원해 수정헌법 제4조가 보장한 자의적인 압수수색을 막을 수 있다는 논리였다. 당시 콜로라도 주법은 증거배제원칙은 인정하지 않고 있었으나 불법적인 압수수색을 벌인 경찰관을 처벌하고 징계하는 규정을 두고 있었다.

울프 판결에도 불구하고 증거배제원칙을 수용하는 주정부는 조금씩 늘어났다. 1949년 이전까지 2/3가 넘는 주가 증거배제원칙을 채택하지 않았으나, 1949년 이후 1961년까지 과반수 이상의 주정부가 이 원칙을 채택했다. 그리고 23개 주정부가 경찰의 불법적인 압수수색을 처벌하는 법률을 제정했다.

그러나 울프 판결 이후 주정부 경찰이 불법적인 압수수색을 통해 입수한 증거들이 연방법원에서 증거로 채택되는 사례가 늘어났다. 연방경찰이 압수한 것이라면 증거로 채택될 수 없지만, 주정부 경찰에게는 증거배제원칙이 적용되지 않았기 때문에 가능한 일이었다. 그리하여 연방경찰이 불법으로 입수한 증거들이 주정부 경찰에게 제공되는 경우도 많았다. 이러한 부작용을 막기 위해 연방대법원은 1960년 한 판결Elkins v. United States에서 연방대법원은 주정부 경찰이 불법으로 취득한 증거가 연방정부 재판에서 증거로 채택될 수 없다는 판결을 내리기도 했다.

### 맵 사건의 핵심 쟁점

맵의 재판이 열린 오하이오 주지방법원은 비록 불법으로 수색하고 압수된 증거라 하더라도 그 입수과정에서 경찰이 강압적으로 행동하거나 과도한 폭력을 사용하지만 않았다면 그 증거 능력을 인정받을 수 있다고 판결했다. 맵의 항소심 재판에서도 오하이오 주대법원은 법정에서 채택된 증거를 입수하는 과정에서 사용된 방법이 국민의 법감정a sense of justice을 모욕하는 것이라면 그러한 증거에 의해 유죄를 입증하도록 허용할 수는 없다고 설명했다. 그러나 과도한 폭력을 동원해 피고인으로부터 그 증거를 탈취하지 않은 이상 증거의 효력은 유효하다고 보았다. 오하이오 주대법원은 연방대법원의 울프 판례를 상기시키면서 설사 불법적인 방법으로 구한 증거라 하더라도 주법원의 재판에서는 증거로 사용할 수 있다고 확인했다.

따라서 연방대법원의 상고청원서에서 맵의 변호사는 표현의 자유가 침해당했다고만 주장했을 뿐 증거배제원칙에 대해서는 문제제기를 하지 않았다. 맵 판결에도 이 원칙을 적용해달라고 주장하는 것은 연방대법원으로 하여금 12년 전에 내린 울프 판결을 뒤집어달라고 요구하는 것이나 다름이 없었기 때문이었다. 연방대법원이 과거의 판례를 뒤집는 경우가 극히 드문 상황에서 맵의 변호사가 증거배제원칙에 대해 상고청원서나 법정 심리에서 아예 언급조차 하지 않은 것은 당연한 일이었다. 한편 이 사건과 관련해 연방대법원에 제3자 참고의견을 제출한 미국시민권연맹은 증거배제원칙이 주정부에도 적용되어야 한다며 1949년의 판례를 뒤집어달라고 요구했다. 물론 미국시민권연맹은 제3자 참고의견의 대부분을 역시 표현의 자유 문제에 초점을 맞추고 있었다.

1961년 3월 31일 맵의 상고심에 대한 법정 심리가 끝나고 대법관들은 회의실에 모여 판결 방향에 대해 논의했다. 대법관들은 쉽게 의견일치를 보았다. 워렌 대법원장은 오하이오주의 음란물 처벌법이 지나치게 포괄적이기 때문에 수정헌법 제1조를 위반하는 것으로 하급심 판결을 파기해야 한다고 주장했다. 다른 사람들에게 배포할 의사가 있었는지도 묻지 않고 음란물을 소지했다는 이유만으로 처벌하는 것은 사상과 표현의 자유를 침해하는 행위로 사상 통제나 다름이 없다는 것이다. 워렌 대법원장은 누구나 자신이 읽고 싶은 책을 읽을 수 있는 것은 가장 기본적인 자유라면서 설사 그 내용이 음란하다 하더라도 정부가 이를 처벌할 수는 없다고 주장했다. 다른 모든 판사들도 이에 동의해 만장일치로 맵에게 승소판결이 내려질 것처럼 보였다.

그러나 더글러스 대법관은 표현의 자유를 침해했기 때문에 원심을 파기하는 데에는 동의를 하면서도 증거배제원칙을 위배했다는 이유로도 원심 파기가 가능하다는 주장을 제기했다. 물론 이러한 의견에 동의한 대법관은 워렌과 브레넌뿐이어서 다수의견으로 채택되지는 못했다. 워렌 대법원장은 맵 사건의 판결문을 클라크 대법관에게 작성토록 지시했다.

법무장관 출신인 클라크 대법관은 형사소송 절차에 가장 관심이 많은 대법관이었다. 그는 1945년 트루먼 대통령에 의해 법무장관으로 임명되어 46세의 나이로 미국의 연방경찰과 검찰의 최고지휘관이 되었다. 1949년 다시 트루먼에 의해 연방대법관에 지명된 클라크는 3일 동안이나 연방상원의 인준청문회에서 조사를 받아야 했다. 법무장관으로 재직하면서 각종 반공 규제를 강화하는 조치를 취함으로써 국가안보를 명목으로 개인의 자유를 침해했다는 비판이 인권단체로부터 제기되었기 때문이다. 대법관이 된 후에도 클라크는 국가안보나 반공법 관련 판결에서는 철저하게 정부의 입장을 두둔했지만 다른 분야의 사건에 있어서는 비교적 중도적인 입장을 취했다.

맵 사건에 관한 대법관 회의가 끝난 후 더글러스 대법관은 따로 의견문을 작성했다. 다수 법관을 대표하는 판결문은 연방대법원장이 지명하는 법관이나 임기가 오래된 선임 법관들이 작성하지만, 다른 대법관들도 자유로이 동조의견문이나 반대의견문을 작성할 수 있기 때문이다.

더글러스 대법관은 이제는 주정부에도 철저하게 증거배제원칙을 적용해야 한다며, 맵의 재판에서 증거배제원칙이 무시된 것을 근거로 원심이 파기되어야 한다는 요지의 의견문 초안을 만들었다. 더글러스 대법관의 초안을 읽어본 클라크 대법관은 자신도 더글러스 대법관과 같은 생각을 하고 있다고 밝혔다. 결국 주법원의 형사소송에도 증거배제원칙을 적용해야 한다는 대법관의 숫자가 4명으로 늘어났고, 이들은 블랙 대법관의 지지도 얻어내 대법관 표결에 승리하는 데 필요한 5명의 대법관을 확보했다.

결국 클라크의 판결문 초안은 표현의 자유를 보장한 수정헌법 제1조 때문이 아니라, 불법적인 압수수색을 금지한 수정헌법 제4

조와 제14조를 위반했다는 이유로 맵의 유죄판결을 파기해야 한다는 내용이었다. 클라크의 판결문 초안이 대법관들 사이에 회람되자 나머지 4명의 대법관들은 크게 놀라며 반대 의사를 분명히 했다. 스튜어트 판사는 법정에서나 대법관들의 회의에서 논의조차 되지 않은 문제를 가지고 판결을 내리는 것은 부당하다고 주장하면서 표결에서 아예 기권을 선언했다. 결국 찬성 다섯, 반대 셋, 기권 하나의 결과로 맵에게 승소판결이 내려졌다.

판결문을 통해 클라크 대법관은 증거배제원칙이 없이는 불법적인 압수수색을 금지한 수정헌법 제4조가 무용지물이 될 것이고, 권력으로부터 개인의 안전과 자유를 보호하는 것이 매우 어려워질 것이라고 우려했다. 1949년의 울프 판결은 주정부가 증거배제원칙을 완전히 무시해도 된다고 결정한 것이 아니라 지방자치 원칙에 따라 주정부에게도 적절한 조치를 취할 수 있는 여지를 주기 위한 의도였다고 해석했다. 그러나 울프 판결 이후 주정부가 자의적인 압수수색을 방지하기 위해 필요한 조치들을 제대로 취하지 않았기 때문에 증거배제원칙을 일률적으로 강요할수밖에 없다고 선언했다.

주정부가 불법적으로 압수한 증거를 사용하도록 허용하는 것은 헌법을 위반해도 좋다고 말하는 것이나 다름이 없다며 연방검찰이 자신들이 불법으로 입수한 증거들을 주정부 검찰에 제공하는 관행을 강력하게 비난했다. 이러한 증거들이 연방법원에서는 증거로 사용될 수 없지만, 주법원에서는 피고인에게 불리한 증거로 사용되었다. 클라크는 비록 이러한 행위가 범죄자들을 처벌하는 데 일시적으로 도움이 될지 모르지만, 궁극적으로 경찰과 법원의 신뢰를 약화시켜 범죄 예방과 치안 유지에 오히려 역효과를 가져온다는 것이 역사적으로 증명되었다고 주장했다.

비록 경찰의 실수로 범죄자들이 처벌을 피하는 경우도 있겠지만, 법을 집행하는 정부가 이를 준수하지 않는 것, 특히 국가의 기초인 헌법을 준수하지 않는 것은 국가를 붕괴시키는 첩경일 뿐이라는 것이다. 이를 강조하기 위해 클라크는 경찰의 불법도청을 비난한 1928년 브렌다이스 대법관의 판결문을 인용했다. "긍정적인 면에서나 부정적인 면에서나 정부는 국민들에게 귀감이 된다. 만약 정부가 범법행위를 한다면, 그것은 법에 대한 경멸을 가져온다. 그리고 모든 사람들이 제각기 법을 만들어 적용하게 한다. 그것은 무정부 상태의 혼란을 초래하는 것이다." 클라크는 반세기 동안이나 증거배제원칙을 적용해왔지만 이로 인해 FBI가 범죄 해결을 하지 못하거나 연방정부의 사법기능이 파괴되지는 않았다고 강조했다.

동조의견을 제시한 더글러스 대법관은 경찰의 자의적인 압수수색을 막을 다른 방법이 제시되긴 했지만 효과가 없었다고 평가했다. 예를 들어 일부 주에서는 불법적인 압수수색을 펼친 경찰관을 징계하고 처벌할 수 있게 만들었지만, 경찰이나 검찰이 동료 경찰이나 검찰을 처벌한 사례는 거의 없었기 때문이었다. 또 다른 방법으로 피해자가 경찰을 무단침입으로 고소하는 것인데, 더글러스 대법관은 그런 소송의 효과에 대해서도 회의적이었다. 결국 증거배제원칙만이 유일한 대안이라고 결론지었다. 증거배제원칙을 주정부에 적용하지 않는다면, 불법압수수색을 금지한 수정헌법 제4조는 무의미해진다고 언급했다. 그는 맵 사건을 통해 얼마나 경찰이 오만하고 자의적으로 개인의 가정을 침입하고 사생활을 침해했는지를 알 수 있다고 말했다. 또 증거배제원칙이 연방정부에게만 적용이 되고 주정부에는 적용이 되지 않음으로써 사법 절차에 이중기준이 마련되어 공정한 법집행이 되지 않은 경우가 많았다고 지적했다.

그러나 반대의견문을 쓴 할란 대법관은 피고가 상고청원서에나 법정심리에서 주장했던 것은 증거배제원칙이 아니라 배포 의사도 물어보지 않고 음란물을 소지했다는 이유로 처벌하는 것이 사상과 표현의 자유를 위배한다는 주장이었음을 상기시켰다. 할란 대법관은 다수의 대법관들이 피고가 제기하지도 않은 법적 문제를 이유로 들어 하급심 판결을 파기했다고 반박했다. 그는 만약 연방대법원이 증거배제원칙을 다룬 1948년의 울프 판결을 번복하려면 적절한 사건이 상고될 때까지 기다려야지, 관련성도 거의 없는 맵 사건을 이용해 억지로 판결한 것은 사법부의 월권 행위라고 비난했다.

할란 대법관에 따르면 증거배제원칙은 주정부가 각 지역의 상황에 따라 판단해 적절하게 적용할 사항이라는 것이다. 주정부의 사법제도가 지방자치 원칙에 따라 연방정부의 사법제도로부터 완전히 독립된 것이므로 만약 주법원이 피고인의 유무죄를 판단할 수 있는 중요한 증거들을 합법적으로 입수했는지의 여부를 중시하지 않았다면, 그것은 그들의 권한이지 연방대법원이 간여할 문제가 아니라는 논리였다. 연방대법원이 증거배제원칙을 아무리 효과적이고 합리적인 제도로 평가하더라도, 이를 주정부에 강요할 권리는 없다는 것이다. 그는 또 헌법에 대한 존중심을 키우려면 법원도 철저하게 헌법의 테두리 내에서 판결을 내려야 한다며, 이번 판결은 그러한 법적 절차와 원칙이 무시된 사건이라고 지적했다.

## 사회문제에 적극 개입한 역사적 판결

맵 사건의 판결 결과가 발표되자 경찰과 정치인들은 범죄자가 아니라 경찰에게 수갑을 채우는 판결이라고 연방대법원을 맹비난했다. 그러나 언론과 학계는 매우 긍정적인 반응을 보였다. 『뉴욕 타임스』는 그 해의 연방대법원 판결 중 미국 사회에 가장 큰 변화를 가져올 역사적 판결이라고 평가했다. 헌법학자들은 마침내 주정부 경찰도 적절한 압수수색 절차에 대해서 훈련받지 않을 수 없게 되었다고 평가했다. 하버드 법대의 어빈 그리스월드 학장은 주정부 경찰의 수사 관행에 완전한 변화를 가져올 판결이라고 환영했다.

한편 맵 판결이 발표되자 많은 기결수들은 자신들도 과거 재판에서 경찰이 불법적으로 입수한 증거가 채택되었으므로 석방되거나 재심을 받아야 한다고 이의를 제기했다. 그러나 1965년의 한 판결Linkletter v. Walker에서 연방대법원은 증거배제원칙이 불법적인 압수수색을 예방하려는 목적이지 불법적인 압수수색에 의한 피해를 보상하려는 것은 아니라면서, 1961년의 맵 판결 이전에 행해진 재판에서 불법으로 입수한 증거에 의해서 유죄가 확정된 피고인들에게 재판을 다시 하거나 판결을 번복할 필요는 없다고 결정했다.

맵 판결은 미국 사회의 문제를 적극적으로 나서서 해결하려 한 1960년대 연방대법원의 대표적인 판결이었다. 당시 다수를 점유한 진보적 대법관들은 표현의 자유, 피의자의 권리, 유색인 종의 평등권 등을 보호하는 판결을 잇달아 내림으로써 인권탄압으로 얼룩진 미국 사회의 때를 과감히 벗기려 시도했다.

비록 1969년 닉슨 대통령의 취임 이후 보수적인 대법관들이 다수를 차지하면서 연방대법원의 적극적인 판결은 크게 줄었지만 맵 판결이 바꿔놓은 사법질서를 완전히 재편하려는 시도는 보이지 않았다. 맵 판결 이후 증거배제원칙은 경찰의 불법적인 압수수색으로부터 국민을 보호하는 주된 법적 수단으로 인식되었다.

증거배제원칙의 부작용도 결코 크지 않은 것으로 조사되었다. 1983년의 한 조사에 의하면 이 원칙이 적용되어 피의자가 석방되거나 무죄판결이 내려지는 비율은 극히 낮은 것으로 드러났다. 1970년대 이후 피의자의 인권보다는 경찰과 검찰의 기능 강화를 주장하는 보수적인 대법관들이 다수를 차지하면서 증거배제원칙의 부분적인 축소 적용이 허용되긴 했지만 심각한 것은 아니었다. 예를 들어 기소 여부를 결정하는 대배심원에서나 피고의 증언을 반박하는 경우에는 불법적으로 입수한 증거라도 법정에서 사용할 수 있다고 연방대법원은 판결했다.

한편 맵은 연방대법원의 판결로 1961년 풀려났으나, 1970년 12월 뉴욕 경찰 마약반에 의해 다시 체포되었다. 클리블랜드에서 뉴욕으로 거주지를 옮긴 그녀는 마약과 장물을 취득한 혐의로 경찰의 압수수색을 받았다. 뉴욕 경찰은 많은 양의 헤로인과 10만 달러 상당에 달하는 장물을 그녀의 집에서 압수했다. 법정에서 맵은 뉴욕 경찰의 수색영장이 불법이라고 주장했지만 받아들여지지 않아 결국 20년의 징역형을 언도받았다.

# 시민의 기본권은 전쟁중에도 보장될 수 있는가

함디 판결 Hamdi v. Rumsfeld, 542 U.S. 507 (2004)

2016년 2월, 오바마 미국 대통령은 백악관에서 기자회견을 열어 관타나모 해군기지에 설치된 테러범 수용소의 폐쇄 계획을 연방의회에 보냈다고 발표했다. 2001년 미국의 아프가니스탄 침공 직후 당시 럼스펠드 국방장관은 위험한 테러분자들을 최적의 환경에서 조사하고, 전쟁범죄를 처벌하기 위해 관타나모 해군기지 내에 포로수용소를 설치한다고 밝혔다. 그러나 관타나모 수용소는 수용자들에 대한 가혹행위와 고문, 법적 권리 거부 등으로 인해 9·11 이후 미국이 선포한 테러와의 전쟁이 가져온 수치스런 부산물의 상징이 되었다. 오바마 대통령은 바이든 부통령과 카터 국방장관이 배석한 기자회견에서 관타나모 수용소가 법치주의 원칙을 최고수준으로 지키는 미국의 위신에 오점을 남겼다고 고백했다.

오바마 대통령은 2008년 취임직후 관타나모 수용소를 1년 내에 폐쇄하라고 명령했지만 실현되지 않았다. 그나마 수감자는 오바마 취임 당시의 242명에서 91명으로 줄었다.

관타나모 수용소는 국제 여론은 물론이고 미국 내에서조차 비난의 표적이었지만, 테러와의 전쟁을 선포한 미국 국방부에게는 매우 유용한 수단이었다. 미국법의 지배를 받지 않는 외국에 위치한 탓이다. 포로수용소가 위치한 20제곱킬로미터의 해군기지는 미국 땅이 아닌 쿠바의 영토로, 1903년부터 미국이 임차료를 지불하고 사용해왔다. 1959년 공산혁명으로 미국과 쿠바가 외교관계를 단절하면서, 쿠바 정부는 국제법상 불법이라며 반환을 요구해왔지만 수용되지 않았다.

관타나모 수용소에서 벌어지는 불법 가혹 행위에 대한 우려 때문에 미국 사회에는 관타나모 포로수용소에 대한 반감이 높았다. 미군은 중동전쟁에서 생포한 포로 중의 일부를 관타나모 수용소로 이송해 적군에 대한 정보를 탐지하려 했다. 그러나 전쟁포로들에게도 제네바협약과 미국 국내법에 따라 최소한의 인권을 보장해주어야 했다. 미국 국방부는 관타나모 수용소가 미국 영토가 아니므로 포로들에게 국내법을 적용할 필요가 없다고 주장했다. 전쟁에서 생포한 알카에다나 탈레반 포로들은 정식 군대 소속이 아니므로 전쟁포로의 인권을 보장한 제네바협약도 적용되지 않는다고 주장했다.

미국 국방부는 군사기밀이라는 이유로 수용소의 현황이나 수감자 신상을 공개하지 않았다. 인권단체와 언론은 수감자 가족들의 증언을 토대로 포로에 대한 가혹행위와 고문의혹을 제기했다. 언론의 추적보도 결과 의료진까지 참여한 상태에서 악랄한 고문과 가혹행위가 자행된 것으로 나타났다. 『뉴욕 타임스』보도에 따르면 미군은 한국전쟁 당시 공산주의자들이 미군포로에게 사용한 잔인한 고문과 세뇌방식을 이슬람 포로에게 사용한 것으로 알려졌다. 국제적으로는 물론이고 국내에서도 포로에 대한 인권보장과 관타나모 포로수용소의 폐쇄를 주장하는 여론이 비등했다. 연방대법원은 2004년 함디 판결에서, 관타나모 수감자라 하더라도 미국 시민권자에게는 적법절차에 따른 공정한 재판을 받을 권리가 있다고 판결함으로써 미국 국방부의 인권침해에 첫 법적 제동을 걸었다.

### 함디의 구금

9·11테러가 발생한 다음 주, 미국 연방의회는 대통령의 무력사용승인 결의안을 신속히 통과시켰다. 이 결의안은 9·11테러 공격을 계획하고 승인하고 실천하고 도와준 것으로 판단된 국가·집단·개인에 대해 대통령이 필요하고 적절한 모든 무력을 사용할 권한을 부여했다. 이 결의안에 근거해 조지 부시 대통령은 2001년 알카에다와 알카에다를 지원한 탈레반 정권을 붕괴시키기 위해 아프가니스탄에 미군을 파견했다.

야세르 에삼 함디는 미군의 아프간 침공 직후 아프간 정부군에게 생포되어 미군에게 인도되었다. 함디는 1980년 루이지애나

9 · 11테러는 미국인들이 테러에 대해 느끼고 있던 위협을 극도로 민감하게 증폭시키는 역할을 했다.

에서 태어났으나 가족들과 함께 어린 시절 사우디아라비아로 돌아갔다. 그는 탈레반 소속원으로서 미국을 상대로 전쟁에 참여했다며 '적의 전투원enemy combatant'으로 분류되었다. 이 용어의 법적 의미는 적국의 명령에 복종하여 전투·간첩·태업 등을 저지르는 민간인을 의미한다. 전쟁 상황에서 대통령은 민간인이든 외국인이든 관계없이 특정인을 적의 전투원으로 분류할 수 있고, 무기한 구금할 수 있다. 또한 적의 전투원은 민간인이지만 군사법원의 관할을 받고, 적의 전투원으로 분류된 것에 대해 이의를 제기할 수도 없다.

제2차 세계대전 당시 미국 정부가 만든 적의 전투원이라는 개념이 실제로 처음 사용된 것은 9·11테러 이후였다. 미국 정부는 아프가니스탄과 이라크에서 생포한 포로들 중 상당수를 보호받아야 하는 전쟁포로prisoner of war 대신 적의 전투원으로 분류했다. 1949년 유엔이 제정한 제네바협약에 따르면, 전쟁포로에게는 고문이나 협박을 할 수 없고 미군의 조사에 불응한다고 해서 위협하거나 부당한 대우도 할 수 없기 때문이었다.

2002년 1월 쿠바 관타나모 해군기지로 이감된 함디는 그해 4월 조사과정에서 미국 시민권자라는 사실이 밝혀져 다시 미국 본토 버지니아주 노포크 해군감옥으로 이송되었고, 수개월 후 다시 사우스캐롤라이나 찰스턴의 미군기지로 보내졌다. 함디는 감옥 밖의 누구와도 교신할 수 없었고, 변호사를 만날 수도 없었다. 미국 정부는 함디에게 간첩죄나 반역죄, 기타 어떤 죄목도 적용하지 않은 채 2년 넘게 구금하고 있었다.

미국 정부는 2003년 12월에 가서야 처음으로 함디에게 변호사 접견을 허용했다. 테러집단에 관한 정보원으로서 그의 가치가 소진되었고, 변호사를 허용하는 것이 국가안보에 더 이상 위협이 되지 않는다고 변호사 접견을 허용하는 이유를 밝혔다. 한편 2002년 6월, 함디의 아버지 에삼 푸아드 함디는 버지니아 지방법원에 함디의 인신 구속적부심habeas corpus petition을 신청했다. 미국의 헌법에 명시된 구속적부심 제도는, 미국 정부가 개인을 구속하거나 구금할 경우 그 적법성 여부를 법원이 판별토록 하는 제도로 무력 반란이나 침입으로 인해 불가피한 경우에 한해서만 이를 일시정지 할 수 있는 미국인들의 기본권이다. 이 제도가 일시정지된 사례는 매우 드물어서 미국 역사상으로는 남북전쟁 중에, 또 그 직후에 단 두 차례뿐이었다.

함디의 아버지는 아들이 군사훈련을 받은 적도 없고, 9·11테러사건 두 달 전에 아프간에 구호활동을 위해 간 것이라고 주장했다. 20세의 아들이 처음으로 혼자서 여행을 한 탓에 경험 부족으로 아프간에서 전쟁이 시작되자 미처 그곳을 빠져나오지 못하고 그만 갇히게 됐을 뿐이라는 것이다. 그는 미국 정부가 아들을 정식 기소도 하지 않고 구금하는 것과 아들에게 변호사로부터 조언받을 권리를 막는 것은 불법이며, 의회가 무기한으로 적군을 구금하도록 승인한 것도 아니라고 주장했다. 또한 제네바협약에 따르면 전쟁포로는 전쟁의 종식과 더불어 지체 없이 석방, 송환되어야 한다며 함디의 석방을 촉구했다.

연방법원에 제출된 함디의 구속적부심 신청서는 함디의 구금이 수정헌법 제5조에 보장된 적법절차를 위반한 것이므로 함디에 대한 미군 당국의 조사를 중단하고, 함디에게 국선변호사를 배정하라고 요구했다. 미국 정부에게는 함디의 구금이 적법하다는 증거를 제시해야 할 의무가 있으며, 함디가 그러한 정부의 주장을 반박할 수 있는 사법 절차가 보장되어야 한다고 주장했다.

이에 대해 미군 당국은 연방지방법원에 제출한 자료에서 함디가 적의 전투원이기 때문에, 공식적인 기소 절차나 법적 절차 없이 무한정 구금할 수 있다고 반박했다. 미군은 알카에다와 탈레반은 미국과 무력 충돌을 벌이고 있는 적군 세력으로, 거기에 소속되거나 연관된 자는 모두 적군으로 간주했다. 미군은 수사관들이 수차례에 걸쳐 함디를 면접조사한 후에 그를 적의 전투원으로 결론지었다고 밝혔다.

그러나 미군이 함디의 구금과 관련해 연방법원에 제시한 자료는 실명확인조차 불가능한 한 미 국방성 고위 자문관이 제시한 진술서가 전부였다. 그 자문관은 자신이 현재 알카에다 소탕을 위해서 벌이고 있는 아프간전쟁에서 적군의 구금과 관련된 인물이라는 것 외에 다른 신상 내역에 대해서는 전혀 밝히지 않았다. 그의 진술서에 따르면, 함디는 2001년 여름 아프간에 입국해서 탈레반에 가입해 무기사용 훈련을 받았고, 자신이 소속한 탈레반 부대가 아프간군에 투항했을 때 함께 총을 버리고 투항했다는 것이다.

함디의 구속적부심에 대해서도, 미군은 법적으로 불필요하다고 주장했다. 사법부가 군사작전까지 감독하는 것은 군통수권자인 대통령의 고유권한을 침범하는 것으로 삼권분립의 원칙에 어긋난다는 것이다. 따라서 연방법원이 판단할 문제는 함디를 체포해서 구금할 수 있는 법적 권한이 미군에게 있는가 여부뿐이라고 주장했다. 또한 정부가 제시한 증거에 따라 함디가 적군에 해당하는지만을 검토하면 된다고 덧붙였다. 함디의 구속이 적법했는지에 대한 증거 자체도 세밀하게 검토할 필요가 없고, 미군이 내린 결론을 인정할 만한 증거가 있는지만 검토하면 된다는 주장이었다.

## 연방고법의 판결요지

그러나 버지니아주 연방지법은 이러한 미군 당국의 주장을 일축했다. 하지만 함디의 즉각적인 석방을 명령하지는 않았다. 연방법원 로버트 도어마 판사는 미군에게 함디의 구금을 정당화할 만한 구체적인 증거를 재판부에 제출하라고 명했다. 함디의 생포와 구금에 관한 날짜와 장소, 아프간 정부군의 함디 생포 관련 증언, 함디의 증언기록, 수사기록, 함디의 수사에 관여한 수사관의 명단, 주소, 직위, 함디를 적군으로 분류한 정부관리의 이름과 직위 등 그의 구금이 적법한 결정이었는지 판별할 수 있는 근거 자료를 제출하라는 것이었다. 연방지법은 또한 함디의 아버지에게 국선변호인을 선임하고, 그 변호인이 함디를 접견토록 하라고 판결했다.

함디에게 유리했던 연방지법의 판결은 그러나 연방고법에 가서 뒤집혀버렸다. 연방고법은 함디의 구금이 적법하다며, 그에 대한 인신구속 해제요청을 거부했던 것이다. 연방고법은 연방지법이 정부의 국가안보와 기밀정보 유지 필요성을 충분히 고려하지 않은 채 판결했다며, 함디 구금의 적법성에 대한 법원의 판단은 행정부의 전쟁권한war power에 따라 제한적으로 결정되어야 하며, 법원이 그의 생포에 관한 자세한 검토를 할 필요가 없다고 판결했다. 전쟁을 수행하는 과정에서 미군에게는 비교적 폭넓은 재량권을 주어, 전쟁을 승리로 이끌도록 해야 한다는 점 또한 강조되었다.

연방고법은 정부가 제공한 자료가 "정확하다면" 함디를 구금할 만한 충분한 근거가 된다고 보았던 것이다. 외국의 전쟁터에서 미국에 무력으로 저항하는 사람은 시민권에 관계없이 적군으로 분류되어 그에 따라 취급받을 수 있고, 법원에게는 그의 생포와 구금에 관한 사실관계를 검토할 권리가 없다는 판결이었다. 적군을 생포하고 구금하는 것은 전쟁의 본질적인 부분이라며, 기소되지 않은 적군을 구금하는 핵심적 목적은 그들이 다시 적군에 가담하는 것을 막기 위한 것이라고 설명했다. 더불어 함디가 전쟁지역에서 생포되었다는 점이 인정되기 때문에, 정부는 함디의 구금이 적법하다는 증거를 제시할 필요도 없고 함디에게 정부의 주장을 반박할 청문 절차나 반박 기회를 제공하지 않아도 된다고 판결했다. 또한 지구 반대편에서 발생한 전쟁포로 생포에 관해서 법정에서까지 입증해야 하는 부담을 미군에 줄 필요가 없다고 보았다.

물론 미국 시민은 의회의 승인 없이 구속되거나 구금될 수 없다는 연방형법 조항이 있지만, 함디의 구금은 연방의회의 반테러 결의안에 근거한 것으로 적법하다는 것이다. 연방의회의 결의안에서 언급한 "필요하고 적절한 무력"이라는 것은 당연히 미국에 도전하는 적군의 체포와 구금을 의미한다는 게 연방고법의 주장이었다. 또한 권력분립의 원칙에 따라 함디의 상태나 구금에 대해서 더 이상 관여할 수가 없다고 판결했다. 함디의 구금은 제네바협약 5조에 따라 불법구금이라는 함디 아버지의 주장도 근거가 없다고 연방고법은 보았다. 제네바협약은 실제 실효는 없는 것이고, 설사 실효가 있다 하더라도 전쟁상태가 종식될 때까지 미군이 함디를 구금하는 것을 막지는 못한다고 해석한 것이다.

## 함디의 기본권과 미국의 군사적 이익을 절충한 판결

2004년 6월 발표된 함디의 구속적부심 관련 연방대법원 판결에서는 모두 4개의 대법관 판결문이 나왔다. 어느 의견에도 5명 이상의 대법관이 참여하지 않았다. 따라서 오코너 대법관을 비롯한 4명이 동의한 다수의견이 결국 대법원의 결정으로서 효력을 갖게 되었다. 오코너 대법관은 미군 당국도 약간 양보하고, 함디도 약간 양보해서 절충적인 구속적부 심사절차를 갖고, 거기서 함디의 구금여부의 적절성을 판단하라고 판결했다.

반면 수터와 긴스버그 대법관은 함디의 구금이 행정부의 권력남용이라며 즉각 석방해야 한다고 주장했다. 스칼리아와 스티븐스 대법관은 즉각 석방을 주장하진 않았지만, 다수 법관의 절충적 결정이 새로운 입법이나 다름없다며 함디를 무죄석방하거나, 아니면 함디를 정식으로 기소해서 구금하든지, 둘 중의 하나를 선택해야 한다고 주장했다. 토머스 대법관은 전쟁 상황에서 미군의 판단을 존중해 함디를 구금하는 것이 당연하다며 부시 대통령을 적극 옹호했다.

다수의견을 집필한 오코너 대법관은 일단 미국이 적군으로 분류한 미국 시민을 무기한 구금하는 것 자체가 위법은 아니라는 점을 전제했다. 아프간에서 전쟁 수행중 적군을 체포하고 구금하는 것은, 의회가 결의안을 통해 승인한 대통령의 "필요하고 적절한 무력사용"에 해당한다는 것이다. 전쟁포로의 구금 목적은 그들이 전쟁터로 다시 돌아가 무기를 드는 것을 방지하는 것이라면서, 외국인뿐만 아니라 시민권자도 구금에서 풀려나면 전쟁터로 다시 돌아갈 수 있으므로 함디와 같은 시민권자도 구금할 수 있다는 것이다. '테러와의 전쟁'은 과거의 전쟁과 달리 전쟁의 개념이 넓고 유동적이며 공식적인 휴전이나 전쟁 종식이 없을 수도 있고, 따라서 함디의 아버지가 주장한 것처럼 함디는 평생 동안 구금될 수도 있다는 점을 인정한 것이다.

이어서 오코너 대법관이 검토한 법적 문제는, 함디와 같은 적군의 구금이 의회의 승인범위에 해당한다 하더라도 자신이 적군이 아니라고 주장하는 시민에 대해서는 헌법적 절차를 어떻게 적용할지의 문제였다. 정부는 함디가 전쟁터에서 생포되었으므로 그의 생포와 구금에 관련된 사실 확인이나 청문회는 필요 없다고 주장했지만, 오코너 대법관은 이를 인정하지 않았다. 이는 함디가 변호사를 통해서나 자기 스스로 정부의 주장을 반박할 기회를 갖지 못했기 때문이라며, 인정된 사실은 단지 생포 당시 함디가 아프간에서 거주하고 있었다는 점뿐이라고 지적했다. 적법 절차 없이 정부에 의해 구금되는 것으로부터 자유로울 시민의 권리는 기본권 중의 기본권이라는 점을 재확인하면서, 설사 전쟁중이라 하더라도 정부에게 무제한의 구금 권한을 부여하는 것은 매우 위험하다고 헌법을 초안한 미국의 건국지도자들이 언급한 사실을 그는 강조했다. 또한 미군의 적군 분류와 적군에 대

오코너 대법관은 국민의 인권을 국가안보라는 구실로 유린하는 것은 역사적 아이러니이며 전
시 상황이라 해도 국민의 기본권은 지켜져야 한다고 설명했다.

한 구금이 개인의 자유를 침해할 위험성도 인정했다. 아프간에
파견된 인도적 구호활동가나 언론인들도 미군의 오류로 구금을
당할 수 있다고 보았던 것이다.

여기서 오코너 대법관은 전쟁중이라고 해서 미국 시민에게 주
어지는 특권과 권리를 소홀히 해서는 안 된다고 강조했다. 그는
국가적으로 가장 어렵고 불안한 상황에서 헌법상의 적법절차에
대한 미국의 신념이 가장 큰 시험을 당한다고 설명하면서, 해외
에서 전쟁을 치르면서까지 지키려는 자유와 권리의 원칙을 국내

에서도 지키겠다는 신념을 미국인들이 유지해야 한다고 훈계했다. 미국 역사를 돌이켜볼 때, 전시상황에서 정부의 전쟁수행 능력에 지장을 준다는 이유로 적법절차를 무시하거나 우회하려는 유혹이 많았다면서, 국가가 존재하는 이유인 국민의 인권을 국가안보라는 구실로 유린하는 것은 역사적 아이러니라고 개탄했다.

더불어 삼권분립에 따라 법원이 군사적 문제에 대해서는 간여를 제한해야 한다는 정부의 주장도 수용되지 않았다. 헌법상 전쟁을 수행하는 권한은 사법부가 아니라 입법부와 행정부에 있고, 사법부는 군사문제나 국가안보 문제에 있어서 행정부에 개입하는 것을 자제해왔음을 오코너 대법관도 물론 인정했다. 그러나 비록 미국 헌법이 군통수권자인 대통령에게 광범위한 전쟁수행 권한을 주고 있지만, 전쟁 상황이라고 해도 국민의 기본권 문제에 있어서는 대통령에게 백지수표를 준 것은 아니라고 확인했다. 아무리 전시라고 해도, 그리고 대통령의 전쟁 수행 능력이 중요하다고 해도, 개인의 자유와 관련된 사항에서는 삼권분립의 원칙이 지켜져야 한다는 것이 미국 헌법의 기본구조라는 것이다. 의회가 구속적부심 제도를 정지시키지 않는 한, 사법부는 행정부의 인신구속의 적법성 여부를 엄격히 심사함으로써 삼권분립과 민주주의를 지켜야 한다고 주장했다. 군의 행동이나 결정이 개인의 권리나 이익을 침해할 경우, 군에게 부여되는 재량권의 범위를 결정하고 그러한 재량권의 범위가 침범되지 않았는지를 검토하는 것은 사법부 고유의 역할이라는 것이다.

그는 전시상황에서 적군포로를 구금할 필요성도 인정했다. 미국과 전쟁을 한 적군들이 다시 전쟁터로 나오지 않도록 조치를 취해야 하는 것은 당연한 전쟁 수행 중의 임무이며, 재판 절차와 같은 심문 과정을 거쳐 포로들을 구금하는 것은 현실적으로 불가능하다는 점도 인정했다. 적군과 싸워야 할 군인들이 지구 반대편에서 벌어지는 법정소송에 신경을 쓰고 전쟁터에서조차 법정에서 사용할 증거를 확보해야 한다면, 미군의 전력은 약화될 것이 뻔하기 때문이다. 또한 적군포로 구금의 적법성을 입증하는 과정에서 국가안보에 대한 중요한 기밀이 누설될 수도 있다는 행정부의 우려도 받아들였다.

그러나 정부가 요구하는 것처럼, 법원이 실제 각 구금상황에 대한 적법성 검증은 하지 않고 구금을 해야 할 법적 근거의 여부만을 검토한다면, 삼권분립의 원칙을 포기하고 행정부에 권력을 집중시키는 것이라며 정부의 요구를 거절했다. 미군이 함디에게 적용한 구금 절차를 그대로 수용한다면, 구금자의 자유와 권리가 침해될 가능성이 높다고 우려한 것이다.

그러나 연방지법이 요구했던 구체적이고 상세한 증거자료의 제출은 군당국에 지나치게 큰 부담을 준다며 무효화했다. 대신 미군과 함디의 아버지의 상반된 요구, 그리고 연방지법과 연방고법의 상충적 결정을 절충한 새로운 구속적부심 절차를 제시했다. 함디에게는 자신이 적군으로 분류된 것을 반박할 기회가 주어져야 한다는 것이다. 그리고 그러한 구속적부심 심사절차는 중립적 결정권자neutral decisionmaker에 의해 결정되어야 하고, 이는 군사법원이 될 수도 있고 일반법원이 될 수도 있도록 판결했다.

한편 오코너 대법관은 전시상황에서 군당국의 군사작전 수행에 부담을 주지 않도록 해야 한다며, 구금자가 적군에 해당하는지 여부는 미군이 아니라 구속적부심 신청자가 입증하도록 했다. 언론인이나 구호단체 민간인이나 관광객들이 만약 적군으로 잘못 분류되어 구금된다면, 별로 어렵지 않게 자신들의 신분을 밝혀 미군의 부당한 구금으로부터 벗어날 수 있을 것이라는 설명이었다. 정부로 하여금 구금자가 적군으로서 미국을 상대로 무력행위를 했는지 여부만을 입증토록 해, 전쟁수행상의 전략이나 기밀이 구속적부심에서 노출될 우려가 없도록 한 것이다.

### 구금금지법과 대통령의 권력남용

연방의회의 반테러 무력승인 결의안은 함디와 같은 시민의 구금까지도 승인하고 있다는 다수 대법관의 주장에 대해 수터 대법관은 반대했다. 연방의회가 2001년 반테러대처법USA Patriot Act을 제정해 외국 국적의 테러혐의자라 하더라도 형사기소나 추방절차 없이 7일 이상 구금할 수 없게 했다는 점을 고려할 때, 무력사용 결의안이 미국 시민의 무제한 감금을 승인한 것으로 해석할 수 없다는 주장이었다.

수터 대법관은 함디의 구금이 1971년에 만들어진 구금금지법Non-Detention Act 위반이라며 그의 석방을 주장했다. 구금금지법은 제2차 세계대전 당시 일본계 미국인을 적법절차도 없이 장기간 불법 구금한 것과 같은 사례가 다시 발생하지 않도록 만들어진 법이었다. 제2차 세계대전 기간 동안 의회의 승인 없이 대통령의 명령으로 캘리포니아 등 서해안 지역 거주 일본계 미국인을 내륙으로 강제이주시키고 집단수용한 일이 있었다. 이에 정부가 시민을 구금하려면 의회가 제정한 적법한 절차에 따라 구금해야 한다고 명문화해서, 대통령이 국가위기를 구실로 자의적으로 시민을 강제구금할 수 없도록 만든 게 구금금지법이다.

수터 대법관은 함디의 구금을 대통령의 권력 남용으로 간주했다. 대통령은 미군의 최고사령관이자 국가의 최고사령관이 아니라는 잭슨 대법관의 말을 인용하면서, 의회 다수의 결정을 무시하고 행동할 때 대통령의 권위는 최저 수준으로 추락해왔다며 사실상 부시 대통령을 직접적으로 비난했다. 국가의 안보와 개인의 자유 사이의 긴장은 미국 헌정체제의 가장 중요한 특징이고, 행정부는 자유보다는 안보를 중시하기 마련이라고 수터 대법관은 설명했다. 바로 이러한 문제를 해결하기 위해 미국 헌법은 삼권분립 정부체제를 만들고, 개인의 자유를 보호하는 역할은 평화시에나 전시에나 사법부가 담당토록 했다는 것이다. 하지만 수터 대법관은 다수 대법관의 의견에는 동의하지 않지만, 함디에게 최소한 자신의 억울함을 입증할 기회를 부여한 최종결정에는 동의한다고 밝혔다.

### 군대의 힘이 아닌 법의 힘으로

또다른 반대의견을 제시한 스칼리아 대법관은 연방대법관 중 가장 보수적인 대법관으로 공화당 부시행정부의 정책을 가장 많이 옹호했었다. 그러나 함디의 인신구속에 대해서는 진보적 대법관들과 마찬가지로 부시행정부의 강력한 비판자가 되었다. 스칼리아 대법관은 전시 등 국가위기 상황에서 불가피한 경우 의회가 헌법에 따라 구속적부심을 일시 정지할 수는 있지만, 9·11 테러사건 직후 의회가 통과시킨 결의안에는 그러한 구속적부심 일시정지 조항이 없다며 함디의 구금은 법률적 근거가 없는 위법행위라고 주장했다. 설사 함디가 아프간에서 이적행위를 저질렀다고 해도 불법 구금할 수는 없다는 것이다. 미국 국민이 미국정부에 대해서 전쟁을 일으키거나 그러한 전쟁에 참여했다면 반역죄로 처벌할 수는 있지만, 함디처럼 기소도 하지 않고 무한정 구금할 수는 없다는 주장이다.

스칼리아 대법관은 구속적부심이 민주국가에서 권력의 전횡을 막는 가장 중요한 수단이라면서, 구속적부심 제도가 과거 영국의 전제왕권을 견제하기 위해서 태동된 배경과 미국 헌법에 포함된 배경, 미국 역사에서 특히 전시상황에서 구속적부심의 역할 등에 대해서 자세히 설명했다. 구속적부심은 인신구속이 적법절차를 통해서 이루어졌는지 확인하는 것이고, 아주 예외적으로 정신병자나 전염병 감염자 등의 경우에나 이런 절차가 제외될 수 있을 뿐 단순히 위험하다는 이유만으로 개인을 구금할 수는 없다는 게 그의 주장이었다. 구속적부심 조항은 '법의 힘' 대신 '군대의 힘'으로 미국 시민을 구금하는 것을 방지하기 위해 만든 조항이라는 것이다.

18세기 말 미국 헌법 제정 당시, 군의 권력 남용을 우려해 다양한 견제조항이 삽입되었다. 군대는 시민의 자유를 제약할 가능성이 많고, 특히 전시에 그러한 남용이 심하다는 것을 헌법제정 당시 미국인들은 경험을 통해서 잘 알고 있었기 때문이다. 그래서 그들 중 일부는 상설 군대를 두는 것조차도 반대했었다. 그래서 의회가 군대를 유지하기 위해 지출하는 경비는 2년 이상 사용할 수 없게 헌법조항에 못박았고, 군대를 통제하고 관리하는 권한도 분산시켰다. 대통령에게는 군대의 작전지휘권만을 부여하고, 전쟁의 선포, 군대의 유지와 운영권한은 의회에게 주어지게 되었다.

따라서 9·11테러 직후 의회가 통과시킨 무력승인 결의안이 결코 구속적부심 정지에 대한 승인은 아니라며, 무력승인 결의안에 근거해 함디의 구금을 인정한 다수 대법관들의 판결은 오류라고 주장했다. 스칼리아 대법관은 다수 대법관들이 구속적부심의 합헌여부를 결정한 것이 아니라 새로운 구속적부심 절차를 만들었다고 비난했다. 오코너 대법관이 제시한 새로운 구속적부심 절차는 입법부나 행정부가 담당해야 할 일을 사법부가 행하는 것으로, 삼권분립의 원칙에도 맞지 않고 민주정부의 역동성을 저하시켰다며 "미국 사법부의 전통에 어긋나는 전혀 새로운 제도"라고 비난했다. 정부가 아니라 시민에게 입증 책임을 부담시키고, 증인 출석 없이 주장만으로 증거를 인정하고, 판사와 배심원이 아닌 군장교가 그러한 적법절차를 감독할 수 있도록 허용했기 때문이다. 구속적부심 제도는 구금의 적법성 여부를 결정하는 것이지, 구금과정에서 행정부가 누락한 부분을 사법부가 보완하는 제도가 아니라는 주장인 것이다.

그는 부시행정부에게도 책임을 물었다. 국가안보를 위해 구속적부심의 일시정지가 필요하다면 의회에다 그러한 요구를 하라고 주문했다. 전시상황이라는 이유로 시민의 권리를 제약하려면, 함디처럼 비밀리에 감금하지 말고 헌법에 따라 공개적이고 민주적인 절차에 따라 시도하라는 것이다. 헌법상 그러한 구속적부심의 정지는 반란이나 침략에만 한정되므로, 9·11테러사건이 그러한 침략에 해당하는지, 그리고 3년 가까이 지난 당시에도 적용할 수 있는지는 의문이지만, 그러한 문제는 의회가 결정할 일이지 법원이 결정하거나 고민할 문제가 아니라는 것이다.

스칼리아 대법관은 국가안보의 위기상황에서 개인의 자유를 국가안보에 양보해야 하는 것은 불가피하다고 많은 사람들이 생각하지만, 전쟁을 치르면서도 민주주의와 인권을 지킬 수 있도록 만든 미국의 헌법과는 일치하지 않는 생각이라고 비판했다. 따라서 만약 함디가 적법절차를 어기고 구금되었다면 석방해야 하고, 아니면 그를 법무부에 인도해 형법상의 기소절차를 밟아야 한다고 주장했다.

### 구속적부심의 경계선

대부분의 연방대법원 판결에서 토머스 대법관은 스칼리아 대법관과 같은 의견을 표명해왔었다. 그래서 스칼리아의 흑인 쌍

둥이라는 빈정거림의 대상이 되기도 했다. 그러나 함디 판결에서 토머스 대법관은 스칼리아 대법관과는 정반대의 논리로 반대의견을 제시했다. 그는 함디의 권리가 침해를 받긴 했지만, 위기에 처한 국가를 지키기 위해서 개인의 자유를 제약하는 것은 용인되어야 한다고 주장했다. 함디의 구금은 정부의 전쟁수행 권한에 해당되는 사안이고, 그러한 정부의 결정을 의심할 만한 전문성이나 능력이 법원에는 없으므로, 군당국의 의견을 존중해 함디의 구속적부심은 거부되어야 한다는 것이다.

그는 전시 구금의 문제가 다수 법관들의 의견처럼 정부의 전쟁수행 능력과 개인의 인권 사이에 균형을 찾아 절충할 수 있는 사안은 아니라고 보았다. 국가안보나 외교문제는 정보의 통제가 중요하고 사법부에는 국가정책의 정당성을 판단할 만한 정보가 없기 때문에, 그러한 문제는 행정부에 맡기고 나서지 말아야 한다는 것이다. 특히 외국으로부터의 침입에 대비하는 전쟁권한은 대통령에게 전적으로 맡겨야 한다고 주장했다. 더불어 공공의 안전을 위해서 적절한 헌법과 법률에 근거해 대통령이 일방적으로 개인을 구금할 수 있다는 과거의 판례들을 제시하기도 했다. 대통령에게 그러한 구금 권한을 주는 것이 위험하다는 견해도 있지만, 그러한 권한을 대통령만큼 안전하고 효과적으로 사용할 다른 통치권자는 없다고 토머스 대법관은 주장했다. 만약 대통령이 그러한 권한을 남용하면, 의회가 그것을 통제하는 법을 만들고, 법원은 그러한 법의 적절성 여부만을 판단하면 된다고 보았던 것이다.

전시 구금 문제는 실용적인 측면에서도 법원이 판단할 문제가 아니라는 게 그의 주장이었다. 우선 전쟁인력의 낭비와 기밀의 누출 등을 가져와 정부의 전쟁수행 능력에 많은 지장을 주기 때문이다. 전시에 생포한 모든 포로의 기본권 침해여부를 개별적으로 판단해 구금여부를 결정해야 한다면 헌법은 질서가 아니라 무정부상태를 만들게 된다는 것이다. 특히 테러와의 전쟁에서는 적의 능력과 의도를 파악하기 위해서 정보수집이 중요하고, 그러한 목적을 위해 적군포로나 적군들의 구금은 필수적이라고 주장했다. 만일 함디와 같은 인물에게 구속적부심을 허용할 경우 적에 관한 중요한 기밀 정보가 유출될 수도 있고, 결국 미군의 기밀을 습득한 후 석방되어 미군과 싸우기 위해 전쟁터로 되돌아갈 것이라는 주장을 폈다.

### 전쟁의 광기 속에 그나마 어렴풋한 인권의 싹

미국이 9·11테러 이후 시작한 '테러와의 전쟁'은 개인의 생명과 인권을 존중하는 민주주의 국가로서 미국의 위상을 크게 추락시켰다. 부시 대통령의 지휘 아래 시작된 테러와의 전쟁은 미국민들 다수로부터도 지지를 받지 못하고, 결국 베트남전 이상의 후유증을 미국과 국제사회에 불러일으키고 있다. 그 원인 중의 하나는 미군에게 생포된 포로의 자의적 구금과 가혹행위였다. 그나마 연방대법원이 미국 시민권을 가진 전쟁포로에 대해서는 기본권을 적절히 보장해야 한다는 판결을 내림으로써, 전쟁의 두려움과 광기 속에서도 미국 헌법에 따라 인권을 보장하려는 미국인들의 의지를 조금이나마 엿보게 했다.

연방대법원의 판결이 내려진 지 3개월 만인 2004년 9월 미국 연방법무부는 함디를 시민권을 포기한다는 조건으로 석방했고, 함디는 사우디아라비아의 가족에게로 돌아갈 수 있었다. 함디는 사우디아라비아 정부의 감시를 받고, 이라크나 아프가니스탄 등 중동지역 여행이 금지되었다. 석방 직후 CNN과의 인터뷰에서 함디는 독방에서 오랜 시간을 견디게 한 것은 기도의 힘이었다는 말 외에 자신의 수감생활에 대해서 자세히 밝히지 않았다.

함디 판결 직후 쿠바 관타나모와 미국 본토에 수감된 500명의 적 전투원 중 200명이 구속적부심을 신청했다. 2005년 11월 연방상원은 49:42의 표결로, 적의 전투원에게 구속적부심 절차를 거부하는 법안을 통과시켰지만, 하원 통과에 실패하여 연방대법원의 판결을 뒤집지는 못했다.

2006년 AP통신사가 정보공개법 소송을 통해 얻어낸 사실을 보면 관타나모 포로수용소에는 2002년 이후 당시까지 779명을 수감했는데, 이중 미성년자도 20여명이나 있는 것으로 추정되었다. 국적분포는 50여 개국에 달했고, 그중 아프간·사우디·예멘·파키스탄 출신이 70%를 차지했다. 수감 중 8명의 포로가 사망했는데, 미국 국방부는 이중 6명은 자살이라고 주장했다.

한편 연방대법원은 인권보호 대상 수감자의 범위를 넓혀 나아갔다. 2006년의 함단 판결에서는 외국인 포로에게도 미국 국내법과 제네바 협약에 따라 기본적 인권이 보장되어야 한다고 판결했다. 함디 판결 이후 부시행정부는 전투원 신분확인 재판부 Combatant Status Review Tribunals를 만들어 수감자들이 전투원에 해당하는지 여부를 결정했다. 그러나 연방대법원은 전투원 신분 확인 재판부미군법과 제네바 협약에 모두 위반이라고 판결했다. 외국인 신분의 테러의심자라 하더라도 그러한 심사기구는 행정 부 임의가 아닌 의회의 승인을 얻어 만들어야 하고, 심사과정에 서 변호할 권리나 공정한 재판받을 권리와 같은 기본적 인권이 보장되지 않았기에 위헌이라는 것이었다. 2008년 보메디네 판결 에서는 '테러와의 전쟁'의 포로와 관타나모 수용소 수감자도 미 국헌법상 보장된 구속적부심의 권리가 보장되어야 한다고 판결 했다.

한편 2016년 3월 로이터 통신은 부시행정부에서 석방한 관타 나모 수감자 532명 중 185명이 전쟁 현장으로 귀환했거나 귀환 한 것으로 추정된다고 보도했다.

# 제6장

# 평등권 보장

# 흑인은 백인학교에 입학할 수 없는가

브라운 판결 Brown v. Board of Education, 347 U.S. 483 (1954)

1776년, 영국으로부터 독립을 선언하면서 미국인들은 "모든 인간이 동등하게 창조되었다는 것은 자명하다"고 선언했다. 독립 후 만들어진 연방헌법에는 '생명과 자유와 행복을 추구할 권리'와 '법적으로 평등하게 보호받을 권리'를 분명하게 보장하고 있었다. 그러나 이처럼 자유와 평등을 국가의 기본이념으로 천명한 미국 사회였지만 다른 어느 자유주의 국가보다도 심한 인종차별이 있어왔다. 남부의 백인들은 노예제도를 유지하기 위해 남북전쟁이라는 내란도 불사했다.

인종차별은 사법부를 괴롭힌 가장 큰 문제이기도 했다. 남북전쟁의 직접적 원인 중 하나로 연방의회가 노예제도를 폐지할 권한이 없다고 선언한 1857년의 연방대법원 판결Scott v. Sanford이 꼽히기도 한다. 노예제도의 합헌 판결이 미국 헌법사상 최악의 판결이라는 평가를 받아온 반면, 그 후 근 100년 만인 1954년 공립학교에서의 인종차별을 위헌으로 판결한 브라운 판결은 연방대법원의 판결 중 가장 중요하고 훌륭한 판결로 꼽히고 있다.

## 분리되었지만 동등하다?

18세기 말 평등이념을 바탕으로 독립국가를 건설하고 그 기틀인 헌법을 만든 미국 사람들이었지만 그들은 사회적으로나 법적으로 흑인을 인간으로 취급하지 않았다. 자유와 평등이라는 추상적 가치보다는 정치적 안정과 경제적 실익이 우선이었기 때문이다. 1787년 헌법 초안을 작성하던 미국인들은 각 지역간의 이해 차이로 인해 합의점을 찾지 못하고 있었다. 특히 노예제도 때문에 첨예하게 대립했다.

결국 노예제도가 크게 필요하지 않았던 상업 위주의 북부지역과 노예의 노동력이 필수적인 농업 위주의 남부지역은 잠정적인 타협안을 마련했다. 1808년 이후부터는 노예 수입을 금지한다는 것과, 세금 부과와 선거인단수를 계산할 때에 한해 노예 한 명을 백인 한 명의 3/5으로 인정해주기로 합의했다. 그러나 헌법이 비준된 후에도 노예제도에 반발하는 북부의 반발은 계속 커져 국가적 갈등의 골은 깊어갔다. 북부에서는 노예제도를 옹호하는 사람들, 남부에서는 노예제도를 반대하는 사람들에 대한 법적 억압이나 폭력 보복이 잇따랐다. 정치인들도 첨예하게 대립되어 있을 뿐 양측을 모두 만족시킬 타협안을 찾아내지 못했다.

노예제도의 존속 문제는 마침내 연방대법원 법정으로 옮겨졌지만 연방대법원의 판결도 노예문제를 평화적으로 해결하지는 못했다. 1857년 연방대법원은, 노예제도는 주정부의 고유 권한으로 연방정부가 관여할 수 없다는 판결을 내림으로써 연방정부가 법적으로 노예제도를 폐지하는 것을 사실상 불가능하게 만들었다. 이를 계기로 노예제도에 관한 대립은 더 이상 평화적으로 해결할 수 없다는 인식이 미국 사회에 팽배해졌다. 북부의 자유 흑인들은 남부 노예들에게 무장봉기만이 노예의 사슬을 끊을 수 있다는 선동을 더욱 강력히 전개했다. 노예제도를 둘러싼 지역 간의 갈등은 끝내 평화적으로 해결되지 못하고, 1861년 남부 6개 주가 연방으로부터 분리를 선언하면서 남북전쟁으로 비화되었다. 1861년에서 시작해 4년간 계속된 남북전쟁은 62만 명의 사망자를 내고 북군의 승리로 끝났다. 마침내 노예들은 해방되고 그들에게도 백인과 동등한 권리를 보장하기 위해 연방헌법이 개정되었다. 수정헌법 제13조는 노예제도 폐지를 담고 있고, 수정헌법 제14조는 해방된 노예들에게 동등한 법적 보호Equal protection of the laws를 보장했으며, 수정헌법 제15조는 피부색을 이유로 투표권을 거부하는 것을 금지했다.

비록 법적으로 노예신분에서 해방되고 시민의 권리를 부여받았으나 당시 남부에 살고 있던 대부분의 흑인들에게는 새로이 얻은 시민권을 발휘할 정치적·경제적 기반이 마련되어 있지 않았다. 남북전쟁 직후 흑인들은 남부 백인들이 반란에 참여했다는 이유로 정치적 권리가 제한되었던 잠시 동안 참정권을 행사할 수 있었다. 흑인이 주지사도 되고 연방의회 의원으로 선출되기도 했다. 그러나 남부에 진주해 있던 북부 점령군이 철수하면서 남부의 백인들은 다시 정치적·사회적·경제적 주도권을 장악했다. 흑인들은 다시 백인들 밑으로 돌아가 일해야 했다. 주종관계가 노사관계로 바뀌었을 뿐이었다.

경제적 재산이었던 노예를 잃고 패전의 쓰라림마저 겪은 남부 백인들은 더욱 모질게 흑인을 모멸했다. 그들은 흑인들이 백인사회에 접근하지 못하도록 철저하게 격리시켰다. 공공건물, 학교, 교통수단 등 모든 공공시설을 백인용과 흑인용으로 분리했다. 사실 당시는 남부뿐만 아니라 미국 전역에서 흑백분리가 법적으로 혹은 사회적 관행으로 허용되고 있었다. 1896년 플레시판결Flessy v. Ferguson에서 연방대법원은 남부 주정부가 공공시설에서의 흑백분리를 법적으로 제도화하는 것은 부당한 권력 행사가 아니며 평등권을 침해한 것도 아니라고 선언했다. 분리되었어도 불평등은 아니라는 '분리되었지만 동등하다separate but equal'는 논리가 헌법상의 원칙으로 인정된 것이다. 흑백분리가 백인은 우월하고 흑인은 열등하다는 것을 의미하는 것은 아니기 때문에 인종차별로 볼 수 없다는 해석이었다. 단지 흑인들이 그러한 열등의식을 갖고 있을 뿐이라고 주장했다. 9명의 판사 중단 한 명, 할란 대법관(앞서 나온 할란 대법관의 할아버지)만이 "헌법은 피부색을 따지지 않으며 시민들간의 계급에 대해 인정하지도 않고 허용하지도 않는다"고 흑백분리에 반대했다.

그 후 흑백분리정책은 1930년대에 접어들 때까지 흑인들로부

남부 백인들은 흑인들이 자신들의 사회에 접근하지 못도록 공공건물, 학교, 교통수단 등 모든 공공시설을 백인용과 흑인용으로 분리했다.

터 심각한 저항을 받지 않았다. 1927년 연방대법원은 흑백분리가 합헌이라는 판결을 한 차례 더 내렸다. 연방대법원은 공립학교에서의 흑백분리가 평등권을 침해했다는 소송을 기각하면서 흑백분리 문제는 주정부가 결정해야 할 문제로 연방정부가 개입할 성질의 것이 아니라고 판결 이유를 밝혔다.

### 흑백분리 철폐 캠페인의 집중 타깃

그러나 1930년대에 들어서면서 서서히 흑백분리 철폐를 위한 움직임이 흑인사회에서 일어났다. 노예해방 이후 꾸준하게 확장되어온 흑인들의 정치적·경제적 역량이 발휘되기 시작한 것이다. 19세기 말부터 남부의 인종탄압을 피해, 그리고 산업화로 크게 일자리가 늘어난 북부 대도시로 대거 이주한 흑인들 중 정치적 영향력과 경제적 안정을 확보한 사람들이 늘어났다. 북부의 각 도시마다 변호사·의사·교사·목사 등 흑인 지도자와 중산층 흑인들이 백인 정치인들과의 타협을 통해 흑인들의 복지예산을 확보하고 흑인 공무원의 숫자를 늘리는 등 흑인들의 권익 보호에 점차 기여했다. 또 흑인들은 빈곤퇴치를 공약한 프랭클린 루스벨트 대통령의 진보적 뉴딜정책을 압도적으로 지지하면서 적극적으로 정치에 참여했다. 흑인들은 노예의 굴레에서 그들을 해방시킨 링컨의 공화당을 떠나 루스벨트의 민주당 대열로 대거 당적을 옮겼다. 민주당은 이러한 흑인들의 기대에 부응해 법무부 내에 민권국Civil Rights Division을 설치하는 등 과거의 행정부와 달리 흑인들의 인권 향상을 위해서 적극 노력했다.

사실 흑인들의 지위 향상에 가장 결정적으로 공헌한 것은 제2차 세계대전이었다. 많은 백인 남자들이 전쟁터로 징병되어감에 따라 미국 본토에는 전시 노동력이 크게 모자라게 되었다. 이에 따라 많은 남부 흑인들이 북부로 이주해 군수산업공장에 취직했다. 게다가 게르만 민족의 우월성을 강조한 히틀러에 대항해 싸우는 미국인들이 자국 내에서의 인종차별을 방관하는 것은 변명할 수 없는 자기모순이었다. 그래서 루스벨트 행정부는 꾸준히 미국 내의 인종차별을 제거해가기 시작했다. 군수납품업자들에게 인종차별을 하지 않는다는 각서를 받기도 했고, 군 복무에서도 부분적이나마 인종차별이 줄어들어 흑인과 백인이 함께 독일군과 싸우게 되었다.

애초 흑백분리 철폐를 위한 캠페인이 시작된 것은 제2차 세계 대전으로 인해 흑인들의 괄목할 만한 지위 향상이 이루어지기 전 1935년 유색인종지위향상협회에 의해서였다. 1909년에 창립된 이 협회는 1922년까지 10만 명의 회원에 400개의 지부를 전국에 확보하고 있었다. 그전까지만 해도 이 협회는 흑백분리 철폐보다는 좀더 시급하고 실질적인 결과를 가져오는 인종차별 문제들을 해결하는 데 노력을 집중했다. 당시 남부에서 백인들이 정당한 법적 절차 없이 흑인들을 처형하는 린치를 막기 위해 활발한 로비활동과 여론 환기작업을 했다. 또 남부의 흑인들이 공정한 재판을 받을 수 있도록 흑인도 배심원이 될 수 있게 하는 등 흑인들에게 사법상의 불이익이 돌아오지 않게 하는 데 많은 노력을 기울였다. 1930년에는 인종차별적 판결을 많이 내린 존 파커 연방고등법원 판사가 연방대법원 대법관으로 인준되는 것을 저지하는 정치적 역량을 과시하기도 했다.

1935년에 시작된 흑백분리 철폐 캠페인은 종전의 방어적인 흑인민권운동을 적극적이고 공격적인 방향으로 바꾼 것이었다. 이 캠페인은 백인과의 통합을 거부하면서 흑인만의 독립된 자치지역을 가져야 한다고 주장하던 급진 흑인 분리주의자들과 결별하는 것을 의미하기도 했다. 월터 화이트 총재 주도로 시작된 이 캠페인은 흑인들로부터 많은 호응을 얻게 되고, 1945년에 이 협회는 1600개 지부에 총 30만 명의 회원을 가진 거대한 조직으로 성장하게 된다. 특히 남부에서의 회원 증가가 두드러졌다. 1935년 이후 새로 생긴 협회 지부의 대부분은 남부에 위치하고 있

미국 역사상 최초의 흑인 대법관이 된 더굿 마셜은 변호사 시절 연방대법원에 제기한
인권소송을 통해 흑인의 평등권을 보장하려고 노력했다.

었다.

이 협회가 흑백분리 철폐를 위해 집중 공략하기로 선택한 정
부기관은 연방법원이었다. 법원은 정치적 소수인 흑인들이 헌법
에 보장된 권리를 회복하기 위해 가장 경제적이고 용이하게 문
을 두드릴 수 있는 곳이었다. 대통령이나 입법부에 정치적 압력
을 넣어 현실을 바꾸는 것보다 법원의 판결을 통해 흑백차별을
철폐하는 것이 훨씬 쉬웠기 때문이었다. 물론 보수적인 미국의
법관들을 어떻게 설득하느냐가 문제였다.

이 협회의 흑백분리 철폐소송 작전의 총사령관은 하버드 법대 출신으로 당시 흑인 명문대였던 하워드 법대의 찰스 휴스턴 학장이었다.

후에 미국 흑인들로부터 "우리를 2류 시민의 광야에서 어렴풋이 인식되었던 법적 평등의 땅으로 이끈 모세"라고 불리게 된 휴스턴은 흑백분리 철폐소송을 위해 젊고 유능한 흑인 변호사를 그의 주위에 불러모았다. 흑백분리 철폐소송의 선두에 선 야전 지휘관은 휴스턴의 제자인 더굿 마셜 변호사였다. 펜실베이니아의 링컨대와 하워드 법대를 졸업한 마셜은 후에 미국 역사상 최초의 흑인 대법관으로 임명되기도 했다. 이 협회는 흑백차별 철폐소송을 효과적으로 전개하기 위해 1939년 법률방어기금Legal Defense Fund을 따로 설립해 선전과 입법 활동에 역점을 둔 본부의 사업과 분리시켜 운영했다.

인적·재정적 자원을 갖추고 시작된 소송에서 남부의 각종 흑백분리장벽이 평등권을 위반하는 것이라는 승소판결을 잇달아 받아냈다. 마셜 변호사는 연방대법원에 제기한 인권소송에서 90%의 승소율을 기록했다. 그는 1941년 열차 객실에서 흑인칸과 백인칸을 따로 두는 것은 평등권의 침해라는 판결을 얻어냈고, 1945년에는 열차 외의 다른 대중교통수단에서의 흑백차별도 위헌이라는 판결을 받아냈다. 1948년엔 백인 거주지역에 흑인들이 들어와 살 수 없게 한 주택관리규정도 연방대법원으로 하여금 무효화하도록 만들었다.

## 흑백분리 철폐소송, 학교를 겨냥하다

교육기관에서의 흑백분리 철폐소송도 잇달아 제기되었고 역시 승전보가 계속 날아들어왔다. 협회는 학교에서의 흑백분리를 철폐하기 위해 우선 대학을 소송 대상으로 삼았다. 협회는 이러한 소송이 제기되면 흑인 학생을 백인 대학에 입학시키지 않으려는 남부 주정부가 동등한 흑인전용 교육시설을 흑인 대학생들에게 제공하겠다고 나설 것이 분명했다. 어차피 대학에 진학하는 흑인들은 많지 않으므로 주정부 예산상 큰 부담이 되지 않았다. 그러나 유색인종지위향상협회는 대학교의 흑백분리 철폐소송을 초·중·고등학교의 흑백분리 철폐소송으로 옮겨가기 위한 교두보로 생각하고 있었다. 전체 공립학교 예산을 감안할 때 도저히 흑인학교를 백인학교의 수준으로 지원할 수 없을 것이라고 판단했기 때문이었다. 결국 남부 주정부가 흑백 학생을 통합하는 길밖에 달리 선택할 수 없을 것이라는 게 유색인종지위향상협회의 예측이었다.

1938년 미주리주의 한 주립 법대는 흑인 대학생에게 입학을 거부하는 대신 다른 주의 대학에서 공부하는 데 드는 비용을 지불하겠다고 제안했다. 미주리주 내에는 흑인 법과대학이 없기 때문이었다. 그러나 연방대법원은 다른 주로 학생을 보내는 것은 평등권 위반이라고 판결했다. 또 텍사스의 한 법대는 흑인에게 입학을 허용하지 않는 대신 그에게 새로운 법대를 만들어주겠다고 제안했다. 그러나 연방대법원은 그것도 명백한 평등권

흑인들이 학교에서의 인종차별을 반대한다는 가두 시위를 벌이고 있다. 남북전쟁 이후에도 미국 흑인들은 평등권 쟁취를 위해 끊임없이 투쟁했다.

위반이라고 선언했다. 또 다른 사건에서는 흑인을 대학원에 입학시켰으나 교실에서나 도서관, 식당에서 격리시키는 것도 그 학생이 평등한 교육을 받지 못하게 하는 것이기에 위헌이라고 판결했다. 연방대법원은 흑인 학생이 백인 학생에게 접근치 못하게 하는 것은 그의 교육에 장애를 주는 것이라고 선언함으로써 학교에서의 흑백분리가 원천적으로 불평등을 초래한다는 것을 암시했다.

잇달아 소송에서 패하게 된 남부 주는 흑백차별 철폐소송이 초·중·고등학교에도 적용되리라는 낌새를 알아차리고 그동안에는 거의 돌보지 않았던 흑인학교에 교실을 새로 짓는 등 요란을 떨었다. 그러나 협회의 소송 전략은 차질 없이 계획대로 진행되었다. 1950년 협회는 어린이들을 흑인학교와 백인학교로 분리시킨 것은 평등권의 위반이라며 캔자스, 사우스캐롤라이나, 버지니아, 델라웨어, 그리고 수도인 워싱턴 등 다섯 개 지역에서 동시다발적으로 소송을 제기했다. 당시 미국의 12개 주와 수도 워싱턴의 공립학교에서 흑백분리가 실시되고 있었기에 이 판결들의 결과는 수백만 명의 학생들에게 엄청난 영향을 미칠 것이었다.

그러나 연방고등법원 판결은 유색인종지위향상협회 변호사들을 실망시켰다. 그들은 4곳에서 패배하고 델라웨어에서만 승소했다. 하지만 전혀 예상치 못한 결과는 결코 아니었다. 비록 연방대법원에서는 거의 모두 승소했지만, 하급법원에서 승소한 경우는 거의 없었기 때문이었다. 캔자스 주법원에서는 흑백분리가 불평등을 의미하는 것이 아니라며 1896년에 내려진 흑백분리 합헌 판례를 따르라는 판결을 내렸다. 흑인학교와 백인학교 시설에 차이가 없기 때문에 차별이 아니라고 담당판사는 주장했다. 사우스캐롤라이나의 연방고등법원도 학교시설이 불평등한 것을 인정하면서도 흑백 통합 대신 흑인학교의 시설을 개선하라는 명령을 내리는 데 그쳤다. 버지니아에서도 이와 비슷하게 학교 시설이 불평등하다는 것을 인정했지만 흑인학교의 시설을 개선하고 있는 중이므로 통합할 이유가 없다는 판결을 내렸다. 워싱턴에서는 흑백 학생 분리가 위헌이 아니라는 간단한 판결이 내려졌다. 델라웨어 연방고등법원만이 흑인학교 시설이 백인학교 시설에 비해 크게 열악하므로 흑인 학생을 백인학교에 입학시키라는 명령을 내렸다.

이 다섯 사건은 모두 연방대법원에서 상고가 허가되었다. 연방대법원에 제출한 변론서를 통해 남부 주정부측은 흑백분리가 불평등을 의미하는 것이 아니라는 1896년의 선례를 따라야 하며, 흑백분리가 인종차별은 아니라고 거듭 주장했다. 반면 유색인종지위향상협회의 변호사들은 1896년의 판결이 잘못된 것으로 이제는 더 이상 미국 사회의 현실에 맞지 않는다고 주장했다. 트루먼 행정부도 학교에서의 흑백분리가 위헌이라는 유색인종지위향상협회의 입장을 지지한다는 제3자 참고의견을 연방대법원에 제출했다. 또 30명의 저명한 사회학자들도 참고의견을 통해 인종 분리가 흑인 어린이들에게만 아니라 백인 어린이들에게까지 심리적 상처를 주는 것이기에 시급히 철폐되어야 한다는 의견을 제시했다.

## 수정헌법 제14조의 의미

1953년 6월 연방대법원은 최종판결을 미루고 피고와 원고에게 평등권을 보장한 수정헌법 제14조의 원래 의미가 학교에서의 흑백분리 철폐에 적용될 수 있는지, 혹은 적용될 수 없는 역사적 근거가 무엇인지를 제시하라고 요구했다. 당시 소송을 주도한 마셜 변호사는 역사학자가 아니었기 때문에 어떤 역사적 결론이 나올지 몰랐다. 그는 곧 130여 명의 사회과학자·역사학자·헌법학자를 초청해 대책협의를 가졌다. 이 자리에서 마셜은 수정헌법 제14조가 의회를 통과하게 된 과정, 남북전쟁 후 남부에서 흑백분리가 자리잡게 된 과정, 그리고 당시의 공립학교의 흑백분리 상황을 조사해달라고 학자들에게 부탁했다.

이러한 학문적 조사에 필요한 연구자금을 전국산업노조CIO에서 지원했고, 당시 최대 흑인신문이었던 『피츠버그 쿠리어』가 수천 달러를 모금해주기도 했다. 흑인들의 신장된 경제력을 증명하듯이 그 밖에 많은 흑인들이 성금을 보내주어 3만2700달러의 연구자금이 큰 어려움 없이 마련되었다.

그로부터 석 달 후 40여 명의 학자들이 뉴욕에 모여 연구 결과를 발표했다. 그들이 내린 결론은 수정헌법 제14조의 제정 과정에서 흑백분리를 명확하게 반대했거나 찬성했다는 역사적 증거는 찾아볼 수 없다는 것이었다. 의사록에 기록된 당시 의원들의 발언을 통해 인종차별에 대한 당시의 정치적 분위기만을 파악할 수 있었을 뿐, 수정헌법 제14조의 명확한 목적이 무엇이었는지 불분명하다고 학자들은 설명했다. 그럼에도 불구하고 마셜 변호사는 연방대법원에 제출한 변론서에서 수정헌법 제14조를 통과시킨 선조들의 의도는 인종이나 피부색에 근거를 둔 주정부의 차별행위를 금지하는 것이었으며, 공립학교의 인종 분리도 또한 금지하려 했다는 것이 명백하므로 1896년의 판결은 실수였고 즉시 흑백차별을 철폐해야 한다고 주장했다.

한편 1953년 트루먼에 이어 백악관을 차지한 아이젠하워 행정부는 공립학교에서의 흑백 철폐를 지지하기는 하지만 이를 위한 준비기간을 갖는 것이 바람직하다는 제3자 참고의견을 연방대법원에 제출했다. 수정헌법 제14조의 원래 의도를 파악하기는 힘들지만 피부색에 근거를 둔 법적 차별을 철폐해 법 앞의 평등을 실현하려 했다는 것만은 분명하다는 것이 연방법무부의 입장이었다. 따라서 공립학교에서의 흑백차별을 철폐하도록 판결을 내리는 것이 헌법정신에 맞는 것이지만 사회적·교육적 문제를 고려해 1년간의 준비기간을 두는 것이 바람직하다는 의견이었다.

그러나 남부 주정부를 대표한 변호사들은 이 사건은 단순히 인종차별 문제에 관한 것이라기보다는 지역 실정에 맞게 지방자치를 할 권리를 지키는 것이라고 주장했다. 따라서 각 지방자치단체가 학생들의 실정에 맞게 설정한 교육정책을 연방대법원이 간섭해서는 안 된다고 주장했다. 또 흑백 통합이 수정헌법 제14조의 의미를 왜곡시키는 것이라는 입장도 피력했다. 과거의 판례를 무시하고 사회학적 근거로 그동안 무리없이 잘 유지되어온 교육제도를 없애는 것은 사법부의 권한을 넘어서는 월권행위라고도 주장했다.

당시 전 미국인의 이목을 집중시켰고, 20세기 후반의 미국 역사에 가장 중요한 판결이었던 이 브라운 판결에서 결정적 역할을 한 것은 워렌 연방대법원장이었다. 캘리포니아 주지사 출신으로 1948년에는 공화당의 부통령 후보였던 워렌은 브라운 사건에 대한 심리가 이미 끝난 상태였던 1953년 9월 대법원장으로 임명되었다. 워렌은 1952년 공화당 전당대회에서 아이젠하워가 대통령 후보로 지명을 받는 데 크게 기여하여, 그 공로로 대법원장에 지명된 것이다. 따라서 워렌이 과연 대법원장직을 잘 수행할 수 있을지에 대해서 의문을 제기하는 사람들도 많았다. 그러나 그의 정치적 성향으로 보아, 중도보수적인 방향으로 연방대법원을 주도해나갈 것을 의심하는 사람들은 거의 없었다.

그런데 워렌은 예상을 뒤엎고 연방대법원을 진보적 방향으로 이끌어갔다. 워렌이 대법원장으로 임명될 당시 연방대법원은 인권 보호를 위해 사법부의 적극적인 역할Judicial Activism을 주장한 블랙이나 더글러스 등의 진보적 대법관과, 법원의 사법적 소극주의Judicial Restraint를 강조한 프랭크퍼터나 잭슨 등과 같은 보수주의적 대법관들 사이의 이념적 차이로 인해 심각한 내부 갈등을 겪고 있었다. 대법원장이 된 워렌은 예상외로 진보적 대법관들 진영에 합류하면서 연방대법원을 명실상부한 인권의 보루로 부상시키기 시작했다. 그래서 아이젠하워 대통령은 워렌을 대법원장에 임명한 것이 대통령으로서 자신이 범한 가장 큰 실수라고 말하기도 했다.

### 워렌 대법원장의 짧은 판결문

워렌의 탁월한 지도력은 브라운 사건에서 가장 먼저, 그리고 가장 잘 나타났다. 워렌은 이 사건이 정치적으로 민감한 사건인 동시에 사회적으로 큰 반발을 일으킬 수 있으므로 판결 결과도 중요하지만 어떤 논리로 판결을 정당화할 것인지도 중요하다고 대법관들에게 강조했다. 한편 워렌은 학교에서의 흑백학생 분리를 반대한다고 자신의 의견을 다른 대법관들에게 분명히 밝혔다. 흑백분리는 흑인이 백인보다 선천적으로 열등하다고 믿는 것과 다름이 없다고 주장했다. 그리고 1953년 겨울부터 54년 봄까지 대법관들이 충분한 시간을 갖고 의견을 교환할 수 있도록 했다.

점차적으로 모든 대법관들이 흑백분리를 합헌으로 인정한 1896년의 플레시 판결은 번복되어야 한다는 데 동의했다. 대법관들의 만장일치 의견을 받아낸 워렌은 일단 흑백분리가 위헌이라는 결정을 먼저 발표하고, 어떻게 흑인 학생과 백인 학생을 통합할 것인지는 추후에 결정하자고 제안했다. 일단 남부 백인들에게 흑백분리가 더 이상 허용될 수 없다는 것을 인식시키고, 그들의 반발이 누그러질 시간적 여유를 갖자는 것이었다.

1954년 5월 17일 연방대법원은 공립학교에서 흑인 학생과 백인 학생을 분리시키는 것은 평등권을 보장한 수정헌법 제14조를 위반하는 것이라고 판결했다. 불과 10쪽에 달하는 짧은 판결문에서 워렌 대법원장은 1896년의 플레시 판결이 번복되어야 한다고 선언했으나, 그러한 결론에 도달한 법적·역사적 근거는 언급하지 않았다. 그는 대신 사회학자들의 조사를 인용하면서 어린 학생들을 인종적으로 분리시키는 것은 그들에게 돌이킬 수 없는 열등감을 심어주고 정서적 상처를 주기 때문에 평등권을 보장한 수정헌법 제14조를 위반한 것이라고 판결 이유를 설명했다. 워렌은 후에 회고록을 통해 이 사건의 판결문은 신문에 실려 일반인도 이해할 수 있도록 짧고 쉽게 썼다고 밝혔다. 또한 만장일치로 간결하게 판결문을 작성한 것은 남부 백인들에게 반발할 빌미를 주지 않으려는 의도였다고 한다.

브라운 판결은 예상한 대로 남부 주에서 격렬한 비난을 받았다. 남부 주 출신 국회의원들은 워렌 대법원장을 탄핵해야 한다고 주장했고, 거의 모든 남부 언론도 대법원의 결정을 비판했다. 브라운 판결이 발표된 후 아이젠하워 대통령도 대법원의 결정에 따라야 하는 것이 대통령과 국민의 의무라고 기자회견에서 밝혔지만 연방대법원의 대담한 흑백분리 철폐 결정을 내심으로는 매우 불만스러워했다.

## 거역할 수 없는 대세

첫번째 브라운 판결이 나온 지 1년 후인 1955년 5월 연방대법원은 어떻게 학교에서의 흑백차별 철폐를 추진할 것인가에 대한 그 절차를 제시했다. 연방대법원은 즉시 흑백차별을 철폐해달라는 유색인종지위향상협회의 요구를 거절하고 각 지역 연방법원의 지시에 따라 각 지역의 실정에 맞게 철폐를 하도록 명령했다. 그러나 이러한 명령은 제대로 지켜지지 않았다. 남부 백인들은 갖가지 구실을 대며 흑백 통합을 미뤘다. 남부 주의회는 흑백분리를 명문화하는 법안을 새로 통과시키거나, 흑백 통합을 하는 교육청에는 재정 지원을 끊기도 했다. 이러한 조치들은 다시 법정으로 이어졌고 연이어 위헌이라는 판결을 받았다.

1957년 아칸소주 리틀락이라는 도시에서는 연방정부의 명령에 따라 흑인 학생을 입학시킨 고등학교에 주지사가 주정부군을 이끌고 가 흑인 학생들의 통학을 차단하기도 했다. 그러자 아이젠하워는 리틀락에 계엄령을 선포하고 연방군인을 투입해 흑인 학생의 등교를 보장했다. 그렇지만 아이젠하워 행정부는 국법을 준수하겠다는 약속만 거듭할 뿐 법원의 명령을 교묘하게 따르지 않는 주정부에 대해 별다른 대책을 세우지 않았다. 브라운 판결이 있은 지 10년이 지난 1964년 남부에서 흑백 통합학교에 다니는 아이들의 숫자는 겨우 1%에 불과했다.

그러나 흑백 통합은 거역할 수 없는 대세였다. 브라운 판결에 고무받은 흑인들은 더욱 적극적으로 자신들의 인권 침해와 부당한 사회적 대우에 항의했다. 1955년 10월 앨라배마주 버밍햄에서 킹 목사 주도로 불이 붙은 민권운동은 1960년대로 이어지면서 흑인의 자존심과 권리를 되찾는 데 크게 기여했다. 또 브라운 판결은 그동안 미온적이거나 방관하고 있던 정치인들에게 인종차별 철폐를 위한 입법활동을 적극적으로 시도할 수 있는 명분을 주기도 했다. 1960년대 초반 연방의회가 케네디와 존슨 대통령의 지도하에 흑인의 인권신장을 위한 각종 법안을 통과시킬 수 있었던 것도 브라운 판결로 인한 인권의식의 향상 덕분이었다.

브라운 판결은 선례를 중시하는 미국 법원의 전통에 비추어 매우 파격적인 것이었다. 그래서 전통적인 헌법 해석의 원칙을 파기한 것이라고 해서 많은 헌법학자들의 비난을 받기도 했다. 브라운 판결문은 선례를 뒤집을 만한 역사적·법적 근거를 제시하지도 않았다. 판결의 주된 근거는 흑백분리가 어린이들에게 심리적 상처를 준다는 사회학자들의 연구 결과뿐이었다. 결국 브라운 판결은 전통과 관습보다는 인권이 중요함을 천명한 결정이었다.

물론 이 판결이 내려진 지 60여 년이 지나도록 인종차별은 아직도 미국 사회의 가장 큰 숙제로 남아 있다. 그러나 브라운 판결 이후 미국 사회의 인종차별 문제가 괄목할 만큼 개선된 것을 부정할 수는 없다. 또한 연방대법원이 미국 사회의 양심의 상징이자 인권의 보루라는 것을 이 판결만큼 분명하고 강력하게 보여주는 예도 드물다.

# 여성노동자에 대한 특별대우가 평등권 위반인가

멀러 판결 Muller v. Oregon, 208 U.S. 412 (1908)

1905년 9월 4일 미국 오리건주의 포틀랜드시에 위치한 그랜드 세탁공장의 여직공인 엘머 고처는 정규 근무시간을 초과해 10시간 넘게 일을 해야 했다. 공장장이 잔업근무를 명령했기 때문이었다. 그로부터 2주 후 오리건 주정부는 그랜드 세탁공장의 사장인 커트 멀러에게 10달러의 벌금을 부과했다. 여성노동자 보호법을 위반했다는 이유였다. 1903년 오리건 주의회는 제조업체나 세탁공장에서 일하는 여성노동자들의 하루 최장 노동시간을 10시간으로 제한하는 법을 제정하고 이를 위반한 고용자에게는 최소 10달러, 최고 25달러의 벌금을 물도록 했다. 멀러는 벌금이 부당하다며 오리건 주대법원에 상고했으나 기각되자 다시 연방대법원에 상고했다.

멀러가 불과 10달러의 벌금을 내지 않고 그보다 엄청나게 많은 비용을 들여가며 연방대법원에까지 위헌 소송을 제기한 것은 미국 정부의 노동정책을 바꾸려는 시도에서였다. 멀러의 소송은 정부가 노동자의 권익과 복지를 위해 기업을 상대로 취할 수 있는 규제 조치의 한계를 결정짓는 중요한 소송으로서 최장 노동시간 이외에도 최저임금, 노동자의 결사권, 파업권 등에까지 큰 파급 효과를 가져올 것이 분명했다.

## 노동자 보호정책에 대한 공방

20세기 초반부터 연방정부가 취하기 시작한 노동자 보호정책은 기업과 우익 보수세력으로부터 강한 저항에 부딪쳤다. 자본가 계급은 노동자들의 생존권을 보장하는 각종 조치들이 자신들의 사유재산권을 침해하는 것이라고 주장했다. 그들은 철저한 적자생존의 원리에 의한 자유방임 경제체제laissez-faire를 고수하려 애썼다. 이러한 자본가들에게 가장 든든한 방패가 된 정부기관은 연방대법원이었다.

무분별한 자본주의의 폐해를 보완하기 위한 각종 사회개혁 법안이 주의회나 연방의회에서 제정될 때마다 연방대법원은 이러한 조치들이 재산권의 침해라는 이유로 위헌 판결을 내리곤 했기 때문이다. 연방대법원은 아동노동 금지, 최저임금 보장, 노동자의 파업권 보장 등을 무효화시켰다. 더불어 노동자나 노동조합에 대해서는 매우 적대적인 감정을 표시했다. 대기업의 전횡을 막기 위한 독점금지법을 노조에 적용하면서 노조의 활동을 기업의 영업 방해로 규정하기도 했다. 이러한 연방대법원의 결정은 전통적인 사법적 억제Judicial Restraint의 원칙, 즉 국민에 의해 직접 선출되지 않아 민주적 대표성이 부족한 사법부는 가능한 국민들이 직접 뽑은 의회나 행정부의 결정을 존중해야 한다는 전통에 위반되는 것이었다.

연방대법원이 자유시장 경제체제를 방어하는 데 사용한 무기는 수정헌법 제14조였다. 원래 해방된 흑인 노예들의 인권을 보장하기 위해 만들어진 수정헌법 제14조는 적법한 절차를 거치지 않고 주정부가 개인의 생명·자유·재산을 침해할 수 없도록 규정했다. 연방대법원은 노동자와 고용주가 자유롭게 노동계약을 맺을 권리도 수정헌법 제14조가 보장한 자유에 속한다는 이른바 '계약의 자유'를 인정, 정부가 노사간의 관계에 개입하는 것을 막았다. 정부는 공공의 건강·복지·도덕의 보호 혹은 범죄 예방 등의 경우를 제외하고는 쌍방간의 계약에 간섭할 수 없다는 논리였다.

계약의 자유 논리는 정부의 규제뿐만 아니라 노동자들이 노조 등을 결성하는 것도 막았다. 이러한 계약의 자유 개념은 산업화가 이루어지기 전의 노사관계에는 어느 정도 설득력이 있었으나, 더 이상 대등한 고용관계가 이루어지지 못하여 노동자가 불리한 위치에 있을 수밖에 없는 산업사회에서는 자본가의 노동자 착취를 허용하는 결과를 가져온다는 비난을 연방대법원은 외면했다. 연방대법원은 1905년 일일 근무시간을 10시간으로 제한하는 것은 계약의 자유를 위반하는 것으로 판결했고, 1908년엔 고용자가 노동자의 노조 가입을 이유로 해고하는 것을 금지한 연방정부의 법이 위헌이라고 판결했다. 또 노동자가 파업을 하는 것도 고용자의 재산권 침해로 규정하고 이를 금지했다.

멀러가 오리건주의 여성노동자 보호법이 위헌이라고 주장하며 연방대법원에까지 상고한 것은 이미 이와 유사하게 여성노동자의 최장 노동시간을 제한한 뉴욕 주법에 대해 위헌판결이 내려진 적이 있기 때문이었다. 노동시간을 제한하는 법들이 만들어지기 시작한 것은 1898년 연방대법원이 광산 노동자들의 일일 최장 노동시간을 8시간으로 제한하는 것이 합헌이라는 판결을 내린 이후부터였다. 당시 연방대법원은 장시간 노동이 광산 노동자들의 건강을 해치기 때문에 노동시간을 제한하는 것은 정당한 이유가 된다고 보았다.

그러나 1905년 로크너 판결Lochner v. New York에서 연방대법원은 뉴욕 주의회가 제과업체 노동자들에게 일일 최고 노동시간을 10시간으로 제한하는 것이 위헌이라고 선언했다. 이 판결은 정부의 노동자 보호정책에 제동을 걸었을 뿐만 아니라 연방대법원의 역할에 대한 논쟁을 불러일으켰다. 5:4로 위헌 판정이 내려진 로크너 판결에서 다수 대법관들은 장시간 노동이 노동자들의 건강을 해롭게 한다는 정부의 주장을 근거 없는 것으로 보았다. 제과업체 노동자들이 다른 직종의 노동자들보다 특별히 건강에 위협받는 일을 하는 것이 아니기 때문에 정부로부터 특별한 보호를 받을 근거가 없다는 설명이었다. 따라서 노동자를 특별히 보호할 이유가 없음에도 노동시간을 법적으로 제한한 것은 자유롭게 근로계약을 맺을 노동자와 고용주의 권리를 침해한 것이라고 결정했다.

그러나 다수 대법관들이 진실로 우려한 것은 노동자들을 보호하는 범위가 점점 늘어나 고용주의 입지가 줄어드는 것이었다. 이것은 루퍼스 페컴 대법관의 판결문에서 명확하게 드러난다. 그는 노동자의 건강에 영향을 미치는 직업이 제과업에만 국한된 것이 아니라면서 만약 노동자의 건강을 이유로 노동시간을 제한하게 된다면 인쇄공·열쇠공·함석공·목수·가구제작자·건어물상점 점원·은행원·변호사 사무실 노동자·병원 노동자 등 모든 종류의 노동자들에게도 노동시간을 제한할 수 있게 될 것이라고 우려를 나타냈다. 페컴 대법관은 뉴욕주 이외의 다른 주에서도 노동시간에 대한 정부의 규제가 점점 늘어나고 있는 것에 주목하면서 이러한 규제의 진정한 의도는 노동자의 건강을 보호하기 위한 것이 아니라 다른 목적이 숨겨져 있다고 주장했다. 즉 고용관계에서 고용주들을 희생시키고 노동자들을 옹호하기 위한 의도라는 것이다.

이에 반대의견을 제출한 할란 대법관(할아버지)은 뉴욕주에서 노동시간제한법을 만든 이유는 고용주와 노동자가 대등한 관계가 아니기 때문에 노동자들이 부당하게 혹사당하는 것을 막기위한 것이라고 설명했다. 따라서 이러한 법적 조치가 현명한 것인지 아닌지는 사법부가 결정할 문제가 아니라는 것이다. 그는 제과공장에서 오래 일하는 것이 건강에 해롭다는 것을 뉴욕주는 증명했고, 국민의 건강을 보호하기 위해 정부가 합리적인 조치를 취하는 것은 정당하기에 위헌이라고 볼 수 없다고 주장했다.

또다른 반대의견을 제시한 올리버 웬델 홈즈 대법관은 다수 대법관의 결정은 국민 대부분이 수용하지 않는 어떤 경제이론에 바탕을 둔 것이라고 비난했다. 즉, 노사관계를 포함한 모든 경제활동에 정부의 간섭이 적을 때 경제 발전과 사회복지가 가장 잘 이루어진다는 적자생존의 원리인 사회적 진화론Social Darwinism에 기초하고 있다는 것이다. 그러나 홈즈는, 헌법은 특정한 경제이론에 바탕을 둔 것이 아니라고 강조하면서 대다수 국민들이 사회적 진화론을 포기하고 새로운 경제·사회 이론과 철학에 따라 정책을 만들고 실행하려고 하는데 이를 법원이 방해해서는 안 된다고 주장했다. 단지 이러한 새로운 정책이 미국 사회의 기본적인 전통과 원칙에 위반될 때에 한해 법원은 제동을 걸 수 있다고 보았다. 따라서 제과업체 노동자들에게 최장 노동시간을 제한하는 것은 노동자의 건강을 위해 정부가 취할 수 있는 합리적인 조치라고 강조하면서 불과 5명의 대법관이 대다수 국민들의 정당한 의견을 무시한 채 자신들의 경제이론을 국민들에게 강요하는 것은 시대착오적이라고 비난했다.

### '시민의 변호사' 브렌다이스의 동참

멀러의 연방대법원 상고는 당시 여성이 주도하는 시민단체였던 전국소비자연맹National Consumers' League의 관심을 끌었다. 연방대법원의 판결은 오리건주에 국한되지 않고 전국적으로 파급 효과를 미치게 될 것이 분명했다. 이미 다른 주의 여성노동자 보호법에도 위헌 소송이 제기된 상태였기 때문이다. 소비자연맹은 플로렌스 켈리 사무총장의 주도하에 소비자 보호와 더불어 아동과 여성을 위한 사회복지 정책을 추진하고 있는 전국적 규모의 시민단체였다. 1899년에 소비자연맹의 사무총장이 된 켈리는 아동노동 금지, 최저임금 보장 등을 위해 많은 노력을 기울여 왔다. 당시 미국의 여성노동자들은 아동노동자들과 더불어 적자 생존의 자본주의 경제에서 가장 큰 희생을 겪고 있었다. 만약 오리건의 여성노동자 보호법이 무효화된다면 19개 다른 주에서 제정된 유사한 법도 희생될 것이며, 이는 여성노동자를 포함해 모든 노동자들을 위한 복지 정책을 크게 후퇴시킬 것으로 보았다.

켈리 사무총장은 오리건주의 여성노동자 보호법이 합헌 판결을 받기 위해서는 성실하고 유능한 변호사를 확보하는 것이 급선무라고 생각했다. 그녀는 정부와 변호사들의 무성의한 변론으로 어렵게 입법된 사회복지법이 무효 판결을 받는 것을 목격했기 때문이었다. 1907년 뉴욕 주대법원은 오후 10시 이후 여성의 근로를 금지시킨 법이 계약의 자유를 위반하는 것이라고 판결했었다. 이 사건에서 이 법의 당위성을 주장해야 할 뉴욕주 법무부는 담당변호사도 법정에 보내지 않을 정도로 무성의했었다. 소비자연맹은 멀러 사건을 오리건 주정부의 담당변호사에게만 맡긴다면 패소할 가능성이 크다고 보고 당시 미국 내 최고의 변호사를 내세워 이 법의 합헌성을 입증하기로 했다.

소비자연맹이 내세운 변호사는 당시 51세의 루이스 브렌다이스였다. 브렌다이스는 1875년 하버드 법대를 우수한 성적으로 졸업한 후 보스턴에서 변호사로 일하고 있었다. 그는 당시 새로 등장하기 시작한 기업변호사 업무에도 주력했다. 그 일은 산업 사회의 진전과 함께 새로이 제정된 각종 법률에 기업이 저촉되지 않는지를 자문해주는 것이었다. 브렌다이스는 의뢰인의 사업에 대해 의뢰인들보다도 더 잘 아는 변호사, 사실에 충실한 변호사로 명성을 얻었다. 1890년대 대부분의 변호사들이 1년에 5000달러 정도의 수입을 올리고 있을 때 브렌다이스의 연수입은 이들보다 10배가 많은 5만 달러에 달했다.

그러나 브렌다이스는 기업의 이익만을 대변하는 전문적인 기업변호사는 아니었다. 특히 그는 대기업을 미국 사회의 암적인 존재로 생각하여 중소기업의 발전을 통해 자본주의의 부작용을 막아야 한다고 보았다. 브렌다이스는 노사관계에서도 정부가 노동자의 편이 아니라 기업의 편에 서고 있다고 비난했다. 그는 기업과 노동자가 더 이상 대등한 관계가 될 수 없는 상황이므로 정부는 약자인 노동자의 편에서 노사관계가 공평해지도록 보완해야 한다고 주장했다. 자본주의 사회에서 개인이 대기업의 압제에서 벗어나 자신들의 운명을 스스로 개척하기 위해서는 정부의 도움이 필요하고 변호사들도 노동자들의 편에 서야 한다고 역설했다. 브렌다이스는 1905년 하버드대학에서 행한 연설에서 변호사들이 공공의 이익을 저버리고 대기업들의 이익만을 지지하는 경향이 너무 많다고 비난했다. 그는 또 변호사들이 부유층과 일반서민들 사이에서 양측의 대립과 과욕을 막지 못하고 부유층의

브렌다이스는 "경제학과 사회학을 공부하지 않은 변호사는 사회악이 될 가능성이 크다"고 말하면서 재판관들에게 사회적 현실을 인식시키는 방향으로 변론을 펼쳐나갔다.

대리인으로 전락했다며 애석해했다.

　실제로 브렌다이스는 중소기업의 변호에 그치지 않고 산업사회의 병폐를 고치려고 시도하던 진보주의 운동에도 적극 참여했다. 그는 보스턴 시청의 각종 부정부패를 고발하는 데 적극 앞장섰고, 보험회사들이 불공정한 약관을 이용해 노동자들을 더 이상 속이지 못하게 하는 소송도 냈다. 브렌다이스의 이러한 무료 변론활동은 당시 변호사들에게는 이상한 일로 여겨졌다. 그러나 브렌다이스의 적극적인 사회 참여는 보스턴에서는 물론이고 전국적으로 그를 유명하게 만들었다. 개인뿐만 아니라 많은 시민단체와 노조에게 법률적 도움을 제공한 브렌다이스에게는 '시민의 변호사People's Attorney'라는 칭호가 붙게 되었다. 정치인들도 선거 때만 되면 그의 지지를 받으려고 애를 썼고 보스턴의 대표적 보수적인 신문이었던 『보스턴 아메리칸』의 발행인은 브렌다이스가 지역사회의 문제에 대해 논하길 원한다면 어느 때이든 신문의 지면을 제공하겠다고 약속할 정도였다.

소비자연맹의 켈리는 멀러 사건을 당대 최고의 변호사인 브렌다이스가 맡아주기를 원했다. 마침 브렌다이스는 소비자연맹의 간부로 일하고 있던 조세핀 골드마크의 형부이기도 했다. 1907년 11월 14일, 자신의 집으로 찾아온 켈리와 골드마크에게 브렌다이스는 선뜻 오리건 주정부의 대리인으로 멀러 사건의 변호를 맡겠다고 승락했다. 물론 무료변론이었다. 브렌다이스는 자신이 오리건주를 대표하는 변호사가 되어야 한다는 조건을 달았다. 그래야만 자신이 원하는 대로 변론 계획을 마련해 실천할 수 있기 때문이었다. 그리고 켈리와 골드마크에게 변론에 필요한 모든 사실적 증거자료를 구해달라고 부탁했다. 브렌다이스는 오리건주의 법이 노동자의 건강과 상관관계가 있다는 것을 증명한다면 합헌판결을 받아낼 수 있다고 믿었다.

브렌다이스는 법원이 사회상황과 부합되지 않는 시대착오적 판결을 내리는 데는 변호사의 책임도 크다고 보았다. 세상 일과 어느 정도 격리되어 있는 판사들은 경제적·사회과학적 지식이 부족하기 마련이므로 변호사들이 변론을 통해 이들에게 충분한 사실적 자료를 제공해야 현명한 판결이 내려질 수 있다는 것이다. 따라서 변호사가 유능하고 충분하게 변론을 하지 못한다면 법원은 사법적 기능을 제대로 발휘할 수 없다는 주장이었다. 법관들에게 사회적 현실을 인식시키기 위해서는 변호사들이 우선 이러한 사회적 현실을 파악해야 한다고 확신한 브렌다이스는 "경제학과 사회학을 공부하지 않은 변호사는 사회악이 될 가능성이 크다"는 시카고 대학의 찰스 헨더슨 심리학과 교수의 말을 자주 인용하곤 했다. 브렌다이스는 로크너 판결에서 패소한 원인도 제과노동자들의 건강을 보호하기 위해서는 노동시간 제한이 필수적이라는 충분한 사실 자료를 변호사들이 대법관들에게 제공하지 못했기 때문이라고 믿었다.

### '사회학적 법이론'

브렌다이스가 사실적 증거자료를 사법적 판단의 주축으로 삼게 된 것은 하버드대학에서 받은 법학 교육의 영향이 컸다. 브렌다이스의 스승인 크리스토퍼 랑델은 법을 이해하는 가장 좋은 방법은 실제 판례를 공부하고 판사의 판결문을 분석하는 것이라고 가르쳤다. 법조문과 법적 논리를 외우는 것을 주로 하던 과거의 법학교육과는 다른 것이었다.

랑델은 법이 논리라기보다는 사회적 경험이라는 사회학적 법이론sociological jurisprudence을 가르쳤다. 법은 하나의 영속적인 불변의 진리를 내포하는 것이 아니라 특정 상황에서 필요로 했던 당시 사회구성원의 의지와 관점의 표현일 뿐이라고 보았다. 따라서 법조문 자체는 특정 시기에 발생한 사실적 문제에 대한 해결책을 제시하는 것으로 법의 정신과 문구 자체가 적절히 이해되려면 법 제정 당시의 역사적 상황을 파악해야 한다고 가르쳤다. 그는 또 과거에 만들어진 법이 새로운 상황에 무리없이 적용되려면 법률가들은 법과 사회적 상황이 부합되어야 함을 보여주어야 한다고 강조했다.

그러므로 변호사의 역할은 법적 분쟁 뒤에 있는 광범위한 사회적 사실을 판사들에게 알려 법을 이러한 현실에 어떻게 적용해야 하는지 보여주는 것이었다. 사회학적 법이론을 주장한 변호사와 법관들은 법원이 법을 해석하는 데 있어 무리하게 법적 논리만을 강요할 것이 아니라 국민들의 입법 의지를 존중하고, 그 법이 명백히 헌법의 테두리에 벗어났을 때에만 무효판결을 내려야 한다고 보았다. 따라서 법률적 판단도 대원칙을 사실에 적용하는 연역적 방법보다는 구체적 사실을 통해 법의 합리성을 찾아내는 귀납적 방법에 의거해야 한다고 주장했다. 브렌다이스는 다음과 같이 자신의 변론 방법을 설명했다.

"과거 법원은 선입견과 선례로부터 연역적으로 결론을 도출해냈다. 내가 소송사건을 변론하며 시도한 방법은 귀납적인 것으로, 사실로부터 추론하는 것이었다."

이러한 사회학적 법 해석과 적용은 변호사와 판사들에게 많은 부담을 주는 것이었다. 법조문과 판례만이 아니라 정치·사회적 상황에 대한 이해가 필수적이므로 지속적인 공부와 사회인식의 함양이 필요했다. 산업사회 이전에는 변호사들이 사회적 상황을 인식하는 것은 크게 어려운 일이 아니었다. 그들은 대개 자신들이 속한 지역사회의 모든 법률적 문제를 다루었고, 따라서 특정 분야의 법률문제만을 다룬 것이 아니라 빈자와 부자, 고용주와 노동자 등 지역사회의 다양한 구성원들의 문제를 모두 접할 수 있었다. 그 결과 그들은 지역사회와 깊은 유대를 맺고 지역사회가 요구하는 변화에 대해서 파악하고 있었다.

그러나 산업화로 인한 대기업의 등장은 오직 기업의 이익만을 위해서 시간을 보내는 전문변호사를 대거 만들어냈다. 이들은 자신들이 속한 사회의 변화에 둔감하고 사회구성원들의 요구에 대해서도 제대로 이해할 수 없었다. 그들은 사회적·정치적 참여에서 얻는 광범위한 식견도 없이 그저 기업의 이익을 옹호하는 데에만 몰두했다. 이에 반해 브렌다이스는 자신의 사회적 식견이 좁아지는 것을 막기 위해 특정 분야에 국한되지 않고 거의 모든 분야의 소송을 맡아 변호했다.

## 예상 밖의 만장일치 '합헌'

멀러 사건을 맡은 브렌다이스는 자신의 법철학과 소신을 그대로 실천했다. 그는 모든 사실 자료를 수집해 법정에 제시하기로 계획을 세웠다. 장시간 노동이 여성들의 건강을 해친다는 것을 입증할 과학적·경험적인 증거를 수집해 제시한다면 대법관들의 마음을 돌릴 수 있다고 믿었다. 이를 위해 다양한 의학·사회학적 자료들을 구하는 한편, 여성의 노동시간에 관한 전문지식을 가진 사람들, 즉 근로감독관·의사·노조 관계자·경제학자·사회복지사 등에 의해 저술되거나 연구된 모든 자료들을 구해달라고 소비자연맹에 요청했다. 켈리와 그녀의 동료들은 뉴욕공립도서관과 콜럼비아대학 도서관, 연방의회 도서관을 뒤지면서 정부기관, 사회단체, 의사들이 제시한 보고서·연구논문 등을 찾아냈다. 브렌다이스가 소송을 맡겠다고 한 지 3주 만에 소비자연맹은 여성의 노동시간 제한을 정당화하는 데 사용할 수 있을 방대한 자료를 모아 브렌다이스에게 건네주었다.

2주 동안 브렌다이스는 멀러 사건의 의견서를 작성하는 작업에 몰두했다. 법률적인 주장은 오리건 주검사가 맡기로 하고 브렌다이스는 사실적인 증거 제시에 변론서의 초점을 맞추었다. 최종 작성된 변론서는 113쪽에 달했다. 이중 2쪽만이 법적 논리를 주장한 부분이었다. 브렌다이스는 로크너 판결이 잘못된 결정이라고 주장하기보다는 하나의 선례로 인정하고, 대신 멀러 사건은 그 판결이 나온 상황과 다르다는 것을 보여주는 증거자료를 제시하는 데 주력했다. 다수의 대법관들이 로크너 판결에서 사용한 논리를 철회하지 않고도 결과적으로는 그 판결을 번복하게 만들겠다는 생각이었다. 브렌다이스의 변론서는 90여 개가 넘는 각종 위원회의 보고서, 통계자료, 정부감독관의 보고서, 학자들의 논문 등을 인용해서 여성의 노동시간을 제한해야 하는 필요성을 제시했다. 미국은 물론이고 영국, 프랑스, 독일 등에서

30여 년 동안에 축적된 자료들도 제시하면서 장시간 노동이 가져오는 해악과 아울러 단시간 근무가 가져오는 육체적·정신적·경제적 이점도 부각시켰다.

브렌다이스는 우선 여성노동자가 남성노동자보다 신체적으로 허약하다는 점을 강조했다. 여성은 해부학적·생리학적으로 남성과 다르며, 근육의 힘, 신경에너지, 집중력, 적응력 등에서 기본적으로 남성보다 인내 구조가 약하다는 의사들의 연구논문을 증거로 제시했다. 또 여성의 장시간 노동이 출산에 매우 해롭다는 주장도 폈다. 결국 장시간 노동은 노동의 효율성을 저해할 뿐만 아니라 향후 세대에도 악영향을 미쳐 국가적으로도 큰 손해를 가져온다는 논리였다. 브렌다이스는 15쪽 분량에 여성의 노동시간을 제한하는 국내외의 많은 법을 소개하면서 이것은 여성의 장시간 노동이 그들의 건강에 해롭다는 것에 대해 모든 국민들이 동의하고 있음을 보여주는 것이라고 주장했다. 또 장시간 노동은 여성으로 하여금 가정의 일을 돌보지 못하게 한다는 점도 제기했다. 그는 보스턴 지역 근로여성의 85%가 일을 마치고 가정으로 돌아가 가사일을 돌보아야 한다는 조사결과를 제시했다. 그러나 장시간의 노동으로 인한 피로는 여성으로 하여금 가사일을 제대로 돌보기 어렵게 하고 음주 등 비도덕적인 행위를 부추기는 사례도 있음을 지적했다. 결국 이러한 여러 증거로 볼 때 오리건 주의회가 여성노동자들의 건강과 복지를 위해 최장 노동시간을 하루 10시간으로 제한할 만한 충분한 이유가 있다고 결론지었다.

사실적 증거에 바탕을 둔 브렌다이스의 변론서를 연방대법원이 그대로 수용할지는 미지수였다. 변호사들은 주로 사건과 직접적으로 관련된 사실적인 자료들만 법정에 제출하는 것이 지금까지의 소송 관례였다. 멀러 사건에서 브렌다이스는 사건과 직접적인 연관성이 없는 자료들의 진실성을 받아달라고 법원에게 요구하는 셈이었다. 더욱이 상대방 변호사에게는 브렌다이스가 제시한 증거들의 사실 여부를 확인하거나 반대심문의 기회가 주어진 것도 아니었다. 브렌다이스는 자신이 제시한 사실들이 너무나 명백하게 정확한 것이기에 반박의 여지가 없는 것이라고 주장했다.

1908년 1월 15일 멀러 사건의 법정변론이 열렸다. 멀러를 대리한 윌리엄 펜튼 변호사는 기업이 아니라 마치 노동자를 변호하는 듯한 논리를 동원했다. 그는 여성도 남성과 같이 동등하게 자유를 누릴 권리를 갖고 있다면서 여성의 노동시간 제한은 그러한 자유를 제약하는 것이라고 주장했다. 그는 단순히 성별이 다르다고 해서 이러한 권리가 침해당하거나 제약당할 수는 없다고 말했다. 또 이 법은 비슷한 처지에 있는 모든 여성노동자들에게 적용되는 것이 아니라 특정 직장의 여성들에게만 적용되는 것이기에 평등권 위반이라고도 강조했다. 펜튼 변호사는 세탁공장에서 하는 일이 부도덕하거나 공중의 건강에 해로운 일이 아니기 때문에 노동시간을 제한하는 것이 공중의 건강과 안전, 복지와는 상관관계가 없다고 주장했다. 또한 오리건주의 노동시간 제한법이 멀러의 계약의 자유를 보장한 수정헌법 제14조에도 위반되는 것이라고 주장했다.

이에 맞서 110쪽에 달하는 변론서를 보지도 않은 채 변론을 시작한 브렌다이스는 60여 년 동안 유럽 선진국과 20년 동안 미국 내의 여러 주에서 취한 조치를 통해 볼 때 여성노동자의 건강과 안전을 위해 제조업이나 기계작업장, 세탁공장 등에서 하루 최장 노동시간을 10시간으로 제한하는 것은 합당하다고 주장했다. 그의 변론을 본 소비자연맹의 한 간부는 다음과 같이 회고했다. "브렌다이스는 자신이 다루는 문제에 대해서 구체적인 부분까지 완벽히 파악하고 있었고 그것을 차근차근 증거로 제시했다. 브렌다이스는 아무런 노트도 참조하지 않으면서, 미국과 유럽 국가들의 보고서에서 지적한 장시간 노동의 해악을 자세히 설명하고 이것이 법적으로 제한될 때 생기는 사회적 이익에 대해 법관들에게 확신시켰다." 멀러 사건의 심리를 마친 후 당시 대법원장이었던 멜빌 풀러는 브렌다이스를 "연방대법원에서 변론을 한 변호사 중 가장 유능한 변호사"라고 칭찬했다.

1908년 2월 24일, 법정심리가 열린 지 불과 한 달여 만에 연방대법원은 오리건주의 법이 합헌이라고 결정했다. 놀랍게도 대법관들 전원이 만장일치로 브렌다이스의 주장을 받아들인 것이다. 9명의 대법관을 대표해 판결문을 작성한 데이비드 브루어 대법관은 계약의 자유에 대한 대표적인 옹호론자였지만 여성노동자의 건강을 보호하기 위해서 계약의 자유를 제약할 수도 있다는 태도를 보였다. 브루어는 계약의 자유는 수정헌법 제14조에 의해 보호받아야 하는 권리이지만 결코 절대불가침한 것은 아니라는 점이 이미 수차례 판결을 통해서 천명되었다고 밝혔다. 브루어는 로크너 판결에서 제과공장 노동자들에게 주당 60시간 혹은 하루 10시간 이상 일하는 것을 금지한 법은 비합리적이고 불필요하다고 판단되었기 때문에 위헌결정이 내려진 것이지 계약의 자유가 절대불가침의 권리이기 때문은 아니었다고 상기시켰다.

브루어 대법관은 멀러 사건에서 로크너 판결과 정반대의 결론이 내려진 데는 브렌다이스가 제출한 자료들이 큰 영향을 미쳤음을 판결문에서 직접 시인했다. 대법관들이 판결문에서 변호사들의 변론서를 직접 언급하는 것은 매우 예외적인 일이었다. 브루어는 브렌다이스가 변론에서 주장한 대로 여성이 남성보다 약하다는 사실과 생존경쟁에서 여성은 아직 남성들과 동등한 경쟁자가 아님을 인정하고 이를 판결의 논리적 발판으로 삼았다. 여성은 동등한 권리를 누려야 할 뿐만 아니라 특별한 보호를 받아야 한다는 것이었다.

브루어는 비록 정치적으로나 경제적으로 여성들에게 평등권이 점차 확산된다 하더라도 여성의 신체구조와 어머니로서의 역할 때문에 여성들이 생존을 위한 투쟁에서 불리하다고 인정했다. 따라서 당시 미국 사회에서 여성이 부담해야 하는 갖가지 불이익을 고려할 때 여성노동자를 위한 정부의 특혜조치는 타당하다고 보았다. 브루어는 여성들이 오랫동안 서서 일을 하고 이를 매일 반복하는 것은 신체에 악영향을 미친다는 사실과 건강한 어머니들이 자손번창에 필수적인 것임을 감안할 때, 여성을 신체적으로 보호하는 것은 당연하다고 보았다. 어머니로서의 역할을 수행하는 여성의 노동시간을 제한하는 것은 단순히 여성들만을 보호하기 위한 것이 아니라 사회 전체의 이익을 위한 것이라고 판단했다. 출산과 육아의 역량을 보호하는 것보다 더 중요한 공공의 이익이 어디 있겠냐고 브루어는 반문했다. 따라서 여성 노동자의 보호를 위해서는 정부가 개인의 계약의 자유를 제한할 수 있다는 결론에 도달했다는 것이다. 브렌다이스가 주장한 그대로의 내용이었다.

멀러 판결은 미국 사회에 큰 반향을 일으켰다. 정부의 노동정책에 있어서 기업의 입지가 약화되고 노동자의 입장이 강화된 것이다.

## 법리와 더불어 사회과학적 자료도 소송에 이용

이 판결 이후 여러 주에서 오리건주와 거의 똑같은 여성노동자 보호법이 제정되었다. 일리노이 주의회는 1895년 주대법원에 의해 위헌판결이 내려졌던 여성노동시간 제한법을 다시 통과시키기도 했다.

이 법에 대해 다시 위헌소송이 제기되었을 때 소비자연맹은 다시 브렌다이스에게 변론을 요청했다. 브렌다이스는 일리노이 주대법원에 600쪽에 달하는 변론서를 제출했다. 기존의 멀러 사건 자료에다가 유럽과 영연방제국에서 모은 자료를 추가했다. 일리노이 주대법원도 결국 멀러 판결에 따라 합헌판결을 내렸다. 버지니아·미시건·루이지애나 등에서도 유사한 여성노동자 보호법이 제정되었고, 일부 주에서 위헌 소송이 제기되기도 했으나 결국 모두 합헌판결을 받았다.

멀러 판결은 노사관계뿐만 아니라 헌법사에서도 획기적인 전환점이 되었다. 법률적인 논리나 선례의 제시와 더불어 사회과학적 사실자료도 합헌 여부에 영향을 미친다는 것을 공식적으로 인정했기 때문이었다. 멀러 판결은 진보적 변호사들로 하여금 법률적 논리에 국한하지 않고 통계학적 자료와 사회학적 자료도 소송에 적극 이용하도록 만들었다.

멀러 판결 이후에도 '시민의 변호사'로 활동을 계속하던 브렌다이스는 1912년엔 대통령으로 당선된 우드로 윌슨의 '새로운 자유New freedom' 정책의 기조를 마련했다. 그는 대기업이 민주주의에 방해가 된다면서 기업들이 공정경쟁을 하도록 정부가 감시, 규제해야 한다고 적극 조언했다. 1916년 1월 윌슨 대통령은 브렌다이스를 연방대법관으로 지명했다. 이후 약 4개월 동안 진행된 인준청문회에서 미국의 보수세력, 대기업, 보수 법조인들은 브렌다이스의 대법관 인준을 막기 위해 많은 노력을 했으나 그가 역사상 최초의 유대계 연방대법관이 되는 것을 막지는 못했다.

그 후 1939년까지 연방대법관으로 활동한 브렌다이스는 산업사회에서 정부의 사회복지 정책의 정당성을 옹호함과 더불어 표현의 자유, 공정한 재판을 받을 권리 등도 적극 옹호해 연방대법원이 미국인들의 인권의 보루로서 인정받게 되는 기반을 닦았다. 1941년 85세의 나이에 사망한 브렌다이스는 미국 역사상 가장 유능하다고 평가받고 존경받은 대법관 중의 한 사람이었다.

# 무엇이 직장내 성희롱인가

해리스 판결 Harris v. Forklift Systems 510 U.S. 17 (1993)

테레사 해리스는 테네시주에 위치한 포크리프트 시스템스라는 중장비 대여업체의 직원이었다. 1987년 10월 1일, 그녀는 2년 넘게 다니던 회사를 그만두었다. 그리고 연방정부의 평등고용기회위원회Equal Employment Opportunity Commission에 이 회사를 성차별로 고발했다. 포크리프트 시스템스의 사장인 찰스 하디는 해리스가 근무하는 동안 공공연히 그녀에게 야한 농담을 하거나 여자를 비하하는 조롱을 던지곤 했다. 하디의 모욕적인 발언이나 행위는 여러 직원들이 보는 앞에서 이루어졌기 때문에 해리스가 성희롱을 당했다는 사실을 입증하는 데에는 어려움이 없었다. 하디는 여러 차례에 걸쳐 다른 직원들에게 해리스를 "바보 같은 여자"라고 칭하며 여자라서 업무를 제대로 수행하지 못한다고 불평하기도 했다. 역시 다른 직원들이 보는 앞에서 연봉 인상을 상의하러 둘이서 호텔로 가자고 해리스에게 제안하기도 했다. 하디는 해리스에게만 성희롱을 한 것이 아니었다. 하디는 종종 해리스와 다른 여직원들에게 자신의 바지 앞주머니에서 동전을 꺼내라고 지시하는가 하면, 여자들 앞에 물건을 던지고 주우라고 명령하기도 했다.

1987년 8월, 해리스가 모욕적인 언행에 대해 항의를 하자 하디는 단지 농담을 했을 뿐이라며 모욕감을 느낄 줄은 몰랐다고 사과했다. 그리고 다시는 그런 행동을 하지 않겠다고 약속해서 해리스는 계속 근무를 했다. 그러나 불과 한 달 만에 하디의 모욕적인 행동은 다시 시작되었다. 해리스가 고객과 계약을 맺는 동안, 하디는 "당신 어떻게 했어? 저 남자와 토요일 밤 같이 자겠다고 약속했나?"라고 빈정댔다. 더 이상 참을 수 없게 된 해리스는 10월 1일자로 직장을 그만두고 회사를 평등고용기회위원회에 성차별로 고소했다. 하디의 성희롱이 여성으로서는 일하기 힘든 차별적 근무환경을 만들었다고 주장했다. 해리스의 고발을 받은 평등고용기회위원회는 민권법에 따라 해리스의 회사를 법원에 제소했다.

## 사회문제로 떠오른 성희롱 문제

미국에서 성차별을 규제하는 법은 1964년에 제정된 민권법 Civil Rights Act이다. 이 법은 1950년대 후반부터 강렬해진 흑인민권운동의 결과로 제정된 것으로, 인종차별은 물론이고 성별·국적·나이 등에 의한 차별도 불법화시켰다. 민권법 제7조는 기업체 내에서의 불평등 행위를 금지한 것으로 고용주가 종업원의 인종·피부색·종교·성별·나이·국적에 따라 임금, 근로조건, 기타 혜택 등을 차별하지 못하도록 했다. 민권법에 따라 평등고용기회위원회가 연방정부 내에 신설되었고, 이 위원회는 민권법을 위반하는 기업체에 과태료 등을 통해 제제를 가하거나 피해자들을 대리해 법원에 제소할 수 있는 권한을 갖게 되었다.

민권법 제정 이후 연방대법원은 피부색을 이유로 기업체의 직원들이 차별·조롱·모욕·협박 등을 당하는 것은 민권법 위반이라고 거듭 판결해왔지만, 여성이라는 이유 때문에 직장에서 당하는 모욕이나 희롱에 대해서까지 민권법을 적용한 판결은 매우 드물었다. 이는 미국 내에서 성희롱이 주요한 사회문제로 주목받지 못했기 때문이었다. 1965년의 민권법 제정에 성차별이 포함된 것도 여성들의 적극적인 노력 때문이라기보다는 사실상 우연히 얻은 결과였다.

성차별이나 성희롱이 미국 사회에서 심각한 법적 문제로 여겨지지 않은 것은 성희롱이 대개 은밀히 혹은 묵시적으로 이루어지고 뚜렷한 증거를 남기지 않아 제소해도 승소하기 어렵기 때문이었다. 더불어 성차별이나 성희롱이 사회적 관습으로 받아들여져 부도덕하고 불법적인 행위라는 인식이 아직 뿌리내리지 못한 상황이었다. 또한 회사 내에서 이의를 제기하거나 법원에 고소를 한다 하더라도 그 결정을 내리는 사람들이 대부분 남성들이기 때문에 대부분의 여성들은 성희롱을 당하면서도 이에 대해

소극적으로 대처해왔다.

미국 사회에 성희롱을 심각한 사회문제로 부각시키는 데 결정적인 역할을 한 것은 연방대법원이었다. 그러나 그것은 판결을 통해서가 아니라 1991년 연방대법관으로 지명된 클라렌스 토머스 당시 연방고등법원판사의 상원 인준청문회로 인해서였다.

흑인으로는 드물게 예일대 법대를 졸업한 그는 1979년 미주리주 존 댄포스 연방상원의원의 입법비서관으로 발탁되면서 당시 미국 사회에 흔치 않은 보수 흑인 법조인의 한 사람으로서 두각을 나타내기 시작했다. 1980년 로널드 레이건이 대통령에 당선되면서 토머스는 연방교육부의 차관보로 발탁되었다. 1982년부터 89년까지는 평등고용기회위원회 위원장을 지내면서 미국 사회가 흑인들의 불평등한 대우를 예방하고 보상하기 위해 만들어놓은 각종 사회정책에 제동을 걸었다. 흑인들을 우대한 이러한 조치(적극적 우대조치Affirmative Action)가 또 다른 불평등을 유발한다는 논리였다. 토머스는 1989년 워싱턴의 연방고등법원 판사로 임명되었다가 1991년 부시 대통령에 의해 역사상 두번째로 흑인 대법관에 지명된 상태였다.

이런 그에게 성희롱 의혹을 제기한 사람이 나타났다. 교육부 차관보 시절부터 그의 비서관으로 일했던 아니타 힐이었다. 토머스와 마찬가지로 예일대 법대 출신인 힐은 토머스가 평등고용기회위원회로 자리를 옮긴 후에도 그의 비서관으로 계속 일을 했다. 그 후 그가 고등법원 판사가 되자, 힐은 오클라호마의 오랄 로버츠대학 법대 교수로 자리를 옮겼다. 토머스를 연방대법관에

보수 흑인 법조인의 한 사람이었던 클라렌스 토머스는 대법관 인준청문회에서 성희롱 의혹에
시달려야 했다.

지명하기 전 부시 대통령은 관례에 따라 FBI에 지명자의 신원조
회를 의뢰했고, FBI는 대법관 자격에 흠이 될 만한 아무런 하자
도 발견하지 못했다고 보고했다. 토머스의 대법관 지명을 발표
하는 기자회견장에서 부시 대통령은 토머스가 흑인이기 때문이
아니라 가장 자질이 우수한 판사이기 때문에 대법관에 지명한
것이라고 밝혔다.

　그런데 토머스의 인준청문회를 준비하던 상원의원들은 아니
타 힐로부터 토머스가 자신을 성희롱했다는 제보를 받게 되었다.
그래서 FBI에 신원조사를 의뢰했다. 이러한 신원조사 사실이 언
론에 의해서 알려지면서 토머스의 성희롱 문제는 정치적 쟁점으
로 비화되었다. 그때까지 신분을 밝히지 않았던 힐은 상원 인준
청문회에 직접 증인으로 출두했다. 그녀는 토머스가 함께 근무

하는 동안 수시로 음란영화, 수음, 오럴섹스 등에 관해 자신에게 말했다고 증언하면서 대법관이 될 자격이 없는 인물이라고 주장했다. 그러나 토머스는 이를 완강히 부인하면서 힐의 주장은 흑인들에게 대법관 자리를 주지 않으려는 백인들의 조직적 음모라고 반발했다. 결국 토머스는 52:48이라는 근소한 표차로 연방상원의 인준 표결을 통과하여 1991년 10월에 연방대법관으로 임명되었다.

TV를 통해 전국에 생중계된 토머스 대법관의 청문회는 직장 내에서의 성희롱 문제를 더 이상 미국인들이 덮어둘 수 없도록 만들었다. 토머스의 인준청문회가 전국에 중계된 이후 성희롱 문제로 평등고용기회위원회로 신고된 고발 건수는 대폭 늘어났다. 1989년 1994년까지 성희롱으로 이 위원회에 고발된 건수가 3배로 늘어났고, 여성들이 기업에서 받은 보상금의 액수도 4배로 늘었다. 사회 저명인사들이 성희롱 사건에 연루되어 경력에 치명타를 받기도 했다. 1994년 샌프란시스코 법률회사의 한 변호사는 비서에게 성희롱을 했다는 이유로 법원으로부터 700만 달러를 배상하라는 판결을 받았다. 폴라 존스라는 전직 아칸소주 공무원은 클린턴 대통령이 아칸소 주지사로 재임하던 시절 자신에게 성행위를 요구했었다며, 현직 대통령을 성희롱으로 제소하기도 했다.

밥 팩우드 연방상원 재정위원장의 경우, 성희롱 때문에 현직에서 사임을 하는 최초의 유명 정치인이 되어야 했다. 1996년 연방상원 윤리위원회는 32개월에 걸친 조사 끝에 팩우드가 지난 20

여 년간 상원의원으로 재직하면서 적어도 17명의 여직원들에게 성희롱을 했다고 발표했다. 그의 성희롱 행위는 야한 농담 수준에 머무른 것이 아니라 연방상원의원이라는 신분을 이용해 여직원들의 신체를 접촉하고 성행위를 요구하는 심각한 수준이었다. 팩우드를 징계하기 위해 열린 상원청문회에서 증언한 의사당 엘리베이터 안내원은 그가 상습적으로 그녀에게 강제로 키스를 했다고 폭로했다. "엘리베이터를 타는 시간은 아주 짧아 대화할 시간마저 없었다. 그는 문이 닫히자마자 나를 끌어안았다. 나는 무서웠다. 연방상원의원들은 지극히 정중한 예우를 받았고, 우리 직원들은 강력하고 영향력 있는 상원의원들에게 마치 노예처럼 행동하라고 교육을 받았다. 나는 직장을 잃을까 두려웠다."

이처럼 성희롱은 대개 남성이 여성보다 우월적인 지위를 갖고 있는 직장에서 발생하는 것이기 때문에 성희롱을 당한 여성들이 적극적으로 대응하는 경우는 매우 드물었다.

1990년대에 접어들면서 대부분의 미국 기업들은 직장에서의 성희롱을 금하고 내부에서 이를 심의하는 절차도 만들었다. 그러나 대개 피해자들로 하여금 우선 상급자에게 보고하도록 의무화시키고 있어 효과적으로 성희롱 행위를 차단하지 못하고 있었다. 남성인 상급자들이 성희롱에 대한 불만을 묵살하거나, 상급자로부터 불리한 처우를 받을 것이 두려워 여성들이 적극적으로 불만을 제기하지 못했기 때문이다.

미국여성직장인협회의 대변인은 성희롱을 당한 대부분의 여성들은 아직도 가해 상사를 묵인하거나, 피해 사실을 밝히지 않고 다른 직장을 구하거나, 이의를 제기했다가 직장을 잃곤 하는 것이 대부분이라고 밝혔다. 파멜라 페이야드라는 성희롱 전문변호사에 의하면 캘리포니아에서 지난 수년간 제소된 100여 건의 성희롱 사건에서 가해자인 남자들이 직장에서 물러나는 일은 거의 없었고, 오히려 피해자인 여성이 해고를 당하거나 합의를 조건으로 직장을 그만두는 것이 상례라고 말했다. 1994년에 평등고용기회위원회에 성희롱을 제소한 여성들이 승소하는 비율은 23%로, 1990년의 30%보다 오히려 줄어든 실정이었다.

아직도 미국 사회에서 성희롱을 고발하는 여성들은 그 발생 빈도에 비해 많지 않을 뿐만 아니라 일단 제소한다 하더라도 그들은 또 다른 정신적 대가를 치러야 했다. 성희롱 문제가 제기되면 으레 가해자인 남성들은 성희롱을 부인하면서 피해 여성들에게 화살을 돌렸다. 성희롱 소송이 제기되면 가해자의 변호사들은 여직원들이 직장을 계속 다니기 위해서나 승진하기 위해서, 혹은 금전적 보상을 얻기 위한 술책으로 그런 주장을 하고 있다고 말하곤 했다. 팩우드 연방상원의원의 성희롱 문제가 처음 제기되자 그의 동료의원들은 성희롱 문제를 제기한 여직원들의 도덕과 인격에 의문을 제기하면서 이중 일부는 직장에서 특혜를 받기 위해 팩우드를 유혹했다는 듯이 암시했다. 결국 19명의 여직원이 전면적으로 그의 성희롱 행위를 폭로하고 나서야 비로소 연방상원이 팩우드에 대해 제재 조치를 취했다.

## 민권법이 규정한 성희롱 행위

미국심리학회의 한 조사에 의하면 성희롱을 당했다는 주장이 거짓일 경우는 전체의 1%에도 미치지 않으며, 40~60%의 직장 여성들과 여자대학생들이 직장이나 학교에서 여전히 성희롱을 경험하고 있다고 한다. 성희롱의 피해자는 99%가 여성이라고 도 밝혔다. 또 성희롱이 미모의 젊은 여성들에게만 가해지는 것은 아니며, 성희롱의 피해자들은 나이나 외모나 의상의 측면에서 매우 다양하게 분포되어 있다고 지적했다. 심리학회는 또 성희롱을 저지르는 사람이 스스로 희롱행위를 중단하는 경우는 거의 없으며, 피해자들이 그런 행위를 덮어두려 하는 것은 오히려 동의하거나 조장하는 것으로 오해될 수 있다고 지적하면서 여성들에게 성희롱 행위를 외면하거나 묵인하지 말고 적극적으로 대처할 것을 권장했다.

그러나 테레사 해리스처럼 적극적으로 성희롱 소송을 제기하는 여성들은 많지 않았다. 성희롱에 대한 법적 기준이 여성들에게 크게 불리하기 때문이었다. 테네시주 소재 연방지방법원에서 열린 재판에서 해리스에 대한 하디의 성희롱 행위가 모욕적이었다는 사실에는 피고, 원고, 재판부 모두 이견이 없었다. 연방지법 판사조차 하디는 저속한 남자로 그의 행동이 모욕적이고 역겨운 것이라고 인정했다. 그럼에도 불구하고 연방지법은 하디의 행동이 민권법에 위배되는 적대적인 근무환경hostile envirnment을 만들었다고 볼 수는 없다며 해리스에게 패소판결을 내렸다. 하디의 행동에 대해 이성을 가진 여성이라면 당연히 모욕감을 느꼈을 것이지만 그의 행동이 "해리스의 심리적 상태에 심각한 영향을 줄 만큼 가혹한 것so severe as to be expected to seriously affect Harris' psychological wellbeing"은 아니라고 보았다. 즉 그의 행동이 그녀의 직무를 수행하는 데 장애가 될 만큼 심각한 것이었음이 입증되지 않았고, 그녀가 심리적인 상처를 입었다는 증거도 없기 때문에 민권법에 위배되는 성차별 행위로 볼 수 없다고 결론지었다.

연방지법이 근거한 판결은 연방대법원이 1986년에 내린 메리터 금융회사 판결Meritor Savings vs. Vinson이었다. 당시 판결에서 연방대법원은 불법적인 성희롱으로 인정할 수 있는 경우는 희롱 행위가 심각하고 상습적이어서 학대적인 근무환경을 만들어 여직원들의 근무에 지장을 주는 경우라고 규정했다. 연방대법원은 또 성차별이 임금의 차별이나 구체적으로 드러나는 차별에 국한되는 것이 아니라고 규정하면서, 설사 여직원들의 급료나 진급 등에 영향을 미치지 않았다 하더라도 직장에서 여성들에게 적대적인 환경hostile environment을 만드는 것은 민권법에 금지된 성희롱이라고 판결했다. 그러나 연방대법원은 어떤 상황이 여직원들에게 적대적인 환경인지 명확히 정하지 않았고, 이로 인해 하급법원에서는 상이한 판결이 내려지기도 했다.

일부 연방고등법원은 여성이 심리적 피해를 입었다는 것을 증명해야 민권법상에 금지된 성희롱이 성립된다고 판결하기도 했다. 즉, 여직원들이 신경과민이나 일을 못할 정도로 정신적 상처를 입었다는 것이 명확하게 증명되어야 한다는 것이었다. 또 성차별 언행에 여직원들이 익숙해 있다는 이유로 성희롱을 불법적인 행위로 인정하지 않은 법원도 있었다. 반면 캘리포니아 연방고등법원은 여성이 모욕적인 언어에 노출된 것만으로 평등권이 침해되었다고 간주할 수 있다고 여성들에게 유리한 판결을 내리기도 했다.

한편 해리스의 항소심을 맡은 테네시주 관할 연방고등법원 합의부는 판결문도 쓰지 않은 채 연방지법의 판결을 간단히 승인하여, 해리스는 다시 연방대법원으로 상고했다. 1993년 가을 해리스의 사건을 심리한 연방대법원에는 9명의 대법관 중 2명이 여성 대법관이었다. 1981년 미국역사상 최초로 여성 대법관이 된 샌드라 데이 오코너와 1993년 여름 클린턴 대통령에 의해 임명된 루스 베이더 긴스버그는 비록 같은 여성이었지만 이념적 성향은 크게 달랐다. 오코너는 당시 다수를 차지하던 보수적 법관들에 대부분 동조하는 온건중도적 성향을 견지해온 반면, 새로이 대법관이 된 긴스버그는 70년대부터 미국의 대표적 여성 법조인으로 널리 알려진 진보적 인물이었다.

레이건 대통령에 의해 임명되었던 오코너는 애리조나주 출신으로 1950년대 스탠포드 법대를 졸업했으나 당시는 여성 변호사를 고용하는 법률회사가 없어 할 수 없이 지방검사로 법조인 생활을 시작해 주지방법원 판사, 주대법원 판사를 역임했었다. 긴스버그는 미국에서 여성의 지위 향상에 선구자적인 역할을 한 법조인으로, 1970년대부터 미국 사회에서 성차별을 처벌하는 판결을 얻어내기 위해 많은 소송을 제기했었다. 긴스버그가 인준을 받던 당시 전국여성기구National Organization for Women의 대표였던 패트리샤 아일랜드 변호사는 자신이 변호사 생활을 시작했을 때 이미 긴스버그의 변론문은 여성운동가들에게 고전처럼 읽혔다며, 그녀가 미국 사회에서 성평등을 실현하는 데 진실한 변화를 가져올 것이라고 기대했다.

## 성희롱 입증의 책임

1993년 10월에 열린 해리스 사건의 법정심리에서, 해리스를 대리한 연방법무부의 변호사는 성희롱이 입증되기 위해서 희롱행위가 여성의 근로행위 자체에 변화를 가져왔다는 것을 입증할 필요는 없다고 주장했다. 성희롱적인 언사가 매우 모욕적이고 상습적이어서 여성이 자기의 업무를 제대로 수행할 수 없는 환경을 만든다면 이것만으로 불법행위가 성립되는 것으로 보아야 한다는 것이었다. 그러자 보수적인 스칼리아 대법관은 "그러면 근무환경이 불쾌해지는 것만으로 성희롱을 성립시켜야 한다는 것이냐"고 물었다. 성희롱 행위를 입증하기 위해서는 좀더 구체적인 증거와 기준이 필요하다는 뜻이 스칼리아의 질문에 담겨있었다. 그러나 긴스버그 대법관은 이성을 향해 야한 농담이나 불쾌한 행동을 한 것만으로도 성희롱이 충분히 될 수 있다고 주장했다.

포크리프트 시스템스 회사의 변론을 맡은 스탠리 처노 변호사는 직장에서의 차별을 금하는 법이 '고운말 쓰기 캠페인'은 아니라면서 하디의 언행이 여성 노동자의 근무에 영향을 미쳤다는 사실이 입증되지 않았다면 그러한 언행은 불법적 차별행위가 아니라고 주장했다. 단순히 여직원에게 모욕감을 주는 표현을 민권법이 규정한 '학대적 근무환경abusive environment'이나 '적대적 근무환경hostile environment'이라고 볼 수 없다는 논지였다. 또 만약 피해자가 스스로 근무환경이 학대적이라는 것을 인지하지 못한다면 이 역시 민권법 위반이라고 볼 수 없다는 주장도 내세웠다. 설사 성희롱 행위가 발생했다 하더라도 해당 여성이 모욕감을 느끼지 않는다거나 이의를 제기하지 않으면 성희롱이 아니라고 보아야 한다는 주장이었다. 이에 대해 긴스버그 대법관은 "그 여성은 그러한 행위가 매우 괴롭다 하더라도 참을 것이다. 오히려 그녀가 다른 동료와 마찬가지로, 혹은 그들보다 더 일을 잘할 수도 있다. 그러나 비록 근무에 영향을 받지 않는다 하더라도 그 직원은 여전히 직장에서 차별을 받는 것"이라고 반박했다.

해리스 사건이 어떻게 결정될지는 긴스버그 대법관이 직장에서의 성차별을 인종차별과 비교했을 때 예상할 수 있었다. 긴스버그 대법관은 포크리프트 시스템스의 변호사에게 만약 하디의 행동이 인종적 편견에 의한 행동이었더라도 마찬가지로 주장할 것인가라고 물었다. 연방대법원은 직장에서 인종적 차이 때문에 노동자를 모욕하는 행위나 표현을 하는 것은 그것이 종업원의 근로행동에 영향을 미쳤는지에 상관없이 위법행위라고 이미 판결했었다. 하디의 변호사는 어려운 질문이라며 답변을 회피했다.

여성의 지위 향상에 선구자적 역할을 한 법조인이었던 긴스버그 대법관은 한 성이 다른 성에게 적용되지 않는 불리한 근로조건에서 일하는 것은 불법이라고 보았다.

그러자 긴스버그 대법관은 민권법이 성차별, 인종차별, 출신 국적차별 모두를 동등하게 금지하고 있음을 강조했다. 인종차별과 성차별이 동등하게 취급되어야 한다면 해리스는 민권법상 금지된 차별 대우를 받은 것이다. 한편 1991년 인준청문회에서 성희롱 문제 때문에 고초를 겪었던 클라렌스 토머스 대법관은 해리스 사건의 법정심리가 진행되는 동안 내내 침묵을 지켰다. 심리가 끝나자 미국의 언론들은 해리스의 승소를 점치며 최종 판결을 점쳤다. 결국 해리스 사건의 법정 심리가 있은 지 불과 한 달 만에 만장일치로 해리스에게 승소 판결이 내려졌다.

9명의 대법관들을 대표해 판결문을 쓴 오코너 대법관은 민권 법상에 금지된 성희롱 행위가 발생했는지를 결정하는 기준으로 단순히 모욕적인 표현이나 행동에까지 책임을 묻는 것과 그러한 행위로 인해 피해자가 실제로 심리적 상처를 받았다는 것을 입증토록 요구하는 것 사이에서 중간 입장을 취했다고 밝혔다. 즉 단순한 돌발적 표현이나 행동을 성희롱으로 간주할 수는 없지만, 아주 심각한 심리적 위협이 증명되어야만 성희롱 행위가 성립되는 것도 아니라고 보았다. 따라서 성희롱행위가 성립되려면 피해 여성의 심리상태에 심각한 영향을 미쳐야 한다고 요구한 연방지법의 결정은 잘못된 판결이라고 선언하면서, 새로운 기준에 따라 재심할 것을 연방지법에 명령했다.

오코너 대법관은 피해자의 심리적 상태에 심각한 영향을 미쳤다면 당연히 불법행위겠지만 근무환경이 적대적이거나 학대적이라고 이성적으로 판단된다면 굳이 심리적 피해를 입증할 필요조차 없다고 성희롱의 범위를 넓혔다. 비록 여직원의 심리적 상태에 심각한 영향을 미치지 않았다 하더라도 그녀의 근무에 방해가 되고 직업을 유지하려는 의욕을 저하시키는 행위도 성희롱에 포함시킨 것이다. 물론 이러한 기준이 수학공식처럼 정확한 기준이 될 수 없음을 오코너 대법관은 인정했다. 오코너 대법관은 근무환경이 여성에게 적대적이고 학대적이었는지는 모든 근무환경 요소를 고려해서 결정해야 하며 여기에 포함되는 것은 차별적인 행위의 빈도, 그 심한 정도, 신체적으로 위협적이거나 정신적으로 모욕적인 행위인가 아니면 단순히 모욕적인 언사에 불과한가, 그리고 그것이 여직원의 임무수행을 방해하는지 여부 등이라고 지적했다.

스칼리아 판사는 동조의견문에서 객관적으로 보았을 때 학대적이고 적대적인 근무환경이란 것이 어떤 것인지 여전히 불명확하다는 점을 강조했다. 그는 오코너 대법관이 제시한 요소들마저도 그것들이 필수적인 것들인지, 그리고 그 가운데 한 요소가 다른 요소에 비해 더 중요하게 취급될 수 있는지 등을 밝히지 않고 있다고 문제점을 지적했다. 따라서 연방대법원의 결정은 배심원들이 성희롱 여부를 결정하는 데 아무런 지침이 되지 못한다고 주장했다. 그러나 스칼리아 대법관은 다른 뾰족한 대안이 없음도 인정했다. 만약 명확한 기준을 제시한다면 배심원이나 고용주들에게 유용한 지침이 되겠지만 원래 민권법 법조문 자체가 애매모호하므로 법원이 제시하는 기준도 애매모호할 수밖에 없다고 체념한 듯 결론지었다.

긴스버그 대법관은 동조의견문을 통해 여성평등에 대한 자신의 신념을 재확인했다. 긴스버그 대법관은 남성이든 여성이든 한 성이 다른 성에게는 적용되지 않는 불리한 근로조건에서 일해야 한다면 그것은 불법이라고 보았다. 성희롱의 피해자는 성희롱 행위가 자신의 근무에 악영향을 미쳐 생산성을 떨어뜨렸다는 것을 증명할 필요는 없고, 단지 자신이 일하는 환경이 더욱 어렵게 되었다는 것을 입증하면 될 뿐이라고 주장했다. 직업상으로 불가피한 경우를 제외하고는 인종이나 성, 종교, 국적에 따라 차별하는 것을 민권법 제7조에서는 금지하고 있다고 그녀는 거듭 강조했다.

## 성희롱의 범위를 보다 명확히 해준 판결

해리스 판결에서 연방대법원은 성희롱에 대한 새로운 선례를 만든다기보다는 법적 기준을 명확히 하려 했다. 그럼에도 불구하고 성희롱에 해당하는 행위나 상황이 발생하는 '적대적 환경'이 어떤 것인지 확실한 기준을 제시하지는 못했다. 그러나 단순히 모욕적인 농담을 듣는 것만으로는 성희롱이라고 할 수 없지만, 희롱 행위로 인해 여성이 심리적 피해를 입었다는 것을 입증할 필요도 없다는 것이 확실해짐으로써 성희롱에 해당하는 행위의 범위가 좀더 명확해진 것은 사실이었다.

해리스 판결이 발표되자 전국여성기구는 성명서를 통해 "이제 미국 기업의 중역들은 미모의 여직원이 아닌 다른 사람들이 가져오는 커피를 마시고 정신 좀 차리라"고 권고했다. 전국여성법률센터의 공동대표인 낸시 더프 캠벨은 해리스 판결이 기업들에게 성희롱을 심각한 문제로 다루라는 연방대법원의 메시지라며 환영했다. 한편 성희롱 사건에서 기업체를 대리하는 변호사들도 해리스 판결을 반겼다. 성희롱 행위의 범위를 좀더 명확히 해주어 소송을 준비하는 것이 전보다 수월해졌기 때문이었다.

해리스 판결 이후 평등고용기회위원회는 성희롱의 범위에 대해서 더욱 명확한 규정을 만들었다. 우선 직장의 상급자로부터 원하지 않는 성적 접근이나 성행위에 대한 반대급부를 제시받고, 그러한 요구를 수용하거나 거절하는 것이 고용관계에 영향을 미치는 경우를 성희롱으로 규정했다. 또 상급자의 야한 표현이나 행동이 하급자의 근무를 방해하거나 그와 같은 목적이나 효과를 가져올 때, 혹은 위협적이고 적대적이고 모욕적인 근무환경을 만들었을 때에도 성희롱 행위에 해당한다고 제시했다. 성관계의 요구 외에 성희롱 행위에 포함되는 예로는 강제적인 신체 접촉, 모욕적인 행동이나 표현으로 여길 수 있는 외설적인 농담과 여성을 성적으로 비하하는 농담들도 포함시켰다. 또 하급자가 원하지 않는 식사·파티·데이트 등을 요구하고 이를 받아들이지 않을 경우 부정적인 근무평가나 승진 불가, 해고 위협 등의 불이익을 주겠다고 직·간접적으로 위협하는 것도 성희롱 행위에 포함시켰다.

# 주립 군사학교에 여성이 입학할 수 있는가

버지니아 판결 United States v. Virginia, 1165. Ct. 2264 (1996)

1995년 8월, 미국 남부 사우스캐롤라이나주 시타델대학Citadel University의 일부 남학생들은 '1952마리의 불독과 1마리의 암캐'라고 쓰인 티셔츠를 입고 다녔다. 주립대학인 시타델대학의 152년 역사상 처음으로 여학생 1명이 입학한 데 대해 남학생들이 거부감을 표현한 것이었다. 섀넌 포크너란 이 여학생은 1993년 입학지원서에 자신의 성별을 밝히지 않아 대학당국으로부터 입학허가를 받아냈다. 그러나 여학생임을 알게 된 시타델대학이 입학을 취소하자, 포크너는 연방법원에 자신에 대한 입학 거부가 명백한 성차별로서 수정헌법 제14조에 보장된 '동등하게 법의 보호를 받을 권리'를 침해하는 것이라고 소송을 제기했다. 연방지방법원은 포크너의 주장을 받아들였고, 1995년 4월 연방고등법원은 사우스캐롤라이나 주정부가 시타델대학과 동등한 교육과

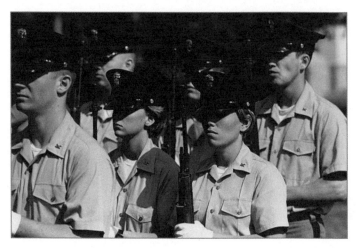

시타델대학을 비롯한 주정부에서 설립한 군사대학은 고된 훈련을 감당하지 못할 것이라는 이유로 여학생의 입학을 허가하지 않아왔다.

정을 여학생들에게 제공하는 학교를 따로 설립하지 않는 한 포크너에게 입학을 불허하는 것은 성차별이라고 판결하자 시타델대학은 그 해 가을학기에 마지 못해 포크너를 입학시켰다.

### '금녀지대'에 도전한 여학생의 좌절

시타델대학이 남학생만을 고집해온 것은 이 대학이 보통 대학과 달리 군지도자를 양성하기 위해 설립된 주립 군사대학이기 때문이었다. 1802년 미국 연방정부가 뉴욕시에서 80킬로미터 떨어진 웨스트 포인트에 육군사관학교를 설립했을 때 많은 미국인들은 이를 탐탁지 않게 여겼다. 미국인들은 영국과의 독립전쟁을 치르면서 직업군인인 영국군의 자질이 미국의 민병대에 비해 크게 높지 않다고 판단하고 있었다. 민병대란 평시에는 일반인으로서 다양한 직업을 갖고 일하다 전쟁이 발생하면 군인으로 입대하는 제도로, 군부에 의한 시민사회의 억압을 예방하기 위해 만든 미국식 제도였다.

그러나 미국 정부는 민병대만으로는 국방 유지가 불가능하다고 보고 직업군인을 양성할 연방사관학교를 설립했다. 그럼에도 불구하고 일부 주정부는 자체적으로 민병대를 육성할 군사대학을 설립했다. 특히 남북전쟁을 치르면서 남부에 소재한 군사대학은 남부군의 지도자를 육성하는 데 큰 기여를 했었다. 그러나 20세기 들어 전쟁 방식이 시민지원군보다는 전문 직업군인을 필요로 하게 되었고, 주정부가 설립한 군사대학보다는 육·해·공군 사관학교가 미군의 지도자를 양성하는 교육기관으로서 확고한 위상을 굳혔다.

그러나 미국의 남부 주에는 민병대의 전통을 잇는 몇몇 군사대학이 여전히 명맥을 유지하고 있었다. 물론 시대가 변함에 따라 군사대학의 교육은 국방에 필요한 민병대 지도자를 양성하기보다는 군대식 훈련을 통해 사회 각계에서 필요한 강인한 지도자들을 양성하는 것으로 바뀌었다. 엄격한 규율과 가혹한 훈련을 강조하면서 군인으로서의 덕목을 함양시키는 군사대학 중 버지니아주 버지니아군사대학Virginia Military Institute과 사우스캐롤라이나주의 시타델대학은 남학생들에게 인기 있는 대학이었다. 버지니아군사대학의 경우 직업군인이 되는 비율은 졸업생의 15%, 시타델대학의 경우는 1/3에 불과했다. 대부분의 다른 학생들은 군대식 교육을 통해 얻을 수 있는 강인한 체력과 정신력 등을 사회진출의 발판으로 삼고자 했다.

이들 군사대학들은 여학생들이 고된 체력 훈련, 가혹한 정신력 훈련을 감당하지 못할 것이라는 이유로 입학을 불허했다. 이러한 주장을 뒷받침이라도 하듯이 시타델대학의 최초 여학생이 된 포크너는 8월의 폭염 속에서 시작된 첫 학기의 1주일을 감당하지 못하고 자퇴했고, 포크너의 입학을 반대했던 남학생들은 그녀의 자퇴 소식에 환호를 보냈다. 그들에게 포크너의 자퇴는 남학생들의 정신적·육체적 우월성을 입증하는 것으로 여겨졌다. 그러나 포크너 외에 30명의 남학생도 가혹한 군대식 교육의 첫 주를 보내지 못하고 자퇴했다.

사실 미국 군대에 여성들이 남성들과 마찬가지로 고된 훈련을 받고 복무해온 지 이미 20여 년이 지났고, 여학생들도 남학생들과 다름없이 힘든 군사훈련을 받을 수 있다는 것은 이미 검증된 사실이었다. 1970년대 들어 연방법이 개정되면서 그때까지 여학생의 입학을 허락해오지 않던 육군·공군·해군 등의 사관학교에 여학생들의 입학이 허용되었고, 1995년 육군사관학교를 수석 졸업한 생도는 레베카 마리어라는 여생도였다.

시타델대학을 자퇴한 후 가진 기자회견에서 포크너는 육체적인 어려움보다 정신적인 고통을 이겨낼 수 없었다고 말했다. 1976년 미국 육군사관학교에 여자 생도가 처음 입학했을 때 그 숫자는 119명으로 전체 학생의 9%에 달해 서로 의지할 수 있었고 남학생들도 호의적이었다. 그러나 포크너가 입학한 시타델대학에는 단 1명의 동료 여학생도 없었고, 그녀는 학교당국과 남학생들의 집중적인 감시와 조소의 대상이 되었다. 더욱이 살해 위협까지 받아 경찰이 포크너를 경호까지 하곤 했다. 포크너가 넘어야 할 장애물은 고된 체력 훈련보다 남성들의 편견과 차별을 극복하는 것이었다.

역시 여학생 입학을 불허해온 버지니아군사대학은 시타델대학처럼 여학생을 남학생으로 알고 잘못 입학시키지는 않았다. 그러나 시타델대학보다 먼저 성차별을 이유로 제소를 당한 상태였다. 1839년에 개교한 버지니아군사대학은 15개의 버지니아 주립대학 중 유일하게 남녀 공학이 허용되지 않았다. 미국에서 최초로 설립된 주립 군사대학의 하나인 버지니아군사대학은 주정부의 지원금으로 운영되었다.

이 군사대학은 군사교육뿐만 아니라 공학과 과학 등 일반 교육 분야에서도 우수한 교육을 제공하는 일류 대학으로 인정받아왔다. 그간 많은 군장성과 연방의회 의원, 기업체 간부들을 양성해냈고 동문들의 모교에 대한 사랑도 대단해 동창회 지원기금이 학생당 평균 액수로는 미국에서 제일 많은 학교였다. 버지니아군사대학이 채택한 교육방법은 철저한 군대식 훈련방법으로 강인한 체력 및 정신력 훈련, 철저한 집단의식과 개인생활의 불허, 상·하급생간의 엄격한 복종관계 등 신병훈련소와 다름없는 분위기였다. 사관생도처럼 제복을 착용해야 하는 학생들은 4년 동안 군대식 막사에서 함께 생활해야 했다.

## 분리 의도가 정당하더라도 어느 한쪽에 피해줘선 안 돼

연방정부가 버지니아군사대학의 여학생 입학 불허 조치에 대해 소송을 제기한 것은 이 대학에 입학을 문의했던 여학생들과 학부모의 진정 때문이었다. 1988년에서 90년까지 2년 동안 버지니아군사대학에는 347명의 여학생이 지원하기 위해 문의를 했으나 대학당국은 여학생들에게는 아무런 답변을 주지 않았다. 1990년 연방법무부는 버지니아주와 버지니아군사대학을 상대로 수정헌법 제14조에 보장된 평등권 보호조항을 위반했다고 위헌소송을 제기했다.

1991년에 내려진 첫번째 판결에서 연방지방법원은 버지니아군사대학의 여학생 입학 불허조치가 위헌이 아니라고 판결했다. 연방지법은 주정부가 남학생만의 혹은 여학생만의 대학을 분리해 운영하는 것은 다양한 교육 기회를 제공하려는 것일 뿐, 인종의 차이에 따라 학생들을 분리시키는 것과 같은 불순한 의도가 숨어 있다고 볼 수는 없다고 설명했다. 연방지법은 버지니아군사대학에 여학생을 입학시킬 경우 학생들의 사생활 보호가 어려워지고 체력훈련의 강도가 낮아져야 하므로 신병훈련소식의 혹독한 교육방법을 포기할 수밖에 없어 결국 다양한 교육 기회를 학생들에게 제공하려는 주정부의 취지가 실현될 수 없다고 보았다. 따라서 여학생 입학 불허가 여성들의 '동등한 법적 보호를 받을 권리'를 침해한 성차별이라고 볼 수는 없다는 판결이었다.

그러나 1992년 연방고등법원은 연방지법의 판결을 뒤집었다.

버지니아군사대학의 여학생 입학 불허 조치는 남학생과 마찬가지로 독특한 군대식 교육과정을 이수하기를 원하는 여학생들에게 부당한 피해를 주기 때문이라고 위헌판결을 내렸다. 다양한 교육방법을 제공하기 위해 남녀학생을 분리하려는 의도가 정당하더라도 그것이 남학생이나 여학생들에게 피해를 주어서는 안 된다는 이유였다. 연방고등법원은 여학생을 차별하지 않기 위해서는 버지니아군사대학에 여학생을 입학시키거나 버지니아군사대학에 상응하는 군대식 교육과정을 여학생들만을 위해 따로 만들거나, 아니면 버지니아군사대학을 사립대학으로 전환하는 방법이 있다고 그 대안을 제시했다. 사립학교에서의 성차별이 허용되는 것은 수정헌법의 기본권 보장 조항이 정부와 개인간의 관계에서만 성립되고 사적인 관계에서는 적용되지 않는 것으로 해석되었기 때문이었다.

버지니아주는 연방고등법원의 판결에 불복해 연방대법원에 상고허가를 신청했으나 기각되었다. 하는 수 없이 버지니아 주 정부는 버지니아군사대학과 유사한 성격의 4년제 군사교육 과정으로 버지니아 여성지도자 교육과정Virginia Women's Institute for Leadership을 사립학교인 메리볼드윈대학 내에 주정부의 예산으로 설립했다. 그러고 나서 버지니아군사대학을 계속 남학생 전용으로 운영하는 데 필요한 적절한 조치를 취했다며 연방지방법원에 승인을 요청했다.

한 학년당 25~30명의 여학생을 모집한 버지니아 여성지도자 과정은 버지니아군사대학처럼 민병대 지도자를 양성한다는 동

일한 목표를 세웠으나 엄격한 군사교육은 하지 않았다. 여학생
들은 남학생들처럼 제복을 입거나 함께 막사생활을 하지도 않았
다. 학교당국은 훈련소식의 엄격한 교육보다는 여학생들의 자긍
심을 키워주는 데 필요한 협동정신을 고양시키는 교육방법을 택
했다. 그러나 메리볼드원대학의 전반적인 질적 수준은 버지니아
군사대학에 비교가 안 될 정도로 떨어졌다. 한국의 수능고사격
인 입학생들의 SAT의 평균점수가 버지니아군사대학에 비해 100
점 정도가 낮았고, 교수의 자질도 떨어지고 봉급 수준도 낮았으
며, 버지니아군사대학에서 수강할 수 있는 자연과학이나 공대의
과목도 개설되어 있지 않았다. 학교의 재정 규모면에서도 버지
니아군사대학의 기부금은 1억3100만 달러에 달했으나 메리볼드
원대학이 모은 기부금은 190만 달러에 불과했다.

그러나 연방지법은 버지니아 여성지도자 과정이 연방고등법
원이 규정한 남녀학생 평등 조치에 부합하는 것이라고 판결했
다. 버지니아군사대학과 버지니아 여성지도자 과정이 거울에 비
춘 것처럼 서로 똑같을 필요는 없으며 교육효과상 비슷한 성과
를 내면 남녀에게 평등한 기회를 주는 조치로 인정했다. 연방정
부는 연방지법의 판결에 불복해 항소했으나 연방고등법원도 역
시 버지니아 여성지도자 과정을 제공함으로써 수정헌법 제14조
의 동등보호 조항이 충족되었다고 보았다. 연방고등법원은 남학
생과 여학생의 분리교육을 결코 의도적인 차별로 볼 필요는 없
다며, 버지니아군사대학의 여학생 입학 불허 방침은 여학생을 제
외하기 위한 것이 아니라 남녀공학의 환경에서는 불가능한 교육

방법을 채택했기 때문이라고 두둔했다.

## '교육의 다양성 보장'이 아니라 '남성의 기득권 지키기'

그러나 1996년 6월, 연방대법원은 7:1로 버지니아군사대학이 명백히 성차별을 했다고 판결했다. 9명의 대법관 중 자신의 아들이 버지니아군사대학에 재학중인 토머스 대법관은 판결에 참여하지 않았다. 판결문은 미국 역사상 두번째로 여성 대법관이 된 긴스버그 대법관이 작성했다. 그녀는 누구보다도 미국의 여성들이 겪어온 법적인 차별에 대해서 잘 알고 있었다. 그녀가 뉴욕시에 있는 콜럼비아 법대를 졸업했을 때 자신을 고용하겠다는 법률회사는 하나도 없었다고 회고한 적도 있었다. 긴스버그 대법관은 1970년대 초반, 미국 시민권연맹의 여성권리위원회 담당변호사로서 수차례에 걸쳐 연방대법원에서 성차별이 위헌이라는 판결을 이끌어내기도 했다.

판결문에서 긴스버그 대법관은 미국 사회에서 여성차별이 얼마나 오랫동안 지속되어왔는지를 강조했다. 그녀는 평등권을 보장한 헌법조항에도 불구하고 1920년 전까지 미국 여성들이 투표권을 행사할 수 없었음을 상기시켰다. 또한 연방대법원 자체가 성차별을 합법화해왔음도 지적했다. 1948년 연방대법원은 여성에게 레스토랑의 바텐더 면허를 발급하지 않은 법을 합헌이라고 판결했었고, 1961년에는 남성에게는 자동적으로 배심원 후보가 되게 하고 여성에게는 이를 요구할 경우에만 한해 배심원 후보로 등록할 수 있게 하는 것도 성차별이 아니라고 판결했었다.

1970년대에야 비로소 여성들이 남성들과 같은 권리를 누려야 한다는 판결이 나오기 시작했다. 1971년 연방대법원은 유산을 공동 관리할 경우 남자 상속인에게 우선권을 준 아이다호주의 상속법을 위헌이라고 판결했다. 1981년에는 남편과 아내의 공동 재산일 경우 아내는 남편의 승낙을 받아야 하지만 남편은 아내의 승낙 없이 일방적으로 공동재산을 처분할 수 있게 한 루이지애나 주법을 위헌이라고 판결했다. 또 부모가 아들을 의무적으로 부양할 나이는 21세, 반면 딸은 18세까지로 규정한 유타주의 법도 위헌이라고 판결했다.

그러나 이러한 판례에서 연방대법원은 성차별을 무조건 위헌이라고 판결한 것은 아니었다. 성차별이 정당화되기 위해서 정부는 '매우 설득력 있는 근거'를 제시하여 입증해야만 했다. 즉 성차별을 하는 것이 정부가 추구하는 중요한 공익적 목적을 달성하는 데 반드시 필요한 것이고, 그러한 조치가 실질적으로 기여한다는 증거를 제시해야 했다. 이러한 입장은 흑백분리처럼 근본적으로 인정되지 않는 인종차별과 달리 성차별에 대해서는 어느 정도 허용을 한 것이었다. 즉, 흑인과 백인은 생리적으로 차이가 없으므로 인위적인 인종 분리는 헌법에 위배되는 차별이지만, 남성과 여성은 신체적 차이가 어차피 존재하므로 공익을 위해 불가피한 경우 남녀차별을 인정할 수 있다는 것이었다.

그러나 이러한 성차별이 남성이나 여성 한쪽을 비하하거나, 이로 인해서 개인의 권리와 기회가 제한을 받아서는 안 된다고 보았다. 즉 성차별이 여성의 지위 향상을 위해서, 혹은 지금까지 겪어온 차별로 인한 피해를 보상하는 차원에서는 인정될 수 있지만 법적·사회적·경제적 지위를 격하시키기 위해서는 사용될 수 없다는 것이 연방대법원이 내려온 판례의 골자였다. 긴스버그 대법관도 버지니아군사대학 판결에서 이를 준용했다.

긴스버그 대법관은 버지니아 주정부가 왜 버지니아군사대학에 여학생이 입학해서는 안 되는지 설득력 있는 근거를 제시하지 못했다고 주장했다. 그녀는 버지니아군사대학에 여성을 입학시킬 경우 훈련소식의 교육방법이 지속되지 못하기 때문에 교육의 다양성이 차단된다는 버지니아 주정부의 주장은 받아들일 수 없다고 보았다. 강인한 지도자를 양성하려는 버지니아군사대학의 교육 목적과 방법이 여학생들에게 선천적으로 부적합한 것은 아니라고 설명했다. 버지니아군사대학의 교육 방법이 모든 남학생들에게 바람직한 것도 결코 아니라고 강조한 긴스버그 대법관은 일부 여학생들은 일부 남학생들보다 군사교육을 더 잘 받을 능력과 의지가 있다는 것이 입증되었다고 주장했다.

즉, 버지니아군사대학에 지원을 희망하는 여학생도 분명히 있고 거기서 실시하는 엄격하고 가혹한 교육방법을 충분히 소화할 수 있는 여학생들도 분명히 존재하는 상황에서 남성과 여성의 차이에 대한 고정관념에 근거해 주립대학의 문을 여학생들에게 폐쇄하는 것은 부당하다고 판결했다. 긴스버그 대법관은 현재 군대에 남녀군인이 혼합되어 있는 상태이므로 버지니아군사대학도 남녀공학이 되는 것이 국익에 도움이 된다고 주장했다.

긴스버그 대법관은 버지니아군사대학이 설립 이념으로 "배움을 사랑하는 학생으로서 지도자의 자질과 자세를 확실히 갖추고, 공익봉사에 대한 사명감을 갖고 있으며, 민주주의와 자유시장 경제체제를 신봉하고, 국가가 위기에 처해 있을 때 기꺼이 조국을 지키기 위해 나설 수 있는 지도자를 배출하는 것"이라고 했는데, 이러한 원칙이 남학생에게만 적용이 되고 여학생들에게는 적용되지 않을 이유가 없다고 반박했다. 또 여학생의 입학을 불허함으로써 이러한 설립 이념이 더 잘 구현될 것이라는 증거도 없다고 지적했다. 그러므로 엄격한 군사교육을 수료할 능력이 있는 여학생들이 버지니아군사대학에 입학하게 된다면, 버지니아군사대학의 전통을 파괴하기보다는 설립 이념을 충실히 이행하고 조국을 위해 봉사할 수 있는 지도자들이 더욱 많이 양성될 것이라고 결론지었다.

여성을 차별해온 미국 역사를 상기시키면서 긴스버그 대법관은 남성만의 교육을 고집하는 것은 교육의 다양성을 고수하기 위해서가 아니라 남성의 기득권을 지키기 위한 시도에 불과하다고 지적했다. 또 여성에게 대학교육의 기회를 부여하는 것이 위험하다는 편견은 19세기 말까지 미국 사회를 지배해왔고, 여성들은 이러한 편견을 극복하기 위해 100여 년이 넘게 싸워야 했다고 언급했다. 버지니아주의 경우 여성들에게 대학교육을 허용한 것은 1884년이었고 20세기 초반에야 비로소 메리워싱턴대학, 제임스매디슨대학, 래드포드대학 등의 여자대학들이 개교했다. 게다가 버지니아의 주요 주립대학에 여학생 입학이 허용된 것은

1970년 연방법원의 판결 이후였다. 그때까지 주립대학에서의 남녀공학을 반대해온 논리들은 남녀공학을 할 경우 여학생들이 남학생들의 권리를 침해하고, 남녀학생들 사이에 일어나게 될 스캔들이 염려스럽고, 남학생들이 세워온 오랜 전통이 깨져 학교의 명성이 떨어진다는 것 등이었다.

1970년 이후 버지니아군사대학을 제외한 버지니아의 모든 주립대학은 여학생에게 입학을 허용했지만 버지니아군사대학은 군사교육의 특수성을 강조하며 남학생만의 입학을 계속 고집했다. 1982년 주립대학의 간호학과에 남학생 입학을 거부한 것도 성차별이라는 연방대법원의 판결이 내려진 이후 버지니아군사대학은 1983년부터 3년간 여학생 입학 허용 여부에 대해 검토한 적도 있었다. 그러나 여학생 지원자가 많지 않을 것이라면서 남학생만의 학교로 계속 유지하는 것이 바람직하다는 결론을 내렸었다. 그러나 긴스버그 대법관은 여학생 지원자가 없을 것이라는 논리는 핑계에 불과하다고 주장했다.

긴스버그 대법관은 19세기에 여성들이 변호사가 되기 위해 법학 교육을 받으려고 했을 때에도 비슷한 논리가 사용되었음을 지적했다. 1876년 미네소타주의 한 법원은, 변호사가 되기 위해서는 많은 시간과 노력을 기울여야 하는데 여성들은 이러한 시간을 자녀들을 양육하고 교육시키는 데 우선적으로 써야 하기 때문에 변호사란 직업이 여성들에게는 부적합하다며 변호사 면허를 거부했었다. 1925년 콜럼비아 법대 교수들은 여학생 입학을 거부했는데, 그 이유는 여성들이 법학을 공부할 능력이 없어서가 아니라 만약 여학생들이 입학한다면 능력 있는 남학생들이 하버드 법대로 옮겨갈 것이라고 우려했기 때문이었다.

이러한 사례를 소개한 긴스버그 대법관은 여성들이 법조인뿐만 아니라 의사나 경찰이 되려고 했을 때에도 남성들로부터 많은 저항이 있었으나, 여성들을 보호해야 한다거나 여성들은 신체적으로 적합하지 않다는 이들이 내세운 주장들은 여성의 진출을 막으려는 핑계였을 뿐이라고 강조했다. 남성들의 애초 주장과 달리 현재 여성들은 사회 모든 분야에서 남성들과 전혀 다름없이 활동하고 있고, 현재 연방정부가 운영하는 사관학교에 여학생들이 입학하여 우수한 성적으로 졸업해 국방에 기여하고 있는 것을 볼 때 버지니아군사대학의 주장은 기우와 핑계에 지나지 않는다고 지적했다.

또한 긴스버그 대법관은 버지니아주가 여학생들을 위해 메리볼드윈대학에 만든 버지니아 여성지도자 과정이 버지니아군사대학에서 제공하는 교육의 요체인 엄격한 군사훈련을 제공하지 못하고 있기 때문에 남학생들이 체득할 수 있는 교육 성과를 얻을 수 없다고 주장했다. 버지니아 여성지도자 과정과 버지니아군사대학의 교수자질, 개설 과목, 동창회의 지원 등을 비교해볼 때에도 여학생들에게는 버지니아군사대학에 버금가는 교육이 제공되지 못하고 있다고 판단했다.

긴스버그 대법관의 판결문에 서명하지 않고 따로 동조의견을 낸 렌퀴스트 대법원장은 버지니아군사대학의 조치가 위헌이라는 데에는 동의했으나, 성차별이 허용되기 위해서는 긴스버그 대법관이 판결한 것처럼 '매우 설득력 있는 근거'를 요구할 필요는 없다고 주장했다.

렌퀴스트는 150여 년의 전통을 가진 버지니아군사대학과 똑같은 교육기관을 여학생들을 위해 만들어야만 버지니아군사대학이 남학생 전용학교로 계속 유지될 수 있다는 조건은 무리라는 것이다. 만약 버지니아 주정부가 버지니아군사대학에 상응하는 여자대학을 만들기 위해 진지한 노력을 보였다면, 버지니아군사대학을 남학생 전용으로 운영하도록 자신은 허용했을 것이라고 강조했다. 그러나 버지니아 주정부가 버지니아군사대학에서 제공되는 것과 같은 교육과정을 여학생들에게도 제공하기 위해 진지하게 노력하지 않았기 때문에 여학생 입학 불허를 위헌으로 보았다.

한편 9명의 대법관 중 가장 보수적인 입장을 견지해온 스칼리아 대법관은 반대의견문에서 군사대학에 남학생만을 입학시키는 것은 남자군인만을 전장에 내보내는 것과 같이 미국의 오래된 전통으로서, 이러한 전통이 바뀌려면 법원의 판결에 의해서가 아니라 의회민주주의 절차를 통해서 이루어지는 것이 바람직하다고 주장했다. 그 근거로 연방사관학교에 여학생 입학이 허용된 것은 판사의 명령에 의해서가 아니라 의회의 표결을 거친 법개정에 따라 이루어졌음을 상기시켰다. 그는 남녀학생의 분리가 오래된 전통으로, 대학이나 초중고등학교 교육에서 남녀공학이 이루어진 것도 최근의 현상임을 강조했다. 또 남녀학생들이 따로 교육받는 것도 여러 가지 긍정적 교육 효과가 있음이 하급심 재판 과정에서 입증되었다면서 남학생 혹은 여학생 전용학교에 다니는 학생들이 공학학교의 학생에 비해 학업성취도가 높고, 교수와의 교류도 잦고, 대학생활 전반에 걸쳐 만족도가 높다는 점에 동의를 표했다.

### "여학생 입학 환영!"

버지니아군사대학의 판결을 통해 연방대법원은 시대에 맞지 않는 미국의 전통을 또 하나 허물어뜨렸다. 이 판결에 따라 버지니아군사대학은 여학생을 입학시키든지 아니면 사립학교로 전환해야 할 기로에 서게 되었다. 연방대법원의 판결이 내려진 지 3일 만에 시타델대학은 여학생 입학을 환영하겠다고 발표했다. 최초의 여학생인 포크너를 자퇴하도록 만든 지 채 1년도 되지 않아 입장을 바꾼 것이다.

긴스버그 대법관이 판결문에서 지적한 대로 미국 헌법사의 주된 흐름은 사회에서 무시되고 소외되어왔던 사람들의 권리를 차츰 신장시켜온 과정이었다. 이 사건에서 연방대법원은 지금까지 자신의 권리를 제대로 보장받지 못해온 여성들도 남성들과 동등하게 기본권을 누려야 한다는 원칙을 재확인했다. 이는 다수와 강자의 논리에 의해 지배되고 있는 미국의 의회민주주의 체제에서 약자의 동등한 권리를 보장하는 연방대법원의 역할이 다시한번 확인된 사건이기도 했다.

# 동성애자들에게도 결혼할 권리를 부여할 것인가

오버거펠 판결 Obergefell v. Hodges, 576 U.S (2015)

2013년 7월 11일 미국 매릴랜드주 볼티모어 공항에 중환자를 실어 나르는 소형 구급비행기가 착륙했다. 오하이오주 신시내티 공항을 이륙한 지 1시간여 만에 도착한 비행기는 활주로에 잠시 내렸다가 곧바로 신시내티로 되돌아갔다. 비행기 승객 존 아서 와 짐 오버거펠이 볼티모어 공항에 착륙한 이유는 결혼식을 올리기 위해서였다. 이미 20년 넘게 동거해온 그들이 바란 것은 우아하고 화려한 결혼식이나 많은 하객으로부터 축복받는 결혼식이 아니었다. 다만 정부가 법적으로 인정하는 결혼식을 원했다. 아서와 오버거펠은 둘 다 남성으로, 동성애 커플이었기 때문이다. 당시 오하이오주는 동성결혼을 법적으로 허용하지 않고 있어, 동성결혼을 허용하는 매릴랜드주로 가서 결혼식을 치르기로 한 것이다. 미국에서 결혼허가는 주정부의 고유권한이어서 각 주별로 법적 권리나 절차가 다른 경우가 많다. 아서와 오버거

동성결혼을 허용하지 않는 오하이오주에 살던 존 아서와 짐 오버거펠 커플은 비행기로 매릴랜드주 볼티모어로 날아가 결혼식을 올렸다. 그러나 이 결혼을 오하이오 주정부가 인정하지 않으면서 역사적인 소송이 벌어졌다.

펠이 결혼을 결심한 당시에 미국에서 동성결혼을 허용하는 주는 12개였다.

아서와 오버거펠이 매릴랜드주 볼티모어 공항을 결혼장소로 선택한 것은 동성결혼을 법적으로 허용하는 주 중 자신들이 사는 신시내티에서 비행기로 가장 가까운 곳이었기 때문이다. 아서는 루게릭병을 앓는 시한부 환자였기 때문에 그들은 자동차나 일반 항공편을 이용하지 않고 하루 임대료가 무려 1만 3000달러에 달하는 구급비행기를 타고 와야 했다. 평범한 회사원인 그들에게는 감당하기 힘든 막대한 비용이었지만, 그들의 사연을 전해 들은 친구와 친지들이 비용 전액을 마련해주었다. 볼티모어 공항 활주로에서 결혼식을 치른 지 100여 일 만에 아서는 사망하고 오버거펠은 미망인이 되었다.

그러나 오하이오 주정부는 아서의 사망증명서에 오버거펠을 합법적 미망인으로 등재하기를 거부했다. 매릴랜드주에서 합법적으로 결혼을 올렸더라도 오하이오주에서는 인정할 수 없다는 것이었다. 오버거펠은 결혼은 헌법상 보장받는 기본권이며, 동성애자들도 동등하게 그러한 권리를 누려야 한다고 소송을 제기했다. 1심 소송에서는 오버거펠이 승소했다. 그러나 항소심에서는 패소했고, 오버거펠은 연방대법원에 상고하기로 했다. 2014년 연방대법원이 오버거펠의 상고를 허가함으로써, 동성결혼이 헌법상 보호받는 기본권에 해당하는지에 대한 헌법적 판단이 불가피해졌다.

## 결혼을 할 권리는 누가 주는가

미국 연방헌법에는 결혼에 관한 조항이 없다. 역사적으로나 헌법상으로나 결혼제도는 주정부의 영역으로 간주되었다. 연방헌법에 언급되지 않은 권리는 주정부와 국민에게 속한다는 수정헌법 10조에 따라 결혼에 관한 권리나 규제는 주정부의 소관이었다. 그래서 각 주마다 결혼이나 이혼에 관한 법이 다르다. 예를 들면, 버몬트주의 결혼 최소연령은 16세인데, 바로 그 옆 주인 뉴햄프셔주는 13세이다. 대부분의 주에서 사촌간의 결혼이 합법이지만, 아이오와주와 워싱턴주에서는 불법이다. 그러나 미국 연방에 속한 주는 다른 주의 법과 판결을 존중해야 한다는 연방헌법 4조 1항의 원칙에 따라 한 주에서 허가한 결혼은 다른 주에서도 합법적인 결혼으로 인정된다.

결혼이 비록 연방헌법에 명시된 권리도 아니고, 주정부의 권한에 속하는 영역이지만, 연방대법원은 전통적으로 결혼을 기본적 시민권 중의 하나로 인정해왔다. 결혼은 개인이 자신에게 가장 중요한 관계를 맺을 권리이고, 국가와 사회의 토대가 되는 가족의 중심이라고 본 것이다. 개인의 결혼을 정부가 규제하거나 차별하는 경우에는 정당한 근거를 제시해야만 헌법적으로 인정되었다. 연방대법원은 자녀 부양비를 부담하지 못한 아빠들에게 재혼을 금지한 것이나, 중범죄 죄수에게 결혼을 금지한 것은 정당한 근거가 없는 부당한 차별이라고 무효 판결한 바 있다.

그렇지만 미국 사회에서는 결혼할 권리를 오랜 기간 제약받은 사람들이 있었다. 대표적인 것이 흑인을 비롯한 유색인종들로, 그들은 과거에 백인들과 결혼할 수 없었다. 영국 식민지 시절부터 미국에서는 백인과 유색인종간의 결혼이 반인륜적이고 부도덕한 것으로 간주되어왔다. 1660년대 매릴랜드주와 버지니아주 등에서는 백인과 흑인 사이의 교제나 결혼을 금지하는 타인종간 결혼금지법Anti-Miscegenation laws이 제정되었다. 미국 건국 이후에도 7개 주가 그러한 법을 제정했고, 연방대법원은 흑백결혼 금지가 헌법상 금지된 인종차별이 아니라고 판결했다. 흑인과 백인 모두를 처벌하므로 특정 인종에 대한 차별이 아니라는 논리였다.

인종간의 결혼금지가 인종차별이라는 판결은 노예해방 이후한 세기가 지난 1967년에야 비로소 나왔다. 당시에는 미국 남부

의 16개주 모두가 흑백인종간의 결혼을 금지하고 있었다. 그러
나 연방대법원은 대법관 만장일치로 흑백인종간 결혼 금지가 평
등권 위반이라고 판결했다. 결혼은 인간의 생존과 가족 형성, 그
리고 후손 배출에 필수적인 기본적 시민권이기에 결혼 상대를
선택할 권리를 주정부가 인종적인 이유로 차별해서는 안 된다고
선언했다Loving v. Virginia, 1967. 이 판결 이후 인종간 결혼이 크게
늘었다. 1960년대 미국 내 타인종간 결혼은 전체 결혼의 0.4%에
불과했으나, 1980년에는 2.0%로, 2010년에는 10%로 증가했다.

다른 인종간의 결혼금지가 위헌판결을 받고, 결혼할 권리가 헌
법상 보호받는 기본권으로 인정받으면서, 동성애자들도 결혼할
권리를 주장하며 소송을 제기하기 시작했다. 1970년 미네소타대
학의 동성애 인권운동가인 리처드 베이커와 제임스 맥코널은 미
네아폴리스 법원에 결혼허가 신청서를 제출했다. 그러나 담당
법원서기 제럴드 넬슨은 두 사람이 동성이라서 결혼을 허가할
수 없다고 거부했다. 베이커와 맥코널은 미네소타주 결혼법에는
결혼신청자가 양성이어야 한다는 조항이 없다며 지방법원에 소
송을 제기했지만 패소했고, 주대법원도 같은 결정을 내렸다. 베
이커와 맥코널은 연방대법원에 상고했지만, 연방대법원은 심리
를 거부했다Baker v. Nelson, 1972.

## 미국 동성애 차별의 역사

청교도인들의 이주로 시작된 미국에서는 17세기 식민지 시절

부터 동성애를 반인륜적 범죄Sodomy의 하나로 사형까지 가능한 중범죄로 규정하고 있었다. 자연히 동성애자들은 자신들의 성적 취향을 숨겨야 했고, 법적으로나 정치적으로나 사회적으로나 동성애는 금기시되는 주제였다. 그러나 대부분의 동성애자들은 처벌을 피해 숨어 살거나 동성애자임을 밝히지 않았기 때문에. 실제로 법적인 처벌이 이뤄지는 사례는 드물었다. 예외적인 경우로 1903년 뉴욕시 경찰이 동성애자들의 목욕탕을 급습해서 12명을 재판에 회부한 사건이 있었다. 당시 7명이 유죄판결을 받았는데, 법원은 이들에게 최소 징역 4년에서 최장 징역 20년까지 형을 내렸다. 1960년대까지 미국 모든 주에 동성애 행위를 처벌하는 변태성행위금지법anti-sodomy law이 존재했고 위반자에게는 중형이 가해졌다. 아이다호주의 경우 최고 종신형, 미시건주는 최고 15년 징역형을 부과했다.

그럼에도 처벌과 차별의 위험을 무릅쓰고 자신들의 성적취향을 공개하고, 동성애자로서의 권리를 주장하는 사람들도 늘어나기 시작했다. 1924년 시카고에서는 인권협회Society for Human Rights라는 동성애 인권단체가 설립되고, 『우애와 자유Friendship and Freedom』라는 기관지가 발행되었다. 그러나 경찰이 관련자들을 체포하면서 이들의 활동은 수개월 만에 중단되었다. 1950년 캘리포니아에서는 좌익운동가와 공산주의자 주도로 매터친협회 Mattachine Society가 설립되어, 동성애자들의 단합과 인권보호 활동을 펼치기 시작했다. 그러나 냉전이 시작된 1950년대는 동성애자들에게 특히 가혹한 시기였다. 조지프 매카시를 비롯한 반공주의자들은 정부부처에 근무하는 동성애자들을 찾아내 해고하거나 사직을 강요했다. 자신들의 성적 취향을 숨기고 사는 동성애자들이 공산주의자들의 협박을 받아 정부기밀을 유출할 수 있으며, 그러면 국가안보가 위태로워진다는 논리였다. 1953년 아이젠하워 대통령은 동성애자에게 연방정부 근무를 금지하는 행정명령을 공포했다.

1960년대 들어 미국 사회에서 성개방 풍조가 본격 확산되면서 동성애에 대한 거부감도 옅어지는 양상을 보였다. 과거 법적처벌이나 사회적 차별이 두려워 동성애자임을 숨기고 살아왔던 이들이 1960년대 들어 인종차별·성차별·서구제국주의·전통도덕규범의 타도를 외치는 청년 저항운동에 동참하였다. 제도권에서도 변화가 나타나기 시작했다. 미국에서는 최초로 1962년 일리노이주가 동성애 행위를 처벌하는 형법조항을 폐기했다. 1968년 연방대법원은 동성애를 다룬 출판물을 음란물로 볼 수 없다고 판결하면서, 동성애 논의를 활발하게 할 수 있는 여건을 만들었다. 동성애자들은 뉴욕, 시카고, 샌프란시스코 등 대도시에 모여살기 시작하면서 집단적인 존재감을 높였고, 인권단체를 결성했다. 1978년에는 동성애자들의 인권보호단체인 GLAD(Gay & Lesbian Advocates & Defenders)가 보스턴에서 창립되었다. 1979년 10월에는 미국 최초로 전국 규모의 동성애자 행진이 조직되어, 10만 명에 달하는 군중들이 수도 워싱턴에 운집했다.

그러나 1980년대 에이즈가 창궐하면서, 동성애자들에 대한 대중적 여론은 부정적으로 선회했고, 동성애 단체들도 대외적인 인권활동보다는 에이즈 퇴치와 환자 치료에 집중해야 했다. 1980년대 초반 샌프란시스코와 뉴욕시의 동성애자들 사이에 원인 모를 치명적 질병이 돌기 시작했는데, 1982년 미국 질병통제국이 에이즈AIDS(후천적면역결핍증)라는 병명을 붙였다. 그전까지 미국인들은 이 병을 그리드GRID(동성애자관련면역결핍증Gay Related Immune Deficiency)라고 불렀다. 에이즈가 동성애자에게만 국한된 것이 아니라는 사실이 밝혀진 뒤에 질병 명칭이 바뀌긴 했지만, 에이즈는 동성애자들에 대한 '천벌'이라는 편견이 미국사회에 팽배했었다. 그러나 1985년 당시 최고의 미남 영화배우 록 허드슨이 에이즈로 사망한 사실과 더불어 그가 동성애자였음을 그동안 숨기고 살아왔다는 사실이 알려지면서 에이즈에 대한 미국인들의 인식이 달라지는 양상을 보였다. 헐리우드 영화계를 비롯한 미국 주류사회가 에이즈 치료에 더 많은 관심과 지원의사를 표명했고, 치료제와 치료법이 본격 개발되기 시작했다.

에이즈로 인해 동성애는 미국 사회가 더 이상 외면할 수 없는 사회적 현안이 되었다. 에이즈가 창궐하면서 동성애자들에 대한 편견과 핍박이 높아졌지만, 또 한편으로는 동성애자들에 대한 인지와 관심이 높아졌기 때문이다. 미국 사회는, 동성애는 개인의 잘못된 선택이라고 믿으며 동성애를 혐오하고 반대하는 사람들과, 그와 달리 동성애는 질병이나 선택이 아니라 선천적인 성향이라 믿으며 옹호하는 사람들로 나누어지기 시작했다.

1952년 미국 심리학회가 최초로 발간한 정신병목록에는 동성애가 질병으로 포함되었고, 1970년대까지 미국 사회에서 동성애는 질병으로 간주되었다. 1977년 한 여론조사에서는 13퍼센트의 응답자만이 동성애가 타고난 것이라고 생각하고 있는 것으로 나타났다. 그러나 시간이 지날수록 동성애는 후천적 선택이 아니라 선천적 특성이라는 인식이 확산되기 시작했고, 더불어 동성애자들에 대한 이해와 지지도 확산되었다.

1990년대에 접어들면서는 동성애자임을 공표하는 사람들도 크게 늘었고, 동성애자들에 대한 차별과 동성결혼 허용여부가 사회적 쟁점으로 부각되었다. 1992년 당선된 민주당 빌 클린턴 대통령은 동성애자들의 권리보호에 매우 적극적이었다. 연방정부와 산하기관에서 동성애자에 대한 고용차별을 금지시켰고, 동성애자의 군입대를 허용하는 법안도 의회에 제출했다. 그러나 동성애자의 입대 허용 정책은 군지휘관들과 연방의회의 강한 반대에 부딪혔다. 결국 백악관과 연방의회는 동성애자들에게도 군복무를 허용하되, 동성애자임을 밝히지 않는다는 조건, 이른바 묻지도 않고 대답하지도 않는 정책Don't Ask, Don't Tell으로 타협했다.(2011년에야 비로소 미국 정부는 동성애자들의 군입대를 정식으로 허용했다.)

동성애자들에 대한 변화는 연방대법원에서도 나타나기 시작했다. 1986년 연방대법원은 정부의 동성애 행위 처벌을 용인하는 판결을 내렸다Bowers v. Hardwick, 1986. 그러나 대법관 표결 결과는 5:4로 근소한 차이였다. 다수 대법관들은 동성애 행위는 과거부터 반인륜적 범죄로 처벌해왔고, 수정헌법 14조 적법절차 조항에 내포된 프라이버시 권리에 해당하지 않는다고 판결했다.

반면 4명의 소수 대법관들은 동성애 행위도 헌법상 보호받는 프라이버시에 해당한다고 주장해, 동성애 지지자들로 하여금 언젠가는 자신들의 기본권이 합헌판결을 받게 되리라는 기대를 갖게 했다.

마침내 2003년 연방대법원은 동성애 행위 처벌은 기본권 침해에 해당한다며 1986년 판결을 오판이라고 번복했다Texas v. Lawrence, 2003. 개인끼리 서로 동의하여 이루어진 성행위는 수정헌법 14조에 보호받는 실질적 기본권으로, 동성애자도 이성애자와 마찬가지로 헌법적 보호를 받아야 한다고 판결했다. 개인의 성행위를 범죄로 만들어 그들의 정체성과 자기통제권을 침해해서는 안 된다는 것이었다. 물론 동성애 행위는 바깥으로 드러나지 않아 실제로 처벌되는 경우가 드물었지만, 동성애자들에게는 상징성이 큰 판결이었다.

## 미국 사회를 분열시킨 동성결혼 논쟁

동성애와 관련된 가장 중요한 현안은 결혼을 법적으로 허용할 것인가 여부였다. 일부 주정부는 동거와 결혼 사이의 법적 제도로서 가정연대domestic partnership 혹은 시민결합civil union이라는 가족제도를 두어, 기혼자에게 부여되는 특혜의 일부를 동성애자들에게 주기도 했다. 하지만 많은 동성애자들은 그러한 제도 역시 동성애자들에 대한 차별이라며 완전한 법적 결혼을 요구했다. 2000년대 들어 동성결혼 허용여부는 미국 양대 정당의 정책 기조의 차이를 보여주는 지표가 되었다. 보수 성향의 공화당은 동성결혼 반대, 진보 성향의 민주당은 동성결혼 지지라는 대립구도가 정치권에도 형성되었다.

동성결혼에 대한 반대는 종교단체와 정치적 보수진영에서 나왔다. 그들은 동성결혼 합법화가 동성애에 대한 사회적 승인을 의미하며, 이를 허용하면 나중에는 중혼이나 일부다처제 같은 것도 허용해야 할 것이라고 우려했다. 동성결혼 가정의 아이들은 정상적인 양육을 받지 못하므로 결혼을 허용해선 안 된다고 주장하기도 했다. 그러나 동성결혼 지지자들은 반대자들의 주장이 근거 없는 편견이라고 반박했다. 그들은 이성 부모 가정에서 성장한 아이나 동성 부모 가정에서 성장한 아이나, 사회적 적응과 학습 능력 등에서 큰 차이가 없다는 과학적 연구자료를 근거로 제시했다.

결혼 제도는 주정부의 관할이기에 동성결혼을 둘러싼 보수와 진보 진영의 싸움은 미국 각 주州에서 동시다발적으로 진행되었다. 결혼금지와 고용차별 등을 해소하기 위한 동성애자들의 법적 투쟁은 1990년대 들어 성과가 나타나기 시작했다.

1993년 하와이주 대법원은 동성결혼의 지형 변화를 예고하는 중대한 판결을 발표했다. 이성간에만 결혼을 허가하는 것은 하와이 주헌법에 어긋나는 차별이라며, 미국 사법사상 최초로 동성결혼 금지가 평등권 침해가 될 수도 있다는 판결을 내렸다.(이후 1999년 버몬트주 대법원과 1998년 알래스카주 지방법원 등도 비슷한 판결을 내렸다.) 비록 하와이 대법원 판결이 동성결혼을 허용한 것은 아니었지만, 동성결혼 반대자들은 민감하게 반응했다. 만약 하와이에서 동성결혼이 합법화된다면, 다른 주도 사실상 동성결혼을 인정을 해야 했기 때문이다. 주대법원 판결에 놀란 하와이 주민들은 1998년 주헌법을 수정해 이성간의 결혼만을 법적으로 허용한다고 아예 명시했다. 2003년까지 알라스카, 네브라스카주가 하와이주의 전철을 밟았고, 2012년까지 31개 주가 주민투표나 의회투표를 거쳐 동성결혼금지를 주헌법에 집어넣었다.

이렇듯 법정 투쟁을 통해 권리보호 판결을 얻어내는 동성애 진영에 맞서서 반反동성애 진영은 입법이나 주헌법 수정 등의 방식으로 동성애자 권리의 확산을 저지하는 전략을 구사했다. 예컨대 콜로라도주에서는 덴버·아스펜·보울더 등 도시지역에서 차별금지 조례가 통과되자 콜로라도주 보수 정치인들은 반동성애 성향이 강한 비도시 지역 주민을 설득해 동성애자에 대한 차별금지를 금지하는 주헌법 조항을 신설했다. 캘리포니아주에서는 주대법원이 2004년에 동성결혼을 허용하는 판결을 내렸지만, 4년 후 주민투표를 통해 동성결혼이 다시 금지되었다.

이런 양상은 연방 차원에서도 나타났다. 하와이주 판결은 연방의회에도 영향을 미쳐, 1996년 결혼방어법Defense of Marriage Act이 제정되었다. 결혼방어법은 연방정부가 인정하는 결혼을 이성간 결혼만으로 규정하고, 결혼자에게 제공하는 각종 특혜를 동성결혼자에게는 제한했다. 2004년 미국 정부의 조사에 의하면, 기혼자에게 특혜와 의무를 부여한 연방법 조항은 무려 1138개에 달했다. 국민연금·군인연금·의료보험·교도소면회·환자접견·

유산상속·입양·육아휴가·이민 등 많은 분야에서 기혼자에게 혜택이 주어지는데, 동성결혼자들은 그러한 혜택을 받을 수 없게 한 것이다. 이 법은 하원에서 342:67, 상원에서 85:14라는 압도적인 표 차이로 통과했다.

동성애 반대자들이 주민투표나 주의회 등을 통한 다수여론 확보에 성공하자, 동성애 지지자들은 소수자의 기본권 침해라며 위헌소송을 걸어 법정 투쟁에 나섰다. 동성애 지지자들은 주민투표나 의회투표를 통해 제정된 반동성애자법들이 연방헌법 위반이라며 연방대법원에 상고했고, 마침내 1996년에 승소결정을 이끌어냈다. 당시 연방대법원은 6:3 판결로 동성애자나 양성애자를 "차별로부터 보호받는 소수자"로 분류하지 못하게 만든 콜로라도 주헌법 조항을 위헌판결했다Romer v. Evans, 1996. 콜로라도 주가 합리적 근거나 정당한 목적도 없이 동성애자에 대한 증오감과 적대감에 근거해 정치적 소수집단에 해를 주려는 의도로 주헌법을 만들었기에 수정헌법 14조의 평등권을 침해했다고 본 것이다. 또한 2004년 매사추세츠주 대법원이 주헌법상 동성결혼이 허용된다고 판결하면서, 미국에서 처음으로 동성결혼을 허용하는 주가 등장했다.

주류 미국인들의 정서가 아직은 동성결혼을 수용할 정도까지에 이르지 못했지만, 동성애자들의 인권보호는 거스르기 힘든 대세가 되어갔다. 2000년 들어서는 캘리포니아, 매사추세츠 등 12개 주와 수도 워싱턴, 그리고 로스엔젤레스와 뉴욕시 등에서 동성애자 고용차별을 금지하는 법령이 제정되었다. 2009년 연방의회는 증오범죄의 범위에 인종, 피부색, 종교, 국적 대상만이 아니라 성적취향도 포함시켰다. 동성애자도 특별한 보호 대상이 된것이다. 동성결혼을 허용하는 주도 늘어나, 2012년 메인· 매릴랜드· 워싱턴주가 주민투표를 거쳐 동성결혼을 합법적으로 인정했다. 2013년에는 하와이· 일리노이· 미네소타· 뉴저지· 뉴멕시코· 로드아일랜드· 유타주가 뒤를 따랐다.

## 동성결혼 찬성 진영의 승리

2013년에는 결혼방어법도 위헌판결을 받았다. 연방대법원은 대법관 5:4의 판결로 결혼방어법 조항이 수정헌법 5조를 위반하는 부당한 차별이라고 결정했다United States v. Windsor, 2013. 기존의 동성애 관련 판결에서 형성된 진보대법관과 보수대법관의 대결구도가 이 판결에도 나타났다. 중도 성향의 케네디 대법관이 긴스버그, 브라이어, 소토메이어, 케이건 등 진보대법관 편에 섰고, 로버트 대법원장, 스칼리아, 토머스, 알리토 등 보수대법관은 결혼방어법이 합헌이라고 주장하는 소수의견을 발표했다.

다수의견을 대표 집필한 케네디 대법관은 결혼방어법이 정치적으로 소수자인 집단을 차별할 목적으로 제정되어 헌법상의 평등권을 침해한다고 판결했다. 결혼방어법은 동성결혼을 허용하는 주에서 인정된 합법적 결혼도 무효화시킴으로써, 혼인관계의 안정성을 해치고 결혼 당사자와 자녀들에게 모욕감을 주었다고 주장했다. 재정적으로도 건강보험· 파산· 세금· 연금수혜 등에 불이익을 주어 동성결혼 가정의 생활에 부당한 부담을 주고 있다고 판결했다. 케네디 대법관은 뉴욕주가 2011년 결혼평등법을 제정한 것을 예로 들면서, 동성애에 대한 여론의 변화를 상기시켰다. 불과 몇 년 전만 해도 많은 사람들이 동성애자들의 결혼을 수용하지 못했지만, 이제는 과거의 무지와 오해에서 비롯된 불의가 바로잡히고 있다는 것이었다.

반면 로버츠 대법원장은 소수의견을 통해 결혼방어법은 결혼제도의 동질성과 안정성을 유지하기 위해 만들어진 정당한 법이라고 주장했다. 그는 다수 대법관들이 입법부의 압도적인 지지를 받은 법을 편견이라는 용어로 덧칠하며 부당하게 무효화시켰다고 비난했다. 스칼리아 대법관의 또 다른 소수의견 역시 다수 대법관들에 대한 비판이 대부분이었다. 다수 대법관의 판결은 마치 사법부가 삼권분립의 정점에 있는 듯한 오만함을 과시한 것이며, 과도한 사법부 권력의 남용이라고 주장했다. 결혼방어법은 전통적으로 역사적으로 거의 모든 사회에서 인정해왔던 결혼형태를 법제화한 것이며, 전통적인 이성간 결혼을 보호하는 것이 동성결혼을 비난하거나 모욕하는 것은 아니라고도 했다. 그는 결혼방어법은 소수자를 핍박하려는 법이 아니라 각 주마다 다른 동성결혼 규정을 통일하려는 것인데, 다수 대법관들이 결혼방어법을 만들고 지지하는 사람들을 도덕적·인격적으로 부족한 사람들로 부당하게 비판한다고 개탄했다. 그는 연방대법원이 곧 동성결혼 금지법에 대해 위헌결정을 내리라는 것은 시간문제라고 예상했다.

스칼리아 대법관의 예상은 2015년 6월 실현되었다. 오버거펠이 제기한 소송에서 연방대법원 대법관들은 5:4의 표결로 동성결혼 금지가 위헌적 차별이라는 판결을 내렸다. 대법관들의 진영 선택은 2013년의 판결과 동일했다.

오버거펠 판결에 나타난 대법관들의 보수 혹은 진보적 성향은 그들을 추천한 대통령의 성향과 대체로 일치했다. 예외가 있다면 단 한 명, 레이건 대통령이 추천한 케네디 대법관이었다. 그는 보수 공화당 정권에서 지명한 대법관이지만 좌우 진영을 오고 가며 균형을 잡는 역할을 해왔는데 동성애 관련 판결에서는 진보진영에 힘을 실어주었다. 진보적 대법관들은 클린턴 대통령이 추천한 긴스버그와 브라이어, 오바마 대통령이 추천한 소토메이어와 키건으로, 그들을 추천한 대통령들과 마찬가지로 동성애자들의 권리보호에 적극적이었다. 반면 레이건이 추천한 스칼리아, 조지 부시(아버지) 대통령이 추천한 토머스, 조지 W. 부시(아들) 대통령이 추천한 로버츠와 알리토 대법관은 동성애자들의 권리보호에 소극적이었다.

오버거펠 판결은 6개의 연방 항소법원 판결을 취합한 것으로, 소송당사자들은 동성부부 16쌍, 자녀 7명, 미망인 한 명, 입양기관 한 곳, 장례식장 한 곳이었다. 모두 자신들이 살고 있는 주에서는 동성결혼을 인정하지 않아 수정헌법 14조가 금지하는 부당한 차별을 당했다고 주장했다. 미시건주 거주자인 에이프릴 드보어와 제인 로우즈의 경우, 두 명의 아기를 입양하고 한 명을 더 입양할 예정이었는데, 동성결혼이 허용되지 않은 미시건주에서는 드보어와 로우즈 중 한 사람만 부모로서 친권을 행사할 수 있었다. 그래서 만약 두 사람 중 한 명이 사망할 경우, 남은 한 사람이 자녀들의 부모로 인정받지 못하는 사태가 발생할 수도 있었다. 그들은 동성결혼을 허용해서 두 사람 모두 자녀의 친권자로 인정해달라고 소송을 제기했다. 2015년 4월 28일 수도 워싱턴 소재 연방대법원 건물에서 전 미국인의 관심 속에 법정심리가 열렸고, 제3자 참고의견AMICI CURIAE도 역사상 최고로 많은 148개가 제출되었다. 2015년 6월 26일 연방대법원의 판결이 발표되자, 곧바로 미국 거의 모든 언론이 일제히 톱뉴스로 다루었다.

5명의 다수 대법관을 대표해 케네디 대법관은 결혼할 권리를 "우리 시대에 시급하게 보호해야 할 자유"로 규정했다. 결혼권은 개인의 인격과 자율에 핵심적인 개인적 선택을 할 권리이자, 개인의 정체성과 신념을 선택할 권리라고 설명했다. 따라서 수정헌법 14조에 따라 평등한 보호를 받아야 하고, 적법한 절차를 거치지 않고는 침해될 수 없는 권리라고 보았다. 그는 결혼보다 더 고귀한 인간적 결합이 없다고 주장했다. 결혼은 당사자들에게 각자의 지위에 관계없이 숭고함과 위엄을 부여하며, 독신 생활에서는 발견할 수 없는 새로운 인생을 발견하게 해준다고 보았다. 그래서 결혼은 "인간의 가장 숭고한 희망과 열망에 필수적인 것"이었다.

그런데 과거에는 인정되지 않았던 권리를 동성애자들에게 새로이 부여하기 위해서는 논증이 필요했다. 케네디 대법관은 결혼과 기본권 모두 시대적 변화를 거쳐왔다는 점을 강조했다. 케네디 대법관은 우선 결혼에 관념과 제도는 고착된 것이 아니라 지속적으로 변해왔음을 지적했다. 중세시대의 결혼은 당사자 부모들 간의 계약이었고, 미국 건국 이후에도 오랜 기간 기혼여성은 남편의 지배를 받는 차별적 관계가 지속되었다. 1980년대에 들어서야 비로소 부부간의 법적 관계에서 평등권이 보장되었음을 상기시켰다.

결혼에 대한 시대적 변화와 마찬가지로 기본권의 내용과 범위도 변화와 도전 그리고 수용의 과정을 거쳐왔다고 설명했다. 미국 사회도 이제 동성결혼을 기본권으로 인정하는 변화가 불가피하다는 논리였다. 케네디는 시대적으로 변화하는 기본권의 개념과 영역을 확인하고 보호하는 것이 대법원의 임무라고 설명했다. 역사와 전통이 기본권 해석에 중요한 지침이긴 하지만, 거기에만 의존해서는 안 된다는 것이다. 그는 헌법을 만든 선조들은 자유와 권리의 모든 차원을 알고 있지 않았으며, 후세들이 그 의미를 배워가며 보호하기를 원했다고 주장했다.

케네디 대법관은 동성결혼을 반대하는 주정부의 주장에서 정당성을 발견하지 못했다. 주정부는 동성결혼이 결혼이라는 숭고한 제도를 위협한다고 주장했지만, 동성결혼을 요구하는 동성애자들은 결코 결혼제도를 무시하거나 욕보이려는 게 아니라 결혼제도의 고결성과 중요성을 이해하고 지키려는 것이라고 설명했다. 그들이 결혼의 숭고함을 인정하기에 결혼의 특혜와 책임을 동등하게 누리게 해달라고 요구한다는 것이다.

그는 동성애자들이 결혼하게 되면 이성애자들이 결혼을 안 할 것이라는 주장은 설득력이 없으며, 동성결혼 허용이 이성결혼자들에게는 피해를 주지 않는 반면 이성결혼만 허용하는 것은 동성애자들에게 중대하고 지속적인 해악을 준다고 주장했다. 국가 사회의 중심적인 제도와 관습인 결혼에서 동성애자들을 배제하는 것은 그들을 비하하는 차별이고, 그들에게 혼란과 고통을 주는 일이라는 것이다.

케네디 대법관은 동성결혼을 반대하는 보수세력을 의식한 듯, 종교적 혹은 철학적 신념에 근거해 동성결혼을 반대하는 사람들이나 그들의 신념이 비난받아서는 안 된다고 이야기했다. 그러나 비록 진지한 개인적인 신념이라 하더라도, 그것이 법이 되고 정책이 되면 동성애자와 그 가족들을 무시하고 비하하는 것으로 귀결되기에 헌법상 허용할 수 없다고 설명했다.

케네디 대법관은 동성간 결혼이 기본권인 이상 그 허용 여부를 사법부에서 판단하는 것은 당연하다고 주장했다. 케네디 대법관은 기본권은 투표나 선거의 결과에 따라 좌우되는 것이 아니라고 강조했다. 동성결혼과 같은 문제는 민주적인 절차를 통해 결정하는 것이 바람직하긴 하지만, 의회민주주의 절차에만 의존할 수는 없다는 것이었다.

동성결혼을 지지하는 대법관들이 자신들의 의견을 케네디 대법관의 판결문 하나에 모은 반면, 보수 대법관들은 각자 자신들의 주장을 소수의견으로 발표했다. 그러나 표현의 수위만 다를 뿐 핵심적인 내용에는 큰 차이가 없었다. 동성결혼의 허용 여부는 사법부가 아닌 입법부가 결정할 사안이고, 역사적으로나 헌법

연방대법원은 동성결혼 금지가 위헌이라 판결하며 많은 동성부부들에게 희망을 주었다. 판결이 있던 날 동성애 지지자들은 함께 모여 성소수자를 상징하는 무지개 깃발을 흔들며 축제 분위기를 즐겼다.

해석적으로나 동성결혼을 허용한 근거가 없다는 것이었다.

로버츠 대법원장은 반대의견에서 동성결혼권은 선거절차를 통해서 국민들이 결정할 사안이라고 주장했다. 헌법제정자들은 결혼 허용 여부를 주정부에게 맡겼고, 각 주정부는 전통적인 남녀 결혼만을 인정했고, 이러한 결혼의 핵심 의미는 그 이후에도 변치 않았다고 보았다. 따라서 전통적인 결혼제도를 유지하기 위해 동성결혼을 차별하는 것은 정당한 정부의 권한행사라고 보았다.

로버츠 대법원장은 다수 대법관의 판단은 헌법에도 없고, 판례에도 없는, 자신들의 개인적 취향을 법으로 만든 것에 불과하다고 여겼다. 그는 이번 판결이 연방헌법제도의 중립성 원칙에 위반되고, 사법부의 기능을 법의 해석으로만 제한해야 하는 사법적 제한 전통judicial restraint에도 어긋난다고 비난했다. 그는 다수 대법관들을 향해 "도대체 당신들이 누구이기에" 수천 년 동안 인류 사회의 기초가 되어온 사회적 제도의 변화를 강요하느냐고 반문했다. 로버츠 대법원장은 사법부는 겸손과 절제를 행할 때 국민들로부터 존중받는데, 다수 대법관의 판결은 겸손이나 절제와는 거리가 멀다고 비판했다. 그는 다수 대법관들의 판결이 의회민주주의에 대한 모독이라고도 주장했다.

민주적인 수단을 통해 결정이 내려졌을 때, 일부 사람들은 불가피하게 그 결과에 실망하게 된다. 그러나 자신들의 주장을 관철시키지 못한 사람들은 최소한 자신들의 의견을 말할 수 있고, 그래서 공정하고 정직한 토론의 결과에 승복하게 된다. 이것이 우리 정치문화의 전통이다. 나아가 그들은 그 문제를 나중에 다시 제기할 수 있고, 승자를 설득해 다시 생각하도록 만들기를 기대한다. 이것이 미국의 정부체계가 작동하는 원리이다. 그런데 오늘 대법원의 결정이 그것을 중단시켰다.

로버츠 대법원장은 다수 대법관들의 기본권 해석 방식도 잘못되었다고 지적했다. 동성결혼이 헌법상 보장받는 내포된 기본권 implied fundamental rights이 되려면 미국의 역사와 전통에 객관적으로 깊이 뿌리가 내려 있어야 하는데, 결코 그러한 역사와 전통이 없다는 것이었다. 그는 다수 대법관들이 시대적 상황의 열기에 휩싸여 미국 전체의 역사와 전통을 간과하고 현재에만 매몰되어 있다고 비판했다. 로버츠 대법원장은 동성결혼 금지가 결혼생활이나 자녀양육에 간섭하는 것이 아니고, 단지 정부가 제공하는 특혜를 주지 않는 것이므로 정당하다고 주장했다.

스칼리아 대법관은 다수 대법관의 판결을 사법적 쿠데타judicial Putsch라고 비난하며, 연방대법원 권위를 추락시켰다고 비판했다. 그는 다수 대법관들이 수정헌법 제정 당시나 그 이후에도 아무도 발견하지 못한 권리를 찾아내서 헌법으로 보호받는 것으로 만들었다고 비판했다. 토머스 대법관 역시 다수 대법관들이 개인적 성향을 헌법에 적용함으로써, 헌법조항과 민주적 절차를 무용지물로 만들었다고 비난했다. 알리토 대법관도 동성결혼은 역사적 뿌리도 없고 확립된 전통도 없다면서, 다수 대법관들이 결혼에 대한 역사와 전통뿐만 아니라 사법적 절제의 역사와 전통마저도 무시해서 미국 헌법문화에 매우 깊고 치유하기 힘든 오점을 남겼다고 주장했다.

## 시대의 변화에 따른 결혼권의 확대

판결 직후 반응은 예상한 대로였다. 동성결혼 지지자들은 환호하고 반대자들은 탄식했다. 대법원의 판결 결과를 전해들은 오바마 대통령은 "수많은 미국인들이 이미 가슴 속에 믿고 있던 것을 재확인 시켜주었다"고 환영했다. 백악관은 판결 당일 저녁 백악관 조명을 동성애 지지를 상징하는 무지개색 조명으로 바꾸었다. 판결 다음날부터 미국 전역에서 동성결혼식과 결혼허가신청이 쇄도했다. 소송당사자였던 오버거펠은 20개월 전에 사망한 아서와 함께 축하하지 못함을 아쉬워하면서, 연방대법원이 평등권의 의미를 지켜주었다고 감사를 표했다.

반면 동성결혼 반대자들은 실망과 분노를 표출했다. 일부 주정부 관리들은 대법원 판결에도 불구하고 동성결혼자들에게 결혼허가서를 발부하기를 거부했다. 일부 주정부 관청은 아예 결혼허가 업무를 중단하기도 했다. 공화당 대통령 후보인 테드 크루즈 상원의원과 스캇 워커 위스콘신 주지사 등은 결혼을 남녀 결혼으로 한정하는 헌법수정안을 제안했다. 그러나 상하양원에서 2/3 이상의 찬성을 얻고, 주의회에서 3/4의 지지를 받아야 하는 과정을 통과할 가능성은 높지 않았다. 동성결혼 금지주였던 미시건주의 릭 스나이더 주지사는 사법적 절차와 판결을 존중하는 것이 중요하다면서, 미시건주는 판결에 승복하고 필요한 변화조치를 취할 것이라고 말했다.

동성결혼에 관한 미국 연방대법원의 판례들은 동성애와 결혼에 대한 관념이 시대적으로 어떻게 달라졌는지를 잘 보여준다. 오랜 기간 반인륜적, 반종교적인 행위로 처벌받았던 동성애가 20세기 후반 들어 개인의 프라이버시로 인정되었고, 남녀간에만 허용되던 결혼이 동성애자들에게도 허용되면서, 결혼권은 누구라도 침해받아선 안 되는 기본적 권리로 인정되었다.

미국인들은 동성애자들이 법적 처벌과 차별을 극복하기 위해서 벌인 기나긴 인권투쟁에서 연방대법원이 최종 경기장이자 최종 심판자 역할을 담당하기를 기대했다. 그러나 연방대법원 대법관들은 과연 자신들이 그러한 판단을 할 권한이 있는지를 두고 보수와 진보로 나뉘어 대립했다. 최종 결과는 연방대법원이 기본권의 최종심판자여야 한다는 진보적 대법관의 승리로 귀결되었고, 동성애자들에게 이성애자들과 동등한 수준의 권리가 보장되었다. 동성결혼을 수정헌법에 내포된 실질적 권리로 새로이 인정하고, 그러한 권리를 다수 미국인의 횡포로부터 보호하는 데 적극 나선 5명의 진보적 대법관 덕분이었다.

# 유색인종에도 동등한 투표권을 부여할 것인가

카첸바크 판결, 셸비 판결 South Carolina v. Katzenbach, 383 U.S. 301 (1966); Shelby County v. Holder, 570 US (2013)

　　2016년 3월 22일 애리조나주에서는 민주당과 공화당의 대선 후보 예비선거가 동시에 실시되었다. 피닉스에 사는 변호사 신시아 페레즈는 투표를 위해 아침 일찍 투표장을 찾았으나, 끝이 보이지 않는 투표자 행렬을 보고 점심시간에 다시 오기로 하고 사무실로 되돌아갔다. 그러나 점심시간에 찾은 투표소에는 오히려 더 많은 유권자들이 기다리고 있었다. 그녀는 투표소에서 3시간을 기다린 끝에 유권자로서 한 표를 행사할 수 있었다.

　　페레즈가 투표소에서 많은 시간을 허비해야 했던 주된 이유는 공화당이 다수인 애리조나 주의회가 선거예산을 대폭 삭감했고, 그로 인해 투표소의 숫자가 대폭 줄어든 탓이다. 2016년 미국 대선 예비선거에서는 투표소 감축 외에도 여러 제도들이 유권자들의 투표권 행사를 제한했다. 앨라배마주, 텍사스주, 미시시피주

는 여권이나 운전면허증과 같이 사진이 부착된 신분증 제시를
의무화했다. 노스캐롤라이나주는 온라인 유권자등록이나 조기
투표 등을 폐지했다. 2013년 연방대법원의 셸비 판결 이후 생긴
결과였다.

다인종과 이민자로 구성된 연방국가인 미국에서는 누구에게
투표권을 줄 것인가가 매우 민감하고 복잡한 문제였다. 연방헌
법에는 누가 투표할 권리를 가졌는지 명백하게 선언한 조항이
없다. 연방정부에 부여되지 않은 주권은 주정부와 국민들에게
귀속된다고 규정한 수정헌법 제10조에 따라 투표권 부여는 대체
로 주정부의 주권에 해당한다. 연방선거라 하더라도 실제 투표
는 각 지역에서 실시하기 때문에, 투표권 부여 외에도 선거관리
에 관한 권한은 대부분 주정부 영역에 속한다. 그래서 각 주마다
투표권 부여나 선거관리 방식을 자율적으로 결정한다. 예를 들
어 연방 대통령 선거는 각 주에 할당된 선거인단 투표로 결정되
는 간접선거 방식인데, 어떤 주는 유권자 투표에서 다수를 차지
한 대선 후보자에게 그 주의 선거인단 표를 모두 주지만 어떤 주
는 유권자 득표 비율에 따라 선거인단 표를 배분하기도 한다.

주정부가 규제를 받는 경우는 수정헌법 제14조에 보장된 평등
권이나 제15조에 보장된 투표권을 침해하는 경우에 한한다. 투
표권에 대한 연방헌법의 역할은 주정부의 차별 행위를 차단하는
역할이었다. 남북전쟁 직후 제정된 1870년의 수정헌법 제15조
는 인종, 피부색, 과거 노예경험을 근거로 선거권을 제한할 수 없
도록 했다. 1920년의 수정헌법 제20조는 성별로 인해 선거권을

거부하지 못하게 함으로써, 여성들에게도 선거권이 부여되었다. 1964년의 수정헌법 제24조는 선거세나 기타 다른 세금을 체납했다는 이유로 투표권을 박탈하지 못하게 했다.

## 흑인유권자에 대한 백인들의 폭력

역사적으로 미국에서는 종교나 인종, 성별뿐만 아니라 보유재산이나 지식수준 때문에 투표권을 행사하지 못하는 사람들이 많았다. 영국 식민지 시절에도 미국인들은 선거를 통해 권력자를 선출했지만, 기독교도가 아닌 유대인, 퀘이커 신자, 가톨릭 신자에게는 선거권을 주지 않았다. 미국 건국 초기에는 백인 남성이라 하더라도 절반가량이 선거권이 없었다. 일정의 재산을 갖지 못하면 선거권을 주지 않았기 때문이다. 1848년 애리조나·캘리포니아·뉴멕시코·텍사스·네바다 등 서부지역이 미국 연방에 편입되면서 해당 지역의 멕시코계 원주민들은 모두 미국인 시민권자가 되었으나, 백인들의 폭력과 협박으로 인해 대부분 투표권을 행사하지 못했다.

흑인들 역시 노예해방 이후에도 법적으로 보장된 투표권을 행사하지 못했다. 1865년 남북전쟁이 끝나고, 1866년 제정된 수정헌법 제14조는 미국에서 태어나거나 귀화한 모든 사람들에게 시민권을 보장함으로써 흑인도 백인과 동등한 권리를 주었다. 1870년의 수정헌법 제15조는 연방정부나 주정부가 인종, 피부색, 과거의 노예 신분을 이유로 투표할 권리를 빼앗지 못하도록 했다.

흑인들이 새롭게 투표권을 얻으면서 남북전쟁 직후 남부의 정치판도에 큰 변화가 예상됐다. 미시시피주와 사우스캐롤라이나주는 흑인들이 인구의 절반을 넘었고, 그 외 7개 주에서도 흑인 인구 비율이 40%에 달했다. 남부의 백인들은 흑인들의 투표권 행사를 제한함으로써 권력을 유지하려 했다. 투표권을 행사하려는 흑인들을 겨냥한 백인들의 협박과 폭력이 남부 전역에 난무했다. 1865년 테네시주에서 처음 등장한 비밀결사 조직 KKK가 빠르게 남부 전역으로 확산되었다. 가옥파괴·방화·신체적 공격·암살·린치 등 흑인들에 대한 폭력의 주목적은 투표권 행사를 막으려는 것이었다.

남부 백인들의 횡포와 반발이 커지자, 연방의회는 1870년 집행법Enforcement Acts을 제정했다. 흑인들의 투표를 막는 행위를 것을 처벌하고, 연방정부 보안관들이 유권자 등록소나 투표장에 배치되어 선거부정을 감시하도록 했다. 그러나 집행법조차도 남부 백인들의 강한 저항으로 유명무실해졌고, 별다른 성과 없이 1894년 폐기되었다.

흑인들에 대한 협박과 폭력은 남북전쟁에서 돌아온 퇴역군인들이 주도했다. 남부 전역에서 KKK와 유사한 백인단체들이 조직되었다. KKK와 다른 점은 비밀결사가 아니라 공개된 조직이었다는 점이다. 루이지애나주의 백색동맹White League, 미시시피주의 붉은셔츠Red Shirts 등은 남부를 기반으로 하는 민주당의 군대조직이나 다름없었다. 이들 덕분에 민주당은 남북전쟁 패전 이후에도 대부분의 남부 지역 주의회에서 다수석을 확보해 백인

**MAINE VOTER REGISTRATION APPLICATION**
- COMPLETE BOTH SIDES OF THIS CARD -

CHANGE OF NAME (Prior legal name, if applicable)
⑦
LAST          FIRST          MIDDLE

VOTER ID: By federal law, **NEW Maine vote** ⑨A
must provide an applicable ID number as follow
1. Your Maine driver's license/Maine State ⑨B
2. The last 4 digits of your Social Security
   (ONLY if you don't have a Maine driver's
   Maine State ID); or
3. Write "none" ONLY if you don't _ ther 1 or 2. ⑨C

SIGN AND DATE THIS CARD. I certify that all
the information I have provided on this form is true.
⑧

Signature of Applicant on line above    Date on line above

REGISTRAR'S USE ONLY:    Date Received: _____    Ward-Precinct: _____
Source of Registration: ☐ In Person    ☐ By Mail    ☐ Agency    ☐ BMV    ☐ Voter Registration Drive/3rd Person
Type of Registration:
☐ NEW Maine Voter Registration  Form of Proof for ID: _____  for Residency: _____ ⑪
☐ Change of Existing Voter Registration (check boxes below) Form of Proof for Residency: _____
   ☐ Address Change to new municipality  ☐ Address Change within municipality  ☐ Party Enrollment Change
   ☐ Name Change    ☐ Other Change _____
☐ Duplicate Application (no changes made)

INSTRUCTIONS TO VOTERS: Failure to complete this entire application may prevent registration.
• Deliver or mail this completed card to your municipal registrar or to the Division of Elections: #101 State House
  Station, Augusta, ME 04333-0101. This properly completed application must be received by the municipal
  registrar 21 days or more before an election. If less than 21 days before an election, you must register in person.
• If you are a NEW Maine voter and mail this card, you must include a photocopy of your Maine driver's license,
  Maine State ID, or current utility bill, bank statement or government document that shows your name and address.
• For election information, call 207-624-7650 or visit www.maine.gov/sos/cec/elec/    (rev. 06/12)
⑩

미국에서 투표를 하기 위해서는 사전에 이와 같은 유권자등록 카드를 작성하고 제출하여 유권자등록을 해야 한다. 흑인에게 투표권이 부여된 이후에도 남부 주들은 유권자등록 절차를 어렵게 만들고 여러 제한을 둠으로써 흑인들의 투표를 막아왔다.

집권 체제를 유지할 수 있었다.

남부 일부 지역에서는 흑인들의 지지를 받는 공화당이 집권을 하기도 했다. 1894년 노스캐롤라이나주에서는 공화당과 대중당 후보자들이 흑인의 지지를 받아 주의회 다수당이 되었다. 1897년에는 남부 주 최초의 공화당 주지사가 당선되었고, 1000여 명의 흑인들이 당선되거나 정부직에 임명되었다. 연방의회 의원으로 흑인이 선출되기도 했다. 그러나 노스캐롤라이나 흑인들의 투표권 행사는 오래가지 못했다. 1898년 노스캐롤라이나 최대 항구도시 윌밍턴에서는 선거를 통해 백인 시장과 흑인 시의원이 1/3을 차지하는 남부 최초의 흑백 통합 지방정부가 구성되었다. 그러나 선거 이틀 뒤 2000여 명으로 구성된 백인 무장세력이 지방정부를 해산시키고 흑인들을 살해하고 흑인 거주 지역에 방화를 저질렀다. 합법적으로 선출된 정부를 전복시킨 미국 역사상 유일한 쿠데타였다. 비슷한 백인폭동이 플로리다주와 오클라호마주에서도 발생했다.

백인들의 폭력과 협박으로 흑인유권자들이 투표권을 행사하지 못하면서, 1890년대에 이르러 남부 주의 정치권력은 확고하게 백인들의 손에 들어갔다. 그러자 백인들은 흑인유권자를 배제하는 장치를 아예 제도화하기 시작했다. 그러나 수정헌법 제15조가 인종이나 피부색을 근거로 투표권 차별을 할 수 없도록 규정했기 때문에, 보다 교묘한 방법으로 흑인유권자들을 배제해야 했다. 1890년에서 1908년까지 11개 남부 주 중 10개 주가 흑인들을 선거에서 합법적으로 배제하기 위해 주헌법을 개정했다. 바뀐 주헌법 조항들은 큰 차이가 없었다. 모두 투표세poll tax, 거주요건 기간 연장, 문자해독시험literacy test 등으로 유권자 등록을 제한했다.

투표세는 1877년 조지아주에서 시작해 이후 모든 남부 주에서 채택되었다. 한국의 주민세와 같이 모든 사람들에게 동등한 액수가 부여되는 세금으로 형식적으로는 동등한 것처럼 보이지만, 생계가 어려운 흑인들에게는 감당하기 어려운 불평등한 세금이었다. 투표세를 납부하지 않은 사람들은 유권자 등록이나 투표권 행사를 못하게 함으로써, 백인들은 자연스럽게 흑인들에게 투표권을 주지 않을 수 있었다. 가난한 백인유권자를 위해서는 이른바 조부면제조항grandfather clause을 만들어 세금을 내지 않게 만들었다. 예를 들면, 노스캐롤라이나주는 투표세 부과조항에 1867년 1월을 기준으로 투표권이 있던 사람들에게는 면세한다는 내용을 넣었다. 그 당시에 투표권이 있던 것은 모두 백인이었기 때문에 사실상 흑인들만 투표세를 내야 했다.

문자해독시험도 흑백인 모두에게 적용되지만, 흑인들에게 차별적인 장치였다. 당시 흑인의 대부분이 교육받을 기회가 없었던 문맹자였기 때문이다. 투표자격을 얻으려면 시험관의 지시에 따라 읽고 쓰는 시험을 통과하고, 질문에 답해야 했다. 각 주마다 조금씩 시행방법은 달랐지만, 보통 유권자 등록기준 조항을 읽고 유권자 서류를 작성하는 능력을 기준으로 삼았다. 그러나 고등교육을 받은 흑인들도 대부분 낙방했다. 백인시험관의 자의적인 출제와 채점 방식 때문이었다. 반면 백인 문맹자들은 큰 어려움 없이 투표할 수 있었다. 문자해독시험에도 조부면제조항을 두어 백인 문맹자들에게 특혜를 주었기 때문이다. 흑인유권자 차별이 제도화되면서, 남부의 흑인 투표율은 급락했다. 루이지애나주의 경우 1896년엔 13만334명의 흑인유권자들이 등록했다. 그러나 1900년에는 5320명으로 줄었고, 1910년에는 730명으로, 전체 흑인 남성의 0.5%에 불과했다.

투표권을 거부당한 흑인들은 수정헌법 제15조를 근거로 연방대법원에 소송을 제기했지만 소용이 없었다. 1898년 윌리엄스 판결에서 연방대법원은 미시시피주의 투표세와 문자해독시험 조항이 합헌이라고 판결했다Williams v. Mississippi. 특별히 흑인들에게만 적용되지 않고, 모든 주민들에게 적용되므로 차별이 아니

라는 논리였다. 1903년에도 연방대법원은 앨라배마주의 문자해
독시험이 흑인들에게만 적용되는 것이 아니라 모든 주민들에게
적용되고, 흑인을 차별하려는 의도가 발견되지 않았다는 이유로
합헌판정을 내렸다Giles v. Harris.

## 투표권 보장을 위한 법정 투쟁

남부 백인들의 흑인유권자 차별에 북부의 흑인들과 백인들은
분개했지만 별다른 방도가 없었다. 연방의회는 남부 지역 투표
감시를 위해 연방정부 관리를 파견하거나, 남부 주의 의석수 축
소 등도 시도했지만, 모두 의회 내에서 차단되었다. 연방의회 내
에 남부 민주당의 영향력이 막강했기 때문이다. 남부 출신 민주
당 연방의원들 중에는 백인 몰표로 당선된 다선의원들이 많았고,
이들은 민주당 내 고위직과 각종 상임위원회 요직을 차지해서
예산이나 법안통과에 막강한 영향력을 행사했다.

그나마 흑인들이 기댈 수 있는 수단은 연방대법원이었다. 유
일하게 자신들의 권리를 보호해줄 창구로 삼고, 위헌소송을 지
속적으로 제기했다. 그러나 남부지역에서는 공개적으로 법정투
쟁을 하기도 어려운 상황이었다. 당시 가장 유명한 흑인 지도자
였던 부커 워싱턴Booker T. Washington은 은밀하게 기금을 모아
연방소송 자금을 댔다. 앨라배마주에 터스키기기술학교Tuskegee
Institute를 설립해 흑인교육에 힘썼던 그는 백인에 대한 저항보다
는 흑인의 자력갱생을 통한 지위향상에 중점을 두었던 지도자였

다. 그가 흑인차별 소송에 비밀리에 자금을 댔다는 사실은 그의 사망 뒤에야 알려졌다.

투표권 보장을 위한 법정 투쟁에는 북부의 흑인들이 보다 적극적으로 나섰다. 1909년에는 뉴욕에서 미국의 대표적 흑인 민권운동 단체인 NAACP(유색인종지위향상협회National Association for the Advancement for Colored People)가 창립되어, 남부에서 자행되고 있는 인종차별을 차단하기 위해 의회로비, 소송, 각종 시위와 집회 등에 나섰다. 연방헌법 소송에 필요한 자금을 마련하기 위해 법정소송기금Legal Defense Fund을 설립하기도 했다. 흑인 민권단체들의 소송 전략은 실효를 거두는 듯 보였다. 1915년 권 판결에서 연방대법원은 오클라호마 주헌법과 매릴랜드 주헌법의 문자해독시험에 적용된 조부면제조항이 수정헌법 제15조에 위반한다고 판결했다Guinn v. United States. 이 소송은 NAACP가 최초로 참여해 지원한 위헌소송이었다.

그러나 남부 백인들은 순순히 물러서지 않았다. 조부면제조항이 위헌판결을 받자 오클라호마주는 즉시 새로운 흑인 배제 장치를 만들었다. 오클라호마 주의회는 신규 유권자등록 기간을 단 12일로 정하고, 그 기단에 등록하지 않은 주민들은 평생 유권자등록을 할 수 없다는 법안을 통과시켰다. 흑인들은 다시 위헌소송을 제기했고, 다시 연방대법원으로부터 수정헌법 제15조에 어긋난다는 위헌판결을 받았다Lane v. Wilson, 1939. 그러나 그러한 위헌판결을 받는 데 23년을 기다려야 했다.

한편 연방대법원은 1937년에 성별이나 인종에 관계없이 모든 유권자들에게 징수하는 투표세는 위헌이 아니라고 판결하기도 했다Breedlove v. Suttles, 1937. 조지아주는 모든 주민들이 유권자등록 전에 1년 1달러의 투표세를 내도록 의무화했는데, 연방대법원은 이것이 수정헌법 제15조 위반이 아니라고 보았다. 이는 백인 남성이 제기한 소송으로, 인종차별이 아니라 성차별과 관련된 것이었다. 당시 여성들은 투표세를 면제받고 있었는데, 연방대법원은 출산의 부담을 안고 있는 여성들에게 면제는 정당한 조치라고 판결했다.

연방대법원이 1954년 브라운 판결을 통해 흑인학교와 백인학교를 분리하는 정책에 대해 위헌판결을 내리자, 투표권 차별 철폐를 위한 민권운동도 탄력을 받았다. 연방의회가 먼저 나섰다. 1957년 연방의회는 시민권법을 제정해, 공공장소에서의 흑백분리를 금지하고, 유권자등록에서도 인종차별을 금지했다. 연방정부 내에 초당파적이고 독립적인 시민권위원회Civil Rights Commission를 구성해 흑인유권자 차별을 포함한 시민권 침해에 대해 조사를 했다. 연방법무부에는 민권국Civil Rights Division을 두어 주정부로부터 선거권을 거부당한 유권자들을 대리해 소송에 나서게끔 했다. 1960년 개정된 시민권법에는 흑인들에게 투표권을 거부하는 지역에서는 연방정부가 유권자등록을 감시할 수 있게 하는 조항을 추가했다. 또한 조직적으로 유권자등록을 차별하는 지역에서는 연방법원이 강제등록을 명령할 수 있게 했다.

그러나 시민권법은 큰 효과를 거두지 못했다. 남부 지역의 관리들은 자료제출을 거부하거나 조사에 협조하지 않거나 소송을 지연시키는 등의 방법으로 저항했다. 1957년부터 1964년 사이 연방법무부는 71건의 유권자 소송을 진행했으나 흑인 투표권 신장에는 큰 도움이 되질 않았다. 앨라배마주 댈러스 카운티의 경우, 연방법무부가 4년여의 소송을 통해 광범위한 투표권 차별을 적발해냈지만, 해당 지역 흑인유권자 1만5000명 중 383명만이 투표권을 행사할 수 있었다. 1965년 미국 전체 흑인유권자 등록률은 7년 전의 14.2%에서 19.4%로 늘어났지만, 남부 지역의 흑인유권자 등록률 증가세는 미미했다. 미시시피주의 1964년 흑인유권자 등록률은 6.4%에 불과했다.

연방대법원도 투표권 측면에서는 흑인들의 편이 아닌 듯 보였다. 1959년 연방대법원은 노스캐롤라이나주의 문자해독시험이 합헌이라고 판결했다Lassiter v. Northampton County Board of Elections. 주헌법을 영어로 읽을 수 있어야 한다는 유권자등록 조건은 인종이나 피부색과 관계없이 모든 유권자들에게 적용되기 때문에 수정헌법 제15조 위반이 아니라는 것이었다. 그것이 인종차별을 위해 악용될 수도 있지만, 그러한 증거가 발견되지 않았다고 판결했다.

그러나 연방의회는 흑인 투표권 보장을 향한 움직임을 멈추지 않았다. 1964년에는 대통령선거나 연방의회의 상원의원이나 하원의원을 뽑는 선거에서 투표세 납부를 금지하는 수정헌법 제24조를 통과시켰다. 연방대법원도 1966년에는 하퍼 판결을 통해 투표세가 평등권을 보장한 수정헌법 제14조에 어긋나는 위헌이라고 결정했다Harper v. Virginia Board of Elections.

## 투표권리법의 제정과 백인들의 저항

시민권법으로도 투표권 차별이 해소될 기미를 보이지 않자, 연방의회는 보다 강력한 수단으로 투표권리법Voting Rights Act를 추진했다. 이는 투표권 차별에 대한 부정적 여론이 미국 사회 전반에 퍼졌기에 가능했다.

1964년 연방의회 선거에서 민주당이 대승하여 상하양원에서 모두 2/3 이상의 의석을 차지했다. 미국 남부에서는 마틴 루터 킹 목사 주도로 다수의 흑인단체들이 조직적인 집회와 시위를 벌이며 투표권 보장을 요구했다. 그러나 백인 정부의 태도는 완강했고, 평화시위를 폭력적으로 진압하는 일도 서슴지 않았다. 1965년 1월에 앨라배마주 셀마에서 마틴 루터 킹 목사 등이 주도한 흑인들의 평화행진을 백인 경찰들이 폭력적으로 진압하는 광경이 TV를 통해 비쳐졌다. 그러면서 흑인 투표권 차별에 대한 분노 여론이 전국적으로 들끓었다.

린든 존슨 대통령은 셀마 폭력진압 사태가 발생한 직후, 투표권리법을 연방의회에 제출했다. 법안은 5월 26일 상원을 77:19로 통과했다. 19명의 반대의원 중 16명이 민주당 남부 출신의원이었다. 7월 9일에는 하원에서 333:85로 통과되었다. 85명의 반대 의원 중 61명이 민주당 남부출신 의원이었다. 8월 6일 백악관 법안 서명식에는 킹 목사와 로자 파크스 등 다수의 흑인 민권운동가들이 참여했다.

투표권리법은 일반조항과 특별조항으로 구분되었다. 일반조항general provisions은 전국적으로 적용되는 조항으로, 모든 주정부와 지방정부가 인종차별적인 선거제도를 사용하거나 새로 만드는 걸 막았다. 문자해독시험과 같이 전통적으로 흑인들의 투표권을 제한하기 위해 사용해온 제도들을 금지했다. 문자해독시험 외에도 교육 정도나 지식을 입증해야 하거나, 유권자의 도덕성을 측정하거나, 다른 등록유권자의 보증을 요구하는 제도도 금지했다.

특별조항special provisons은 5년 한시 조항으로, 미국의 일부 지역에만 해당되는 조항이었다. 이 조항이 적용되는 특별지역에는 과거 투표권 차별이 심했던 지역이 들어갔다. 문자해독시험 등을 실시했거나, 흑인의 유권자등록률이나 대선투표율이 50% 미만인 곳으로 정했다. 앨라배마·조지아·루이지애나·미시시피·사우스캐롤라이나·버지니아 전 지역과, 노스캐롤라이나와 조지아 지역의 일부 지역구가 해당되었다. 모두 오랜 기간 흑인의 투표권 행사를 막아온 지역이었다. 특별지역에서는 투표권 등록이나 선거관리 규정 등을 변경하려면 연방 법무부나 연방법원으로부터 사전승인을 받아야 했다.

투표권리법은 이후 1970년, 1975년, 1982년, 2006년에 걸쳐 개정되었다. 1970년에는 캘리포니아, 뉴햄프셔, 뉴욕 중의 일부가 특별지역으로 추가되었다. 1975년에는 인종차별 외에 언어차별 조항이 추가되었다. 해당 지역 유권자의 5% 이상이 영어 이

외 다른 언어를 함께 쓰지만 영어로만 선거자료를 만드는 곳도 투표권 차별이 의심되는 특별지역으로 추가되었다. 알래스카·애리조나·텍사스 전 지역과, 캘리포니아·플로리다·미시건·뉴욕·노스캐롤라이나·사우스다코타 일부 지역이 추가되었다.

투표권리법이 연방의회를 통과하자, 사우스캐롤라이나 주정부는 즉각 연방대법원에 위헌소송을 제기했다. 투표권리법이 주정부의 주권을 침해하고, 주정부들을 차별 대우하는 것이라며 법집행정지를 청구했다.(당시 법무장관이었던 니콜라스 카첸바크가 소송 상대가 되었다.) 연방대법원은 사안의 중대성을 고려해 통상 연방지방법원과 항소법원을 거친 판결에만 상고를 허가하는 관례를 깨고, 곧바로 연방대법원 심리를 승인했다. 연방대법원은 투표권리법의 합헌성 여부는 미국 전체의 중대한 문제라며, 다른 주정부도 참고의견을 제출하도록 했다. 투표권리법을 둘러싼 연방대법원 소송은 남북대결의 양상을 보였다. 남부 주들은 위헌이라 주장하는 사우스캐롤라이나에 동참했고, 북부 주와 서부 주는 합헌이라고 주장했다.

연방대법원은 심리도 신속하게 진행해 1966년 1월 법정심리를 열고, 두 달 뒤인 3월에 판결결과를 발표했다. 9명 대법관이 거의 만장일치로 투표권리법은 수정헌법 제15조에 근거한 연방의회의 적법한 권리 행사라고 판결했다South Carolina v. Katzenbach. 휴고 블랙 대법관만이 특별조항이 위헌이라며 부분 반대의견을 제시했다.

얼 워렌 연방대법원장은 흑인에 대한 투표권 차별은 미국사회의 역병이라고 표현했다. 미국 남부에는 연방헌법을 위반하는 행위들이 은밀하면서도 광범위하게 배어 있다고 지적했다. 수정헌법 제15조를 위반하려는 끈질기고 교묘한 시도들이 남부 여러 지역에서 나타났기에, 과거보다 더욱 단호한 대책이 필요하다고 인정했다. 연방의회는 합리적인 모든 수단을 사용해 헌법상 금지한 유권자 차별을 예방할 권한이 있다고 보았다.

워렌 대법원장은 유권자 차별이 특히 심한 지역에 특단의 대책을 강구하는 것도 정당한 의회의 권한이라고 판결했다. 남부의 투표권 차별은 통상의 범위를 넘는 예외적인 경우이기에 특단의 조치를 사용하는 것도 정당하다는 것이다. 그는 특별지역을 선정하는 기준도 타당하다고 보았다. 문자해독시험 등은 오랫동안 투표차별에 사용되었기에 타당한 기준이며, 낮은 투표율역시 오랜 기간 사용된 유권자 차별제도의 결과로 나타난 것이므로 역시 타당하다고 인정했다.

워렌 대법원장은 문자해독시험이 어떻게 흑인유권자들을 배제해왔는지를 판결문에 남겼다. 백인들은 시험에 면제되거나, 쉬운 시험을 보거나, 선거관리원으로부터 도움을 받고, 오답도 정답으로 처리되는 반면, 흑인들은 어려운 시험을 보고, 아무 도움도 받지 못하고, 사소한 실수도 오답 처리당하는 차별을 받아야 했다. 워렌 대법원장은 시민권리법이 투표권차별 해소에는 효율적이지 못하다는 연방정부의 주장에도 동의했다. 시민권리법에 근거한 유권자 소송은 준비에 많은 비용과 시간이 소요되고, 설사 승소하더라도 주정부가 방식을 바꿔서 차별을 지속하거나 법원판결을 무시하고 있기 때문이라는 것이다.

투표권리법이 주정부 고유의 주권을 침해했다는 사우스캐롤라이나의 주장에 대해서는 주정부의 주권보다 수정헌법 제15조가 우선이라고 못박았다. 특별지역이 특정 주에게만 적용되어, 주정부 간 평등 원칙을 어기고 있다는 사우스캐롤라이나의 주장도 수용하지 않았다. 주정부 간 평등 원칙은 주정부가 연방연합에 참여할 때 적용되는 원칙일 뿐, 연방정부 참여 이후에 나타나는 문제를 해결하는 데 적용되는 원칙은 아니라고 판결했다.

### 투표권리법으로 나타난 정치적 변화

투표권리법이라는 특단의 조치 덕분에 미국의 많은 흑인들은 비로소 차별 없이 한 표를 행사할 수 있게 되었다. 연방대법원의 투표권리법 합헌 판결 이후 남부지역에서는 각종 유권자 시험 제도가 사라졌다. 연방정부에서 선거관리 감독관들이 파견되면서 유권자등록률이 급증했다. 특별조항 적용 지역의 경우, 1965년 흑인의 유권자등록률은 29.4%였으나, 1967년에는 52.1%로 증가했다. 자연히 흑인 당선자도 증가해서 1965년과 1985년 사이, 미국 남부 주의 흑인 당선자는 3명에서 176명으로 늘었다. 전국적으로는 1970년 1469명에서 1980년에는 4912명으로 늘었고, 2011년에는 약 1만 500명의 흑인 당선자가 나왔다.

1975년의 투표권리법 개정안은 언어소수자도 특별지역 차별 금지 대상에 포함시켜, 아메리칸인디언, 아시아계 미국인, 알래스카 원주민, 히스패닉계 미국인들도 유권자로서 동등한 대우를 받게 되었다. 언어소수자 조항이 있기 전인 1973년 히스패닉계 유권자등록률은 35%였는데, 2006년에는 70%를 육박했다.

2006년 연방의회는 투표권리법 특별조항을 내용변경 없이 25년 연장하면서, 100여 년간 차별해온 흔적을 지우기에는 40년이라는 기간이 충분하지 않다고 선언했다. 사전승인 특별지역에서 1965년부터 1982년까지 490건, 1982년부터 2004년까지는 626건의 인종차별적인 선거규정 개정안이 제출되었다가 거부당한 사실을 상기시키며, 여전히 특별지역에서는 유권자 보호를 위한 조치가 필요하다고 보았다. 한편 평등한 투표권 보장 기준을 충족해 특별지역에서 해제되는 지역도 있었다. 1984년에서 2009년 사이 69개 선거구가 해제되었고, 2009년 이후 2013년까지는 127개 선거구가 추가로 해제되었다.

연방정부는 흑인의 유권자등록률이 증가하자, 흑인유권자 투표를 희석하려는 시도들을 차단하는 데 주력했다. 예컨대 흑인들에게 투표권은 주되, 선거구나 선거제도를 교묘하게 조작해 흑인들의 투표 대표성을 희석시키려는 시도가 있었다. 어떤 지역에서는 소선거구에서 대선거구로 바꾸거나, 다수후보 투표제나 결선투표제 등을 채택해 흑인 당선자의 숫자를 줄이거나 하는 식으로 흑인 후보자들의 당선을 어렵게 만들었다. 1965년부터 2006년 사이, 연방정부가 사전승인을 거부한 선거규정의 81%(2541건)가 이런 투표권 희석 의도를 포함하고 있었다. 연방대법원도 1986년 흑인들의 표를 물타기할 의도로 주의회 선거구를 대선거구로 바꾼 것은 수정헌법 제15조 위반이라고 판결했다 Thornburg v. Gingles .

투표권리법은 흑인들의 투표권뿐만 아니라 미국 정당정치 판도에 변화를 가져왔다. 1965년 이전까지 대부분의 남부 백인들은 민주당 지지자였다. 그러나 투표권리법 제정 이후 남부의 백인들은 점차 공화당 지지자로 변해갔다. 한편 흑인유권자들은 에이브러햄 링컨의 정당이었던 공화당 대신, 민주당을 지지하게 되었다. 그로 인해 민주당은 북부 백인과 유색인종이 주된 지지 기반인 정당으로, 공화당은 남부 백인을 주된 지지 기반으로 하는 정당으로 바뀌었다.

투표권리법 덕분에 흑인들의 투표율은 백인과 다름없는 수준으로 상승했다. 그리고 흑인 대통령이 탄생할 정도로 미국 사회에서 흑인들의 정치적 대표성은 향상되었다. 그러나 투표권리법에 대한 남부 백인들의 불만은 사라지지 않았다. 1990년대 이후 남미 출신 이민자들이 플로리다와 텍사스 등 남부 주에 크게 늘어나면서, 투표권 보장이 다시 첨예한 정치적 갈등요인으로 등장했다. 미국 전역에서 유색인종 인구의 증가로 백인유권자 수의 비율이 축소하면서, 투표권 보장 문제는 남부지역만이 아니라 미국 전역으로 확산되는 양상을 보였다.

### 되살아난 투표권 차별 제도

2012년 연방대법원이 남부 앨라배마주 셸비 카운티가 제소한 투표권리법 위헌소송을 심사한다고 밝히자 미국 사회에서 투표권리법의 미래에 대한 우려가 높아졌다. 연방대법관들도 미국 사회의 정치 판도를 반영해 보수와 진보로 갈려 판결을 하고 있는 상황에서, 투표권리법에 관한 법원의 결정 역시 정치적 판단이 될 것이라는 견해가 많았다. 중도적 성향의 안소니 케네디 대법권이 보수와 진보 중 어느 편을 드느냐에 따라 투표권리법의 향방이 결정될 것으로 예측되었다. 2013년 6월 연방대법원은 5:4의 판결로 투표권리법의 사전승인 특별지역 조항 자체는 합헌이지만, 특별지역 포함 여부를 판단하는 기준은 위헌이라고 판결했다. 케네디 대법관이 네 명의 보수 대법관의 결정에 동참하여 보수 진영이 승리하게 됐다.

다수의견을 발표한 존 로버츠 대법원장은 투표권리법이 큰 성공을 거두었으며, 투표권의 인종차별이 줄어든 것은 의심의 여지없이 투표권리법 덕분이라고 동의했다. 과거 투표권 차별에 항의한다는 이유로 흑인들이 경찰로부터 구타당하고 살해당하던 지역에서 이제는 흑인들이 시장으로 일하고 있다는 점을 상기시켰다. 또한 특별지역 6개주 중에서 5개주에서는 흑인 투표율이 오히려 백인 투표율보다 높으며, 특별지역에서 흑인 당선자들도 크게 늘어 1965년에 비해 무려 1000%가 늘었다는 점을 강조했다.

이렇게 투표권리법을 통해 인종간의 투표권 차별이 크게 줄었으므로, 이제는 변화가 필요하다는 것이 다수의견의 입장이었다. 그런데 2006년 투표권리법을 연장하면서 의회가 이러한 변화를 고려하지 않았다는 것이다. 투표권리법 덕분에 흑인들을 배제하기 위한 각종 시험은 사라졌고, 유권자등록률과 투표율도 올라 흑인들의 정치적 지위가 크게 향상되었음에도 특별지역을 지정할 때 1965년에 정한 기준을 그대로 사용한다는 것을 문제 삼았다. 1965년 법이 제정될 당시에는 뿌리 깊고 악질적인 투표권 차별이 광범위하게 퍼져 있었지만, 이제는 그러한 차별은 사라졌기에 당시 기준을 그대로 적용하는 것은 부당하다는 것이었다.

로버츠 대법원장은 투표권리법은 미국의 연방주의 체제에는 익숙하지 않은 예외적인 법이라면서, 그래도 연방대법원이 1966년 카첸바크 판결에서 합헌판정을 내린 것은 매우 예외적인 상황이 존재했기 때문이었다고 설명했다.

그러나 50년이 지난 지금은 상황이 다르다고 주장했다. 물론 투표권 차별이 여전히 존재한다는 것을 부정할 수는 없지만, 법은 현재의 필요에 따라 바뀌어야 한다는 것이 그의 논리였다. 로버츠 대법원장은 연방대법원이 카첸바크 판결에서 1966년 이전의 경험을 돌이켜보면서 위헌성 여부를 판단했다면, 이제는 1965년 이후의 역사를 기준으로 삼아야 한다고 강조했다. 2006년 개정한 특별조항 기준은 1965년 이후의 새로운 현실이 반영되지 않았다는 것이다.

그래서 투표권리법의 특별기준 조항은 모든 주는 동등하게 취급되어야 하고, 연방정부에게 부여된 권한이 아닌 것은 주정부에 귀속된다는 수정헌법 제10조에 위반된다고 결론지었다. 또한 특별지역에 속하는 9개 주의 주정부가 선거법을 개정하려면 연방정부로부터 오랜 기간에 걸쳐 심사를 받아야 하고, 그에 소요되는 불편을 감수해야 하는데, 이러한 차별적 규제는 모든 주에게 동등한 주권을 부여한 연방주의 원칙에 큰 부담을 준다고 설명했다. 주정부 간에 차별을 두는 조치는 연방정부가 해결하려는 문제와 충분히 관련성이 있어야 정당화되는데, 2006년 개정된 투표권리법 특별조항의 승인기준은 그 조건을 충족시키지 못했다고 판결했다.

로버츠 대법원장은 투표권리법 자체를 위헌이라고 판결하는 것은 아니며, 특별지역을 설정한 특별조항 자체도 금지하는 것은 아니라고 강조했다. 다만 특별지역을 정하는 기준만이 현실을 반영하지 못해 위헌판결을 내린 것이라면서, 의회는 현재의 조건을 고려해 새로운 특별지역 설정 기준을 만들 수 있다고 설명했다. 반면 9명 중 유일한 흑인인 토머스 대법관은 동조의견을 통해 특별지역으로 규제할 만한 근거가 되는 흑인유권자에 대한 차별은 존재하지 않는다면서, 특별지역 선정 기준뿐만 아니라 특별지역 제도 조항 자체가 위헌이라고 주장했다.

네 명의 진보대법관들을 대표해 소수의견을 작성한 긴즈버그 대법관은 투표권리법 특별조항이 그동안 효과를 발휘했으므로 이제는 불필요하다는 식의 논리는 당장 비를 맞지 않는다고 우산을 버리는 것과 마찬가지라고 비유했다. 앞으로도 계속 투표권 차별을 차단하고 과거와 같은 차별이 반복되지 않기 위해서 투표권리법상 사전승인 특별지역은 여전히 필요하다고 주장했다.

긴즈버그 대법관은 투표권의 보장 문제는 법원보다는 의회의 판단에 맡겨야 한다고 주장했다. 법원은 의회가 적절한 근거에 기초해서, 목적 수행에 필요한 합리적 수단을 택했는지만 판단하면 된다고 보았다. 투표관리법 특별조항의 경우, 2006년 당시 의회는 21차례의 공청회를 열고, 1만5000페이지에 달하는 공청회 자료를 제시했다. 긴즈버스 대법관은 이는 인종차별이 아직도 많다는 증거이고, 그래서 의회가 압도적인 표차로 통과시킨 것이라고 강조했다. 그는 다수 대법관들이 입법과정에 축적된 방대한 기록은 외면한 채, 유권자등록률과 투표율의 통계만으로 특별조항이 불필하다고 판단했다며 비난했다.

긴스버그 대법관은 투표권리법이 역사상 연방의회가 만든 법 중 가장 정의롭고 효과적인 법 중 하나라고 높이 평가했다. 그는 투표권리법 제정 이전에 남부지역의 투표권 차별과 싸우는 것은 마치 그리스 신화에 등장하는 괴물 히드라와 싸우는 것과 같았다고 비유했다. 한 지역의 투표권 차별을 금지하면, 다른 지역에서 차별이 나타났고, 한 형태의 투표권 차별 제도를 금지하면 바로 다른 형태의 차별 제도가 나타났기 때문이었다.

긴스버그 대법관은 투표할 권리를 보장하는 것만으로는 투표권 차별을 없애기에 충분하지 않다고 주장했다. 과거의 노골적인 차별 대신, 소수자의 투표권을 교묘하게 희석시키는 제2세대 차별 제도들이 등장했기 때문이다. 선거구를 흑인들에게 불리하도록 획정해 흑인 당선자의 숫자를 줄이거나, 한 유권자가 다수의 후보를 선택하는 대선거구제를 도입하는 등의 방식으로 투표권 제한과 다름없는 기능을 하는 장치들이 여전히 존재한다는 것이다. 긴스버그 대법관은 미국의 유권자 인종차별이 여전히 특별지역에 집중되어 있다는 점도 지적했다. 특별지역에는 미국 전체 인구의 25%가 거주하지만, 연방정부가 제기한 유권자 인종차별 소송의 56%가 이곳에서 발생했는데, 그만큼 여전히 유권자 인종차별의 가능성이 상존한다는 것이다.

긴즈버그 대법관은 특별지역 기준 조항이 주정부 간의 평등 원칙에 어긋난다는 다수 대법관의 주장도 반박했다. 주정부 간 평등 원칙은 주정부가 연방주에 편입할 때 적용되는 기준이지, 편입 후 나타나는 지역적 문제들을 해결하는데 사용되는 기준은 아니라는 것이다. 투표권 차별을 해소하는 과정에서 각 주마다 부딪히는 문제가 다르며, 각기 다른 적용을 받는 것은 당연하다고 주장했다.

연방대법원 판결 후 남부 주들은 비로소 잃었던 주권을 찾았다고 환영했다. 유권자 차별이 이제는 없으니 특별지역에서 해제되는 것은 당연하다고 논평했다. 그러나 오바마 대통령은 깊이 실망하면서, 모든 미국인이 동등하게 투표할 권리를 갖도록 보증하는 법안을 연방의회가 조속히 통과시켜줄 것을 요청했다. 연방 법무장관 에릭 홀더는 연방대법원의 판결을 악용해 투표권 제한을 시도하는 모든 지역에 강력한 법적 조치를 취할 것이라고 경고했다. NAACP를 비롯한 흑인 민권단체들은 신속히 새로운 기준을 만들라고 연방의회에 요구했다.

셸비 판결 직후, 미국 남부 주정부들은 과거 연방정부로부터 거부당했던 제도들을 즉각 시행했다. 앨라배마, 텍사스, 미시시피는 유권자의 신분증 확인 제도를 도입했다. 북부 주인 오하이오와 위스콘신, 펜실베이니아 등지에서도 신분증 제시가 의무화되었다. 신분을 도용해 투표하는 부정행위를 차단하기 위해서 필요하다는 것이 그 이유였다. 그러나 흑인단체와 민권운동 단체는 가짜 신분증으로 부정선거를 하는 사람들은 현실에서 극히 드문데, 사진이 부착된 정부 신분증을 제시한 사람들에게만 투표권을 부여하는 것은 과거의 투표세나 문자해독시험과 다름없는 투표권 차별이라고 주장했다. 미국에는 한국과 같은 주민등록증이 없으며, 유색인종과 빈곤층 서민들 중에는 여권이나 운전면허 같은 신분증을 만들지 않은 사람들이 많기 때문이다.

아예 노골적으로 유권자 참여를 제한하는 주정부도 나타났다. 노스캐롤라이나주는 조기투표, 일요일투표, 당일등록-당일투표, 온라인 유권자 등록 등을 중단시켰다. 애리조나주는 주정부의 선거관리 예산을 대폭 삭감했다. 모두 공화당이 주의회를 차지한 지역으로, 흑인들과 대학생 등 민주당 지지성향의 유권자들에게 불리한 선거제도를 도입했다. 한편 2014년 선거에서 민주당이 주의회 다수를 확보한 일리노이주는 당일등록을 허용하고, 사전투표 기간을 늘리고, 신분증 제시 조건을 삭제했다.

남북전쟁이 종식되고 미국은 수정헌법 제14조와 제15조를 통해 유색인종에게도 동등한 시민권과 투표권을 부여했다. 그러나 투표권 부여와 선거관리가 주정부의 권한이자 임무이기 때문에, 남부 지역에서는 흑인들에 대한 투표권 차별이 폭력과 제도

로 고착되었고, 남부의 흑인들이 동등한 투표권을 인정받기까지
는 지난한 투쟁을 벌여야 했다. 1965년 투표권리법의 제정과 연
방대법원의 합헌 판결 이후 흑인들의 투표권 차별을 해소하는
강력한 대책이 마련되었고, 그에 따라 흑인들의 정치적 지위가
괄목할 만하게 상승되었다. 그러나 2013년의 연방대법원 판결로
유색인종의 투표권은 다시 위협받고 있다. 동등한 투표권을 둘
러싼 미국사회의 갈등은 다인종 연방국가인 미국의 헌법체제가
쉽게 해결하지 못하는 숙제로 남아 있다.

부록

〈수정헌법〉(일부)

**제1조**(1791) 연방의회는 국교를 정하거나 신앙의 자유를 금지하는 법률을 제정할 수 없으며 언론·출판의 자유를 제한하거나 국민들이 평화적으로 집회할 권리와 불만의 구제를 정부에 청원할 권리를 제한하는 법률을 제정할 수 없다.

**제4조**(1791) 부당한 수색과 체포에 대하여 국민의 신체, 가택, 서류 및 재산의 안전을 보장받는 국민의 권리는 침해될 수 없다. 모든 영장은 정당한 이유가 있어야 하고 선서 또는 확약에 의하여 지지되어야 하며 특히 수색장소와 체포대상자 또는 압수대상 물품명을 반드시 기재해야 한다.

**제5조**(1791) 누구든지 대배심GRAND JURY의 고발이나 기소에 의하지 아니하고는 사형에 해당하는 죄a capital 또는 기타의 파렴치범에 관하여 심리를 받지 아니한다. 다만 육해군이나 전시 또는 공공적 위기상

황하에서 현역 복무중인 민병대 내부에서 발생하는 사건의 경우에는 예외로 한다. 누구든지 동일한 범행으로 말미암아 두 번씩 생명이나 신체에 대한 위협을 받지 아니하며 어떠한 형사 사건에 있어서도 자신에게 불리한 증언을 할 것을 강요당하지 아니한다. 누구든지 법률이 정하는 정규적인 절차에 의하지 아니하고는 생명, 자유, 또는 재산을 박탈당하지 아니한다. 또한 누구든지 정당한 보상 없이는 자신의 사유재산을 공공이용의 목적으로 수용할 수 없다.

**제6조**(1791) 모든 형사적 소추에 있어서 피고인은 범죄가 행해진 주와 특별구(특별구는 법률에 의해 미리 정한다)의 공평한 배심에 의하여 신속하고 공개적인 재판을 받을 권리가 있다. 또한 피고인은 피의 사건의 성질과 이유를 통고받을 권리가 있으며 피고인 자신에게 불리한 증인과 법정 대결을 할 수 있고 자신에게 유리한 증언을 확보하기 위하여 강제적 절차를 취할 수 있다. 또한 피고인은 자기 방어를 위하여 변호인의 도움을 받을 권리가 있다.

**제7조**(1791) 판례법에 의해 소송사건에서 분쟁가액이 20달러를 초과할 때에는 배심에 의한 심리권이 유보된다. 배심에 의하여 심리를 받은 사건은 판례법의 규칙에 따라 미연방 내의 어느 법원 내에서도 재심을 받지 아니한다.

**제9조**(1791) 이 헌법에 특정의 권리가 열거되어 있다는 이유로 인하여 국민이 향유하는 다른 권리를 부인 또는 경시해서는 안 된다.

제10조(1791) 이 헌법에 의하여 연방정부에 위임되지 아니한 권리 또는 주정부의 권리 행사가 금지되지 아니한 권리는 각 주정부나 국민에게 유보된다.

제14조(1868) ① 미국에서 출생하거나 미국에 귀화하여 미국의 관할권 내에 있는 모든 사람들은 미국 국민이며 자신이 거주하는 각 주의 주민이다. 어떤 주정부state도 미국 국민의 특권 또는 면제를 제한하는 법률을 제정하거나 시행할 수 없다. 또한 어떠한 주정부도 법률이 정하는 정당한 절차에 의하지 아니하고는 누구에 대해서도 생명, 자유, 재산을 박탈하지 못한다. 또한 어떠한 주정부도 그 관할권 내에 있는 사람들이 법률에 의하여 균등한 보호를 받는 것을 거부할 수 없다.

제15조(1870) ① 미국 국민의 투표권은 인종, 피부색 또는 이전 예속 상태를 이유로, 미 합중국 또는 어떤 주에 의해서도 부정되거나 제한되지 아니한다.

## Amendment I

Congress shall make no law respecting an establishment of religion, or prohibiting the free exercise thereof; or abridging the freedom of speech, or of the press; or the right of the people peaceably to assemble, and to petition the government for a redress of grievances.

## Amendment IV

The right of the people to be secure in their persons, houses, papers, and effects, against unreasonable searches and seizures, shall not be violated, and no warrants shall issue, but upon probable cause, supported by oath or affirmation, and particularly describing the place to be searched, and the persons or things to be seized.

## Amendment V

No person shall be held to answer for a capital, or otherwise infamous crime, unless on a presentment or indictment of a grand jury, except in cases arising in the land or naval forces, or in the militia, when in actual service in time of war or public danger; nor shall any person be subject for the same offense to be twice put in jeopardy of life or limb; nor shall be compelled in any criminal case to be a witness against himself, nor be deprived of life, liberty, or property, without due process of law; nor shall private property be taken for public use, without just compensation.

## Amendment VI

In all criminal prosecutions, the accused shall enjoy the right to a speedy and public trial, by an impartial jury of the state and district wherein the crime shall have been committed, which district shall have been previously ascertained by law, and to be informed of the nature and cause of the accusation; to be confronted with the witnesses against him; to have compulsory process for obtaining witnesses in his favor, and to have the assistance of counsel for his defense.

### Amendment VII

In suits at common law, where the value in controversy shall exceed twenty dollars, the right of trial by jury shall be preserved, and no fact tried by a jury, shall be otherwise reexamined in any court of the United States, than according to the rules of the common law.

### Amendment IX

The enumeration in the Constitution, of certain rights, shall not be construed to deny or disparage others retained by the people.

### Amendment X

The powers not delegated to the United States by the Constitution, nor prohibited by it to the states, are reserved to the states respectively, or to the people.

**Amendment XIV**

Section 1. All persons born or naturalized in the United States, and subject to the jurisdiction thereof, are citizens of the United States and of the State wherein they reside. No State shall make or enforce any law which shall abridge the privileges or immunities of citizens of the United States; nor shall any State deprive any person of life, liberty, or property, without due process of law; nor deny to any person within its jurisdiction the equal protection of the laws.

**Amendment XV**

Section 1. The right of citizens of the United States to vote shall not be denied or abridged by the United States or by any State on account of race, color, or previous condition of servitude.

# 참고문헌

Abraham, Henry J. *Freedom and the Court: Civil Rights and Liberties in the United States.* New York: Oxford University Press, 1982.

Abraham, Henry J. *Justices and Presidents: A Political History of Appointments to the Supreme Court.* New York: Oxford University Press, 1985.

Agresto, John. *The Supreme Court and Constitutional Democracy.* Ithaca, N.Y.: Cornell University Press, 1984.

Ambrose, Stephen E. *Nixon: The Education of a Politician, 1913~1962.* New York: Simon & Schuster, 1987.

Antieau, Chester James. "Dennis v. United States—Precedent. Principle or Perversion?" *Vanderbilt Law Review* 5 (1952): 141~49.

Aronson, James. *The Press and the Cold War.* Indianapolis: Bobbs, Merrill, 1970.

Auerbach, Jerold S. "The Depression Decade." in Alan Reitman ed.,

*The Pulse of Freedom: American Liberties, 1920~1970s*. New York: W.W. Norton & Co., 1975.

Baker, Leonard. *John Marshall: A Life in Law*. New York: Macmillan, 1974.

Barney, William L. *The Passage of the Republic: An Interdisciplinary History of Nineteenth Century America*. Lexington, Mass.: D.C. Heath & Co., 1987.

Baum, Lawrence. *The Supreme Court*. Washington, D.C.: Congressional Quarterly Press, 1981.

Belknap, Michal R., ed. *American Political Trials*. Westport, Conn.: Greenwood Press, 1981.

Bernstein, Irving. *The Lean Years: A History of the American Worker, 1920~1923*. Boston: Houghton Mifflin Co., 1966.

Bickel, Alexander M. *The Least Dangerous Branch: The Supreme Court at the Bar of Politics*. New Haven: Yale University Press, 1922.

Blanchard, Margaret. "Reclaiming Freedom of the Press: A Hutchins Commission Dream or Nightmare?" *Communication Law and Policy* 3 (1998): 371~87.

Blanchard, Margaret. "The Associated Press Antitrust suit: A Philosophical Clash over Ownership of First Amendment Rights." *Business History Review* 61 (1987): 43~85.

Blum, John Morton. *Years of Discord: American Politics and Society, 1961~1974*. New York: W.W. Norton & Co., 1991.

Boyd, Steven R. *The Politics of Opposition: Antifederalists and the Acceptance of the Constitution.* Milwood, N.Y.: KTO Press, 1979.

Cardozo, Benjamin N. *The Nature of Judical Process.* New Haven: Yale University Press, 1921.

Casper, Jonathan D. *The Politics of Civil Liberties.* New York: Harper & Row, 1972.

Caute. David. *The Great Fear: The Anti-Communist Purge Under Truman and Eisenhower.* New York: Simon and Schuster, 1978.

Chafee, Zechariah. *Government and mass communications: A Report from the Commission on Freedom of the Press.* Chicago, Ill.: University of Chicago Press, 1987.

Chafee, Zechariah, Jr. *Free Speech in the United States.* Cambridge, Mass.: Harvard University Press, 1941.

Chase, Harold. "The Warren Court and Congress." *Minnesota Law Review* 44 (1960). "Chief Justice-Designate Burger: A Self-Portrait." *Congressional Quarterly*, 30 May 1969, 841~44.

Choper, Jesse H. *Judical Review and the National Political Process: A Functional Reconstruction of the Role of the Supreme Court.* Chicago: University of Chicago Press, 1980.

Clark, Grenville. "Conservatism and Civil Liberties." *American Bar Association Journal* 24 (1938).

Cole, David. "Judging the Next Emergency: Judicial Review and Individual Rights in Times of Crisis." *Michigan Law Review* 101 (2003): 2565~2595.

Commission on Freedom of the Press. *A Free and Responsible Press: A General Report on Mass Communication*, 1947.

Commons, John R. and Eugene A. Gilmore. *A Documentary History of American Industrial Society*. New York: Arthur H. Clark, 1910, Vol. III and IV.

Corwin, Edward S. "The Constitution as Instrument and as Symbol." *American Political Science Review* 30 (1936).

Currie, David P. "The Constitution in the Supreme Court, 1946~53." *Emory Law Journal* 37 (1988): 249~94.

Currie, David P. "The Constitution in the Supreme Court: Civil Rights and Liberties, 1930~1941." *Duke Law Journal* (1987): 800~30.

Currie, David P. "The Constitution in the Supreme Court: The New Deal." *University of Chicago Law Review* 54 (1987): 504~55.

Currie, David P. "The Constitution in the Supreme Court: The Second World War, 1941~1946." *Catholic University Law Review* 37 (1987): 1~37.

Cushman, Robert F. "Incorporation: Due Process and the Bill of Rights." *Cornell Law Quarterly* 51 (1966): 467~77.

Dahl, Robert A. "Decision-Making in a Democracy: The Supreme Court as a National Policy-Maker." *Journal of Public Law* 6 (1957): 279~295.

Danelski, David H. "Values as Variables in Judical Decision Making." *Vanderbilt Law Review* 19 (1966).

Davis, Michael D. and Hunter R. Clark. *Thurgood Marshall: Warrior at the Bar, Rebel on the Bench*. New York: Carol Publishing, 1992.

Dolbeare, K. M. "The Public Views the Supreme Court." in H. Jacob ed. *Law, Politics, and the Federal Courts*. Boston: Little, Brown & Co., 1967.

Donovan, Robert J. *Tumultuous Years: The Presidency of Harry S. Truman, 1949~1953*. New York: W.W. Norton, 1982.

Dulles, Foster Rhea and Melvym Dubofsky. *Labor in America*. Arlington Heights, Ill.: 1984.

Dunne, Gerald T. *Hugo Black and the Judical Revolution*. New York: Simon and Schuster, 1977.

Dutton, C. B. "Mr. Justice Tom C. Clark." *Indiana Law Jounal* 26 (1951).

Ehrmann, Henry W. "Zeitgeist and the Supreme Court." *Antioch Review* 11 (1951): 424~36.

Emerson, Thomas I. *The System of Freedom of Expression*. New York: Vintage Books, 1970.

Erskine, Hazel and Richard. L. Siegel. "Civil Liberties and the American Public." *Journal of Social Issues* 31 (1975): 13~29.

Evans, Rowland and Robert Novak. *Lyndon B. Johnson: The Exercise of Power*. New York: New American Library, 1966.

Finkelman, Paul. "James Madison and the Bill of Rights: A Reluctant Paternity." *The Supreme Court Review* 9 (1990): 301~47.

Frank, John H. *Mr. Justice Black: The Man and His Opinion*. New

York: Alfred A. Knopf, 1949.

Freund, Ernst. *The Police Power: Public Policy and Constitutional Rights.* Chicago: Callaghan & Co., 1904.

Freund, Paul A. "The Supreme Court and Civil Liberties." *Vanderbilt Law Review* 4 (1951): 534~54.

Friedman, Lawrence M. *A History of American Law.* New York: Simon and Schuster, 1973.

Friedman, Leon and Fred L. Israel eds., *The Justices of the United States Supreme Court 1789~1969: Their Lives and Major Opinions.* New York: R.R. Bowker Co. and Chelsea House, 4: 2517~34.

Friendly, Fred W. *Minnesota Rag.* New York: Vintage Brooks. 1982.

Fuller, Lon. "An Afterward: Science and the Judical Process." *Harvard Law Review* 79 (1966): 1604~28.

Garraty, John A. ed. *Quarrels that Have Shaped the Constitution.* New York: Harper & Row, 1987.

Ginger, Ann Fagen and Eugene M. Tobin, eds. *The National Lawyers Guild: From Roosevelt Through Reagan.* Philadelphia: Temple University Press, 1988.

Ginger, Ray. *Age of Excess: The United States from 1877 to 1914.* New York: Macmillan, 1965.

Gleason, Timothy. "Saving Journalism from Itself (and from Us): The Hutchins Commission Was Right Then, So What About Now?" *Communication Law and Policy* 3 (1998): 409~18.

Goldman, Sheldon and Austin Sarat. *American Court Systems: Readings in Judical Process and Behavior.* San Francisco, W.H. Freeman & Co., 1978.

Grossman, Joel B. "Social Backgrounds and Judical Decision-Making." *Harvard Law Review* 79 (1966): 1551~64.

Hamilton, Alexander, James Madison and John Jay. *The Federalists,* Max Beloff ed. New York: Basil Blackwell, 1987.

Handberg, Roger. "Public Opinion and the United States Supreme Court, 1935~1981." *International Social Science Review* 59 (1984): 3~13.

Herring, George C. *America's Longest War: The United States and Vietnam, 1950~1975.* New York: Alfred A. Knopf, 1986.

Holmes, Oliver Wendell. *The Common Law.* Boston: Little, Brown and Co., 1963.

Hyman, Harold M. and William M. Wiecek. *Equal Justice Under Law: Constitutional Development, 1835~1875.* New York: Harper, 1982.

Inciardi, James A. *Criminal Justic.* New York: Harcourt Brace Jovanovich, 1990.

Jackson, Robert H. *The Struggle for Judical Supremacy.* New York: Alfred A. Knopf, 1941.

James L. Gibson & Gregory A. *Caldeira, Citizens, Courts, and Confirmations: Positivity Theory and the Judgments of the American People,* Princeton University Press, 2009.

Kalven, Harry, Jr. *A Worthy Tradition: Freedom of Speech in America*. New York: Harper & Row, 1988.

Kammen, Michael. *A Machine That Would Go of Itself: The Constitution in American Culture*. New York: Vintage Books, 1987.

Kelly, Alfred H., Winfred A. Harbison, and Herman Belz. *The American Constitution: Its Origin and Development*. New York: Norton & Co., 1983.

Kohlmeier, Louis M., Jr. *"God Save This Honorable Court!"* New York: Charles Scribner's Sons, 1972.

Krislov, Samuel. *The Supreme Court and Political Freedom*. New York: The Free Press, 1968.

Krislov, Samuel. "Theoretical Attempts at Predicting Judical Behavior." *Harvard Law Review* 79 (1966): 1573~82.

Lasser, William. *The Limits of Judical Power: The Supreme Court in American Politics*. Chapel Hill: University of North Carolina Press, 1988.

Lerner, Max. "Constitution and Court as Symbols." *Yale Law Journal* 46 (1937): 1290~1319.

Leuchtenburg, William E. *Franklin D. Roosevelt and the New Deal*, 1932~1940. New York: Harper & Row, 1963.

Leuchtenburg, William E. "The Origins of Franklin D. Roosevelt's 'Court-Packing' Plan." *Supreme Court Review* (1966): 347~400.

Lewin, John Henry. "The Associated Press Decision: An Extension of the Sherman Act?" *University of Chicago Law Review* 13 (1946): 247~265.

Lewis, Anthony. *Make No Laws: The Sullivan Case and the First Amendment.* New York: Vintage Books, 1991.

Lytle, Clifford M. *The Warren Court & Its Critics.* Tucson: University of Arizona Press, 1968.

Mason, Alpheus T. *Brandeis: A Free Man's Life.* New York: Viking Press, 1946.

Mason, Alpheus T. *The Supreme Court from Taft to Warren.* Baton Rouge, Louisiana State University Press, 1958.

Mason, Alpheus T. *The Supreme Court: Palladium of Freedom.* Ann Arbor: University of Michigan Press, 1962.

McCloskey, Robert G. *The American Supreme Court.* Chicago: University of Chicago Press, 1960.

McDonald, Forrest. *Nervus Ordo Seclorum: The Intellectual Origins of the Constitution.* Lawrence: University Press of Kansas, 1985.

McT.Kahin, George. *Intervention: How America Became Involved in Vietnam.* New York: Alfred A. Knopf, 1986.

Miller, Artuher S. and Ronald F. Howell. "The Myth of Neutrality in Constitutional Adjudication." *University of Chicago Law Review* 27 (1960): 661~95.

Miller, John C. *The Federalist Era, 1789~1910.* New York: Harper & Row, 1960.

Mitau, Theodore. *Decade of Decision: The Supreme Court and the Constitutional Revolution, 1954~1964.* New York: Scribner, 1967.

"Mr. Justice Brennan." The Nation, 13 October 1956.

Murphy, Bruce Allen. *Fortas: The Rise and Ruin of a Supreme Court Justice.* New York: William Morrow & Co., 1988.

Murphy, Paul L. *The Constitution in Crisis Times. 1918~1969.* New York: Harper & Row, 1972.

Murphy, Walter F. *Congress and the Court: A Case Study in the American Political Process.* Chicago: University of Chicago Press, 1962.

Murphy, Walter F. "Courts as Small Groups." *Harvard Law Review* 79 (1966): 1552~72.

Myers, Gustavus. *History of the Supreme Court of the United States.* Chicago: Charles H. Kerr & Co., 1925.

Novick, Sheldon M. *Honorable Justice: The Life of Oliver Wendell Holmes.* Boston: Little, Brown & Co., 1989.

O'Brien, David M. *Storm Center: The Supreme Court in American Politics.* New York: W.W. Norton, 1986.

Padover, Saul K., ed. *Thomas Jefferson on Democracy.* New York: Mentor Books, 1946.

Paper, Lewis J. *Brandeis: An Intimate Biography of One of America's Truly Great Supreme Court Justices.* Secaucus, N.J.: Citadel Press, 1985.

Parmet, Herbert S. *Richard Nixon and His America.* New York:

Little, Brown & Co., 1990.

Pearson, Drew and Robert S. Allan. *The Nine Old Men*. Garden City, N.Y.: Doubleday, Doran & Co., 1936.

Polenberg, Richard. *One Nation Divisible: Class, Race, and Ethnicity in the United States Since 1948*. New York: Penguin Books, 1980.

Polenberg, Richard. *The War and Society: The United States, 1941~1945*. New York: J.B. Lippincott Co., 1972.

Pollack, Jack Harrison. Earl Warren: *The Judge Who Changed America*. Englewood Cliffs, N.J.: Prentice-Hall, 1979.

Pritchett, C. Herman. *Congress Versus the Supreme Court, 1957~1960*. Minneapolis: University of Minnesota Press, 1961.

Pritchett, C. Herman. *The Roosevelt Court: A Study in Judical Politics and Values, 1937~47*. New York: Macmillan, 1948.

Pusey, Merlo J. *Charles Evans Hughes*. New York: Macmillan, 1951. 2 vols.

Reitman, Alan, ed. *The Pulse of Freedom: American Liberties, 1920~1970s*. New York: W.W. Norton & Co., 1975.

Roche, John P. *The Quest for the Dream: The Development of Civil Rights and Human Relations in Modern America*. New York: Macmillan, 1963.

Roche, John R. "Entrepreneurial Liberty and the Fourteenth Amendment." *Labor History* 4 (1963): 3~31.

Rodell, Fred. *Nine Men: A Political History of the Supreme Court of the United States from 1790 to 1955*. New York: Vantage Books,

1955.

Rostow, Eugene V. "The Democratic Character of Judical Review."
*Harvard Law Review* (1952): 193~224.

Rudko, Frances Howell. *Truman Court: A Study in Judical Restrain.*
New York: Greenwood Press, 1988.

Sayre, Francis B. "Labor and the Courts." *Yale Law Journal* 39 (1930):
682~705.

Schlesinger, Arthur M., Jr. *The Age of Roosevelt: The Politics of
Upheaval.* Boston: Houghton Mifflin Co., 1960.

Schmidhaser, John R. "The Justices of the Supreme Court: A
Collective Portrait." *Midwest Journal of Political Science* 3 (1959).

Schmidhaser, John R. and Larry L. Berg. *The Supreme Court and
Congress: Conflict and Interaction, 1945~1968.* New York Free
Press, 1972.

Schwartz, Bernard with Stephan Lesher. *Inside the Warren Court.*
Garden City, N.Y.: Doubleday, 1983.

Schwartz, Bernard. *Super Chief: Earl Warren and His Supreme
Court—A Judical Biography.* New York: New York University
Press, 1983.

Schwartz, Bernard. *The Great Rights of Mankind: A History of the
American Bill of Rights.* Madison, Wis.: Madison House, 1992.

Semonche, John E. *Charting the Future: The Supreme Court
Responds to a Changing Society, 1890~1920.* Westport, Conn.:
Greenwood Press, 1978.

Simon, James F. *In His Own Image: The Supreme Court in Richard Nixon's America*. New York: David McKay Co., 1974.

Sitkoff, Harvard. *The Struggle for Black Equality, 1954~1980*. New York: Hill & Wang, 1981.

Skolnick, Jerome H. *The Politics of Protest*. New York: Ballantine, 1969.

Stites, Francis N. *John Marshall: Defender of the Constitution*. Boston: Little, Brown and Co., 1981.

Strum, Philippa. Louis D. *Brandeis: Justice for the People*. New York: Schocken Books, 1984.

Ulmer, S. Sidney. "Supreme Court Behavior and Civil Rights." *Western Political Quarterly* 13 (1960): 288~311.

Walker, Samuel. *In Defense of American Liberties: A History of the ACLU*. New York: Oxford University Press, 1990.

Warren, Earl. *The Memoirs of Earl Warren*. New York: Doubleday, 1977.

Witte, E. E. "Early American Labor Cases." *Yale Law Journal* 35 (1926): 825~37.

Yarbrough, Tinsley E. *John Marshal Harlan: Great Dissenter of the Warren Court*. New York: Oxford University Press, 1992.

Yarbrough, Tinsley E. *Mr. Justice Black and His Critics*. Durham, N.C.: Duke University Press, 1988.

# 찾아보기

기드온, 클라렌스 얼 353~356,
361~369
기셀, 제라드 318~319, 321, 324
긴스버그, 루스 베이더(연방대법
관) 61, 413, 479~482, 484, 495,
497~502, 516, 518, 548

## ㄴ

9·11테러 406, 408~409, 421~422,
424
AP통신 331~337, 339~347, 349,
425
FBI(연방수사국) 68~69, 70, 81,
128, 131, 135, 140~141, 149,
153~155, 163, 169, 179~181,
316, 329, 372, 399, 473
KKK 530
NLRB 판결 50, 283, 535, 549

## ㄱ

결혼방어법 514, 516~517
공산당 45~48, 121~167, 169~181
관타나모 수용소 404~405, 426
구속적부심 408~410, 413, 416~
418, 420~426
국방성 보고서 67, 272, 305~308,
311~317, 319, 321~329
권리장전 28~29, 46, 139, 187, 203,
206, 343, 357, 371, 373
기드온 판결 353, 366~368

냉전 21, 44, 47, 50~52, 67, 143,
165, 169, 231, 308, 508
노예해방 273, 275~276, 357, 433,
506, 529
뉴딜정책 42~43, 104, 106~109,
111~112, 116~117, 127,
338~339, 343, 434
『뉴욕 타임스』 126, 145, 149, 202,
267, 270, 272~273, 277~289,
291, 295~298, 300, 303~304,
306~307, 310~318, 320~324,
326, 328~329, 401, 406
니어 판결 251, 271~272
닉슨, 리처드 65, 79, 83

## ㄷ

다수의견 175, 303, 396, 413, 516,
545
대공황 41~42, 88, 104~106,
108~109, 127, 338
더글러스, 윌리엄(연방대법관) 31,
78, 96, 148~149, 175, 218,

222~223, 298~299, 303, 325, 328, 377, 396~397, 399, 444
데니스 판결 121, 150, 153, 155, 159, 164~165, 171~172, 174~175, 177~178, 181
동성결혼 503~505, 511~526
동조의견 95~97, 177, 198, 298~299, 346, 397, 399, 484, 500, 547
드종 판결 128, 145

ㄹ

레이건, 로널드 47, 61, 185, 194, 472, 479, 518
렌퀴스트, 윌리엄(연방대법관) 78~79, 192, 199~201, 246, 318, 500~501
로버츠, 오웬(연방대법관) 43, 113, 115, 264~265, 268, 346
로버츠, 존(연방대법관) 61, 517~518, 522~524, 545~547
로스 판결 213, 215~217, 219, 221
로크너 판결 452, 459, 462, 466
루스벨트, 시어도어 338
루스벨트, 프랭클린 D. 42~44, 46, 90~92, 105~113, 115~118, 127~129, 277, 338, 343, 434
르노 판결 225
리드, 스탠리(연방대법관) 175

ㅁ

마셜, 존(연방대법관) 30~31, 58
마셜, 더굿(연방대법관) 192, 436~437, 441~442
마틴 루터 킹 50, 52, 273~277, 279, 286, 296, 448
매카시, 조지프 47~48, 67, 142, 168~169, 508
매카시즘 47~49, 91, 151, 160, 168, 171
맥코믹, 로버트 260~263, 266, 270, 347
맵 판결 387, 395, 401~402
머크레이커 37~38, 338
멀러 판결 449, 467~468
매디슨, 제임스 28, 269, 294
메모어 판결 217
모어헤드 판결 109
문자해독시험 532~535, 537, 539, 541, 550
미국변호사협회 132~133, 141, 151, 160, 167, 170
미국시민권연맹 40, 157~158, 167, 172, 228~229, 237, 247, 258~260, 262, 369, 395
미란다 경고 53, 382~383, 385~386
미란다 판결 370, 377, 378, 380~383, 385~386
민권법 287, 470~471, 477~478, 481~485, 536, 538

밀러 판결 207, 219, 224

ㅂ

바네트 판결 190
반독점법 332, 335~337, 340~342,
 345~347
반미행동조사위원회 128, 149
배심원 54, 70, 121, 123, 135,
 137~140, 166~167, 173, 176,
 208, 218, 241, 283~285, 296,
 304, 356, 358~360, 363, 365,
 367, 371, 386, 390, 402, 421, 435,
 484, 495
버거, 워렌(연방대법관) 78~81,
 219~222, 325, 327~328, 382,
 385
버지니아 판결 487
베트남전 48, 51, 66~67, 181~182,
 189, 193~194, 203~204, 306~
 310, 313, 317, 322, 325, 328~329,
 424
부시, 조지 W.(아들) 56~57, 59,
 406, 413, 420, 424, 518
부시, 조지(아버지) 191~192,
 201~202, 472~473, 518
브라운 판결 286, 303, 429~430,
 443, 446~448, 536
브레넌, 윌리엄(연방대법관) 175,
 192~195, 197~198, 201, 205,
 213, 298~304, 326, 372, 377, 396

브렌다이스, 루이스(연방대법관) 40,
 197~198, 264~266, 268, 399,
 454~468
블랙, 휴고(연방대법관) 78, 94~95,
 148~149, 175, 177~178, 298~
 299, 303~304, 326~327, 344~
 346, 365~366, 377, 397, 444,
 540
빈슨, 프레드(연방대법관) 47, 49,
 92, 97, 146~147, 171

ㅅ

삼권분립 28, 79, 85, 93~99, 410,
 416, 417, 419, 421, 517
상고이유서 172~173, 290~291,
 298
설리반 판결 273, 285, 290, 296, 305
성조기보호법 189, 201, 203~205
성희롱 469~486
셸비 판결 528, 549
소수의견 94, 197, 516~517, 521,
 547
수정헌법 제1조 29, 39, 45, 47,
 55, 122, 124, 137, 139, 145,
 147~149, 155, 166, 174, 186,
 189~190, 193~196, 199, 205,
 209, 213, 216, 218, 221~224,
 229, 238, 241, 243, 258, 267,
 288, 290, 292~293, 297, 299,
 302, 326, 328, 332, 337, 340,

345~347, 350, 396~397

수정헌법 제4조 390~394, 397~
398, 400

수정헌법 제5조 104, 241, 371, 374,
381, 409

수정헌법 제6조 80, 357, 371, 374

수정헌법 제10조 505, 528, 546

수정헌법 제14조 33~34, 50, 104,
187, 357, 373, 393, 398, 431,
441~443, 445, 451, 464~465,
487, 492, 494, 528~529, 537, 550

수정헌법 제15조 33, 431, 528~529,
532~533, 535~537, 540~542,
544, 550

스미스법 121, 123, 129, 132,
135, 138, 140, 152~154, 156,
158~164, 166, 171, 173~177,
180

스카츠보로 판결 365

스칼리아, 안토닌(연방대법관) 60~
62, 193, 413, 419~423, 480, 484,
501, 516~518, 524

스콧 판결 32, 429

스톤, 할란 피스크(연방대법관) 110,
265, 268

스티븐스, 존(연방대법관) 192, 201,
244, 246, 413


ㅇ

아이젠하워, 드와이트 47, 49, 67, 154,

167~168, 171, 299, 443~444,
446, 509

에스코베도 판결 375~377

엘스버그, 다니엘 306, 309~311,
316, 328~330

연방대법원 29~32, 34~37, 39,
41, 43~47, 49~62, 66, 74,
77~79, 81~83, 85~86, 91,
93~94, 97~98, 101~102, 104,
107~113, 115~118, 124, 126,
128, 145~146, 149~150, 152,
155, 170~172, 174~175, 186,
189~193, 195~206, 208~209,
212~213, 215~224, 234, 239,
243, 245~260, 263~266, 268,
270~272, 275~276, 282, 285,
288~294, 297~298, 304~305,
322, 324~329, 332~333,
339~341, 344, 347~348,
353~354, 356, 360~365,
367~368, 371, 373~377,
380~382, 385~386, 391~395,
397, 400~403, 406, 413, 422,
424~426, 429~433, 435~446,
448~452, 454, 464~465,
468, 471~472, 478~479, 481,
484~485, 493, 495~497, 499,
502, 505~507, 509, 511~512,
515~519, 522, 524~526, 528,
533~537, 540, 542~546, 549,

551

연방상원 47, 61, 66, 70, 72~73,
75, 82, 91, 102, 142, 202, 205,
226, 247, 303, 348, 397, 425, 472,
474, 475~476

연방헌법 30, 67, 75, 77, 81~82,
205, 295

예이츠 판결 152~153, 171, 177~
178, 179~182

오버거펠 판결 503, 518

오커너, 샌드라 데이(연방대법관)
193, 246, 413~416, 418, 421,
479, 483~484

워렌, 얼(연방대법관) 49, 53, 77~
78, 170~171, 175, 298~299,
361, 373, 377~380, 382, 396,
443~446, 540~541

『워싱턴 포스트』 65, 68~69, 122,
125, 140, 149, 227, 272, 297,
316~324, 328, 330

워터게이트 사건 53, 65~66,
68~73, 75~76, 82~83, 330

웨스트코스트 호텔 판결 43, 100, 113

웩슬러, 허버트 289~290, 292~296,
298~300

위크스 판결 391~392

위헌법률심판 79

유색인종지위향상협회NAACP 50,
157, 283, 435, 438, 440~441,
446, 535

인종차별 40, 48~51, 58, 124,
133, 181, 273, 275, 287~288,
291, 303, 325, 373, 429~430,
432, 434~435, 439, 441~443,
447~448, 470, 481~482, 496,
506, 509, 535~537, 539, 543,
545, 548~549

ᆽ

잭슨, 로버트(연방대법관) 96,
147~148, 344, 419, 444

전국소비자연맹 454

제3자 참고의견 172, 297, 364, 395,
441, 443, 519, 540

제퍼슨, 토머스 25, 144, 337

존슨 판결 185, 205

존슨, 린든 77, 447, 538

증거배제원칙 389~402

ᄎ

최저임금법 100, 108~110, 113, 115

ᄏ

케네디, 안소니(연방대법관) 61, 193,
198, 516~521, 545

케네디, 존 F. 51, 67, 287, 322, 447

케네디, 로버트 51, 308

클라크, 탐(연방대법관) 97, 146,
175, 372, 377, 396~399

클린턴, 빌 224, 228, 248, 474, 479,

511, 518

**ㅌ**

테러와의 전쟁 404~405, 414, 424,
424
토머스, 클라렌스(연방대법관) 61,
413, 422~423, 472~474, 482,
495, 516, 518, 524, 547
통신품위법 225~231, 233~236,
238~248
투표권리법 538~539, 540,
542~548, 551
투표세 532~533, 536~537, 550
트루먼, 해리 84~85, 87~94,
97~98, 122, 131~132, 160, 396,
442

**ㅍ**

파크스, 로자 276, 538
프랭크퍼터, 펠릭스(연방대법관)
95~96, 115, 147, 175, 259, 346,
444
플레시 판결 432, 445

**ㅎ**

한국전쟁 46, 84, 88, 91, 143~145,
406
할란, 존 마셜(연방대법관, 할아버지)
432, 453
할란, 존 마셜(연방대법관, 손자) 78,

175~177, 217, 298, 325, 377,
380~381, 400
함디 판결 404, 406, 423, 425~426
해리스 판결 469, 485
해밀턴, 알렉산더 23, 28~29
핸드, 러니드 143~146
허친스위원회 347~349
홈즈, 올리버 웬델(연방대법관) 40~41,
262, 264~265, 268, 454
후버, 에드거 131, 155, 179
후버, 허버트 42, 105
휴즈, 찰스 에반스(연방대법관) 45,
109, 113~114, 128, 264,
268~269
흑백분리 276~277, 432~433,
435~442, 445~447, 496, 536
흑인민권운동 275~276, 286~287,
435, 470